Berufsverband
Diplomierter EFL-BeraterInnen
Österreichs (Hg.)

Ich werden am Du

Psychologie

Band 42

LIT

Ich werden am Du

Beziehungs- und Prozessgestaltung
in der Ehe-, Familien- und Lebensberatung

herausgegeben vom

Berufsverband
Diplomierter EFL-BeraterInnen
Österreichs

LIT

Umschlagbild: Marion Wunsch

Redaktion: Elisabeth Birklhuber, Christa Gutmann, Josef Hölzl, Helga Maurer

Korrektur: Mag. Maria Ankowitsch

Bibliografische Information der Deutschen Nationalbibliothek
Die Deutsche Nationalbibliothek verzeichnet diese Publikation in der Deutschen Nationalbibliografie; detaillierte bibliografische Daten sind im Internet über http://dnb.d-nb.de abrufbar.

ISBN 978-3-7000-0671-8 (Österreich)
ISBN 978-3-8258-0423-7 (Deutschland)

© LIT VERLAG GmbH & Co. KG Wien 2008
Krotenthallergasse 10/8
A-1080 Wien
Tel. +43 (0) 1 / 409 56 61
Fax +43 (0) 1 / 409 56 97
e-Mail: wien@lit-verlag.at
http://www.lit-verlag.at

LIT VERLAG Dr. W. Hopf
Berlin 2008
Auslieferung/Verlagskontakt:
Fresnostr. 2
48159 Münster
Tel. +49 (0)251–62 03 20
Fax +49 (0)251–23 19 72
e-Mail: lit@lit-verlag.de
http://www.lit-verlag.de

Auslieferung:
Österreich/Schweiz: Medienlogistik Pichler-ÖBZ GmbH & Co KG
IZ-NÖ, Süd, Straße 1, Objekt 34, A-2355 Wiener Neudorf
Tel. +43 (0) 2236/63 535 - 290, Fax +43 (0) 2236/63 535 - 243, e-Mail: mlo@medien-logistik.at
Deutschland: LIT Verlag Fresnostr. 2, D-48159 Münster
Tel. +49 (0) 2 51/620 32 - 22, Fax +49 (0) 2 51/922 60 99, e-Mail: vertrieb@lit-verlag.de

Inhalt

Vorwort _____ 9

Teil 1: Überblick

Christa Gutmann
Wir machen Erfahrungen – Erfahrungen machen uns. Die Entwicklung
der institutionellen Ehe-, Familien- und Lebensberatung in Österreich _____ 13
Witzableiter von Ilse Simml _____ 51

Christiane Sauer
Zur gesellschaftlichen Bedeutung der Beratung _____ 53
Witzableiter von Ilse Simml _____ 73

Leo Pöcksteiner
Zur Akzeptanz und Wirksamkeit von EFL-Beratung _____ 75
Witzableiter von Ilse Simml _____ 87

Elisabeth Birklhuber
Akademisierung – Chance oder Risiko
Philosophische Betrachtungen einer Ehe-, Familien- und Lebensberaterin _____ 89
Witzableiter von Ilse Simml _____ 103

Stefan Schäfer
Prozessorientierte Gruppenarbeit – Persönlichkeitsentwicklung fördern _____ 105
Witzableiter von Ilse Simml _____ 123

Teil 2: Definition

Karin Urban
Ein Ich im Wir. Beziehung in der Beratung _____ 127
Witzableiter von Ilse Simml _____ 139

Brigitte Ettl
Gesetzliche Rahmenbedingungen für Beratung. Gewerbe als Lebens-
und SozialberaterIn oder Arbeiten im Kontakt und Austausch
mit einem BeraterInnenteam in institutionalisierten Beratungsstellen _____ 141
Witzableiter von Ilse Simml _____ 151

Christine Kügerl
Beratung mit Eltern und Kindern _____ 153
Witzableiter von Ilse Simml _____ 181

Eva Bitzan
Beziehungs- und Prozessgestaltung in der Paarberatung _____ 183
Witzableiter von Ilse Simml _____ 193

Helga Goll
Krisenintervention _____ 195
Witzableiter von Ilse Simml _____ 221

Barbara Bittner
Beratung am Gericht _____ 223
Witzableiter von Ilse Simml _____ 229

Martin Christandl
Männerberatung – Beraten Männer anders? _____ 231
Witzableiter von Ilse Simml _____ 241

Teil 3: Identität

Josef Hölzl
BeraterIn – Ein Beruf?
Annäherung an ein Berufsbild und ein Selbstverständnis _____ 245
Witzableiter von Ilse Simml _____ 261

Rolf Sauer
Beratung – Konkurrenz oder Ergänzung in der Seelsorge? _____ 263
Witzableiter von Ilse Simml _____ 273

Barbara Wagner-Tichy
Beraten Frauen anders? _____ 275
Witzableiter von Ilse Simml _____ 297

Emmi Ott
BeraterInnen in mehreren Berufsfeldern _____ 299
Witzableiter von Ilse Simml _____ 305

Konrad Peter Grossmann
Bescheidenes Expertentum
Vom Umgang mit Brüchen im beraterischen Leben und Arbeiten _____ 307
Witzableiter von Ilse Simml _____ 329

Teil 4: Wie hat mir Beratung geholfen?

Wie hat mir Beratung geholfen? _____ 333
Witzableiter von Ilse Simml _____ 337

Teil 5: Anhang

Grundbegriffe in der psychosozialen Beratung _____ 341

Die AutorInnen _____ 353
Adressen _____ 357

Vorwort

Der Berufsverband Diplomierter Ehe-, Familien- und LebensberaterInnen Österreichs gibt im Rahmen seiner Öffentlichkeitsarbeit das vorliegende Buch heraus. Es bietet einen Überblick über die Entstehung, Charakteristik und Entwicklung der EFL-Beratung (Ehe-, Familien- und Lebensberatung) und versucht, EFL-Beratung in Abgrenzung bzw. Gegenüberstellung zu anderen psychosozialen Beratungstätigkeiten näher zu definieren.

Die unterschiedlichen Zugänge und Sichtweisen der AutorInnen spiegeln soziale Wirklichkeiten, Diffuses klärt sich. Damit sind eine gute Basis und ein Bezugspunkt für die beständig notwendige Weiterentwicklung gegeben.

Die einzelnen Beiträge bestechen durch die Unterschiedlichkeit ihrer Zugänge zum Thema. Die AutorInnen kommen aus den verschiedensten Herkunftsberufen und absolvierten individuelle Bildungswege – und immer schreibt ihre „Herkunft" mit. Viele von ihnen leben als PraktikerInnen mit Büchern und klären, vertiefen und bereichern damit ihren Alltag in der Beratung und Therapie. Welcher Autor, welche Autorin dann wesentliche Gedanken mitgegeben hat, die in das eigene Denken und Handeln integriert sind, ist dann manchmal nicht mehr so bewusst. Und dennoch, wo immer es präsent war, wurde zitiert und damit Wissen nachvollziehbar gemacht.

Was das Buch von anderen erschienenen und erscheinenden Titeln zum Thema Beratung abhebt, ist zum einen die österreichische Prägung und zum anderen der Focus auf die Wirksamkeit der zwischenmenschlichen Beziehung in Praxis, Theorie und Lehre.

„Der Mensch wird am Du zum Ich" und „… alles Leben ist Begegnung" sagt Martin Buber und bietet uns damit Inspiration für den Titel und das Leitmotiv für die folgenden Seiten, denn Beratung ist dieses „Werden am Du" im professionellen Gewand.

Ehe(Partner)-, Familien- und Lebensberatung, psychosoziale Lebensberatung, wie wir sie denken und konzipieren, ist getragen vom Begegnungsaspekt zwischen BeraterIn und KlientIn. Zum Ich werden, sich selbst beziehungsweise seinem Selbst näherzukommen, geschieht in der Beantwortung durch ein Gegenüber. Alle Methoden und Schulen von Beratung, deren Wirkweise sich sowohl durch Erfahrung wie auch durch wissenschaftliche Evaluierung bezeugen lässt, sind überzeugt, dass die Beziehung und in weiterer Folge die menschlich-authentische Gestaltung dieser maßgeblich zur Entwicklung und zum Heilungsprozess für Menschen beiträgt. Mit Heilungsprozess ist in diesem Zusammenhang nicht das Heilverfahren im engeren medizinischen und therapeutischen Sinne gedacht, sondern dass Menschen an sich ihr Heil suchen: in besseren Beziehungen, in Erleichterungen für ihre Belastungen und natürlich auch im Wiedererlangen von Selbstwirksamkeit für das Leben beziehungsweise für Teilbereiche der Lebensführung.

Wir meinen, dies gilt für KlientInnen und BeraterInnen gleichermaßen.

Linz, Jänner 2008

Für den Herausgeber:

Elisabeth Birklhuber, Josef Hölzl

Teil 1: Überblick

Wir machen Erfahrungen – Erfahrungen machen uns
Die Entwicklung der institutionellen Ehe-, Familien- und Lebensberatung in Österreich

Christa Gutmann

> Erfahrungen sind Wegweiser,
> keine Lagerplätze.
> G. B. Shaw

Einleitung

Tag für Tag strömen unendlich viele Eindrücke auf uns[1] ein. Neue Erfahrungen und neues Erleben eröffnen neue Perspektiven, ermöglichen überraschende Erkenntnisse oder machen Angst. Es scheint aber unseren Organismus zu überfordern, alle auf uns einströmenden Informationen wahrzunehmen oder gar, sie ergebnisoffen und zielorientiert zu verarbeiten. Vielmehr nehmen wir alles das leichter auf, wovon wir meinen, dass es unsere Erfahrungen und unser bisheriges Verhalten bestätigt. Dann fühlen wir uns verstanden, wir freuen uns, wir haben Recht, *wir liegen richtig*.

So bilden sich – oder bilden wir – im Laufe unseres Lebens unsere inneren Überzeugungen oder subjektiven Wahrheiten: Wir sehen, was wir zu sehen erwarten.[2] Gleich seelischen Bedeutungslandschaften bewegen wird uns also auf sicherem Terrain. Wir haben einen Standpunkt, wir können uns orientieren und wissen dann, woran wir sind, was wir tun und sagen *sollen*. Meist völlig unbemerkt nehmen diese subjektiven Wahrheiten und Überzeugungen schließlich den Charakter von *Wirklichkeit* an. Im Extremfall verkommt dann Denken zum Sortieren von Vorwissen oder gar Vorurteilen.

Dieses prozesshafte seelische Geschehen baut zunächst auf dem frühkindlichen Welterleben mit all seinen Bewältigungsstrategien und Ängsten auf. Es formt unseren Charakter und unsere Persönlichkeit.[3] Diese halten aber später den oft zermürben-

---

[1] Da ich oft in mir dieselben Prozesse finden kann, die ich beschreibe und damit aber auch allgemein Menschliches zu erfassen versuche, schreibe ich manchmal lieber von „wir" – ohne jemandem damit eigene Sichtweisen oder gar Individualität absprechen zu wollen.
[2] Vgl. Turnbull/Solms (2005), S. 69–113.
[3] „Wegen der existenziellen Abhängigkeit von ihren Eltern bringen Kinder von Natur aus die außerordentliche Fähigkeit mit, sich an die familiäre Situation anzupassen. Kinder sind bereit, alles zu tun und auf alles zu verzichten, selbst auf das, was eigentlich entwicklungsmäßig ansteht, um die elterliche Bindung zu erhalten. Hilfreich für Ratsuchende ist es, böse Erfahrungen aus Kindertagen auch unter einem ganz anderen Aspekt zu beleuchten, dem der Kompetenz.

den Irritationen und ungewollten Erfahrungen des Alltags kaum mehr stand: Probleme entstehen. Damit setzen leider häufig wiederum die alten, sehr früh erlernten Bewältigungsmechanismen ein: bekämpfen, ignorieren, ablenken, schönreden, Schuld suchen usw. Sie alle lösen das Problem nicht, irritieren unsere soziale Umwelt und wirken insgesamt eher kontraproduktiv. Dies steigert unsere Emotionalität und schließlich reagieren wir schon auf die geringsten Andeutungen des Problems so, als wären wir darauf allergisch. Wir können schwer neue Sichtweisen zulassen oder gar, uns auf die Realität des Anderen einlassen. Das würde unsere eigene Wirklichkeit berühren, sie in Frage stellen und verändern. Wir fürchten Verletzung oder Desillusionierung. Das Selbstwertgefühl, also die innere Sicherheit, grundsätzlich in Ordnung zu sein, gerät in Gefahr. Das „Kind in uns" kämpft um Sicherheit, Rechthaben und Unschuldigsein. Es hat den Weg der Entwicklung verlassen und sich in die Machtkampfarena begeben. Kein guter Platz, um im Bereich von Beziehungen Probleme zu lösen!

Für die angemessene und verantwortungsbewusste Bewältigung solcher grundsätzlich normalen Strategien bietet Ehe-, Familien- und Lebensberatung die erforderliche Beziehung und das dazu notwendige Wissen und Können. Sie vermittelt einen neuen Zugang zur Konfliktbewältigung und hilft, neue Strategien für angemessene, moderne Beziehungsgestaltung zu entwickeln.

Natürlich bringen auch völlig unvorhersehbare, tief berührende oder traumatisierende Ereignisse oder eine unseren Grundbedürfnissen zuwiderlaufende chronisch gewordene Befindlichkeit, z. B. eine Depression, unsere innere Sicherheit in Gefahr. In Sätzen wie: „Ich weiß nicht mehr weiter", oder *„So* geht es nicht mehr", kommt der dringende Wunsch nach Veränderung zum Ausdruck. In solchen Situationen braucht es immer auch Vertrauensfähigkeit, Hoffnung und Mut, um aktiv Hilfe in Anspruch nehmen zu können. Diese flüchtigen Zeichen seelischer Gesundheit begründen, weshalb Beratung möglichst kurzfristig zugänglich sein sollte, bevor in alten Strategien, wie z. B. auch Somatisierung oder Betäubung, Zuflucht gesucht wird.

Angesichts unserer heutigen Langlebigkeit, der rasch aufeinander folgenden gesellschaftlichen Veränderungen und den damit erhöhten Anforderungen an die Integrationsfähigkeit der Psyche sind wir vermehrt den anfangs beschriebenen inneren Unsicherheiten, Ängsten und Herausforderungen ausgeliefert. Diese Situationen sind immer auch mit der Chance zu Entwicklung und Reifung verbunden, häufig im Zusammenhang mit positiv bewältigter Angstüberwindung: Damit kündigt sich eine neue Lebensweise an, eine „Ars vivendi"[4], die uns zu einem besseren Umgang mit unserer menschlichen Natur verhelfen kann.

Das heißt, dass sie sich in ganz verrückten, ausweglosen Situationen Fähigkeiten erworben haben, die ihnen das Überleben gesichert haben!" Sanders (2006), S. 123.
[4] Vgl. Rosenmayr/Böhmer (2003), S. 9–18.

Diese *Kunst zu leben* ist eine neue Herausforderung für uns alle, mit den Kräften der Angst und Aggressivität beziehungs- und lebensgestaltend, kreativ und verantwortungsvoll umgehen zu lernen.

Lebens- und Beziehungsprobleme verketten sich häufig mit frühkindlichen Problemlösungen, die ihrerseits einen gewissen Stillstand der Entwicklung signalisieren. Psychosoziale Bildung, vor allem individuelles, erlebnis- und erfahrungsorientiertes Lernen wirken diesem Stillstand entgegen. Die Bedeutsamkeit dieser Lebensauffassung, die nicht nur lebenslanges Lernen, sondern auch lebenslange Entwicklung ernst nimmt und ihr Raum gibt, belegen die zahllosen Beratungseinrichtungen und Selbsterfahrungsangebote, die seit der Mitte des vorigen Jahrhunderts entstanden sind. Meist institutionell gefördert, ermöglichen sie durch methodisch geführte Gespräche bei verschiedensten Problemen oder Konflikten im zwischenmenschlichen Bereich, zu gewaltfreien, Gesundheit und Entwicklung fördernden Lösungen oder wohlüberlegten Entscheidungen zu kommen.

Als eine dieser Beratungsformen gilt die Ehe-, Familien- und Lebensberatung, die ich in Anlehnung an Nestmann[5] zunächst wie folgt beschreiben möchte:

Die methodisch elaborierte Ehe-, Familien- und Lebensberatung (im Weiteren kurz EFL-Beratung), ein an Kommunikation, Erfahrung, Ausbildung und Praxis gebundenes, lebenswelt- und alltagsbezogenes, fachspezifisches Hilfsangebot, hat sich das ehrgeizige Ziel gesetzt, im Zusammenhang mit individueller Problemlösung das den Menschen innewohnende kreative Humanpotenzial zu wecken, die Sozialkompetenz der Menschen anzuregen und eine selbstwert- und selbstverantwortungsbewusste, beziehungsorientierte Lebensgestaltung zu fördern.

Unterstützung und Erfahrungsaustausch, die Sicherheit, dass einzig die Person und ihr Anliegen wichtig sind, fördern Selbstwert und Selbstvertrauen. Neue Kräfte wachsen und Entwicklung, wie sie nur der Erwachsene mit seiner Fähigkeit zur Selbstreflexion leisten kann, wird möglich. Eine Krise wird zur Chance und ein „Fehler" der Wegweiser zum Richtigen!

Als Praktikerin leitet mich dabei der Satz: „Es gibt nichts Gutes, außer man tut es." Das Gute aber wird an der Wirkung erkennbar, die Absicht, die Übereinstimmung mit einer Theorie allein bestimmt es noch nicht. Es will erarbeitet, erfahren und evaluiert werden. Psychosoziale Beratung, wenn gut und angemessen, begleitet mit innerer Beteiligung die oben beschriebenen individuellen Prozesse, bringt sie in Sprache und lässt damit Zugang und Gestaltungsmöglichkeit finden für die letztlich unvorhersehbaren Gegebenheiten des Lebens. Über die Wirkung und Nützlichkeit der Beratung befinden die Klienten und Klientinnen.

---

[5] Vgl. Nestmann (1997), S. 15–22.

Der heutigen Auffassung von EFL-Beratung liegt ein modernes Verständnis von Beziehung und ein demokratisches, entwicklungs- und ressourcenorientiertes Konzept zur Verbesserung individueller und kollektiver Lebenslagen zugrunde: Beratung wird dabei nicht nur als punktuelle Informationsvermittlung vom Wissenden zum Unwissenden verstanden, sondern wesentlich als ein integratives, prozesshaftes Geschehen begriffen, das auf einer förderlichen Beziehung beruht und auf eine gewollte Änderung im Zusammenhang mit einem bestimmten Anliegen abgestimmt ist.

Vom Lebenskampf zum Counselling

Gesellschaftliche Entwicklung und methodische Ansätze

Ziel der folgenden Seiten ist es, einen Bedeutungszusammenhang herzustellen zwischen der psychosozialen Situation der Menschen nach dem Zweiten Weltkrieg und der Entstehung von Beratungsbedarf und schließlich der Einführung von Familienberatung nach dem Familienberatungsförderungsgesetz.

Einander zu beraten, ist wohl eine der ältesten zwischenmenschlichen Aktivitäten. Beratungseinrichtungen als solche aber kennt man bei uns etwa seit Beginn des vorigen Jahrhunderts. Damals war man um Aufklärung und die Vermittlung von Erfahrungswissen bemüht. Zentrale Bereiche waren Arbeit, Erziehung und Sexualität. Den Menschen sollte geholfen werden, ihre jeweils vorgegebenen Rollen besser zu erfüllen. Methodisch basierten diese Beratungen auf einer Mischung von Anleitung, Belehrung, Information und Kontrolle. Unter „Eheberatung" war damals vor allem Eheanbahnung oder Ermunterung und Tröstung zu verstehen.

Zwischen den beiden Weltkriegen errichtete Alfred Adler, Begründer der Individualpsychologie, rund dreißig Erziehungsberatungsstellen in Wien. Wilhelm Reich, Leiter des Seminars für Psychoanalytische Therapie in Wien, hat bis 1929 Sexualberatung für eheliche und sexuelle Probleme angeboten, die aber auch für Fragen der Kindererziehung, Sexualerziehung und Geburtenkontrolle aufgesucht werden konnte. Dabei ging es schwerpunktmäßig um gesundheitliche Fragen und Fragen der Hygiene.

Den damaligen Erkenntnissen entsprechend, bekamen in den Beratungen tiefenpsychologische Theorien und die damit verbundene Praxeologie vermehrt Einfluss. Waren sie einerseits hilfreich, um Zugang zu unbewussten Zusammenhängen zu finden, war Einsichtsarbeit für Klienten und Klientinnen oft nicht im gewünschten Maß zielführend. So erlebten sie unter Umständen eine Deutung ihrer unbewussten Konflikte oder einen Appell an ihre Beteiligung am Problem als einen Hinweis auf Schuld. Sie reagierten mit Anklage- und Verteidigungsstrategien, fühlten sich eines Besseren belehrt, beschämt oder einfach nicht verstanden.[6] Die damit

---

[6] Heute, wo vieles aus der Psychoanalyse in den Alltag eingeflossen ist, entschuldigen manche Klienten und Klientinnen unerwünschte Auswirkungen des eigenen Verhaltens mit „dem Unbewussten": „Das habe ich höchstens unbewusst gemacht", soll heißen: „Ich kann nichts dafür".

verbundene Inkompetenzerklärung des Klienten oder der Klientin für ihr eigenes Erleben war einem positiven Klärungsprozess hinderlich, vor allem dann, wenn zusätzlich das Bemühen des Therapeuten um Enthaltsamkeit die Bildung einer tragfähigen Beziehung erschwerte.

Zunächst aber wurden weitere Entwicklungen auf diesem Gebiet durch das Hitler-Regime und seine menschenverachtende Grausamkeit jäh beendet.

Nach dem Ende des Tausendjährigen Reiches und den schrecklichen Erfahrungen des Zweiten Weltkrieges erwiesen sich Frauen als die „Helden" jener Tage. Sie sicherten die Zukunft ihrer Familien. Bekannt sind die Bilder der „Trümmerfrauen", die mit bloßen Händen Steine reichten und aufschichteten, um zerstörte Unterkünfte wieder bewohnbar zu machen. Nach und nach kehrten auch die Männer aus Krieg und Gefangenschaft heim und wollten ihren Platz in der Familie wieder einnehmen. Den gab es aber so nicht mehr: Weder die Rolle als Familienoberhaupt noch die des Ernährers standen einfach zur Disposition. Die geltenden Gesetze aber bestimmten nach wie vor, dass Frauen und Kinder dem Ehemann und Vater anvertraut waren; er konnte über sie in gewissem Maße verfügen. Die Frauen mussten, nachdem sie als Lebensbewahrerinnen und Lebensretterinnen in der Heimat an vorderster Front gestanden hatten, nun wieder in die zweite Reihe hinter die Männer zurücktreten.[7] Rollenkonform versorgten sie die Männer/Väter und Kinder. Züchtigung und Gewalt als Erziehungs- bzw. Beziehungsmittel waren noch ausdrücklich erlaubt, dem Mann kam es auch zu, über die Berufstätigkeit seiner Frau zu entscheiden. Vor dem Gesetz war die Familie – und das wurzelt in durchgängiger Tradition seit Jahrtausenden – patriarchal-hierarchisch organisiert. Innerfamiliäre Konflikte zwischen den Eheleuten wurden dementsprechend autoritär gelöst. Fanden Auseinandersetzungen oder Handgreiflichkeiten in aller Öffentlichkeit statt, „durfte man sich nicht einmischen". Private Probleme waren gesellschaftlich tabuisiert, da durch sie letztlich die Autorität des Familienoberhauptes in Frage gestellt worden wäre. Probleme galten als Schande, sie wurden daher verschwiegen und verleugnet. Wenn überhaupt, wurden Konflikte nach dem Machtprinzip geregelt. Wer sich diesem entsprechend „richtig" verhielt, bekam keine Schwierigkeiten. Anpassung und Kontrolle regelten das Zusammenleben. „Dazugehören" und „Gehorsam" waren zwar auf intellektueller Ebene nach diesem Krieg obsolet geworden, aber als gesellschaftliche Maxime immer noch gültig.

Gestützt durch die Hilfe aus Amerika und einigen europäischen Ländern, getragen von enormer Disziplin, gelang der Wiederaufbau. Ihm folgten die Jahre des Wirtschaftswunders und das „Goldene Zeitalter der Familie". Eltern wünschten für ihre Kinder vor allem, dass es denen einmal besser gehen sollte als ihnen selbst.

---

[7] Vgl. Wilk/Goldberg (1989), S. 313 ff.

Die Zeit der „vaterlosen Gesellschaft"[8] jedoch hinterließ deutliche Spuren. Infolge von Krieg, Arbeitslosigkeit oder fernem Arbeitsplatz wurden die Männer dem geregelten Familienalltag entzogen. Kinder der Geburtsjahrgänge etwa ab 1937 kannten ihre Väter kaum: Sie waren im sozial prägenden Alter oft allein mit ihren Müttern und Großmüttern, eventuell noch mit alten Männern, jedenfalls ohne gelebtes Vorbild der Vater- bzw. Elternschaft.[9]

Obwohl es ab den Fünfzigerjahren Arbeit für fast alle gab, waren mit den Ansprüchen an ein Leben in bescheidenem Wohlstand auch die Belastungen für den Alleinverdiener gestiegen. Aus der Sicht der Männer sollten es ihre Frauen gar nicht „notwendig haben", arbeiten zu gehen. Frauen arbeiteten daher unbezahlt. Sie leisteten nach wie vor den Großteil der Beziehungs-, Erziehungs- und Hausarbeit und versorgten im Bedarfsfall zusätzlich alte Angehörige beider Herkunftsfamilien oder betätigten sich karitativ in Nachbarschaft und Gemeinde. Hinsichtlich ihrer Bedürfnisse für ihren Lebensunterhalt waren sie daher noch immer fast zur Gänze von den Männern abhängig.

Durch die aktive Betreuung der heranwachsenden eins – zwei – (drei) Kinder[10] wurde aber auch das Entwicklungspotenzial der Frauen angeregt. Sie konnten „ihre Jungen", vor allem die männlichen, nicht mehr in die verlängerte Phase der Selbstständigkeit begleiten, ohne selbst daran zu reifen oder sich nach Beendigung der Kinderphase emotionell vereinsamt im „empty nest" vorzufinden.

An diesen Entwicklungsherausforderungen durch die eigenen Kinder hatten Männer beziehungsweise Väter nur wenig Anteil. Oft „flüchteten" sie sich sogar in die Arbeit, wurden zu Wochenend- und Freizeitvätern. Nach einem langen Arbeitstag waren Väter müde und wollten von „Mutter" versorgt werden. Das ließ die Elterngrenze verschwimmen, was wiederum der elterlichen Autorität, aber vor allem der Intimität und Kraft des Paares schadete. Das Fehlen eines Struktur, Schutz und Zuwendung gebenden Vaters belastete die Mütter zusätzlich und band sie über Gebühr an ihre Mutterrolle. Die emotionelle Verselbstständigung vor allem der Söhne wurde außerordentlich erschwert. Die damit auch angesprochenen unklaren emotionellen und sexuellen Abhängigkeiten zersetzten die familiären Beziehungen und verstärkten männliche und weibliche Fluchttendenzen.

---

[8] Vgl. Mitscherlich (1963). S. 172–204.

[9] „Weite Bereiche der Affektlandschaft tauchen aus den Erfahrungen auf, die in den Beziehungen zu den frühen Bezugspersonen gefördert wurden – oder aus dem Mangel aus solchen Erfahrungen." Brandes/Apsel (2005), S. 11. Auch die Gehirnforschung vor allem hinsichtlich der Spiegelzell-Systeme erfasst die (den Beziehungen immanenten) emotionalen Gegebenheiten und deren biologische Abläufe. Sie bestätigt, ergänzt und präzisiert damit viele der bisherigen Erkenntnisse der Humanwissenschaften – vor allem die Bedeutsamkeit der frühen Beziehungslandschaften. Vgl. Bauer (2006).

[10] Von 1968 bis 1973 verringerte sich die Durchschnittskinderzahl in Österreich von 2,58 auf 1,94 Kinder pro Frau. Vgl. Findl (1989), S. 481.

Einen bedeutenden Einfluss auf das eheliche Sexualleben hatte außerdem noch die Einführung der Antibabypille als Mittel zur Empfängnisverhütung (1960). Damit ging die Bedeutung der Fortpflanzungssexualität zurück, sie wurde in der partnerschaftlichen Beziehung grundsätzlich trennbar von sozialer Sexualität. Die Möglichkeiten der Geburtenkontrolle und Familienplanung brachten neue Chancen und Risiken. Zum einen bietet die Geburtenkontrolle die Möglichkeit, Mutterschaft bzw. Elternschaft unabhängig von sexuellen Bedürfnissen zu bestimmen, zum anderen ließ sie die Erwartungen an die sexuelle Verfügbarkeit der Frauen ansteigen, was wiederum deren Fluchttendenzen verstärkte. Ferner brachte die frei zu wählende Elternschaft für das Paar vermehrt Entscheidungszwänge mit sich, wodurch sich alte Konfliktbereiche vertieften und neue entstanden.

Vor allem Frauen drängten vermehrt danach, aus familiärer Abhängigkeit auszusteigen, konnten es sich aber ohne eigene Berufstätigkeit kaum leisten. Als geschiedene Frauen hatten sie damals gesellschaftlich und ökonomisch einen schweren Stand.

Ohne adäquaten, anerkannten Betätigungsbereich im Rahmen der Leistungsgesellschaft wurde so die seelische Kraft der Frauen zunehmend zwischen den Polen Eigenständigkeit und Abhängigkeit zerrieben.[11] Ihr Bemühen um das Recht auf selbstbestimmte Lebensführung wurde als „Emanzipation" zum Schlagwort, leider oft auch in dessen übelstem Sinn. „Du sollst Vater und Mutter ehren" wich in einer Zeit der zunehmenden Psychologisierung und Therapeutisierung sozialer Verhältnisse einem „die Mutter ist an allem schuld". Auf diesem Hintergrund fehlte oft die notwendige gesellschaftliche Unterstützung auf dem Weg zur Gleichberechtigung für Frauen.

Die Jugend entwickelte damals erstmals eine eigene Kultur. Die junge Generation in Westeuropa revoltierte. Sie protestierte gegen die Ewig-Gestrigkeit. Besonders in Deutschland, aber auch in Österreich richtete sich dieser Protest verstärkt gegen die Einstellungen und Haltungen der Kriegsgeneration. Deren Beziehungen und Werte wurden als Auswuchs von Vorurteil, Willkür und Machtgeilheit zunehmend in Frage gestellt.

All diese Umstände erschwerten in Summe zunehmend das familiäre Zusammenleben. Völlig ungeübt in Partnerschaft konnten Konflikte weder gelöst noch gute Kompromisse gefunden werden. Machtkämpfe um die „Schuldfrage" standen im Vordergrund. Familiäre Streitigkeiten wurden letztlich bei Gericht ausgetragen, wo sie, verschärft durch die neue Bedeutsamkeit angesichts des Richteramtes, schmerz-

---

[11] Zunächst erschien den jungen Frauen der ihnen eröffnete Zugang zu höherer Bildung als Ausweg aus dem Dilemma. Sie nützten ihn überproportional. Dies „lohnte" sich für sie aber nicht im selben Maß wie für die Männer. Daran änderte auch die 1957 in den Römischen Verträgen von der damaligen Europäischen Wirtschaftsgemeinschaft (EWG) geforderte Lohngleichheit von Mann und Frau nur wenig. Im Laufe der Zeit wurde das Prinzip der Gleichstellung und der Gleichberechtigung von Mann und Frau am Arbeitsplatz sowie in allen anderen Lebenslagen in Verträgen festgelegt, deren praktische Umsetzung ist aber bis heute immer noch nicht befriedigend erfolgt.

haft eskalierten. Als Alternative galt daher tunlichst: „Wir wer'n kan Richter brauchen." So wurden Konflikte häufig über Machtergreifung, Erpressung oder Unterwerfung abgehandelt.

Eine auf komplementäres, angepasstes Verhalten festgelegte, „selbstlose" Frau kann nur schwer einen Konflikt mit ihrem Mann ansprechen und lösen – besonders, wenn er seinerseits kein Problem sieht.[12] Meist lag die Definitionsmacht, was als Konflikt oder Problem zu gelten habe, noch beim Mann. Frauen stellten sich daher auf ihre Machtlosigkeit ein, „keppelten" oder waren „zickig". Viele resignierten, wurden depressiv oder stiegen trotz aller Schwierigkeiten zunehmend aus ihren Beziehungen aus, da sie nicht mehr – oder nicht mehr unter diesen Bedingungen – die unbedankte Hausfrauen-Mutter-Rolle übernehmen wollten.

Gegenseitige Wertschätzung, Liebe und gemeinsame Entwicklung, wie sie sich in einer Beziehung gelebter Gleichwertigkeit und Partnerschaft leichter einfinden, schwinden eher rasch unter solchen Umständen. Bei gleichzeitig steigendem durchschnittlichem Lebensalter wurden Langzeitbeziehungen immer schwerer lebbar.

Auch auf einer gänzlich anderen Ebene gerieten die durch Vorbild, Abhängigkeit und ideologische Untermauerung verfestigten, alteuropäischen Lebensformen in Bedrängnis. Gesellschaftliche Erneuerungsbewegungen in Amerika, dem damals gelobten Land, erfassten auch Europa. Sie brachten eine Vertiefung der demokratischen Gesinnung, eine zunehmende Forderung nach Beachtung der Menschenrechte[13] und die Theorien der Humanistischen Psychologie, die maßgeblich von Abraham Maslow[14] und Carl Rogers[15] entwickelt wurden.

In Verbindung mit Bildung, Leistungsorientierung und Sehnsucht nach Freiheit wurde die Individualisierung der Menschen mit ihren Nebenwirkungen der zunehmenden Vereinzelung und Egozentrik vorangetrieben.

Durch die modernen, alle gesellschaftlichen Schichten durchmischenden Liebes- oder Zweckheiraten, durch die nunmehr auch für Frauen offenen Zugangsmöglichkeiten zu Bildung und Karriere, durch die Veränderungen im Sexualleben und die verlängerte Jugendzeit wurden alle Familienmitglieder in ihrem Alltag mit neuen, komplexen Situationen konfrontiert, für deren Handhabung es weder Vorbilder noch erlernte, positive Bewältigungsstrategien gab.

Dennoch, allen Neuerungen zum Trotz: Nach wie vor richtete sich die tief empfundene Sehnsucht aller auf Partnerschaft und Familie als *den* Bereich der Entwicklung und Entfaltung der Erlebnisfähigkeit. Umfragen bei der Jugend zei-

---

[12] Aufschlussreich allein schon der Titel des lesenswerten Buches von Napier, August Y. (1990): „Ich dachte, meine Ehe sei gut, bis meine Frau mir sagte, wie sie sich fühlt." Kreuz Verlag AG, Zürich.
[13] Von den Vereinten Nationen wurden 1966 zwei völkerrechtlich verbindliche Menschenrechtskonventionen verabschiedet. Der „Zivilpakt" und der „Sozialpakt", die ein menschenwürdiges Leben für alle, unabhängig von Rasse, Geschlecht oder Nation, forderten.
[14] Abraham Harold Maslow (1908–1970).
[15] Carl Ransom Rogers (1902–1987).

gen (bis heute[16]), dass die Bedürfnisse nach Langzeitpartnerschaft, zu heiraten und Kinder zu haben, an den obersten Plätzen der Wunschlisten junger Menschen zu finden sind. Auch das mit Trennung verbundene Leid der Erwachsenen verweist letztlich auf die tiefe Bedeutung, die einer aus Zuneigung und Liebe gelebten und bewusst gestalteten Beziehung zukommt. Diese Bedürfnislage spiegelten auch die Ergebnisse aller damals durchgeführten statistischen Umfragen und wissenschaftlichen Untersuchungen.

Die beständig steigende Scheidungsrate, die zwischen 1965 und 1970 besonders deutlich nach oben ging (Statistik Austria), ließ vermuten, dass die Institution Familie in Bedrängnis geraten war oder als überholt galt. Doch nicht die zentrale Aufgabe einer Familie, Schutz und Förderung des Lebens möglichst umfassend zu gewährleisten, wurde in Frage gestellt, auch nicht ihre grundsätzliche Eignung dafür. Es war das Leid, das mit Streit oder Scheidung verbunden war, das gelindert werden sollte. Ihm war durch bloßes Aufrechterhalten des Status quo meist nicht beizukommen. Diesem Leid waren die Erwachsenen selbst mehr oder weniger hilflos ausgeliefert, daher erfasste es auch ihre davon betroffenen Kinder zutiefst.

Das Schicksal einer Familie und ihrer Mitglieder konnte nicht mehr nur als Folge individuellen Verhaltens gesehen werden. Es ist immer auch eine mehr oder weniger subtile Reaktion auf gesellschaftliche Gegebenheiten. Als man zudem erkannte, dass Familien hinsichtlich der Vermittlung sozialer und religiöser Werte die Bemühungen anderer Institutionen bei weitem übertrafen, bemühte man sich über Partei- und Weltanschauungsgrenzen hinweg, etwas für die Familien zu tun.

Die Einführung der staatlich geförderten Familienberatung

Von vielen Seiten gab es nun Angebote zur Unterstützung der Familien. Einerseits wollte man den Erosionen und Sprengkräften traditioneller familiärer Bindungen etwas entgegensetzen, andererseits einen Beitrag leisten, das mit Trennungen verbundene Leid zu vermindern. Neben finanzieller Unterstützung[17] wurden vermehrt auch Lebensbewältigungshilfen geboten: Familiengruppen wurden ins Leben gerufen, Erwachsenen- und Elternbildungskonzepte entwickelt und Beratungsstellen gegründet.

Es war schließlich ein pragmatischer Anlass, der zur Einführung der staatlich geförderten Familienberatung 1974 führte: Sie war von Beginn an als flankierende Maßnahme zur Umsetzung der geplanten Familienrechtsreform vorgesehen, da es ab 1970 unter Bundeskanzler Bruno Kreisky und Justizminister Christian Broda zu wesentlichen, die Familie betreffenden, gesetzlichen Neuerungen gekommen war:

---

[16] BMGFJ, Jugend-Wertestudie 2006: 94 Prozent der Jugendlichen wünschen sich eine längerfristige Partnerschaft. 11 Prozent wollen sogar möglichst rasch eine eigene Familie gründen.
[17] Z. B. Heiratsbeihilfe ab 1972: Bei der Eheschließung erhielt das Paar ATS 15.000,-. Oder die Einführung des Mutter-Kind-Passes und die daran gekoppelte Erhöhung der Geburtenbeihilfe 1974.

Ein erster Schritt war die Neuordnung der Rechtsstellung des unehelichen Kindes (1970). Eine bedeutende Veränderung brachte dann die Gleichstellung von Mann und Frau: Damit war der Mann vor dem Gesetz nicht mehr das Oberhaupt der Familie, sondern die Ehepartner teilten gleiche Rechte und Pflichten. Die Folgepflicht der Frau, was die gemeinsame Wohnung betraf, erlosch, und beide Ehegatten hatten durch Berufstätigkeit oder Haushaltsführung zum Unterhalt der Familie beizutragen (1976).

Die väterliche „Gewalt" wurde abgeschafft. Damit hatten beide durch Ehe verbundenen Elternteile auch ihren Kindern gegenüber gleiche Rechte und Pflichten (1978).

Die Reform des Scheidungsrechtes ermöglichte die Scheidung in beiderseitigem Einvernehmen. Das sogenannte „Zerrüttungsprinzip" sollte das bis dahin gültige „Verschuldensprinzip" weitgehend ablösen (1978).

Im Rahmen der Strafrechtsreform wurde die Fristenlösung vom Parlament beschlossen. Der § 144, der einen Schwangerschaftsabbruch generell unter Strafe stellte, wurde durch § 96 ersetzt, der Freiheitsstrafen im Zusammenhang mit Schwangerschaftsabbruch vorsieht. Durch die im § 97 eingeführte sogenannte Fristenlösung wird der Schwangerschaftsabbruch vom Gesetz weder erlaubt noch gebilligt, sondern unter bestimmten Umständen (Drei-Monats-Frist, Beratung, Indikation) aus dem strafrechtsrelevanten Unrecht ausgeschieden (1975).

Auch das Züchtigungsverbot (§ 146 a ABGB 1989) stellte neue Anforderungen und erschwerte das Zusammenleben zwischen Eltern und Kindern. Die Erwachsenen, selbst zu Eltern geworden, waren oft noch in tiefer Loyalität zu ihren eigenen Herkunftsfamilien verstrickt. Auch als Paar noch verhaftet in alten Autoritätsstrukturen, erschien es leichter, erwünschtes partnerschaftliches Verhalten zunächst in der Erziehung umzusetzen. Im Extremfall wurde die Erziehung sogar antiautoritär – eine missverständliche Umsetzung des ganz allgemein an den Bedürfnissen von Kindern *und* Erwachsenen orientierten Modells „Summerhill", das als demokratisches Erziehungsinstitut in England 1921 von A. S. Neill gegründet wurde.[18] Dies bewirkte, dass in bestimmten Situationen die Macht der Kinder diejenige der Erwachsenen mit ihren Alltagszwängen und -pflichten übertraf. Elterliche Hilflosigkeit wurde seither zum Thema vieler Erziehungsratgeber.

Mit Abstand besehen, wurden die oben genannten Gesetzesänderungen durch die seit 1945 erfolgten gesellschaftlichen Entwicklungen erforderlich. Mit ihrer Einführung aber fanden die Menschen eine veränderte soziale Umwelt vor, die ihrerseits wiederum hohe Anforderungen an die individuelle Entwicklung stellte. Partnerschaftlichkeit z. B. war jetzt per Gesetz gefordert, sie musste aber erst mühsam erlernt und eingeübt werden – geriet sie doch nur allzu leicht mit dem älteren Prinzip der Machtausübung und „problemlosen" Unterwerfung in Widerspruch. Die neue Regelung des Familienlebens erforderte zudem ein hohes Maß an Information, Verant-

---

[18] Nähere Information und Literaturangaben im WWW unter http://de.wikipedia.org/wiki/Summerhill; Stand vom 8. Dezember 2007.

wortungsbewusstsein und Autonomie, um von den Betroffenen positiv aufgenommen und bewältigt werden zu können. Zur Unterstützung all der dafür notwendigen Klärungs- und Entwicklungsprozesse war Familienberatung vorgesehen.

Laut Gesetz[19] sollten Familienberatungsstellen für Angelegenheiten der Familienplanung sowie für wirtschaftliche und soziale Belange werdender Mütter zur Verfügung stehen. Sie konnten aber auch zur Klärung allgemeiner Familienangelegenheiten rechtlicher und sozialer Natur sowie für sexuelle Belange und Partnerschaftsbeziehungen aufgesucht werden. Zur Führung der Beratung waren diplomierte SozialarbeiterInnen vorgesehen. Fachleute aus Medizin und Recht, später auch aus anderen humanwissenschaftlichen Disziplinen, sollten ebenfalls zur Verfügung stehen.

Da staatliche Förderung in Aussicht gestellt worden war, gründeten bundesweit Länder, Gemeinden, Vereine und kirchliche oder kirchennahe Träger solche Familienberatungsstellen: Im Bemühen um die Linderung menschlichen Leids konnten ideologische Gräben überbrückt werden.

Zur Familienberatung sollten möglichst alle Menschen Zugang haben, daher wurden nach und nach österreichweit, in Hinblick auf Bedarf, Bevölkerungsdichte und Erreichbarkeit, solche Beratungsstellen eingerichtet.

In der Folge wurden Schwerpunkte in der Schwangerschaftsberatung, Frauenberatung, in der Beratung bei Gewalt in der Familie, bei Scheidungs- und Trennungsfragen, zur Vereinbarkeit von Familie und Beruf und in der Beratung von Eltern mit behinderten Kindern gesetzt. 66 Ehe-, Familien- und Scheidungsberatungsstellen sind direkt bei Gericht an Amtstagen allgemein zugänglich. Sie bieten juristische *und* psychologische Hilfen.

Seit 1998 ist in jedem Bundesland auch eine Familienberatungsstelle mit dem Schwerpunkt Alternativreligionen eingerichtet, die Partnern, Kindern, Jugendlichen und sonstigen Bezugspersonen (Großeltern, FreundInnen, …) bei Kontakt eines Angehörigen, Elternteils oder Partners zu diesen Religionen Hilfestellung geben kann.[20] Auch Männerberatung erfreut sich zunehmender Inanspruchnahme.

Der konkrete Aufgabenbereich entwickelte sich insgesamt sehr differenziert – entsprechend der Nachfrage und Akzeptanz von Seiten der Bevölkerung. Von Beginn an aber hatten „Anliegen im Zusammenhang mit Partnerschaftsbeziehungen" einen überraschend hohen statistischen Anteil am Beratungsgeschehen.

Entsprechend den Bestimmungen des Familienberatungsförderungsgesetzes (FBFG) werden in Österreich derzeit etwa 370 Beratungsstellen geführt, ein Drittel davon in kirchlicher oder kirchennaher Trägerschaft. Aufgrund ihrer regionalen Verteilung und guten Erreichbarkeit für Klienten und Klientinnen[21] wurde damit

---

[19] Familienberatungsförderungsgesetz (BGBl. Nr. 80 aus 1974 i. g. F.).
[20] Nähere Informationen im WWW unter http://www.bmgfj.gv.at → Jugend → Prävention → Sekten; Stand vom 6. Dezember 2007.
[21] Grundsätzlich bemühe ich mich um eine gendergerechte Schreibweise. Einer durchgängi-

ein verhältnismäßig dichtes Netz der psychosozialen Grundversorgung geknüpft: Familienberatung kann kostenfrei und anonym in Anspruch genommen werden. Den Stellen ist es erlaubt, freiwillige Kostenbeiträge entgegenzunehmen. Bei stetig steigender Nachfrage ermöglichen diese die finanzielle Absicherung der Beratungsleistung, stellen Solidarbeiträge für jene dar, die nichts zu geben haben, und verweisen gleichzeitig auch auf den ideellen und realen Wert von Beratung.

Durch die Einrichtung der Familienberatung wurde in Ergänzung zur leistungsorientierten, Autonomie und Selbstständigkeit idealisierenden Gesellschaft ein Trainingsbereich für soziale Fitness geschaffen. Dieser bietet die Möglichkeit, die eigene Situation aufmerksam im Dialog reflektieren zu können. Zeichen, Bedeutungen und Hinweise, wie sie oft in Zeiten des Übergangs oder der Krisen deutlich werden, können auf dem Hintergrund des eigenen Lebens entziffert werden, um „das Leben wieder in den Griff zu kriegen", wie viele Ratsuchende ihr Anliegen zu Beginn einer Beratung formulieren.

Heute versteht sich Familienberatung als Kompetenzforum für soziale Anliegen und Krisensituationen. Sie ist an Problemlösung orientiert und wird auf der Basis einer unterstützenden Beziehung durchgeführt. Je nach individueller Situation werden Information, Reflexion und Bearbeitung, zeitbegrenzte Begleitung oder zielführende Weiterleitung angeboten.

Trotz Spezialisierung und Schwerpunktsetzung bleiben BeraterInnen offen für die Persönlichkeit und die individuellen Problemlagen ihrer KlientInnen. Sie erkennen und berücksichtigen die Verflochtenheit der Probleme und die daraus erwachsende existenzielle Problematik.

Parallel zur Familienberatung, sie bereichernd und ergänzend, entwickelte sich ein breites Spektrum weiterer psychosozialer Interventionsformen: Lebens- und Sozialberatung wurde 1990 ein gebundenes Gewerbe, Psychotherapie 1991 gesetzlich geregelt; Supervision mit Listeneintragung, ebenso Coaching, Organisations- und Personalberatung und (Co-)Mediation als ein modernes Konfliktregelungsverfahren eingeführt, um nur die wichtigsten zu nennen.

Im Google finden sich unter dem Suchwort „Beratungsstellen" allein für Österreich ca. 1800 Einträge.[22] Auch in Politik und Wirtschaft werden neben Bildungsinstitutionen vermehrt auch Beratungsformen eingesetzt. Wir sind zur Beratungsgesellschaft geworden. Sie ist gekennzeichnet durch einen kreativen Einsatz von Lebenswissen und Kenntnissen im Sinne einer tendenziellen Entprofessionalisierung, Demokratisierung und Spezialisierung. Der durch Erfahrung und Bildung gereifte Mensch erhält in und für die Gesellschaft neue Bedeutsamkeit. Zumindest ist der akzentuierten Individualisierung und Profilierung, der „Marke ICH" der

---

gen Regelung weiche ich gewollt aus, da ich das „Mitmeinen von Unterschiedlichkeit" vermeiden möchte und eine Denk- und Sprachweise bevorzuge, die Menschen und ihre Polarität faktisch berücksichtigt, nicht nur ideell wahrnimmt.

[22] Nähere Informationen im WWW unter http://www.beratungsstellen.at; Stand vom 6. 12. 2007.

Moderne ein neues Bewusstsein für die Handhabung und Pflege von Beziehung gefolgt. Beziehungsgestaltungsfähigkeit aber ist unabdingbar für gelingende Partnerschaft und zudem ein grundlegendes Erfordernis einer sich rasch entwickelnden demokratischen Gesellschaft mit kultureller Vielgestaltigkeit.

Die Unterschiedlichkeit der Beratungsangebote spiegelt dabei die Mannigfaltigkeit der menschlichen Bedürfnisse und Fähigkeiten.

Themenbezogene Selbsthilfegruppen ermöglichen es vielen Menschen, Wissen und Erfahrungen im Sinne der Bewältigung von Problemen oder schwierigen Lebenssituationen im Austausch an andere weiterzugeben. Damit verhelfen sie zu verbessertem Selbstmanagement. Derzeit gibt es in Österreich etwa 1600 Gruppen und Vereine zu mehr als hundert Themen. Am bekanntesten sind wohl die Anonymen Alkoholiker.

Aus entwicklungsorientierter Sicht können psychosoziale Beratungsformen durch die mit ihnen wesensmäßig verbundene Art der Beziehungsgestaltung und Kommunikation auch als wichtiger Beitrag zur allgemeinen Verständigung und Konfliktbeilegung gesehen werden. Gerade ihrem Facettenreichtum, den obige Darstellung ahnen lässt, kann es gelingen, der Lethargie und Starre jener gesellschaftlichen Strukturen zu begegnen, die sich immer wieder um die Macht des Stärkeren herum bilden wie Kristalle um den Faden, wobei entwicklungsbedingte Veränderungen dann als Störungen ausgemacht und bekämpft werden.

EFL-Beratung, eine fachspezifische Beratungsmethode

EFL-Beratung ist eine beziehungsorientierte, für viele Einsatzbereiche adaptierbare Methode der Lebensberatung mit dem fachspezifischen Schwerpunkt der individuellen Beziehungsgestaltung und Problemlösung in Ehe und Familie. Als solche hat sie ihre Wurzeln in der Sozialarbeit (Handlungsfeld Familie) und wird vorwiegend institutionell angeboten. Aufbauend auf Erkenntnisse der Humanwissenschaften (v. a. Psychologie), bereichert durch die Methoden und theoretischen Bezüge der Psychotherapie, ergänzt durch die angrenzenden Wissensbereiche in Ethik, Soziologie, Recht, Jugendwohlfahrt und Medizin, stellt sie eine der spezialisierten Beratungsformen dar, wie sie im Rahmen des Gewerbes für Lebens- und Sozialberatung auch in selbstständiger Tätigkeit durchgeführt werden können.

Es folgt nun der Versuch, durch praxisnahe Darstellung wesentliche Zusammenhänge und Besonderheiten der EFL-Beratung im Verhältnis zur Sozialarbeit (Handlungsfeld Familie), zur Psychotherapie und zum Gewerbe der Lebens- und Sozialberatung aufzuzeigen. Dadurch soll auch die strukturell bedingte, synergetische Wirkung des Zusammenspiels von gesellschaftlicher Einbindung, methodischer Vorgangsweise und arbeitsbezogener Rahmenbedingung, die die fachliche Eigenständigkeit von EFL-Beratung mitbegründen, verdeutlicht werden.

EFL-Beratung und Sozialarbeit, Handlungsfeld Familie

Im Familienberatungsförderungsgesetz wurde vorgesehen, dass zur Durchführung der Beratung mindestens ein Diplomierter Sozialarbeiter (und in der Folge auch ein Diplomierter Ehe- und Familienberater[23]) zur Verfügung stehen muss, um die Förderung beanspruchen zu können.

Die Einrichtung der Familienberatung sollte einen gesellschaftspolitischen Auftrag erfüllen: Sie sollte die Handhabung der geplanten, das Familienleben berührenden Gesetze unterstützen. Sie war, wie oben ausgeführt, außerdem als Hilfe zur Bewältigung von gesellschaftlich mitbedingten Problemstellungen beabsichtigt. Das „Handlungsfeld Familie" aus dem Fächerkanon der Sozialarbeit wies daher hohe Übereinstimmung mit dem Anforderungsprofil für institutionelle Beratung auf.

Im Diskurs darüber, welche Lebenslagen und Personengruppen wie unterstützt werden sollen, sind die SozialarbeiterInnen DiskussionspartnerInnen unter vielen anderen. Sie bringen ihre Erfahrungen ein und passen ihre Arbeit selbstständig an die jeweiligen Gegebenheiten und Erfordernisse an.

Für die institutionelle Familienberatung hat sich im Rahmen des politischen Auftrags der allgemeine Schwerpunkt „Beziehungsarbeit" auf der Basis der Selbstverantwortung deutlich abgezeichnet. Probleme in Partnerschaft und Familie erwiesen sich als Schwerpunkt in der Beratungsstatistik. Damit verlangten die Erfahrungen aus der Praxis nach spezifischer methodischer Erweiterung und fachlicher Vertiefung.

Sozialarbeit beschäftigt sich fallbezogen mit „sozialen Problemen", mit deren Entstehung, Struktur und mit Lösungsversuchen. Was als soziales Problem gilt, definiert in der Regel nicht die Sozialarbeit allein, sondern, oft über die Köpfe der Betroffenen hinweg, deren Umfeld und die gesellschaftlichen Verhältnisse. In der konkreten Arbeit jedoch wird die Sichtweise der Beteiligten nach Möglichkeit berücksichtigt.

EFL-Beratung hingegen wird **freiwillig und mit selbstbestimmtem Anliegen** aufgesucht. Gemeinsam klären BeraterIn und KlientIn, über welchen Zugang (Unterstützung, Beratung, Begleitung, Therapie, Vermittlung weiterer sozialer oder materieller Hilfen, Weiterleitung) am ehesten das Problem geklärt oder das Anliegen bearbeitet werden kann.

Die psychosoziale Diagnose, Expertise der Sozialarbeit verweist auf Lebenslagen und Problemstellungen, die Basis weiterer sozialer Maßnahmen und Veranlassungen sein können. Auch kann eine Zuziehung anderer Experten oder eine Weiterverweisungen nötig sein.

---

[23] Geschlechtsspezifische Formulierung aus dem Gesetzestext des FBFG.

In der EFL-Beratung ist der Zugang zu einer Veränderung oder Lösung das zentrale **Anliegen der KlientInnen**. Diskursiv, im Prozess der beraterischen Diagnostik, wird das Anliegen in Hinblick auf mögliche Lösungen reflektiert, eingeschlagene Lösungswege hinsichtlich ihrer Brauchbarkeit überprüft und variiert oder ergänzt (z. B. durch rechtliche Beratung, Erziehungsberatung, Tests ..., je nach Anliegen).

SozialarbeiterInnen nehmen Kontakt und Beziehung zu Personen auf, die – aus welchem Grund auch immer – am Rande der Gesellschaft stehen und bieten Unterstützung und Integrationsförderung. Über Vertrauen stiftende Settingmaßnahmen kann die Effizienz von Sozialarbeit bedeutend erhöht werden (Streetwork, Jugendtreffs).

Auch EFL-Beratung ist entsprechend ihrer Bestimmung als **niedrigschwellige Einrichtung** geplant, d. h. sie soll allen Menschen, die sie brauchen, ohne Aufwand von Kosten, Bürokratie oder sozialen Barrieren zugänglich sein. Verkehrsgünstige Anbindung, regionale Verteilung, vertraute Wohnzimmeratmosphäre im Beratungsraum u. ä. sind wichtige Attribute, die eine allgemeine Akzeptanz der Stellen zusätzlich zu den gesetzlich vorgeschriebenen (Freiwilligkeit, Anonymität, Kostenfreiheit und bedarfsgerechte Öffnungszeiten) erleichtern sollen.

Ein weiterer Ansatz, den Gegenstand der Sozialarbeit im Verhältnis zu EFL-Beratung zu beschreiben, geht vom Begriff des Alltags aus. Funktionierender Alltag ist subjektiv unproblematisch, dafür bedarf es keiner professionellen Hilfe. Sozialarbeit tritt dort auf den Plan, wo für Betroffene und MitbürgerInnen dieser Alltag kaum anzutreffen ist. Wo große Bereiche der Lebensgestaltung fremd und unübersichtlich, unverstehbar und unbewältigbar werden. Die Aufgabe der Sozialarbeit ist es, durch Hausbesuche, Beratung und konkrete Maßnahmen oder Hilfen wieder bewältigbaren Alltag zu schaffen. Familienarbeit in der Sozialarbeit beinhaltet daher häufig „nachgehende" Fürsorge, oft nach Hinweisen Dritter. Hausbesuche, konkrete Hilfestellungen, Anleitungen oder eingreifende Interventionen sind möglich. Diese entsprechen den Problemlagen der KlientInnen, den Erfordernissen des Kindeswohls oder der Hilfe zum Lebensunterhalt.

EFL-Beratung „steht zur Verfügung", sie muss von Ratsuchenden aufgesucht werden, wenn ihnen **im Alltag Probleme** erwachsen sind. Sie beanspruchen durchaus weiterhin, mit ihren Problemen selbst fertig zu werden, und suchen Unterstützung und Information. EFL-Beratung bietet zudem weder nachgehende Betreuung noch finanzielle oder materielle Hilfen an. Hausbesuch ist grundsätzlich nicht vorgesehen, doch als begründete Ausnahme möglich.

Sozialarbeit begleitet und fördert die menschliche Entwicklung, die nicht nur nach biologischen oder psychologischen Gesetzmäßigkeiten betrachtet wird. Ihre Aufgabe ist es, Fehlentwicklungen zu korrigieren. Bei Gefahr in Verzug oder bei massiver Gefährdung des Kindeswohls muss und kann daher auch verhältnismäßig massiv eingeschritten werden.

Anders bei der EFL-Beratung. Aus der Eigendefinition der KlientInnen ergibt sich die Aufgabe der Beratung. Dabei sind oft allgemeine Befindlichkeitsbeschreibungen („Mir geht es gut, aber …", „Mir geht es schlecht", „Ich weiß nicht mehr weiter") erste Schritte in Thema und Auftrag. Über den beraterisch-diagnostischen Prozess fördert und unterstützt EFL-Beratung dann zielorientiert die individuellen Fähigkeiten der KlientInnen, auf bestehende Beziehungsgeflechte und Verantwortungsbereiche je nach Zielbestimmung, aber jedenfalls im Sinne verbesserten Wohlbefindens Einfluss nehmen zu können.

Die Methoden der Sozialarbeit werden als Einzelfallhilfe[24] *oder Casework, als „Soziale Einzelhilfe"*[25] *oder, nicht zuletzt wegen der knapper werdenden finanziellen Ressourcen, aktueller als Casemanagement beschrieben.*

Sie alle erfolgen auf der Basis einer helfenden Beziehung und werden hinsichtlich der möglichen Interventionen ergänzt durch aktuelle sozial relevante Sichtweisen (Beispiel: Systemische Sozialarbeit[26]*, Familienbetreuung).*

Für EFL-Beratung wird die psychosoziale Einzelfallhilfe sozusagen zur generellen Norm, da die Menschen mit ihrem **Anliegen und** ihrer **Befindlichkeit zentral** gesehen werden. Die Kunst der Beratung besteht dann vor allem in der jeweils klientenbezogenen, individuellen Feinabstimmung der Vorgangsweise. Die Anliegen werden hinsichtlich

- individueller,
- beziehungsimmanenter und
- gesellschaftlicher sowie
- ökologischer

Ressourcen betrachtet. Die als Prozess zu verstehende diagnostische Aufgabe für Beratung liegt unter anderem darin, die vier angesprochenen Bereiche hinsichtlich ihrer Bedeutsamkeit für das Problem einzuschätzen und entsprechend zu bearbeiten. Der Art der Beziehungsentwicklung in der Beratung selbst kommt dabei ebenfalls große Bedeutung zu. Sie lässt oft Hindernisse für förderliche Lebensgestaltung erkennen, die als solche erkannt und verändert werden können:

- Durch Abstand von der unmittelbaren Betroffenheit,
- durch Klärung der jeweiligen Erwartungen, Rollen und Ziele,
- durch Information und/oder Weiterleitung,
- durch emotionelle Unterstützung bei der konstruktiven Verarbeitung von Konflikt- und Krisensituationen

erfolgt die Annäherung an das angestrebte Beratungsziel.

---

[24] Bang (1964).
[25] Hollis (1971).
[26] Lüssi (1992).

EFL-Beratung als fachspezifisch optimierte Sozialarbeit

EFL-Beratung im Rahmen der institutionellen Familienberatung hat eine wichtige und aktuelle Aufgabe für die Gesellschaft zu erfüllen: Sie ist in der Neufassung pädagogisch-andragogischer[27] Konzepte die klassische „Hilfe zur Selbsthilfe".

Obwohl viele Menschen ein ähnliches Schicksal erleiden, sind sie (mit Ausnahme von tiefgehenden, individuellen oder allgemeinen Krisensituationen) zu Einzelkämpfern geworden, die der Geborgenheit und Versorgung durch ihre familiären Netze entwachsen sind. Leider versagt auch die partnerschaftliche Unterstützung noch oft, da kaum Kenntnisse und Kraft für gegenseitige emotionelle Unterstützung aufgebracht werden können. Die Kern- und Patchworkfamilien in der heutigen Form und Konstellation sind auf Dauer von der Summe der Probleme überfordert.[28]

Die gängigen Denkmodelle: Sich nach hinten wenden (Es soll so wie früher werden …), den eigenen Maßstab anlegen (Ich tu das ja auch nicht …) sowie das allgemeine Ansteigen narzisstischer Verletzbarkeit und Wut erschweren die Lösungssuche. So fehlen vor allem in Krisenzeiten und in Zeiten des Übergangs Menschen, die die notwendige seelische Stützfunktion übernehmen könnten.

Aufgrund der sozialen Natur des Menschen gilt aber immer noch: Je besser verlässliche Unterstützung, Hoffnung und Aufmerksamkeit vorhanden oder zugänglich sind, desto mehr können seelische Kräfte mobilisiert werden. Desto eher kann dann

---

[27] Andragogik ist die Wissenschaft von der Bildung Erwachsener.

[28] Zur Illustration ein gekürzter Ausschnitt aus dem Familienalltag:
ER (stumpf): „Ich bin so erschöpft heute, ich gehe gleich schlafen."
SIE (empört): „Und was soll ich sagen? Ich habe …, ich bin …, ich war …".
Angenommen, diese Eröffnung wirkt als Kriegserklärung, so folgt ihr ein unerbittlicher Kampf. Das Paar möchte sich dennoch nicht trennen.
In der Beratung stellt sich die Frage, ob Verbesserung darin läge, dass das Paar freundlicher miteinander reden lernt? Oder sollte eine Einladung für Entlastungssuche ausgesprochen werden? Vielleicht gilt es, beides auszuprobieren und daraus Schlüsse zu ziehen – als Aufgabe der beraterischen Diagnostik. Meine Hypothese: Wenn sie beide erkennen können, dass sie nicht schlechte, sondern erschöpfte Menschen sind, weil sie viel leisten, könnte sich manches verbessern. Sie könnten einander beraten, wie Entlastung möglich ist, wenn dann noch Bedarf besteht. Meist genügt es den Frauen schon, wenn man ihnen einfach zuhört und sie mit ihren Gefühlen akzeptiert, den Männern, wenn sie auch fürs Erschöpftsein als Ausdruck der erbrachten Leistung Anerkennung erhalten und nehmen können.
An diesem Beispiel wird auch ein Aspekt der Wirkung veränderter Rollenverteilung sichtbar: Früher hatte der erschöpfte Mann ein Recht auf Verwöhnung, nachdem er so viel für die Familie geleistet hatte. Die Frau ihrerseits war für das Verwöhnen zuständig, das war ihr Job. Früher wäre der Mann einfach schlafen gegangen; das hätte für die Frau eine Entlastung von ihrer Aufgabe bedeutet und für ihren Mann eine klare Lösung. Heute sieht sich die Frau der unbewältigten Hausarbeit gegenüber und sie fühlt sich im Stich gelassen. Da sie nichts für ihren Mann tun kann, stellen sich vielleicht zusätzlich Schuldgefühle ein, während der Mann mit Versagensängsten kämpft. So verfangen sich beide leicht in einen symmetrisch eskalierenden Kampf um Anerkennung: Wer leistet mehr, wer hat exakt zum selben Zeitpunkt mehr Anspruch darauf, vom anderen verwöhnt/verstanden zu werden.

auch eine Krise bewältigt und als Lebenserfahrung genützt werden. Gleichzeitig aber bedarf es sicherlich auch eines Umdenkens hinsichtlich der Vorstellung von „guten Beziehungen". Sie werden häufig ähnlich symbiotischen Zuständen beschrieben, die keine Abweichungen erlauben und ewig währen. Gut und lang dauernde Lebensgemeinschaften hingegen zeichnen sich eher durch unterschiedlich belastungs- und konfliktfähige Partner aus, die sich aktiv und trotz Schwierigkeiten zueinander bekennen. Die zur Entwicklung aneinander fähig sind, die aus Krisen gestärkt hervorgehen und denen auch nach Jahren noch die Kraft und Möglichkeit zu Glücksmomenten innewohnt.

In der Familienberatung verändern sich also die Schwerpunkte und Zielrichtungen der klassischen Sozialarbeit für Familien: Anstelle der Verpflichtung, Kinder und Jugendliche zu schützen, sind es nun die Jugendlichen und Erwachsenen selbst, Partner, Väter, Mütter und Einzelpersonen, denen EFL-Beratung angeboten wird. Ihnen und ihrem Anliegen gelten in erster Linie die Bemühungen und die Unterstützung. EFL-Beratung erfolgt nach dem Prinzip der Freiwilligkeit und Eigenverantwortlichkeit.

Bei weitgehender Befriedigung der materiellen und persönlichen Grundbedürfnisse, also wenn der Alltag normalerweise gelingt, sind es vor allem psychosoziale Bedürfnisse, Probleme der Befindlichkeit (in Erziehung, Partnerschaft, Herkunfts- oder Puzzle-/Patchworkfamilie), die sich mehr oder weniger unbemerkt im Lauf der Zeit „herausleben", in den Vordergrund geraten und schließlich Anlass geben, eine Beratung aufzusuchen. Dort, wo Sozialarbeit traditionellerweise keinen Auftrag (mehr) sieht, dort beginnt Psychosoziale Beratung im Auftrag der KlientInnen.

Psychologische Fähigkeiten oder Befindlichkeiten entsprechen seelischen Bedürfnissen oder Werten. Diese sind nach Maslow „in einer hierarchischen und entwicklungsgemäßen Weise aufeinander bezogen, in einer Reihenfolge der Stärke und Priorität. Sicherheit ist ein mehr vorherrschendes oder stärker dringliches, vitaleres Bedürfnis als z. B. Liebe. Das Bedürfnis nach Nahrung ist gewöhnlich stärker als beide. Außerdem kann man *alle* diese Bedürfnisse auf dem Weg zur allgemeinen Selbstverwirklichung betrachten, unter die sich alle Grundbedürfnisse subsumieren lassen."[29] (Später fügte Maslow auch noch eine spirituelle Ebene hinzu.) Familie und Arbeitswelt aber können heutzutage die gestiegenen Ansprüche und individuellen Bedürfnisse nach Sinnhaftigkeit, Verantwortlichkeit, Kreativität, Fairness, Gerechtigkeit und Liebe nicht mehr ausreichend erfüllen. *Eine* Antwort darauf ist Bildung, sie schafft Realitätsbezogenheit und eröffnet neue Wege. Eine andere Antwort stellt Beratung dar. Sie ist eine selbst gewählte, anlassbezogene Unterstützung am schwierigen Entwicklungsweg Erwachsener zu seelischer Ausgeglichenheit und Reife.

Daher gilt es, über die gesamte Beratungsbeziehung den Spannungsbogen zwischen eigenständiger Ziel-Erarbeitung und Unterstützung (klientinduzierte Pacing-Leading-Prozesse) zu halten und zu wahren. Dies ist methodisch die eigentliche

---

[29] Maslow (1981), S. 156 f.

Herausforderung an die BeraterInnen, da nur sie Platz schafft für die Kraft und kreative Autonomie der KlientInnen. Eine Übernahme konkreter Aufgaben durch die BeraterInnen sollte nur bei geklärter Notwendigkeit (ggf. nach Besprechung in Supervision oder Team) und nur in Ausnahmefällen erfolgen.

Viele Maßnahmen oder Interventionen, die in Bereichen der Sozialarbeit oder Psychotherapie methodisch korrekt sein mögen, werden im Beratungssetting unter den Aspekten des machtbetonten Agierens im Sinne der Selbstbestätigung der BeraterIn oder als alternativer Weg zur Festigung der Beziehung bzw. Veranschaulichung des Themas zu betrachten sein. Hinsichtlich der zur Verfügung stehenden „Mittel" unterscheidet sich EFL-Beratung also signifikant vom Handlungsfeld Familie in der Sozialarbeit:

> Das Mittel der EFL-Beratung ist das methodisch geführte, grundsätzlich an Problemlösung in Eigenverantwortung orientierte Gespräch. Dafür werden BeraterInnen von Ratsuchenden aus deren eigenem Bedürfnis aufgesucht, aber nicht um eine Aktivität der BeraterIn zu veranlassen, sondern um zu selbst erarbeiteten Lösungen zu kommen.

KlientInnen, die eine Beratungsstelle aufsuchen, sind sich dessen natürlich nicht immer bewusst. Da Hilflosigkeit und Autoritätsglaube tief sitzen, ist es zunächst Aufgabe der BeraterIn, Vertrauen in die individuelle Lösungskapazität zu wecken und unter Bedachtnahme auf die bestehenden sozialen Bezüge die KlientInnen zur Eigenverantwortung zu motivieren. Das gelingt etwa mit Fragen wie: „Was haben Sie sich vorgestellt, was hier geschehen kann?" oder „Können Sie das etwas genauer beschreiben …?", „Was haben Sie bisher alles unternommen?", „Was war Anlass, gerade jetzt zu kommen?" Die letzte Frage verweist übrigens wiederum darauf, wie wichtig es ist, Beratung bedarfsgerecht anzubieten.

Zusammenfassend und verallgemeinernd lässt sich sagen, dass die institutionelle Familienberatung mit ihrem Kontext und Setting Schwerpunkte im Bereich der Familiensozialarbeit setzt, die vertiefte und erweiterte sozialarbeiterische Fähigkeiten und Kenntnisse erfordern. An das Prinzip der Kooperation ist auch die Gestaltung der „helfenden Beziehung" anzupassen.

In der Familienberatung wurde die Sozialarbeit durch die Rahmenbedingungen für Beratung (Anonymität, Vertraulichkeit und Verschwiegenheit, Eigenverantwortung der Beteiligten) vom Auftrag der „sozialen Kontrolle" befreit. Obwohl von dritter Seite bezahlt, ist Beratung in Eigenverantwortung der Beteiligten durchzuführen. Bildhaft beschrieben, sitzen zwei ExpertInnen einander gegenüber: Eine Person als Expertin für das eigene Leben – eine Person als Expertin für Beiträge zu positiver Lebensgestaltung.

Daraus leitet sich die Notwendigkeit ab, trotz der unterschiedlichen Rollenverteilung partnerschaftliche, demokratische Beziehungsgestaltung zu lernen. Dazu gehört auch das entsprechende Handling von Beziehungsaufnahme und Kontakt zwischen verschiedenen oder gleichen Geschlechtern sowie bei offenkundigen Unterschieden bezüglich Alter, sozialer Zugehörigkeit oder Kultur.

- Die Art der Durchführung von Beratung erfordert Zeit, damit Klienten und Klientinnen zu eigenen Lösungen kommen können. Das braucht Übung und Geduld, Einfühlungsvermögen, wache Aufmerksamkeit und Konzentration. Selbstwahrnehmung und Wahrung der eigenen Grenzen und der Grenzen des/der anderen sind weitere, vertieft zu übende und zu reflektierende Trainingsbereiche, die die spezifische Gesprächskultur der EFL-Beratung auszeichnen.

- Da mehrere Stunden zu einem Thema vereinbart werden können, ist schwerpunktmäßig die dazwischenliegende Zeit als Entwicklungsprozess im Sinne der Beratung zu erfassen, um den Wirkzusammenhang von Beratung und Beziehungsgestaltung oder Lebensführung im Alltag zu gewährleisten. Die Themen einer Stunde, die sich assoziativ oder nach dem augenblicklichen Bedürfnis der KlientInnen ergeben, werden auf einer Metaebene hinsichtlich ihrer Bedeutsamkeit angesichts der angestrebten Zielvereinbarung und des Beratungsbeziehungsverlaufs reflektiert. Zufriedenheit mit dem persönlichen Verhalten ist ein wichtiger Orientierungspunkt im Beratungsgeschehen und gilt für alle Beteiligten. Das beinhaltet auch, die Grenzen des Machbaren in Beziehungen zu erkennen und zu akzeptieren. Die Erfahrung lehrt, dass dann oft erstaunliche Entwicklungen möglich werden.

- Die facheinschlägigen Kenntnisse aus den relevanten Wissensbereichen (z. B. Eherecht …) sind regelmäßig zu aktualisieren und beratungsadäquat für Orientierung und Information zugänglich zu halten. Bei der Vermittlung ist auf deren Verständlichkeit und Umsetzungsmöglichkeit auf Seiten der Klientel zu achten.

- Die Beraterin muss über ein gewisses Maß an eigener, reflektierter Lebenserfahrung verfügen; sie braucht Praxis in eigenverantwortlicher Beratungsführung im vergleichbaren Setting und viele Stunden der fachlichen Auseinandersetzung mit Fallberichten und konkreten Lebenssituationen, um in der Beratung emotionell und kognitiv standhalten zu können. Als Vertreterin der „Realität" achtet sie die Gefühle der KlientInnen und kontrolliert das Agieren mit eigenen Gefühlen (z. B. Mitleid).

- Beratung ist grundsätzlich „Gespräch" und wird als solches intuitiv geführt. Die Beraterin sollte daher lernen, inwieweit sie ihrer Intuition trauen kann. Sie muss entscheiden, ob sie sich von ihr leiten lässt oder von ihr Abstand nimmt und eventuell außerhalb des Gesprächs die Bedeutung ihrer Intuition reflektiert.

- Als BeraterIn ist man vermehrt auf innere Resonanz (= Bedeutungssuche) angewiesen. Es ist daher wichtig, Übertragungsgeschehen als solches zu erkennen. Supervision, Intervision oder Selbsterfahrung helfen, die emotionelle Bedeutung bzw. Wirkung einer aktualisierten Gegenübertragung möglichst zu neutralisieren und letztlich für den Klienten oder die Klientin zu nützen.

- Der Einsatz, der Gebrauch und die Nützlichkeit von Supervision für die Fallführung und die eigene Persönlichkeit sollte geübt werden. Es braucht viel Vertrauen und Mut, sich mit den eigenen Schwierigkeiten im Beisein anderer sinnvoll auseinanderzusetzen. Wir haben meist nur zu gut gelernt, uns im Lebenskampf möglichst „unangreifbar" zu präsentieren. Feldspezifische (= fallbezogene, fachbezogene, handlungs- und entwicklungsorientierte) Supervision ist vom lernenden Beginn an Bestandteil der professionellen EFL-Beratung.

- Das Wichtigste zuletzt: Beratung hat auch einen hohen Selbsthilfecharakter. Uns allen ist das zentrale Handlungsfeld, nämlich Familie und Beziehungsleben, vertraut. Zum Unterschied von Sozialarbeit werden in der EFL-Beratung fast immer Lebenssituationen bearbeitet, in denen sich auch BeraterInnen befinden könnten – oder sogar aktuell befinden. Das macht es erforderlich, dass BeraterInnen durch Konkretisierung und Reflexion ihren Blick für die Unterschiedlichkeit der beteiligten Personen und die Einmaligkeit der Lebenslagen schärfen. Dadurch werden gefühlsbezogene Identifikationen oder subjektiv gefärbte Beurteilungen rascher erkannt und in ihrer Wirkung relativiert. Es ist außerdem ratsam, bereits in Auswahl und Schulung für EFL-Beratung besonderes Augenmerk auf eine problematische Ausprägung des „Helfersyndroms" zu legen und auf dessen entwicklungshemmende Auswirkungen zu achten. EFL-Beratung kann ihren Beitrag zur Entwicklung der KlientInnen dann gut leisten, wenn nicht persönliche, defizitär gebliebene Bedürfnisse der BeraterInnen ins Zentrum des Geschehens geraten. Dasselbe gilt grundsätzlich auch für institutionelle Beratung als ausschließlichem Broterwerb. Positiv beschrieben kann und muss gesagt werden, dass in einer Beratungssituation grundsätzlich wesentliche menschliche Grundbedürfnisse erfüllt werden (siehe Grawe, weiter unten). Das macht diese Tätigkeit für alle Beteiligten so lohnend und bringt Menschen auf die Idee, Beratung als zusätzliche Tätigkeit auszuüben, für die sie bereit sind, Zeit, Geld und Energie zu investieren.

EFL-Beratung und soziale Basisqualifikation

Geht es in der Familiensozialarbeit also vor allem um die existenziellen Grundbedürfnisse (Wohnen, Essen, Schlafen, Arbeit, Sicherheit), ist die Psychotherapie vor allem um die Linderung oder Beseitigung krankheitswertiger Leidenszustände bemüht, so geht es in der EFL-Beratung um die Kompetenzerweiterung zur zufriedenstellenderen Versorgung hinsichtlich der sozial geprägten Grundbedürfnisse, der „menschlichen Grundbedürfnisse", wie z. B. Grawe sie nennt.[30] Sie sind allen Menschen gemeinsam, können aber nicht immer ausreichend in der ihnen gemäßen Weise zu Erfüllung gelangen.

---

[30] Grawe (2004), S. 183 ff.

Grawe definiert die **menschlichen Grundbedürfnisse** als Bedürfnisse, die bei allen Menschen vorhanden sind und deren Verletzung oder dauerhafte Nichtbefriedigung nachweislich zu Schädigungen der psychischen Gesundheit und des Wohlbefindens führen.

1. Das Bedürfnis nach Orientierung und Kontrolle ist das grundlegendste Bedürfnis. Es ist sozusagen inneres Arbeitsmodell, auf das man sich bezieht (wenn – dann). Die innere Konzeption der Realität ist damit gemeint, die man aufrechtzuhalten versucht. Man kann auf Kontrolle nicht verzichten, wenn man ein Ziel erreichen will. Burn out, (nur) aus dieser Sicht betrachtet, ist Folge dessen, das Eine mit vollem Einsatz zu tun, aber das damit verbundene Andere, nämlich das innerlich repräsentierte Ziel, nicht zu erreichen. Bei Paaren, in Familien zeigen sich dahingehende Probleme etwa in der Aussage: Ich habe alles für ihn/sie getan – und trotzdem liebt er/sie mich nicht.

2. Das Bindungsbedürfnis ist empirisch bestens abgesichert. „Bowlby postulierte als Erster explizit ein angeborenes Bedürfnis, die physische Nähe einer primären Bezugsperson zu suchen und aufrechtzuerhalten."[31] Der Mensch teilt es mit vielen Tierarten! Das Bindungsbedürfnis und die damit im Zusammenhang sich entwickelnde Einfühlung (Spiegelneurone) und Signalgebung brachte aus entwicklungsgeschichtlicher Sicht einen wesentlichen Überlebensvorteil für die jagenden Urhorden. Seine Weiterentwicklung in der Gruppe erscheint essenziell für die gesamte Menschheitsentwicklung. Wie wichtig eine Ablösung in Sicherheit und eine funktional gestaltete Bindung für uns Menschen ist, zeigt sich darin, dass überdauernde Symbiose und/oder die Nichtbefriedigung des Bindungsbedürfnisses beim Erwachsenen häufig Probleme nach sich ziehen: So z. B. der Eindruck, sich nicht auf den Partner oder die Partnerin verlassen zu können, ganz besonders dann, wenn man ihn oder sie dringend brauchen würde. Dieser Eindruck mag stimmen, aber eine emotionell damit verbundene verzweifelte Hilflosigkeit oder Wut verweist eher auf die Erfahrungen der Kindheit. Durch sie wird das betroffene Gegenüber abgewertet und die Erfüllung des Bedürfnisses erschwert.

Wie ein Mensch Kontakt hält, also
- wie sicher gebunden – mit sicherem Beziehungsverhalten,
- wie unsicher gebunden – mit vermeidendem Beziehungsverhalten,
- wie unsicher gebunden – mit ambivalentem Beziehungsverhalten,
- wie unsicher gebunden – mit desorganisiertem/desorientiertem Beziehungsverhalten

---

[31] Grawe (2004), S. 192.

er reagiert, beinhaltet seine (aktuell mehr oder weniger angepassten, funktionalen) Reaktionen auf die Trennungserfahrungen der ersten Lebensmonate. Untersuchungen zeigen, dass Bindungsstile das ganze Leben bestehen bleiben und sogar über Generationen hinweg nachzuweisen sind.[32]

3. Das Bedürfnis nach Selbstwerterhöhung und Selbstwertschutz: Eine Problematik in diesem Bereich ergibt sich meist dann, wenn der Selbstwertschutz höchstes Anliegen wird und das Alltagsleben sowie die Beziehungsgestaltung bestimmt. Wie oft hören wir, dass Menschen sich selbst beschimpfen, wenn etwas schiefgeht? Scheinbar paradox, aber dennoch konsequent: Schützen sie sich doch möglicherweise durch Selbstabwertung vor der als weit verletzender empfundenen Abwertung durch andere. Sich selbst weh zu tun, daran ist man infolge früher Abhängigkeitsbewältigung gewöhnt, wird also kaum jemals so schmerzhaft empfunden, wie wenn es jemand anderer tut. Leider verhindert man damit oft die Wahrnehmung dessen, wonach man sich sehnt, z. B. Anerkennung oder einfach Selbstwertbestätigung.

4. Das Bedürfnis nach Lustgewinn und Unlustvermeidung ist dem Erleben gut zugänglich und scheint allgemein verständlich. Dennoch ist auch dieser Bereich nicht so einfach. Was gut ist, was schmeckt, was wir gern riechen oder hören, steht keineswegs fest oder ist für alle Menschen gleich. Beurteilung von Geruch oder Geschmack wird angelernt und ist oft gesellschaftlich verbindende Norm, man gehört dann dazu. Offensichtlich können also auch diese Bedürfnisse im Umweg über andere gestillt, aber nicht befriedigt werden. Dies bringt dann meist Nachteile mit sich: Leben nur nach dem Lustprinzip kann in die Sucht führen.

Langsam beginnt sich auch die Bedeutsamkeit der Erkenntnis durchzusetzen, dass das gesamte, in der Kindheit geformte Streben lebenslänglich motivierend wirkt und dass Gesundheit und Wohlbefinden sowie die Entwicklung des Erwachsenen wesentlich von dem Ausmaß und der Möglichkeit zu seiner Befriedigung abhängen. Die sozial geprägten Grundbedürfnisse vermitteln sich über Kanäle der neuronalen Wahrnehmung[33], des Kontaktes und des Austauschs, also ganz allgemein über Wege einer umfassend zu verstehenden Kommunikation. Dabei gilt: Beziehung wirkt. Ihre bewusst zu gestaltenden, positiven Auswirkungen jenseits von Lob und gezielter Manipulation gewinnen zunehmend das Interesse der Forschung.

---

[32] Bowlbys Mitarbeiterin M. D. Ainsworth publizierte mit anderen Autoren die Beobachtungen zur „Fremden Situation", deren wesentliche Ergebnisse die Einteilung und Beschreibung der letztlich vier typischen Verhaltensmuster waren. Vgl. Grawe (2004), S. 193.
Für Beratung besonders gut dargestellt wird die Bindungstheorie in: Endres M./Hauser S. (Hg.) (2000): Bindungstheorie in der Psychotherapie. Reinhardt, München.
[33] Vgl. Bauer (2006).

Damit klärt sich auch die gesellschaftlich notwendige Neu-Positionierung der EFL-Beratung mit ihrer langen Tradition als fachspezifisch spezialisierter Anwendungsbereich der Sozialwissenschaften in Ergänzung zu den biologischen, psychologischen und klinischen Wissenschaftszweigen.

In der Zeit der „Moderne", der Idealisierung von Selbstständigkeit und Autonomie, wurde der Begriff „Beziehung" eher scheel betrachtet und in die Richtung von Abhängigkeit, Bedürftigkeit oder Unvollkommenheit gerückt. Zudem galt der Mensch als im Wesentlichen mit 24 Jahren „fertig" – von da an ging es, nicht gleich steil, aber doch, eher bergab. Jedenfalls gab es noch keine akademisch gelehrte Entwicklungspsychologie über dieses Alter hinaus.

Die soziale Dimension des Erwachsenen, die damit verbundene Herausforderung zu Verselbstständigung und Reifung sowie Verantwortungsübernahme auch für die eigene Emotionalität, also das eigene Erleben – all das wurde erst durch Erik H. Eriksons berühmt gewordenes Stufenmodell[34] in den Blick gerückt. In acht aufeinanderfolgenden Phasen erfasst Erikson die *psychosoziale*, also die auf Mensch *und* Gesellschaft bezogene Entwicklung von der Geburt an bis zum Tod. Jede dieser acht Phasen beschreibt die jeweils entwicklungsbedingt aktualisierten seelischen Integrationsaufgaben und deren mögliches Schicksal. Über ein Lebensthema und seine Polarität können sich qualitativ neue seelische Fähigkeiten entwickeln, eine neue Stufe der Integration kann erreicht werden: Vertrauen oder Misstrauen; Autonomie oder Scham und Zweifel; Initiative oder Schuldgefühl; Werksinn oder Minderwertigkeitsgefühl; Identität und Ablehnung oder Identitätsdiffusion; Intimität und Solidarität oder Isolierung; Generativität oder Selbstabsorption; Integrität oder Verzweiflung.

Die Entwicklung der kulturell sehr formbaren Lustbedürfnisse, die im sexuellen Begehren ihren persönlichsten und intimsten Ausdruck finden, sucht man in Lehrbüchern oder Curricula auch heute noch häufig vergeblich. Da die Werte und Ziele der Leistungsgesellschaft den Bedürfnissen und Zielen individueller Entwicklung nur mehr wenig Spielraum lassen, erhält EFL-Beratung mit ihrer Schwerpunktsetzung als Beitrag zur gesunden Persönlichkeitsentwicklung auch im Bereich des Begehrens und Liebens ihre ganz besondere Bedeutung. Immer aber ist es ihre Aufgabe, die Menschen für die eigene Lebensgestaltung zu qualifizieren. Bezogen auf Liebe und Sexualität heißt das, dass Paare füreinander die besten und verständnisvollsten Berater und Beraterinnen werden sollen.

EFL-Beratung ist in Theorie und Praxis auf die Bedürfnislage Erwachsener abgestimmt. Sie bietet bei sozial verursachten Störungen des Wohlbefindens aktive Hilfe zur Problembewältigung. Sie trägt bei Konflikten durch Klärung der motivationalen Lage[35] aller Beteiligten zum Verstehen und zu neuen Lösungen bei. Damit wirkt Beratung bei Beziehungsproblemen mediierend und fördert sachbezogene und al-

---

[34] Erikson (1976a) und (1976b).
[35] Die motivationale Lage ergibt sich aus bewussten und unbewussten Beweggründen, die eine Handlung oder ein Verhalten zur Folge haben.

tersgemäße Umgangsweisen oder Lösungen. Ihr Mittel, wie schon mehrmals erwähnt, ist das psychosoziale Beratungsgespräch, das aufbauend auf Erfahrung und Wissen jene Techniken und Methoden für Erkenntnis und zwischenmenschliche Beziehungsgestaltung benützt, die einem günstigen Beratungsverlauf dienlich sind.

Wesentlichen Anteil am Erfolg der EFL-Beratung haben dabei die Rahmenbedingungen für die institutionelle Familienberatung, die diese Form der partnerschaftlichen Sozialarbeit ohne Armuts- oder Schuldbekenntnis ermöglichen.

Grundsätzlich bietet Beratungstätigkeit die Möglichkeit zur Beteiligung aller an den sozialen Ressourcen einer Gesellschaft. Viele Berufe leisten im Rahmen ihrer Tätigkeit Unterstützung und Hilfe an vorderster Front: Entweder haben sie mit leidenden, durch Sorge belasteten Menschen zu tun, wie Krankenschwestern oder Seelsorger, Friseure oder Kosmetikerinnen, oder sie haben die Aufgabe, durch gute Beratung ihre Kunden zu orientieren, damit diese wohlüberlegte Entscheidungen treffen können. Gerne schließe ich mich da der Forderung Petzolds an, der die Meinung vertritt, dass Beratungskompetenz und die dazugehörigen basalen kommunikativen Fähigkeiten generell in das sekundäre Bildungssystem integriert werden sollten. Als kulturelle, soziale Basisqualifikation sei psychologisches Grundwissen und Kommunikationsfähigkeit an alle zu vermitteln, weil für den Umgang der Menschen miteinander mindestens so wichtig wie der Umgang mit dem Computer, der längst eine allgemein geforderte Basisqualifikation darstellt[36]. Ich erlaube mir, diese Sichtweise dahingehend zu ergänzen, dass Beratungskompetenz als Basiskompetenz naturgemäß Ansprüche an die Persönlichkeitskompetenz stellt. Diese wird in einem Schulsystem, das bis ins Erwachsenenalter hinein in erster Linie auf die leistungsbezogene Beurteilung durch privilegierte Andere aufgebaut ist und wenig Zeit, Raum und Kraft für selbstbestimmtes Tun im Zusammenwirken mit anderen übrig lässt, nur wenig gefördert.

EFL-BeraterInnen verfügen, neben ihren Erfahrungen in Familie und Beruf, durch ihre siebensemestrige Ausbildung über diese Basisqualifikation. Durch die zusätzliche Schwerpunktsetzung und Schulung für Beziehungsgestaltung im zwischenmenschlichen Bereich, die besondere Anforderungen an die Persönlichkeit einer BeraterIn stellt, ist EFL-Beratung in der Lage, auch allgemeine, politische Anliegen in ihre Tätigkeit einzubinden, sofern sie mit den Menschenrechten vereinbar sind und dem Bedürfnis nach persönlicher Autonomie entsprechen. Sie ist damit auch eine wichtige Begleitmaßnahme für die Umsetzung der Vorgaben der Vereinten Nationen. Die Erklärungen zu den Menschenrechten betonen das Recht jedes Einzelnen auf einen Lebensstandard, der *sein und seiner Familie Gesundheit und Wohl* gewährleistet. Gesundheit und Wohl der Familien wiederum werden maßgeblich von der Qualität und Funktionalität der Beziehungen innerhalb der Familie und zur Gesellschaft bestimmt.

---

[36] Vgl. Petzold (2005), S. 177.

Es darf davon ausgegangen werden, dass die Strukturen des Handels und des Gewerbes aus dem Alltag bekannt und vertraut sind. Die bestimmenden Handlungslogiken sind an Angebot und Nachfrage, Konkurrenz, Leistung und Gegenleistung, Monopolisierung, Berufsschutz, Aus- und Abgrenzung sowie am persönlichen Erfolg orientiert.

Als semiprofessionelles Berufsfeld ist die Institutionelle Familienberatung durch ihre große Nähe zur Sozialarbeit definiert. Vor allem in der Motivation für Beratung erkennt man die Nähe zu sozialem Handeln: „Wer mehr hat, der gibt", daran waren früher die Wohlhabenden orientiert und EFL-BeraterInnen sehen das auch heute grundsätzlich noch so. Sie haben ein Plus an Kontaktbereitschaft und Mitteilungsfähigkeit, sowie Erfahrung und methodische Schulung für die Bewältigung von Lebensproblemen. Durch die interdisziplinäre Mischung im Team ergibt sich fachliche Vielfalt und ein erleichterter Zugang zu verwertbarer Information.

Da die wesentliche Aktivität für die Problembewältigung beim Ratsuchenden verbleibt, erfolgt diese außerdem außerhalb der Beratungsstunden. Die gemeinsame Arbeit in Hinblick auf ein ausgehandeltes, angestrebtes Ziel entspricht ideologisch und methodisch sowie in Setting und Beziehung einer *sozialen Handlungslogik*. Damit ist die sehr spezifische und wirksame Mischung zwischen karitativer und partnerschaftlicher Zuwendung gemeint. Sie gemahnt an das lateinische „do ut des", also „ich gebe, damit du gibst" – wodurch ein vertragliches, unentgeltliches Verhältnis angesprochen wird, das beide Partner zu Leistungen verpflichtet, die aber nicht in einem Gegenseitigkeitsverhältnis stehen. Für die professionelle Durchführung der Beratung, dafür, dass sie erlernt werden musste und Berufsregeln einzuhalten sind, dafür wird von dritter Seite bezahlt.

Institutionelle Familienberatung und die damit verbundene soziale Handlungslogik erzielt daher in Summe andere Wirkungen als die Handlungslogik des Wirtschaftstreibens.

Aufgaben im Gesundheits- und Sozialbereich, die ursprünglich noch von den Familien wahrgenommen worden waren, wie z. B. Ernährung, Sozialisation, Bildung, Erziehung, Altersversorgung und Krankenpflege, sind immer noch wenig über den freien Markt geregelt. Vor allem Einrichtungen der sozialen und medizinischen Grundversorgung, die allen zugänglich sein sollen, dürfen nicht nur in Hinblick auf Angebot und Nachfrage oder Gewinnmaximierung gesteuert werden. Sie verlieren an Effizienz, wenn sie neben ihrer zentralen, auf den Menschen und seine Bedürfnisse ausgerichteten Aufgabe noch anderen Zielsetzungen Priorität einräumen müssen.

Genau davon scheinen Familien heutzutage betroffen worden zu sein: Familie und ihre Gestaltung ist nicht mehr Lebensmittelpunkt – sie ist Mittel zum Zweck geworden, wobei es den Menschen überlassen bleibt, welchen Zweck sie jeweils erfüllen soll. Gleichzeitig wurden sie der wichtigsten allgemeinen Ressource, *ihres* Mittels zur Erreichung ihrer Ziele beraubt: Zeit. Zeit für Gemeinsamkeit und Beziehungsleben, Zeit, das Wachsen und Werden zu erfassen und alters- und bedürfnisentsprechende Beziehungen zu entwickeln. Zu diametral gegenläufig gestalten sich oft die Anforderungen des Arbeitsmarktes und die Anforderungen der Partnerschaft und Familie.[37] Das Streben nach Leistung und Anerkennung gewann das Ranking um die Ressourcen. Die zehrende Sehnsucht nach Zufriedenheit, Geborgenheit, Bindung und Glück lässt eine ganze Gesellschaft langsam ausbrennen. Die längst verinnerlichten Zwänge einer marktkonformen Lebensführung – für Männer meist absolute Priorität, für Frauen ein von Schuldgefühlen behaftetes Muss, vor allem wenn Kinder da sind – kollidieren geradezu automatisch mit familienfreundlicher, entwicklungs- und bedürfnisorientierter Lebensgestaltung. Das Wort Arbeit als Grundwort verschleiert die spezifischen Anforderungen und Gegebenheiten familiärer Erziehungs- und Beziehungsarbeit im Verhältnis zur Berufsarbeit. Die familiären „Arbeitsplatzbeschreibungen" für Mütter sind Legion, solche für Väter fehlen. Von situations- und altersadäquater Gestaltung der väterlichen Rollenübernahme oder gar Verantwortung ist nur wenig die Rede.

Die Atmosphäre in einer Kernfamilie ist durch die verlängerte Jugendzeit und geringe Geschwisterzahl zum psychischen Druckkochtopf geworden, in Patchworkfamilien sind hohe logistische Anforderungen zu bewältigen, um allen Beteiligten gerecht zu werden.

Aus Beratungsperspektive, die die weibliche Problemsicht betont (nach wie vor wird Beratung mehrheitlich von Frauen in Anspruch genommen), bedürfte besonders die psychosexuelle Entwicklung der Männer eines Integrationsschubes in Richtung Schutz und Gewahrsein des Gegenübers in Verbindung mit aktivem, zugewandtem, angstfreiem Lieben. Und damit ist nicht Geschlechtsverkehr gemeint. Angesichts der Häufigkeit von fehlgeleiteter Sexualität und Gewalt in den Familien lässt sich hier ein gesellschaftlich bedeutsamer Entwicklungsbereich ausmachen, vor allem, wenn man um die hohen Anforderungen weiß, die diesbezüglich in Patchworkfamilien auf die Männer/sozialen Väter zukommen.

Dieses Beispiel zeigt deutlich, dass Familienberatung und die entsprechende Ausbildung traditionell eng mit dem Wandel der gesellschaftlichen und ökonomischen Gegebenheiten verbunden ist. Ihren Auftrag in der institutionellen Familienberatung sieht sie daher auch darin, Familien und Menschen dabei zu unterstützen, ihren Aufgaben beständig und zielführend nachgehen zu können. So gibt die Gesellschaft über politische und private Institutionen zurück, was sie aufgrund der Leistungsbereitschaft ihrer Bürger und Bürgerinnen erhalten hat: Zeit, Anpassung und persönlichen Einsatz. Beratung als Unterstützung auf professionellem Niveau bringt dann die zusätzlichen Vorteile einer umfassenderen, emanzipatorischen Sichtweise und der individuellen Passung mit sich. Die Persönlichkeitsentwicklung erfolgt zumeist in koevolutiven Prozessen[38] des Verstehens, die im Rahmen einer personalen Beziehung zur Wirkung gelangen.

---

[37] Vgl. Beck/Beck-Gernsheim (1990), S. 15.
[38] Vgl. Willi (1985).

Um nun möglichst allen Menschen die vielfältigen sozialen Hilfen und Einrichtungen zur Bewältigung des Alltags, der Handhabung der Gesetze oder der mit dem Alltag einhergehenden Krisensituationen zu erschließen, um sie aus ihrer individuell als Versagen erlebten Betroffenheit zu lösen, um mit ihnen partnerschaftliche Konfliktbewältigung zu erarbeiten, schließlich, um sie auch in Lebenskrisen bei der Führung einer vernunftgeleiteten, konstruktiven Lebensgestaltung zu bestärken, bietet die öffentliche Hand Familienberatung als staatliche Einrichtung. Das gesamte Konzept der EFL-Beratung bringt Professionalität, Solidarität, Partnerschaftlichkeit und Unterstützung konsequent in Settings und Rahmenbedingungen zum Ausdruck. Berufsethik und sozial kontrolliertes Vertrauen bilden die Basis der Arbeit eines Teams im Sinne professionalisierter Nächstenliebe.[39]

Dafür, dass diese Aufgabe fachlich fundiert durchgeführt wird, wird über einen Dritten bezahlt und werden nicht die Ratsuchenden belastet. Träger der Familienberatungseinrichtung bieten entsprechend den gesetzlichen Vorgaben den erforderlichen Rahmen (Räume, gute Zugänglichkeit, ordnungsgemäße Geschäftsabwicklung). Das klassische „soziale Dreieck" wird erkennbar: Auftraggeber/Träger – Berater/Beraterin – Klienten/Klientinnen. Ohne zu nivellieren, dient es der Förderung des allgemeinen Interesses vor dem Einzelinteresse. Teamarbeit, Supervision und soziale Kontrolle sichern die Professionalität der Familienberatung und den optimalen Einsatz aller Kräfte. Der Berufsverband der EFL-BeraterInnen gibt eine eigene Fachzeitschrift heraus und kontrolliert den Zugang und die Fachlichkeit seiner Mitglieder. Darüber hinaus wurden in engem Kontakt mit deutschen Fachverbänden Berufsbild und formale Ethik-Codes für EFL-Beratung erarbeitet.

Ehe-, Familien- und LebensberaterInnen konnten ihre Tätigkeit immer schon auch auf dem freien Markt anbieten. Entsprechend der Nachfrage, im Zusammenhang mit der Spezialisierung und Konkretisierung ihres Könnens und Angebotes, konnten sie im Rahmen der früher als psychologische Beratung geführten Berufsgruppe Beratung im Rahmen eines Gewerbes ausüben.

Im Zusammenhang mit der Neustrukturierung des psychosozialen Feldes durch die gesetzliche Verankerung von Psychologie und Psychotherapie wurde aus dem bisher freien Gewerbe der psychologischen Beratung das konzessionierte Gewerbe der Lebens- und SozialberaterInnen gemacht. In der Gewerbordnung wurde das Aufgabengebiet geregelt und mit 1. 1. 1991 trat die Befähigungsverordnung[40] in Kraft. Sie beschreibt die Voraussetzungen, die erfüllt werden müssen, um die Konzession für Lebens- und Sozialberatung zu beantragen. Novellierungen der Verordnung erfolgten 1994, 1998, 2003 und 2004.[41]

---

[39] Empfehlenswert: Jaeggi, E. (2004): Liebe und Heilung. Neue Perspektiven in der therapeutischen Beziehung. Walter Verlag, Düsseldorf und Zürich.
[40] Verordnung des BM für wirtschaftliche Angelegenheiten vom 14. 11. 1990, BGBl. Nr. 689/1990.
[41] Vgl. Stumm/Jandl-Jager (2006).

Durch die Errichtung des Gewerbes im Allgemeinen Fachverband der Wirtschaftskammer erhielt Lebens- und Sozialberatung als anerkannte berufliche Tätigkeit mit entsprechender Ausbildung zunehmend Anerkennung. Mit der Änderung der Gewerbeordnung 2002, § 119, wurde Lebens- und Sozialberatung zum reglementierten Gewerbe, das nunmehr drei Sparten, Lebensberatung, Ernährungsberatung und sportwissenschaftliche Beratung, umfasst.

Damit wurden die vielfach vereinzelt angebotenen Initiativen für gesunde Lebensführung gebündelt. Mit einem Triple-Logo und der Marke „Impuls Pro" erhält Lebens- und Sozialberatung im Verband mit den beiden anderen spezialisierten Berufen ein völlig neues Image: Nahrung, Bewegung und Formen der Lebensgestaltung werden als wesentliche, das Wohlbefinden der Menschen im Alltag bestimmende Faktoren vermehrt an Firmen und Einzelpersonen herangetragen, wobei für die Durchführung dieser Beratungen größtmögliche Individualisierung und Übernahme von Eigenverantwortung angestrebt wird. Dafür sind ErnährungsberaterInnen und sportwissenschaftliche BeraterInnen durch Studium oder vorangehende Ausbildung sowie die damit verbundene praktische Tätigkeit spezialisiert.

Eine vergleichbare Spezialisierung fehlt den zu LebensberaterInnen Ausgebildeten in Hinblick auf die derzeit vorgeschriebene Ausbildung, die im Wesentlichen getrennt von der Praxis erfolgt. Vielleicht realisiert sich die Vision, der Univ.-Prof. Dr. Alfred Pritz anlässlich eines Vortrages im Rahmen einer Festveranstaltung zum zehnjährigen Jubiläum der EFL-BeraterInnen in Graz Ausdruck verliehen hat: „Von der Beratung über die Psychotherapie zur Beratung". Auch aus meiner Sicht (hineingewachsen in die Zeit der Patchwork-Therapien, ausgebildet und eingetragen für Klientenzentrierte Psychotherapie und Systemische Familientherapie) ist rasches Erfassen und vertieftes, vernetztes Verstehen einer Lebensproblematik notwendig, um Lösungs- oder Bewältigungsansätze zu erarbeiten. Dabei ist vielseitige Alltagserfahrung und psychotherapeutische Kenntnis sowie geschulte Intuition hilfreich; ebenso ist eine längerfristige, begleitete, praktische Einführung in ein spezifisches Berufsfeld unabdingbar für den Lernprozess und die daran anschließende Berufstätigkeit.

Die Ausbildungswege für Lebensberatung sind nach Vorliegen der Ergebnisse einer empirischen Studie[42] durch die Wirtschaftsuniversität Wien in Diskussion. Persönlich hoffe und wünsche ich diesen Überlegungen, dass eine erwachsenengemäße, in Eigenverantwortung zu gestaltende Synthese zwischen Lebenswissen, praktischer Erfahrung und Curriculum ermöglicht wird, die geeignet ist, bestehender Verschulung mit ihren entwicklungshemmenden Abhängigkeiten entgegenzuwirken.

---

[42] Die methodische Fundierung der Lebens- und Sozialberatung in Österreich – eine empirische Studie. O. Univ.-Prof. Dr. Wolfgang Mayrhofer, vorgestellt am 1. Österreichischen Impuls-Geber-Tag am 21. Nov. 2007.

EFL-Beratung und Psychotherapie

EFL-Beratung als Handlungsfeld spezialisierter Sozialarbeit mit dem Ziel der Unterstützung und Problemlösung über Information, Integration und Förderung der Selbstverantwortung steht wissenschaftssystematisch in Beziehung zu einer Reihe von Fachdisziplinen wie Psychologie, Pädagogik, Soziologie, Psychotherapie, Sozialarbeit, Ethik, Medizin und Recht. Die Art der Beiträge der einzelnen Fachdisziplinen zu Methode und Theorie der EFL-Beratung sind dabei sehr unterschiedlicher Natur. Sie reichen vom informativen und orientierenden Wissenshintergrund über den Erwerb einschlägigen Fachwissens bis hin zu methodischer Integration und Einübung.

Zwischen 1970, dem Beginn der EFL-Beratung, bis zur Gesetzwerdung von Psychotherapie und Psychologie 1990 erlebte ich – bedingt durch meine Tätigkeit in der Familienberatung – Beratung und Psychotherapie wie siamesische Zwillinge, die ein zentrales, gemeinsames Anliegen haben: Ihr Herz schlägt für die Verminderung des menschlichen Leids durch Kommunikation und Begegnung und für die Förderung der persönlichen Entwicklung. Die Gesetzwerdung der Psychotherapie in Österreich trennte schließlich diese siamesischen Zwillinge.

Die BeraterInnen wahrten ihren Zugang zur selbstständigen Ausübung des Berufs über die Errichtung des Gewerbes für Lebens- und Sozialberatung, vormals psychologische Beratung. Sie etablierten sich als SpezialistInnen für Persönlichkeitsentwicklung und Gesundheitsförderung sowie Problembewältigung durch Information und Kommunikation auf Basis einer förderlichen Beziehung mit dem in Summe dafür notwendigen theoretischen Wissen und praktischen Können.

Viele BeraterInnen wechselten im Rahmen der Übergangsregelung zur Psychotherapie. Sie wurden in die Liste des Gesundheitsministeriums eingetragen. Meist arbeiten sie heute in eigenen Praxen. Seit es für beide Berufe klar getrennte Ausbildungswege gibt, stellt sich das Problem der Trennung nicht mehr in der oben beschriebenen Schärfe. Für BeraterInnen ist es seither standespolitisch von großer Wichtigkeit geworden, den Wert professioneller Beratung und stützender Begleitung zu verdeutlichen. Jeder Fachmann und jede Fachfrau sind dabei aufgefordert, sich auf die Gebiete zu beschränken, auf denen sie Erfahrung gemacht und sich professionalisiert haben. Es ist durchaus möglich, dass TherapeutInnen auch beraten – das ist aber nicht ohne Weiteres gleichzusetzen mit der Durchführung einer methodisch erlernten Beratung.

In Österreich sind derzeit 34 methodenspezifische Psychotherapieausbildungen mit theoretischer Fundierung und entsprechenden Störungs- und Behandlungskonzepten anerkannt. Diese stellen letztlich einen reichen Fundus für BeraterInnen dar. Die unterschiedlichen Erkenntnisse und Zugänge zum Verständnis menschlicher Verhaltensweisen oder auch Methoden der Verdeutlichung oder Vertiefung können für Problemlösung in der Beratung genützt werden. Ähnliche Vorgangsweisen sind in der Medizin und den Wirtschaftswissenschaften durchaus gebräuchlich. Diese Disziplinen sind, ebenso wie die EFL-Beratung, durch die Denkweise der jeweiligen Epoche und durch neue wissenschaftliche Erkenntnisse in ständigem Wandel.

Im Sinne des österreichischen Psychotherapiegesetzes ist Psychotherapie „die nach einer allgemeinen und besonderen Ausbildung erlernte, umfassende, bewusste und geplante Behandlung von psychosozial oder auch psychosomatisch bedingten Verhaltensstörungen und Leidenszuständen mit wissenschaftlich-psychotherapeutischen Methoden in einer Interaktion zwischen einem oder mehreren Behandelten und einem oder mehreren Psychotherapeuten mit dem Ziel, bestehende Symptome zu mildern oder zu beseitigen, gestörte Verhaltensweisen und Einstellungen zu ändern und die Reifung, Entwicklung und Gesundheit des Behandelten zu fördern"[43].

In Analogie dazu ist EFL-Beratung eine fachspezifische Beratungsmethode der Sozialarbeit, die in einer dreieinhalbjährigen Ausbildung in Praxis und Theorie erlernt und eingeübt wird: Im Vordergrund steht die sozialarbeitsimmanente, individuell zu schulende Fähigkeit, zu Ratsuchenden eine Beziehung aufzubauen. Eine Beziehung, die ausreichend als sichernd und wertschätzend erlebt werden kann, um in Kooperation und Dialog die Lösung eines sozial verursachten Problems zu erarbeiten, das damit verbundene Leid zu lindern und die Gesundheit sowie das Selbstwerterleben der Ratsuchenden über Kompetenzzuwachs und Entwicklung zu fördern.

EFL-Beratung ist eine differenzierte, psychologisch/psychotherapeutisch orientierte Methode für die Bearbeitung von Befindlichkeitsstörungen, die in der Definitions- bzw. Gestaltungskompetenz der KlientInnen liegen.

Das Psychotherapiegesetz bindet die Ausübung der Psychotherapie an eine bestimmte Ausbildung und Anerkennung. Die allgemeine psychotherapeutische Wirksamkeit, die mit positiver Zwischenmenschlichkeit und mit der Tätigkeit vieler Humanberufe verbunden ist, soll dadurch keineswegs eingeschränkt werden.

Schritte zur Professionalisierung: Ausbildung und Berufsverband

> Eine Welt im Wandel
> braucht Beratung,
> aber eine Beratung,
> die dem Wandel
> Rechnung trägt![44]
> … und eine Ausbildung, die lehrt, wie man den Wandel nützt.

Gründungsphase des Ausbildungszentrums für Ehe- und Familienberatung

Die heute in Österreich größte private Trägerin von Beratungsstellen, die Erzdiözese Wien, die bereits seit 1968 eine diözesane Beratungsstelle führte, war an der Einführung von professioneller Beratung sehr interessiert. Als Reaktion auf die in den Sechzigerjahren steigende Scheidungsrate wollte sie weitere Familienbera-

---
[43] Stumm/Jandl-Jager (2006), S. 474.
[44] Maurer (2004), S. 5.

tungsstellen einrichten. Ihre Zielsetzung war, dem Trend zu Trennungen nach Möglichkeit entgegenzusteuern oder wenigstens das mit Ehescheidungen verbundene Leid zu lindern.

Man kann sagen, dass Ehe-, Familien- und Lebensberatung als Teilbereich seelsorglicher Tätigkeit auf eine lange Tradition zurückblicken kann, außerdem hatten christliche Orden schon immer die Initiative für Bildung ergriffen. Sie war früher eine der wenigen Möglichkeiten für Menschen niedriger sozialer Klassen, in höhere Ränge aufzusteigen.

Auch auf diesem Hintergrund erscheint es aus heutiger Sicht dennoch vorausschauend und innovativ, dass Frau DSA Helga Ramberger als Leiterin eines Beratungsteams damit beauftragt wurde, die fachlichen Erfordernisse für professionell durchgeführte Familienberatung zu erarbeiten und, wie man heute sagen würde, ein diesbezügliches Projekt zu entwickeln. Bald erkannte man, dass für „Familienberatung" eine spezifische, praxisorientierte Ausbildung mit engem Bezug zur Sozialarbeit unerlässlich war.

Noch während der politischen Diskussion um die Gründung der Beratungsstellen ging man unter der Mithilfe des damaligen Sekretärs des Familienwerks der Katholischen Aktion der ED Wien, Dr. Helmar Kögl, an die Errichtung eines „Ausbildungszentrums für Ehe- und Familienberatung" mit dem Lehrgang für Ehe-, Familien- und Lebensberatung. Da man beabsichtigte, die Gründung der Lehranstalt der Schulbehörde anzuzeigen und um das Öffentlichkeitsrecht einzureichen, hatten Organisationsstatut und Lehrplan der damals sechssemestrigen Ausbildung den Vorgaben der Schulbehörde für berufsbildende mittlere und höhere Schulen zu entsprechen.

Mit wohlwollender Zustimmung der Schulverwaltung verblieb der Privatlehranstalt mit eigenem Statut die notwendige Gestaltungsfreiheit, um den Unterricht, den vorgesehenen Themen entsprechend, anregend gestalten zu können: Der Lernprozess sollte möglichst auch die Ebene des persönlichen Erlebens mit erfassen. Die Arbeit in geteilten Gruppen wurde ermöglicht, ebenso die Blockung von Lehrveranstaltungen. Struktur und Durchführung dieses Lehrganges waren an den Bedürfnissen und Möglichkeiten Berufstätiger und Wiedereinsteigender orientiert. Hinsichtlich der inhaltlichen Gestaltung, der spezifischen Rahmenbedingungen und ihres Zuganges zum lernenden Erwachsenen („Studierenden") wurden durch die Lehranstalt neue Akzente im herkömmlichen Ausbildungsgeschehen gesetzt.

Nach der Gründung des Ausbildungszentrums in Wien im Jahre 1971 und dem ersten Lehrgang für Ehe-, Familien- und Lebensberatung wurden nach und nach in fast allen Bundesländern Lehranstalten für Ehe- und Familienberatung gegründet. Das Basiskonzept der Ausbildung (s. unten) konnte in verschiedene methodische Konzepte transponiert werden, ohne an Effizienz einzubüßen. EFL-Beratung erfordert nach wie vor nur geringen technischen und organisatorischen Aufwand und ist gekennzeichnet durch ihre besondere Sorgfalt in Hinblick auf die Art der Begegnung und Beziehungsgestaltung.

Professionalisierung Sozialer Arbeit durch Aus-, Fort- und Weiterbildung
Die Professionalisierung der Sozialen Arbeit wurde von Mary Richmond zum Ende des 19. Jahrhunderts in Baltimore durch das „case work" begründet. Richmond war seit 1891 Generalsekretärin der COS = Charity Organisation Society, die gegründet wurde, um neue Wege in der Armutsbewältigung einzuschlagen. Die bisher vorhandenen Strukturen und Organisationen waren angesichts der großen Armut in der Bevölkerung heillos überfordert. Mary Richmonds Ziel war die Gründung einer Ausbildungsstätte für Soziale Arbeit. Ursprünglich war sie angelernte Buchhalterin, die sich das soziale Wissen über Bücher und Lernen aus der Praxis aneignete. Eine gehobene Ausbildung für SozialarbeiterInnen war ihr wichtigstes Ziel. 1898 eröffnete die COS eine Summer School of Philantrophy. Lehrplanschwerpunkte waren:

- Die Kunst, zu ermitteln.
- Die Kunst, eine zwischenmenschliche Beziehung zu den Bedürftigen herzustellen.
- Die Kunst, bei Problemen zu beraten.

Nicht so sehr die Ursachen für Armut, zu jener Zeit das größte Problem, oder deren Gesetzmäßigkeiten standen also im Vordergrund der Ausbildung; vielmehr sollten die SchülerInnen lernen, sozial relevante Beobachtungen zu machen, weiterführende Fragen zu stellen und konkrete Maßnahmen für den Einzelfall zu planen und durchzuführen.

Dieses Grundkonzept einer Sozialausbildung galt mit Differenzierungen, Neuerungen und Anpassungen auch für die Ausbildung in Beratung. Da jedes Beratungsgespräch einmalig ist und grundsätzlich intuitiv geführt wird, wurde auch diese Fähigkeit berücksichtigt und das Lehrziel mit „Die Kunst der Menschenbegleitung" untertitelt.

Zunächst aber musste eine brauchbare Bezeichnung für die Ratsuchenden gefunden werden. Schließlich einigte man sich auf „Klienten" und „Klientinnen", da die Menschen aus eigenem Antrieb die Beratungsstelle aufsuchten und damit auch einen Auftrag zur Hilfestellung erteilen. Die Auszubildenden an der Lehranstalt wurden Studierende genannt. Die BewerberInnen für die Lehranstalt mussten sich einem Auswahlverfahren stellen, das über die Eignung für den Beruf befinden sollte.

In die didaktische Gestaltung des Unterrichtsgeschehens flossen Erfahrungen und Erkenntnisse ein, die die soziale Bildungslandschaft in der Folge der Achtundsechziger bereicherten: Man entdeckte das vielfältige Potenzial, das unter bestimmten Umständen einer Gruppe innewohnen kann. „Die Gruppe", das sozial bestimmende Thema des vorigen Jahrhunderts, bot einmalige Gelegenheiten zum Einblick in die seelische Entwicklung der Menschen. In therapeutischen Gruppen arbeiteten die Gruppenmitglieder an Traumen und Verletzungen, die die Kindheit in der Seele hinterlässt, um ihnen die Macht über gegenwärtiges Erleben zu entziehen.

In gruppendynamischen Experimenten konnte man die Wirkung von Rangordnungen oder Rollenübernahmen am eigenen Leib spüren und studieren – aber auch miterleben, wie schnell viel Lärm um Nichts entsteht. Kommunikationsabläufen und deren Gesetzmäßigkeiten wurde von vielen Seiten erhöhte Aufmerksamkeit, auch von wissenschaftlichem Rang, geschenkt. Sie wurden dokumentiert und ausgewertet. Das Lernen in Gruppen, das Lernen in Freiheit[45] wurde zum Standard für erlebnisnahes, erfahrungsorientiertes, letztlich soziales Lernen. Soziale und emotionale Intelligenz wurden „entdeckt" und durch die Arbeit in Gruppen wesentlich gefördert.

Anhand der Praxis für die Praxis zu lernen, bedeutet daher, dass alle an der Ausbildung Beteiligten einander Lernumfeld werden mussten, denn ethische Überlegungen verbieten es, die allerersten Probschritte direkt mit ratsuchenden Menschen zu unternehmen.

Soziales Lernen braucht ein entsprechend gestaltetes Umfeld. Daher fanden auch für die Ausbildung selbst die Prinzipien der Beratung hinsichtlich ihrer Struktur und Organisation möglichst weitgehend Beachtung. Das Unterrichtsgeschehen sollte – wie die Beratungstätigkeit selbst – vorrangig in Verbindung mit persönlicher Motivation gestaltet werden und an den Prinzipien der Partnerschaftlichkeit und Partizipation orientiert sein.

Die Förderung der Persönlichkeitsentwicklung in engem Zusammenhang mit den sozialen und gesellschaftlichen Bezügen ist auch für die Studierenden von Beginn an Ausgangspunkt und zielorientierter Lernbezug des Lehrganges.

Als wesentlich für ein gelingendes Zusammenleben und das Lernen aneinander wurde die Akzeptanz der Verschiedenheit der Persönlichkeiten und der unterschiedlich verlaufenden Entwicklungen gesehen. Auf vielen Ebenen (kognitiv, emotional, erfahrungsorientiert, erlebnis- und praxisnah) konnten so Gesetzmäßigkeiten von Beziehung und Entwicklung erkannt und internalisiert werden.

Die Ausbildungen in der Gruppe schufen, wie erhofft, komplexe Lernsituationen. Diese bereicherten die Ernte des implizit Aufgenommenen und halfen in der Beratung, sich auf Erfahrung und Erleben anderer einzustellen, ohne die eigene Position zu verlieren. Unter diesen Bedingungen entwickelt sich die Persönlichkeit zunehmend in Richtung Klarheit und Kongruenz. Zur intensiven Förderung dieser Entwicklung wurden sechzig Stunden Gruppendynamik, verteilt auf zwei Wochen im Verlauf des Lehrgangs, durchgeführt.

Tiefenpsychologie bildete den Schwerpunkt der psychologischen Fächer. Sie schuf den kognitiven Verstehenshintergrund für die oft unverständlichen Vorgänge in der menschlichen Seele. Ohne direkte Einübung bemühte man sich um eine beratend zugewandte, wertschätzende Haltung ähnlich der, wie sie Rogers für einen Therapeuten beschreibt.

Später war man im Zusammenhang mit der supervisorischen Bearbeitung der eingebrachten Fälle auch um die Erarbeitung einer systemischen Sichtweise bemüht. Sie verdeutlichte die Bedingtheit von Verhaltensweisen (Das Tun des Einen ist das Tun des Anderen[46]) und ermöglichte Allparteilichkeit in Intervention und Richtung der Aufmerksamkeit. Der elaborierte Einsatz von Kleintechniken zur Lösung von Problemen ist ein weiterer Vorteil dieser Methode, die vor allem in der Paar- und

---

[45] Rogers (1984).
[46] Vgl. Stierlin (1971).

Familienberatung hilft, auf der Beziehungsebene zu bleiben und einseitig individuumzentriertes Arbeiten zu vermeiden.

In Anlehnung an das Beratungskonzept von Fürstenau[47] kann man sagen: klientenzentriert begegnen, verhaltenstherapeutisch wahrnehmen, tiefenpsychologisch verstehen und systemisch intervenieren.

Jede Vorgangsweise verlangt methodische Kohärenz mit dem Beratungsprozess und den daran beteiligten Personen, weshalb Frau Direktor Ramberger, Gründerin und erste Direktorin der Lehranstalt, großen Wert auf den Begriff der Methodik, also der Lehre vom Einsatz der Methoden, legte. Mit dem größten Stundenumfang begleitete der Gegenstand „Methodik der Beratung und Sozialarbeit" das gesamte Ausbildungsgeschehen. Ihm kam hohe, integrative Funktion zu.

Weitere, wissensvermittelnde Fächer waren: Ethik, Religiöse Grundlagen der Ehe und Familie, Sozialphilosophie und Soziologie, Psychologie, Psychiatrie, Berufsspezifische medizinische und juristische Fachgebiete, Allgemeine „Wohlfahrtspflege" (= Zusammenarbeit mit Sozialabteilungen).

Eine Ausbildung für ein solch komplexes Feld wie Familienberatung kann nicht den Anspruch erheben, vollständig zu sein – es ginge auf Kosten der intensiven Beteiligung und Bearbeitung eines Themas. Nach Abschluss der Ausbildung ist professionelle Beratung daher durch beständige weitere Entwicklung und Differenzierung der Beratungskompetenzen in Supervision, durch fachlichen Austausch in Berufsverbänden sowie durch regelmäßige, spezielle Fort-/Weiterbildung individuell zu entwickeln und zu fördern. Nur so kann sich Beratung als eigenständige und potente Form der Hilfestellung profilieren und bewähren.

1974, nach Beendigung der ersten Ausbildung, wurde als nächster Schritt in Richtung Professionalisierung der „Berufsverband für Ehe-, Familien- und LebensberaterInnen Österreichs" gegründet. Neben der Profilierung des Berufsfeldes, entsprechend dem Bedarf der Praxis, waren die beständige Weiterbildung der Mitglieder und die Herausgabe einer Fachzeitschrift weitere Anliegen. Als ExpertInnen für Beziehungsgestaltung sind BeraterInnen auch geschult für den Umgang mit rechtlichen, familienplanerischen und sozialarbeiterischen Fragen. Diesbezüglich fördert und aktualisiert der Berufsverband die Qualifikation seiner Mitglieder.

Nun greife ich der Zeit weit voraus, um ein gutes Ende der Geschichte zu berichten: Für viele KollegInnen der ersten Lehrgänge, mehrheitlich weibliche, fand der persönliche, mit Engagement gewählte Bildungsweg einen besonders lohnenden Abschluss. Sie wurden bei entsprechender Praxis und Fortbildung im Rahmen der Übergangsregelung als PsychotherapeutInnen anerkannt.

Damit hat dieser Zugang zu Bildung einigen Frauen einen beruflichen Wiedereinstieg ermöglicht, der familienfreundlich und mit hoher gesellschaftlicher Anerkennung verbunden ist.[48]

---

[47] Vgl. Fürstenau (2002), S. 144.

Verwendete Literatur

Bang, R. (1964): Die helfende Beziehung als Grundlage der persönlichen Hilfe. München/Basel.

Bauer, J. (2006): Warum ich fühle, was du fühlst. Intuitive Kommunikation und das Geheimnis der Spiegelneurone, 8. Auflage, Hamburg.

Beck, U./Beck-Gernsheim, E. (1990): Das ganz normale Chaos der Liebe. Frankfurt/Main.

Endres, M./Hauser, S. (Hg.) (2000): Bindungstheorie in der Psychotherapie. München.

Erikson, E. H. (1976a): Kindheit und Gesellschaft. 6. Auflage, engl. Original: 1950, Frankfurt/Main.

Erikson, E. H. (1976b): Identität und Lebenszyklus. 3. Auflage, engl. Original: 1959, Frankfurt/Main.

Findl, P. (1989): Familie und Bevölkerungsentwicklung. In: BMUJF – Familienbericht (1989): Lebenswelt Familie. Generatives Verhalten, S. 479–501, Wien.

Fürstenau, P. (2002): Psychoanalytisch verstehen, systemisch denken, suggestiv intervenieren. 2. Auflage, Stuttgart.

Grawe, K. (2004): Neuropsychotherapie. Göttingen.

Hollis, F. (1971): Soziale Einzelhilfe als psychosoziale Behandlung. Freiburg i. Breisgau.

Jaeggi, E. (2004): Liebe und Heilung. Neue Perspektiven in der therapeutischen Beziehung, Düsseldorf und Zürich.

Lüssi, P. (1992): Systemische Sozialarbeit. Praktisches Lehrbuch der Sozialberatung, Bern, Stuttgart, Wien.

Maslow, A. (1981): Psychologie des Seins. Ein Entwurf, 2. Auflage, München.

Maurer, H. (f. d. Inhalt verantwortlich) (2004): 30 Jahre Ehe-, Familien- und Lebensberatung. 1974–2004. Hg.: Ehe-, Familien- und Lebensberatung der Erzdiözese Wien, Wien.

Mitscherlich, A. (1963): Auf dem Weg zur vaterlosen Gesellschaft. Ideen zur Sozialpsychologie, Neuausgabe 1973, München.

Napier, A. Y. (1990): „Ich dachte, meine Ehe sei gut, bis meine Frau mir sagte, wie sie sich fühlt". Zürich.

---

[48] Heute bestätigt das Diplom der Lehranstalt Ehe- und Familienberatung (derzeit 7 Semester, 800 Stunden, Praxiseinführung und Supervision) die berufliche Voraussetzung für die Ausbildung zum/r PsychotherapeutIn nach § 10, Absatz 2, Ziffer 7 Psychotherapiegesetz („Zugangsberuf").

Nestmann, F. (1997): Beratung als Ressourcenförderung. In: Nestmann, F. (Hg.), BERATUNG, Bausteine für eine interdisziplinäre Wissenschaft, Tübingen.

Petzold, H. (2005): Beratung als „komplexer Lernprozess" und kooperative Handlungspraxis in differenziellen Feldern. In: Beratung aktuell. Zeitschrift für Theorie und Praxis der Beratung, 6. JG., Heft 3, S. 177–185.

Rogers, Carl R. (1984): Lernen in Freiheit. Zur Bildungsreform in Schule und Universität, München.

Rosenmayr, L./Böhmer, F. (Hg.) (2003): Hoffnung Alter. Forschung, Theorie, Praxis; Wien.

Sanders, R. (2006): Beziehungsprobleme verstehen. Partnerschaft lernen. Partnerschule als Kompetenztraining in Ehe- und Familienberatung, Paderborn.

Stierlin, H. (1971): Das Tun des Einen ist das Tun des Anderen. Eine Dynamik menschlicher Beziehungen, Frankfurt/Main.

Stumm, G., Jandl-Jager, E. (2006): Psychotherapie-Ausbildung in Österreich, Wien.

Turnbull, O./Solms, M. (2005): Gedächtnis und Phantasie. In: Green, V. (Hg.): Emotionale Entwicklung in Psychoanalyse, Bindungstheorie und Neurowissenschaft; Frankfurt/Main, S. 69–113.

Wilk, L./Goldberg, C. (1989): Einstellungen zu Ehe und Familie. In: BMUJF – Familienbericht (1989): Lebenswelt Familie, Wien, S. 313–332.

Willi, J. (1985): Koevolution – Die Kunst gemeinsamen Wachsens. Reinbek.

Witzableiter von Ilse Simml

Humor ist einer der wichtigsten Störfaktoren in todernsten Situationen.
Der Witz gehört, wie Freud schon sagt, zu den „Abwehrmechanismen".
Nach meiner Erfahrung trifft der Witz aber auch oft den Kern des Lösungsansatzes und verkürzt dadurch den Weg zum Ziel. So wie in folgender Beratungs-Sequenz:

In diesem Fall fehlten mir wirklich die Worte, als ein Mann seiner sensiblen Frau ihre Herkunft an den Kopf warf: „Wo bist denn herkommen? Aus dem Goasstall hab ich dich geholt!"
Sie weinte und ich konnte nichts Passendes entgegnen. Eine hilflose Situation! Erst beim Ausgang fasste ich mich wieder und verabschiedete mich mit folgendem Witz:

„Ein Ehepaar streitet.
Er ganz zornig: ‚Was hast denn du gehabt, ha, nix hast g'habt!'
Sie sehr gelassen: ‚Jo, meine Ruh hob ich g'habt!'"
Sie lachte!

Das war ein Witz-Ableiter!
In der nächsten Stunde konnten wir das Thema Wertschätzung in ruhigerer Atmosphäre diskutieren.
Um nochmals Sigmund Freud zu zitieren: „Der Witz ist die Waffe des Wehrlosen!"
Das kann man gut verstehen, wenn man z. B. die Klage eines unbefriedigten Mannes hört:
„Die Sahelzone ist eine reine Wohlfühloase gegen mein Liebesleben!"
In jedem Witz ist ein Problem verborgen! So kann Humor auch die Blume am Abgrund sein, die uns vor dem Abstürzen bewahrt!

Zur gesellschaftlichen Bedeutung der Beratung

Christiane Sauer

Nach Ulrich Beck[1] wird Lebensbewältigung in der Zeit der Postmoderne zu einer „riskanten Chance", die auch das „Risiko des Scheiterns" in sich birgt. Denn in einem noch nie da gewesenen Ausmaß können Menschen ihren individuellen Lebensentwurf weitgehend selbst gestalten. Wer in einer westlichen Gesellschaft lebt, hat dank des medizinischen Fortschrittes eine höhere Lebenserwartung als zwei Generationen zuvor und kann seine alltäglichen Bedürfnisse aus einem riesigen Angebot an Konsumgütern befriedigen. Ein großes Angebot an Sinnkonstruktionen fordert uns heraus, selbst das für sich passende auszuwählen und Entscheidungen zu treffen. Wer entscheidet, kann auch die falsche Wahl treffen. Der Mensch selbst versteht sich als Verursacher mancher Katastrophen, die frühere Generationen noch naturgegeben, als Schicksalsschlag hinnehmen mussten.

Die Wissensfülle ist unüberschaubar und die technischen Möglichkeiten, weltweit zu kommunizieren, waren noch nie so groß wie heute. Die Freiheit zu wählen, erleben manche Zeitgenossen auch als Zwang, oder zumindest als Zumutung. Für die Lebensgestaltung des Einzelnen gibt es noch wenige erprobte soziale Vorbilder und die überkommenen Rollenmuster sind untauglich geworden. Die Trennlinien zwischen privatem und beruflichem Leben, wie sie sich seit Beginn der Industrialisierung in unserer Gesellschaft entwickelten, scheinen sich aufzulösen. Diese Entwicklung führt jedoch nicht zurück zu den oft verklärt beschriebenen ganzheitlichen Produktionskreisläufen der kleinen bäuerlichen oder gewerblichen Familienbetriebe. Vielmehr ist vom Einzelnen ein aktives Definieren seiner jeweiligen Lebensbereiche gefordert. Unsere zu Ende gehende Industriegesellschaft mit ihrem gut ausgebauten sozialen Netz wandelt sich allmählich zu einer Risiko- und Versicherungsgesellschaft, die dem Individuum (erneut) das Risiko seines Überlebens zu überantworten sucht, wie beispielsweise am Ruf nach privater Altersvorsorge deutlich wird. Einerseits erleben wir eine zunehmende Mobilität, einen Trend zur Flexibilisierung von Arbeitsplätzen, -zeiten und -formen. Andererseits finden wir krank machende Überbelastung bei denen vor, die Arbeit haben, und krank machende Unterforderung bis zur Demoralisierung bei denen, die keine Arbeit haben. Laut der „Delphi-Studie zum Wertewandel"[2] verlieren solidarische Bindungen an Wohnort, Familie, Arbeitsplatz oder an Wertegemeinschaften, die das Risiko des Lebens abfedern helfen, zunehmend an Bedeutung.[3]

---

[1] Vgl. Beck (1986), S. 15.
[2] GIM (2001).
[3] Barz u. a. (2001).

In dieser gesellschaftlichen Umbruchsituation der Spätmoderne[4] hat sich seit den 1980er Jahren eine differenzierte Beratungslandschaft herausgebildet. Im Verzeichnis von Wikipedia werden über dreißig Beratungsformen, die meisten davon aus dem psychosozialen Bereich, von Berufsberatung über Ehe-, Familien- und Partnerberatung, Erziehungsberatung, Jugend- und MigrantInnenberatung bis zur Schuldner- und Verkehrspsychologischen Beratung, aufgezählt. In den letzten Jahren nehmen Online-Beratungsangebote rasant zu. Welche Bedeutung schreibt sich Beratung in dieser gesellschaftlichen Situation zu? Wie können BeraterInnen das eigene berufliche Handeln in einem größeren Kontext verorten und kritisch reflektieren? Mit welchem Selbstverständnis bieten sie ihre Dienste an?

Kommunikation konstituiert Gesellschaft

Bei unserer Fragestellung bietet sich der Gesellschaftsbegriff des Soziologen und Systemtheoretikers Niklas Luhmann (1927–1998) an. *Gesellschaft ist für ihn dasjenige soziale System, das alle anderen sozialen Systeme in sich einschließt.* Dieses Gesellschaftssystem konstituiert sich, indem die einzelnen Mitglieder miteinander durch Kommunikation verbunden sind. Kommunikation versteht Luhmann nicht als bloße Übertragung oder Vermittlung von Informationen zwischen Sender und Empfänger, sondern als eine Synthese dreier Selektionsvorgänge: *Informieren, Mitteilen und Verstehen.* Er betont den Aspekt, dass jedes psychische und soziale System Kommunikation eigenständig verarbeitet und eigene Schlüsse zieht, die in die weitere Kommunikation einfließen. Nach Luhmann ist Kommunikation nicht ohne Gesellschaft vorstellbar, und Gesellschaft nicht ohne Kommunikation.[5] Das eine kann nicht ohne das andere bestehen. „Ein soziales System ist ein System, dessen Elemente nicht auf Dauer gestellt sind. Jede Kommunikation vergeht sofort wieder, wenn sich nicht weitere Kommunikation daran anschließt. Eine Gruppe ist zum Beispiel dann keine Gruppe mehr, wenn die Kommunikation der Gruppenmitglieder aufhört. [...] Eine Beziehung ist als soziales System somit beständig auf anschlussfähiges kommunikatives Handeln angewiesen."[6]

---

[4] „Der Soziologe Hartmut Rosa spricht von der ‚Spätmodernen Beschleunigungsgesellschaft' und beschreibt die Veränderung der Zeitstrukturen in der Moderne. Kennzeichen der Spätmoderne sind:
- Technische Beschleunigung (erhöhte Produktion, schnellere Kommunikation und mehr Transport)
- Beschleunigung des sozialen Wandels (schnelle Veränderung von Moden, Lebensstilen, Beschäftigungsverhältnissen, Familienstrukturen, politischen und religiösen Bindungen)
- Beschleunigung des Lebenstempos (mit entsprechendem Stress und Zeitnot, Erhöhung der Handlungs- und Erlebnisepisoden pro Zeiteinheit)." Rosa, zitiert nach Klarer (2006).

[5] Vgl. Reese-Schäfer (2005), S. 12 f.
[6] Wenzel (2007), S. 12 f.

„Menschliche Beziehungen stellen nach dieser Theorie ein soziales System dar, das sich mit zwei psychischen Systemen (Bewusstsein von zwei Personen) interpenetriert [durchdringt]."[7] Im Sinne Luhmanns sind es also mindestens „drei Sinnsysteme, die sich in aktiver Auseinandersetzung miteinander, aber in eigenständiger Selbstorganisation parallel entwickeln"[8]. Soziale Systeme leben autopoietisch und selbstreferentiell, was bedeutet, dass sie sich selbst organisieren und reproduzieren (Autopoiesis[9]) und gleichzeitig einen Bezug zu sich selbst (Selbstreferenz[10]) in Abgrenzung zu ihrer Umwelt herstellen können. Die Fähigkeit der Reflexion ermöglicht die Unterscheidung zwischen System und Umwelt sowie die Wahrnehmung von Differenzen zwischen sich und der Umwelt.

Sinn finden in der „Überfülle des Möglichen"

Der zweite für die Beratung relevante Gedanke bezieht sich auf Luhmanns Erkenntnis, dass nur soziale und psychische Systeme in einem kommunikativen Prozess Sinn verarbeiten oder Sinn generieren können. Luhmann versteht *Sinn*[11] sozusagen als ein Kriterium, um in der „Überfülle des Möglichen"[12] eine Auswahl treffen zu können. Das können nur soziale Systeme und diese Fähigkeit unterscheidet sie von anderen lebendigen Systemen, z. B. dem Ökosystem eines Mischwaldes. Wenn sich soziale Systeme mit dem psychischen System (dem Bewusstsein) des jeweils Anderen gegenseitig durchdringen, geben sie dadurch ihre Eigenständigkeit nicht auf, daher sind die Ergebnisse von Kommunikation (und damit auch von Beratungsprozessen) nicht vorhersehbar. Jedes System entscheidet selbst, was es daraus „macht" und wie der Einfluss von außen in die eigene Autopoiesis eingebaut wird. Diese Erfahrung machen wir alltäglich, z. B. dass wir jemandem etwas als äußerst wichtig mitteilen, den anderen interessiert dies aber nicht oder er deutet die Mitteilung sogar ins Gegenteil um. Vielleicht würden wir von Missverständnissen sprechen. In der Theorie selbstreferentieller Systeme wäre dies ein Beispiel dafür, dass im zuhörenden System nicht die gleiche Anschlussfähigkeit vorhanden ist wie im mitteilenden System.[13]

---

[7] Wenzel (2007), S. 2.
[8] Ebda.
[9] Vgl. Reese-Schäfer (2005), S. 43 f.: Luhmann nutzt den Begriff zur Beschreibung eines Systems, das von seiner Eigendynamik her auf seine Fortsetzung ausgerichtet ist.
[10] Vgl. Wenzel (2007), S. 3.
[11] Vgl. Reese-Schäfer (2005), S. 40 f.: Was wir üblicherweise mit Sinnverlust oder Sinnkrise benennen, wäre im Luhmannschen Vokabular ein Verlust von Werten. Luhmann versteht Sinn als den Operationsmodus, mit dem Individuen und soziale Systeme aus der Fülle des Möglichen ihre Auswahl treffen.
[12] Ebda.
[13] Vgl. Wenzel (2007), S. 15.

Dirk Baecker[14] erläutert in seinem Aufsatz „Die Beratung der Gesellschaft" Luhmanns Hypothese, dass sich die Gesellschaft jedes Mal tiefgreifend veränderte, sobald neue Verbreitungsmedien der Kommunikation eingeführt wurden. Denn dann reichten für die Bearbeitung (Selektion, Ablehnung oder Zustimmung) von entstandenem kommunikativem Überschusssinn[15] die bisherigen sozialen Strukturen nicht mehr aus. In den Strategien, welche die jeweilige Gesellschaft entwickelte, um mit dem vorgefundenen Überschuss an Sinnangeboten fertigzuwerden, finden wir die ersten Anfänge von Beratung.

Beratung als Weitergabe von Lebenswissen

In der Epoche der oralen Stammesgesellschaften wurde Lebenswissen durch mündliches Erzählen, Sprechen oder Verschweigen (Tabu) oder durch den Einsatz ritualisierter Handlungen weitergegeben. Die Praxis wurde von eingeweihten, wissenden oder dazu eigens erwählten (Stammes-)Angehörigen angeleitet und überwacht. Sie sollte dem Schutz der sozialen Ordnung Rechnung tragen und Verfahren bereitstellen, in denen Formen des Miteinanderlebens thematisiert werden können, ohne thematisieren zu müssen, was in diesen Formen jeweils auf dem Spiel steht. Auf dem Hintergrund eines magischen Weltbildes „beobachtet man die Geister und bekommt sich selbst zu sehen"[16]. Diese Form von Beratung wurde ausgeführt von Zauberern, Schamanen und Geistersehern. Die Welt wurde insgesamt im Spiegel jener Interaktionen gesehen, in denen man selbst beheimatet war.[17] Diese kurz skizzierte Praxis, wie sich Menschen zur Zeit der oralen Stammesgesellschaften berieten, ist vereinzelt auch noch heute in manchen Kulturen anzutreffen. So berichtete Mag. Sonja Steixner in ihrem Vortrag 2004 anlässlich des Kongresses „Culture meets Culture" über Traditionelle Konfliktlösungs- und Versöhnungsrituale bei Stammesgesellschaften in Burkina Faso, die heute noch vorzufinden sind: „Wenn ich von Ritualen im Zusammenhang mit Konfliktregelung spreche, verstehe ich darunter eine Form von Kommunikation in wiederholender, verdichteter, verbaler oder/und nonverbaler Form. Häufig werden dabei symbolische Gesten oder/und Gaben verwendet, und zwar solche, die bei den jeweiligen ethnischen Gruppen konfliktlösende und verzeihende Wirkungen evozieren wie Asche, Wasser oder weiße Hühner, Kreis etc. Sie sollen der emotionalen Heilung dienen und allen Beteiligten verdeutlichen,

---

[14] Baecker (2005), S. 2.
[15] Baecker (2005), S. 3: Solche kommunikativen Innovationen „sind ‚Katastrophen' im mathematischen Sinne des Wortes (Thom 1980), insofern sie die Gesellschaft zwingen, sich auf einem anderen als dem bisher gewohnten Niveau zu reproduzieren." Baecker nimmt auch Bezug auf den Medientheoretiker McLuhan (1964), der eine Determination der Gesellschaft durch die *Medientechniken* befürchtete. Luhmann indes meint, das *Übermaß an Sinn* würde die Gesellschaft zwingen, neue Kulturformen zu entwickeln.
[16] Baecker (2005), S. 14.
[17] Vgl. Baecker (2005), S. 8.

dass der Konflikt abgeschlossen ist. Es gibt auch eine lange Tradition des Verbotes, etwas Negatives über jemanden anderen zu sagen, wenn die Geschichte abgeschlossen ist."[18] In ihren Forschungen beobachtete Steixner streng ritualisierte Verfahren zur erfolgreichen Versöhnung bei Ehezwistigkeiten, in denen von den jeweils beauftragten Vertretern der Frau und des Mannes über alles gesprochen wurde, nur nicht über jene Punkte, die den ursprünglichen Anlass zur Klage gegeben hatten.

Beratung als Diskurs – Rede und Gegenrede
Die antiken Gesellschaften fanden ihre Struktur in einer sozialen Schichtung, die je nach Kultur unterschiedlich abhängig war von Geschlecht, Alter, Hierarchie, Besitz oder besonderen Fähigkeiten. Die Beratung erfolgte durch Priester und Gelehrte und zielte ab auf die Einstimmung der Menschen in eine religiöse Ethik. Wer des Lesens und Schreibens kundig war, war mächtiger als andere. Mit der Einführung der Schrift wurde Kommunikation erstmals ohne die Bedingung der physischen Anwesenheit möglich. Auf die so entstandene größere Fülle an Information, auch an Widersprüchen, reagierte die antike Gesellschaft „mit der Figur des *télos*, […] mit der von Aristoteles in ihre klassische Form gebrachten Idee, dass jede Art von Sinn, sogar der schriftlich fixierte […] Sinn verarbeitet werden kann, wenn und sobald es möglich ist, seinen Zweck, und das hieß damals: seine Übereinstimmung mit einer kosmologischen Ordnung […], zu identifizieren und für brauchbar zu befinden"[19]. Es galt herauszufinden, ob das Geschriebene mit einer überpersönlichen Ordnung übereinstimmte. Die dafür gefundene kommunikative Form, Luhmann nennt eine solche Form eine „Kulturform", war der gesellschaftlich geübte rhetorische Diskurs: Um aus dem Überschusssinn das für das Individuum Relevante herauszufinden, wurden einzelne Normen mit der beobachteten Empirie in Beziehung gesetzt und auf ihre Differenzen im Zusammenhang mit der angenommenen höheren Ordnung hin befragt. Die in unserem Sprachgebrauch selbstverständlich verwendeten Begriffe wie Dialog, Diskurs oder Symposion kommen aus dieser Zeit. Eine weitere Kulturform zeigte sich in der Praxis, vor wichtigen Entscheidungen ein Orakel zu befragen, wobei das Orakel von Delphi als das bedeutendste überliefert ist. Der rhetorische Diskurs sowie das Aufsuchen einer Orakelstätte stellen so gesehen bereits frühe Formen von Beratung in der antiken Gesellschaft dar.

Beratung in der Buchdruckgesellschaft
Mit der Einführung des Buchdruckes (um 1450) konnten die Bücher aus den Klöstern herausgeholt und auf den Universitäten und anderen „Märkten der öffentlichen Meinung"[20] systematisch gelesen und verglichen werden. Geschriebenes wurde über

---

[18] Steixner (2004), S. 4
[19] Baecker (2005), S. 3
[20] Vgl. Baecker (2005), S. 4.

die Elite der Gelehrten hinaus für viele zugänglich und damit auch kritisier- und anzweifelbar. Die vorgefundenen Widersprüche des Gedruckten förderten das kritische Denken. Das Vertrauen in die Autorität von mündlichen Überlieferungen wurde geschwächt, andererseits entwickelte sich ein großes Vertrauen in das Wissen von Experten und in die Technik. Die kommunikative Form der Buchdruckgesellschaft wurde die Kulturform der „unruhigen Selbstreferenz"[21]. Um mit der Fülle fertigzuwerden, begannen Menschen zu unterscheiden zwischen inneren und äußeren Beziehungen und lernten, die für sie relevanten Informationen selbst auszuwählen, ja sogar situationsbezogen einmal abzulehnen und ein anderes Mal anzunehmen. Es gibt keine endgültigen Antworten mehr auf die Frage nach dem richtigen Leben. Auf der Suche nach einer Methode zweifelsfreier Gewissheit formuliert 1619 der Philosoph René Descartes eine „morale par provision" und rät: „1. ein Haus nicht abzureißen, solange man darin wohnt […]; 2. gemäß den Überzeugungen der Besonnensten gehorsam zu sein gemäß den Gesetzen und Sitten des Vaterlandes; 3. auch an unsicheren Entscheidungen festzuhalten, weil man andernfalls nicht weiterkommt; 4. eher die eigenen Wünsche zu ändern als die Weltordnung, denn nur unsere Gedanken stehen völlig in unserer Macht […]; 5. eher einer Beschäftigung nachzugehen, um den Verstand kultivieren zu können, als auf eine Beschäftigung zu verzichten; und 6. schon deswegen wieder auf Reisen zu gehen."[22]

Der Buchdruck erweiterte die Zugänge zu Wissen und Informationen, die Teilnahme an gesellschaftlicher Kommunikation wurde abhängig von der Verbreitung des neuen Mediums und den Lesefähigkeiten. Das gedruckte Wort förderte die Entwicklung von standardisierten Zeichen in Form von Sprache und Schrift. Ab nun war das primäre Auswahlkriterium für die Annahme oder die Ablehnung von Sinn nicht (mehr) eine sachliche oder (übergeordnete) kosmologische Ordnung, sondern das Streben nach dem, was für die Identität des Individuums Sinn ergibt.

Die gesellschaftliche Selbstberatung der Buchdruckgesellschaft setzte statt auf Magie und Religion auf Sachlichkeit. Wer Sachzusammenhänge kannte, war Experte und konnte andere, die nicht wussten, belehren, aber eine Vergleichbarkeit von Texten relativierte auch manches Expertenwissen. Damit begannen zahlreiche emanzipatorische Prozesse (Reformation, Aufklärung, …). Die Errungenschaft des Buchdrucks bedingte eine „enorme Steigerung der Kritikfähigkeit jeder denkbaren Aussage durch ihren systematisierten Vergleich mit anderen Aussagen".[23] Baecker hält diese so ermöglichte Kritikfähigkeit für ausschlaggebend für die Individualisierungsgeschichte der modernen Gesellschaft. Der Buchdruck förderte die Teilnahme an gesellschaftlicher Kommunikation, auch im Hinblick auf Kritik und abweichende Meinungen. So hatte diese kommunikative Innovation enorme soziale Auswirkungen, weil sie die Kritik und die Dekonstruktion von autoritären Ansprüchen ermöglichte.

---

[21] Luhmann, zitiert n. Baecker (2005), S. 4.
[22] Vgl. Descartes (1637), zitiert nach Baecker (2005), S. 4 f.
[23] Baecker (2005), S. 5.

Beratung im Computerzeitalter

Mit der Einführung des Computers kommt in unsere gesellschaftliche Kommunikation erstmals ein Medium, das von sich aus die von uns in Gang gesetzten Kommunikationsprozesse weiterführt und verändert. Er bringt diese moderne Gesellschaft ganz erheblich durcheinander. Durch eine noch nie da gewesene riesige Informationsfülle und ungezählte Möglichkeiten des Denkens, Erlebens und Handelns entsteht Überschusssinn, der nach Selektion, Akzeptanz oder Ablehnung verlangt. Aber nicht nur die explosionsartige quantitative Zunahme von verfügbaren Informationen verändert unser Leben tiefgreifend, sondern auch die erstmals von Luhmann beschriebene Tatsache, dass der Computer eigenständig Daten verarbeitet, die in unsere Kommunikationsabläufe einfließen. D. Baecker sagt: „Während wir an unseren Bildschirmen sitzen und im Internet surfen, arbeiten wir mit Daten und verlassen uns auf Ergebnisse von Suchprozessen, deren Herkunft wir nicht kennen und deren Zustandekommen wir nicht durchschauen. Mühsam hat sich die Gesellschaft daran gewöhnt, das Bewusstsein des Individuums als undurchschaubar anzuerkennen [...], da muss sie sich auch noch mit dem Gedanken anfreunden, dass der Computer ebenfalls ‚strukturell' an die Kommunikation gekoppelt ist."[24] „Während die Computer nicht kommunizieren, rechnen sie mit, das heißt, sie verändern die Resultate der Kommunikation."[25] Bisher habe sozusagen nur das Bewusstsein (des Menschen) jene „Unbestimmtheitsstelle"[26] gebildet, indem es wahrgenommen, selbstständig interpretiert und nicht vorhersehbar ausgewertet hat. Nun aber verarbeitet der Computer seinerseits ungeheure Datenmengen, die wieder als Basis für unsere weitere Kommunikation genommen werden. Die Datenflüsse flimmern über unsere Bildschirme, sie informieren, verführen zum Kauf, sie stellen Diagnosen, sie gewinnen unser Interesse oder stoßen ab, aber sie zwingen zu Reaktionen. Sie bilden den Überschusssinn unserer gegenwärtigen Computergesellschaft.

Welche Kulturform ist diesem Überschusssinn gewachsen? Welche Strategien erfindet die Gesellschaft, um mit den vielfältigen Irritationen fertigzuwerden? Können Individuen und soziale Systeme etwa durch Beratung aus der Fülle des Vorgefundenen das herausfinden, was für sie jeweils Sinn ergibt oder sie das finden lässt, was ihr Fortbestehen fördert (it works, but I don't know how it works)? Der Gedanke scheint nicht ganz abwegig zu sein angesichts der Beobachtung, dass zeitgleich mit der Verbreitung des Personalcomputers und der Einführung des Internets auch in privaten Haushalten seit Beginn der Achtziger Jahre des 20. Jahrhunderts der Boom der Beratungsszene begann.

---

[24] Baecker (2005), S. 6.
[25] Baecker (2005), S. 6.
[26] Luhmann (1997), S. 118, zitiert von Baecker, S. 5.

Beratung als Beratung der Gesellschaft

Angesichts der großen Heterogenität der verschiedenen Beratungsansätze sowohl von Seite der Anbieter als auch der Nutzer sind kaum allgemeingültige Aussagen über Beratung zu machen. Das Spektrum erstreckt sich von psychosozialer Begleitung und Beratung (Counselling), wobei der Schwerpunkt tendenziell im Aufbau und der Gestaltung einer professionellen Beziehung liegt, bis hin zur Beratung im Sinne von Fachberatung oder Belehrung durch Experten (Consulting). Auch innerhalb der Bandbreite der psychosozialen Beratung gibt es verschiedene Angebote. Der Berufsverband der Ehe-, Familien- und LebensberaterInnen Österreichs (EFL/Ö) beschreibt Beratung als einen speziellen Bereich psychosozialer und präventiver Tätigkeit, die im allgemeinen gesellschaftlichen Interesse gesetzlich verankert ist. „Beratung geschieht in einer bewussten und geplanten Beziehung, in der ein Vertrauensverhältnis durch methodisch geführte Gespräche aufgebaut wird, und beinhaltet schwerpunktmäßig: Information und Begleitung von Menschen in Entscheidungsprozessen, Hilfestellung in belastenden Situationen, Abklärung und fallweise Weitervermittlung. Bei Wahrung der Eigenverantwortung des Klienten wird Konfliktbewältigung, Entwicklung und neue Klarheit ermöglicht."[27] In dieser Definition stehen beziehungsorientierte Aspekte im Vordergrund. Der Aufbau eines verlässlichen Vertrauensverhältnisses scheint ein wesentliches Merkmal von psychosozialen Beratungen zu sein. Auch wenn die Rollen zwischen Berater und Ratsuchenden prinzipiell im Zeitablauf wechseln können, gilt in Bezug auf die jeweilige Beratungskommunikation, dass eine „feste Rollenverteilung" besteht.

R. Schützeichel versteht in seiner „Skizze zur Theorie der Beratung" die konstituierenden Elemente von Beratung als „institutionalisierte, gegen andere Kommunikationsweisen in sachlicher, zeitlicher und sozialer Form abgrenzbare Einheit(en), die aus dem Fluss der alltäglichen Kommunikation herausragen"[28]. „In temporaler Hinsicht sind Beratungen begrenzt, haben Anfang und Ende, auch wenn es sich um länger ausgedehnte Beratungsprozesse handelt und nicht nur um ‚kurze kommunikative Sequenzen'."[29]

Gemeinsam ist allen Formen von Beratung u. a., dass sie für einzelne Individuen und soziale Systeme bis hin zu Organisationen Orientierung vermitteln und ermöglichen wollen. Je nach ihrer Nähe zu einer der beiden großen Gruppen (psychosoziale Beratung oder Fachberatung) liegt bei der Realisierung dieses Zieles die Betonung eher auf der Wissensvermittlung durch Experten oder auf dem Aufbau einer tragfähigen professionellen Beziehung, in der jene Reflexivität entwickelt werden kann, in der Menschen Gelingen und Misslingen verarbeiten und sich neue Klarheit über ihre Handlungsmöglichkeiten verschaffen können. Einige Eckpunkte für die tendenziel-

---

[27] Werbematerial des Berufsverbandes Diplomierter Ehe-, Familien- und LebensberaterInnen Österreichs (ohne Jahr).
[28] Faust (2006), S. 278.
[29] Ebda.

len Unterschiede habe ich in untenstehender Tabelle zusammengefasst, wobei die Grenzen fließend verlaufen und auch innerhalb eines Beratungssettings einmal der eine oder andere Aspekt dominieren kann.

	Psychosoziale Beratung	*Fachberatung*
Beratungsform	engl. „counselling", kommt aus den Bereichen der Sozialarbeit	engl. „consulting", kommt aus dem Bereich der Wirtschaft
Ratsuchende	KlientIn, PatientIn, Coachie, Supervisand	Auftraggeber, Kunde, Käufer, Laie, Unwissender
Beratungsrolle	BeraterIn, BegleiterIn, TherapeutIn, Coach, Gesprächs- und ReflexionspartnerIn	Experte, Fachfrau, Fachmann, Wissende/r
Beratungsleistung	Bereitstellung von Beziehung und Reflexion, Begleitung bei Entscheidungsprozessen, Coaching, Supervision, Hilfe zur erfolgreichen Umsetzung, Prozessberatung	Bereitstellung von Sachwissen und Belehrung, Tipps, Fachberatung, Produktberatung, Empfehlungen
Inhalte	Tendenziell beziehungsorientiert Hilfen zu Work-life-balance, Fragen der Partnerschaft, Familie, Erziehung, Beruf, ... bei psychischen und sozialen Problemen	Tendenziell themen- und sachbezogen Information, Fachtraining, Kauf oder Anwendung von Produkten

Soziale Befindlichkeiten der Computergesellschaft

Heiner Keupp[30] zählt folgende vier Phänomene zu den wesentlichen Befindlichkeiten der Gesellschaft der Postmoderne:

Die wachsende Komplexität von Lebensverhältnissen führt zu einer *Fragmentierung von Erfahrungen*. Die Fülle von Erlebnis- und Erfahrungsbezügen lässt sich nur schwer in ein Gesamtbild fügen. So sind hohe psychische Spaltungstendenzen erforderlich, um angesichts vieler unverbundener Erfahrungssplitter nicht verrückt zu werden.

---

[30] Vgl. Keupp (1997), S. 21 ff.

Die *Pluralisierung* von Lebensformen und Milieus führt zu einer Fülle von Alternativen. In unserer Gesellschaft gibt es höchst unterschiedliche Lebensmilieus mit unterschiedlichen Werten, Normen und Rollen, die miteinander kaum in Berührung stehen und kaum eine gemeinsame Schnittmenge bilden. Die Bereitschaft zur lebenslangen Bindung nimmt zugunsten von flexiblen Lebensformen ab. Neue Familienformen, wie gleichgeschlechtliche Lebensgemeinschaften oder die bewusst gewählte Trennung von Elternschaft und Liebesbeziehung, erweitern das Erscheinungsbild von Familie.

Ein unübersehbarer *Trend zur Individualisierung* erschwert es, Gemeinsinn zu entwickeln. Die Bedeutung von Traditionen oder gemeinsamen religiösen oder weltanschaulichen Bindungen nimmt ab, dafür rückt die Optimierung des individuellen Wohlbefindens in den Mittelpunkt des Strebens. Die einzelne Person fühlt sich ent-bettet[31] durch den Verlust von identitätsstiftender Zugehörigkeit zu einem fixen Wohnort oder zu einem Betrieb. In dem Buch „Der flexible Mensch"[32] beschreibt R. Sennett am Beispiel eines erfolgreichen jungen Computerexperten, wie sehr sich Individuen durch den Verlust von verlässlichen äußeren Bindungen auch in ihrer persönlichen Identität und in ihren familiären Rollen bedroht erleben.

Mit dem *Verlust des Glaubens* an die großen „Meta-Erzählungen" verlieren traditionelle Instanzen der Sinnvermittlung an Bedeutung. Die Sehnsucht nach Sinn bleibt trotzdem erhalten. Mit Hilfe der Metaerzählungen konnten sich große und kleine Gemeinschaften kommunikativ auf eine gemeinsame Vergangenheit und Zukunft hin verständigen.

Die Auflösung stabilisierender sozialer Zusammenhänge und der Verlust von identitätsstiftenden kollektiven Erzählungen kann durchaus ambivalent gesehen werden. Psychisch und ökonomisch starke Individuen gewinnen neue Freiheiten, ein eigenes selbstbestimmtes Leben zu kreieren, während Menschen mit lebensgeschichtlich bedingt geringen Ressourcen von dieser Entwicklung unvorbereitet getroffen und überfordert werden.

Mit Beginn der Studentenunruhen an amerikanischen und in der Folge auch europäischen Universitäten (ca. ab 1966) verschoben sich die gesellschaftlichen Ideale in Richtung Selbstverwirklichung und Emanzipation. Bis dahin ungefragt gültige Werte, wie die Vorherrschaft des Patriarchats, die Pflicht zum Militärdienst, das Verbot der Abtreibung und ein unkritischer Glaube an ein ständiges Wirtschaftswachstum wurden massiv in Frage gestellt. Gleichzeitig wuchs eine große Wachheit gegenüber ökologischen und politischen Themen. In der untenstehenden Folie aus der schon zitierten Delphi-Studie sind die markanten Veränderungen im Bereich der Werte und die sich ergebenden Folgen für die Lebensgestaltung noch einmal zusammengefasst.

---

[31] Keupp (1997a).
[32] Sennett (1998), S. 26 ff.

Vergangenheit und *Zukunft* des Wertewandels: Dreischritt[33]

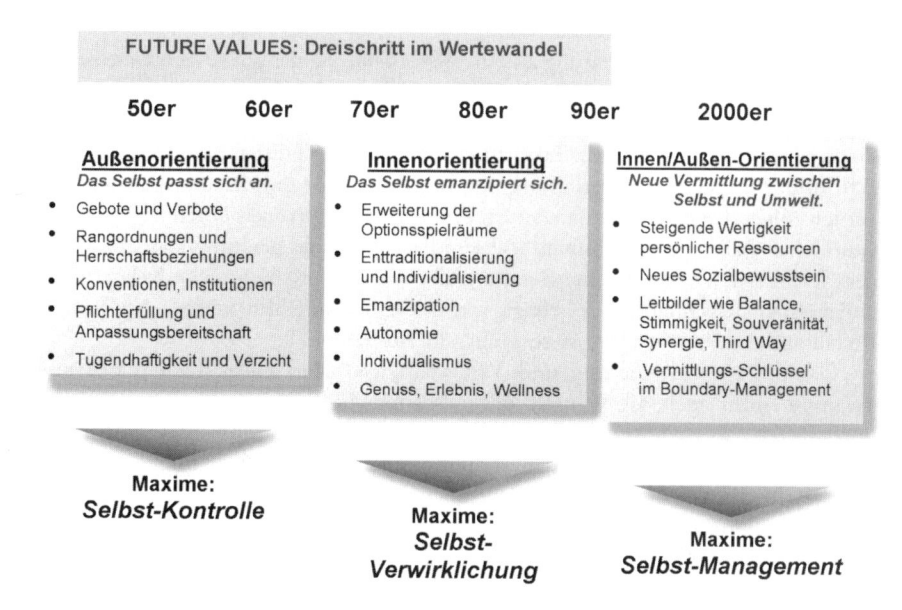

FUTURE VALUES: Dreischritt im Wertewandel

50er 60er	70er 80er	90er 2000er
Außenorientierung *Das Selbst passt sich an.*	**Innenorientierung** *Das Selbst emanzipiert sich.*	**Innen/Außen-Orientierung** *Neue Vermittlung zwischen Selbst und Umwelt.*
• Gebote und Verbote • Rangordnungen und Herrschaftsbeziehungen • Konventionen, Institutionen • Pflichterfüllung und Anpassungsbereitschaft • Tugendhaftigkeit und Verzicht	• Erweiterung der Optionsspielräume • Enttraditionalisierung und Individualisierung • Emanzipation • Autonomie • Individualismus • Genuss, Erlebnis, Wellness	• Steigende Wertigkeit persönlicher Ressourcen • Neues Sozialbewusstsein • Leitbilder wie Balance, Stimmigkeit, Souveränität, Synergie, Third Way • ‚Vermittlungs-Schlüssel' im Boundary-Management
Maxime: *Selbst-Kontrolle*	**Maxime:** *Selbst-Verwirklichung*	**Maxime:** *Selbst-Management*

Die Entwicklung führt also weg von der Außenorientierung und Anpassung an vorgegebene Rollen- und Handlungsmuster über den Trend zur Selbstverwirklichung hin zur Notwendigkeit des Selbstmanagements heute. Menschliche Existenz verwirklicht sich heute weder durch ungefragte Übernahme von vorhandenen Lebensmodellen noch in einem rücksichtslosen Streben nach Selbstverwirklichung. Was früher durch Rolle, soziale Schichtung und geregelte Arbeits- und Freizeiten strukturiert war, ist heute der Selbstorganisation des Einzelnen aufgegeben: das passende Zeitmanagement für die persönlichen und familiären Lebensbereiche in Balance zu halten, da man rund um die Uhr arbeiten, im weltweiten Netz surfen oder konsumieren kann. Partnerbeziehungen realisieren sich im Aushandeln der gemeinsamen Aufgaben und Zuständigkeiten und im aktiven Planen von Zeitinseln für private Beziehungen.

Es scheint, dass angefangen von den Lebensläufen des einzelnen Menschen bis zu Organisationen und Unternehmen viele Entscheidungen ohne eingehende Beratungen kaum mehr zu treffen sind. Wenn wir auf dem Hintergrund dieser skizzenhaften Beschreibung der gesellschaftlichen Situation Beratung reflektieren, ist der Gedanke naheliegend: Vielleicht ist der gegenwärtige Beratungsmarkt die neue

---

[33] © GIM, Gesellschaft für innovative Marktforschung mbH. (2001), Heidelberg.

kulturelle Form, die die Gesellschaft erfand, um in dieser Situation der Überfülle in klar definierten kommunikativen Settings für Individuen und soziale Systeme Orientierung und Reflexion bereitzustellen.

D. Baecker versteht Beratung als eine Selbstberatung der jeweiligen Gesellschaft über ihr eigenes Selbst. Er sieht sie auch als eine Form des Umgangs der Gesellschaft mit einer spezifischen Form der Enttäuschung. Man lässt sich beraten, nachdem man hier und dort mit den eigenen Erwartungen Schiffbruch erlitten hat. Als offensichtlich immer mitlaufende Einrichtung soll Beratung dafür sorgen, dass die innerhalb der jeweiligen Gesellschaft auftretenden Problemstellungen auch innerhalb derselben Gesellschaft gelöst werden können. „Alles andere wäre nicht Beratung, sondern Kritik der Gesellschaft."[34] Denn „eine Beratung, die wie der sprichwörtliche Kellner eines italienischen Restaurants, der gefragt, was er heute empfehlen könne, ‚ein anderes Restaurant' zur Antwort gibt, ist doch eher die Ausnahme"[35].

Das professionelle Setting und Vereinbarungen über Ziele, Kosten, Ort und Termine sollen auch die neutrale oder allparteiliche Position des Beratersystems unterstützen. Aber wieweit benötigen BeraterInnen zur Reflexion ihres Tuns ihrerseits wieder Beratung? Denn auch sie selbst sind jenen gesellschaftlichen Kräften unterworfen, in denen sich ihre KlientInnen orientierungsbedürftig vorfinden. Da man nicht Beobachter eines Systems sein kann, ohne auch Teil des beobachteten Systems zu werden, müssen auch Berater mit den blinden Flecken ihrer Wahrnehmung rechnen. Eine mögliche Antwort auf diesen Bedarf zeigt sich in der Entstehung von Metaebenen in der Beratungslandschaft in Form von Supervision, Mentoring und Coaching-Angeboten.

Psychosoziale und seelsorgliche Beratung entwickelte sich aus dem ehrenamtlichen Engagement in der sozialen und kirchlichen Arbeit zur Profession im vollen Wortsinn: mit geregelten Ausbildungen, Supervision, Berufsverbänden, Gewerbeschein, ausgeübt in fester Anstellung oder als freie Dienstnehmer auf Honorarbasis.

Zu Beginn der 1980-er Jahre war das gesellschaftliche Selbstverständnis noch dem Bild vom „richtigen Leben" verhaftet, und wer das nicht ohne Hilfe schaffte, versuchte dies zumindest vor der übrigen Gesellschaft zu verbergen. Niemand wollte in ein „psychisches Eck" gestellt werden oder als „gescheitert" gelten. Dementsprechend gestaltete sich die Suche nach geeigneten Örtlichkeiten für EFL-Beratungsstellen, um Rat suchenden Menschen die größtmögliche Anonymität zu sichern. Überspitzt könnte man sagen, die Akzeptanz der Beratung führte vom verschämten Besuch einer Beratungsstelle durch die Hintertür bis zum selbstbewussten Bekenntnis zu „meiner Beraterin, meinem Berater" heute. Inzwischen sind viele Formen von psychosozialer Beratung und der EFL-Beratung als Einrichtungen, an die man sich bei Bedarf wenden kann, bekannt und akzeptiert. Ja, es gibt sogar Stimmen, die für bestimmte Lebenssituationen eine Beratungspflicht fordern (vor der Heirat, für

---

[34] Vgl. Baecker, S. 12.
[35] Ebda.

werdende Eltern, nach pränataler Diagnostik, bei Schul- und Erziehungsproblemen oder Arbeitslosigkeit). Seit es Gesellschaft gibt, entstanden immer auch Kulturformen der Beratung, um angesichts der Überfülle von Sinnangeboten dem Individuum Sinnfindung und Orientierung zu ermöglichen.

„In einer hoch pluralisierten und fluiden Gesellschaft ist die Ressource ‚Sinn' eine wichtige, aber auch prekäre Grundlage der Lebensführung. Sie kann nicht einfach aus dem traditionellen und jederzeit verfügbaren Reservoir allgemein geteilter Werte bezogen werden. Sie erfordert einen hohen Eigenanteil an Such-, Experimentier- und Veränderungsbereitschaft."[36] Diese postulierten Haltungen des Suchens, Experimentierens und der Konstruktion von zukünftiger Lebenspraxis finden in der professionell geführten EFL-Beratung ihre Umsetzung. Nicht ein lückenloses Expertenwissen wird geboten, sondern die Bereitstellung von Kommunikation an sich ermöglicht es, dass Klienten in einem „interpersonalen Suchprozess"[37] ihre Verstehens- und Handlungsdimension erweitern können.

Beratung und Gesundheit

Das Modell der Salutogenese des israelischen Soziologen Aaron Antonovsky (1923–1994) fragt nicht, wie gewohnt, nach den Ursachen für Krankheit, sondern nach den Bedingungen für die Entstehung von Gesundheit. Es stellt eine brauchbare Folie zur Verfügung, um zu beschreiben, was psychosoziale Beratung in der Gesellschaft leisten kann. Als wichtigstes Element nennt Antonovsky das Kohärenzgefühl und meint damit die Fähigkeit, die eigene Geschichte, eigene Lernerfahrungen, persönliche Beziehungen, Arbeit usw. als sinnvolles Ganzes erleben zu können: Das, was ich gestern erlebte, kann ich heute brauchen und wird mir auch morgen nützen. Im Kohärenzgefühl bündeln sich die drei Dimensionen von Sinn, Verstehen und Bewältigung. Antonovsky nennt noch eine Reihe von weiteren Faktoren für die Entstehung von Gesundheit: Dazu zählt er das körpereigene Immunsystem und den Zugang zu materiellen und kognitiven Ressourcen wie Intelligenz, Wissen und Bildung. Eine zentrale Ressource ist die Ich-Identität, die emotionale Sicherheit in Bezug auf die eigene Person, wie beispielsweise die Möglichkeit, sich soziale Unterstützung zu holen, sich zugehörig und beheimatet zu fühlen.

Mangelndes Kohärenzgefühl zeigt sich im Phänomen der „Demoralisierung". Es bringt zum Ausdruck, dass man keinen Sinn darin sieht, sich für oder gegen etwas einzusetzen. Das Muster der Demoralisierung zeigt Grundhaltungen von geringem Selbstwertgefühl und Ohnmacht gegenüber den Kräften, die das eigene Dasein bestimmen. Versteht man Gesundheit als aktiven Herstellungsprozess, dann interessiert uns vor allem, wie der Kohärenzsinn diesen Prozess beeinflusst.[38]

---

[36] Keupp (2007), S. 15.
[37] Ebda.
[38] Vgl. Keupp (2007), S. 15 f.

Im obigen Sinne verstandene Beratung kommt ohne Krankheitsbegriff aus. Die fehlende Trennschärfe zwischen Beratung und Therapie hat mehrere Ursachen. Zum einen waren viele AusbildnerInnen der ersten Beratergenerationen seit den 1970-er Jahren neben diplomierten SozialarbeiterInnen, PädagogInnen und SeelsorgerInnen auch ÄrztInnen, PsychologInnen und PsychiaterInnen. Die unzureichende Versorgung der Bevölkerung mit Psychotherapie führte viele Therapie suchende KlientInnen in die Beratungsstellen. BeraterInnen bildeten sich in Psychotherapie weiter, um diesem Bedarf zu entsprechen. Auch das kann als ein Prozess der Selbstregulation von lebenden Systemen gesehen werden. Seit dem Psychotherapiegesetz 1990 kann sich EFL-Beratung profilierter auf ihre spezifische Aufgabe besinnen: „Von einer ‚Alltagsberatung' hat sich die professionelle Beratung schon lange entfernt, nun muss sie sich noch entfernen und verselbstständigen von ihrem Dasein als ‚Stiefkind' der Psychotherapie. Obwohl diese Diskussion schon seit den 70er Jahren geführt wird, wird allzu häufig Beratung in Praxis, Forschung und Lehre noch verortet als ‚kleine' Psychotherapie mit ‚einfachen' Fällen und ‚geringer' Ausbildung."[39] Laut Klaus Sander „erlebt auch ein Beratungsklient erhebliche und andauernde Erfahrungen von Unstimmigkeit, jedoch andere als der Psychotherapieklient. „Während der Therapieklient eher Inkongruenzen zwischen Selbst und inneren, organismischen Erfahrungen erlebt, hat der Beratungsklient Inkongruenzen zwischen Selbstkonzept und gegenwärtigen Anforderungen aus Erlebnisbereichen intimer Bezugspersonen, -gruppen und Lebenswelt."[40]

Familie im Wandel[41]

Der gegenwärtige gesellschaftliche Umbruch bringt tiefgreifende Veränderungen in der Kommunikation familiärer Beziehungen. Einerseits wird in familiären Bindungen mehr denn je eine emotionale Beheimatung gesucht, nachdem, wie oben erwähnt, andere Zugehörigkeiten instabiler werden. Andererseits ist jede Menge Selbstorganisation aufzubringen, um innerhalb der rasanten gesellschaftlichen Abläufe genügend Raum für Kommunikation zu erhalten.

Ehe-, Familien- und Lebensberatung (EFL-Beratung) setzte seit ihren Anfängen ihre Angebote bevorzugt an biografischen Wendepunkten an (als Ehe-, Erziehungs-, Schwangerschafts-, Mütter-, Berufsberatung). Diese Anknüpfungspunkte sind heute angereichert mit einer breiten Palette an thematischen Spezialisierungen. Je nach Bedarf liegen die Schwerpunkte auf der Basis einer Halt gebenden, verlässlichen, dialogischen Beziehung in der Bereitstellung von Wissens- oder Orientierungskompetenz. Das Ziel ist immer, zur Ermächtigung (Empowerment) des Klientensystems beizutragen und sich damit selbst überflüssig zu machen. EFL-Beratung muss sich

---

[39] Ziebertz (2004), ohne Seitenangabe.
[40] Ebda.
[41] © GIM, Gesellschaft für innovative Marktforschung mbH. (2001), Heidelberg.

naturgemäß laufend mit neu entstehenden familiären Lebensformen auseinandersetzen und kann wertvolle Beobachtungen wieder in die gesellschaftliche Kommunikation einbringen.

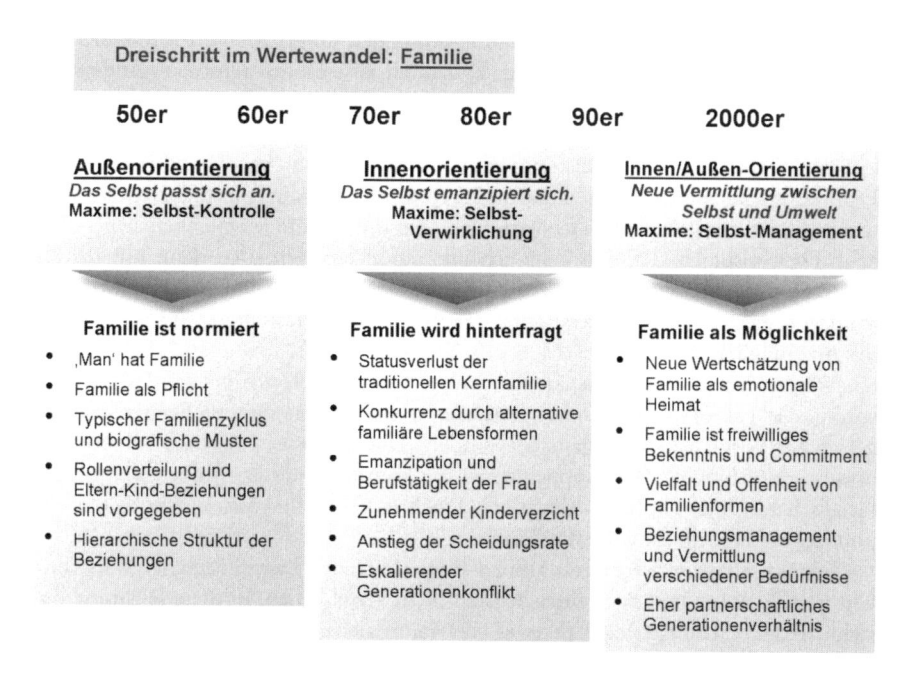

Dreischritt im Wertewandel: Familie

50er 60er	70er 80er	90er 2000er
Außenorientierung *Das Selbst passt sich an.* Maxime: Selbst-Kontrolle	**Innenorientierung** *Das Selbst emanzipiert sich.* Maxime: Selbst-Verwirklichung	**Innen/Außen-Orientierung** *Neue Vermittlung zwischen Selbst und Umwelt* Maxime: Selbst-Management
Familie ist normiert • ‚Man' hat Familie • Familie als Pflicht • Typischer Familienzyklus und biografische Muster • Rollenverteilung und Eltern-Kind-Beziehungen sind vorgegeben • Hierarchische Struktur der Beziehungen	**Familie wird hinterfragt** • Statusverlust der traditionellen Kernfamilie • Konkurrenz durch alternative familiäre Lebensformen • Emanzipation und Berufstätigkeit der Frau • Zunehmender Kinderverzicht • Anstieg der Scheidungsrate • Eskalierender Generationenkonflikt	**Familie als Möglichkeit** • Neue Wertschätzung von Familie als emotionale Heimat • Familie ist freiwilliges Bekenntnis und Commitment • Vielfalt und Offenheit von Familienformen • Beziehungsmanagement und Vermittlung verschiedener Bedürfnisse • Eher partnerschaftliches Generationenverhältnis

Wenn wir die Tatsache ernst nehmen, dass soziale und psychische Systeme eigenständig Sinn verarbeiten, sind die Ergebnisse nicht vorhersehbar. Daher stößt Beratung dort an Grenzen, wenn von Dritten Anforderungen an sie gestellt werden. Menschen kann man nicht gegen ihren Willen verändern. Beratung kann nicht verhindern, dass es Gewalt in Familien gibt, kann nicht nachhaltig stabile Ehebeziehungen oder verlässliche Eltern-Kind-Beziehungen *herstellen,* auch nicht Ehescheidungen *verhindern.*

Beratung als kritische Stimme

Es ist zu fragen: Welche strukturellen Anteile hat die Gesellschaft an den uns vorgetragenen Problemen? Welche sozialen, ökonomischen oder beispielsweise schulischen Rahmenbedingungen generieren immer wieder ähnliche Problemstellungen? Wenn die Gesellschaft für ein professionelles Beratungsangebot Mittel zur Verfügung stellt, sind sie naturgemäß selten ausreichend, aber sie können niemals als *Schweige-*

geld gedacht sein. Das seit einigen Jahren vom Bundesministerium für Familie in den geförderten Beratungsstellen eingesetzte Statistikprogramm[42] sammelt brauchbare Daten, um einen Überblick zu bekommen, mit welchen Fragestellungen welche Personen(-gruppen) Beratung beanspruchen.

Jede gesellschaftliche Epoche zieht bestimmte Leiden nach sich. Wir erleben gerade eine quantitative Wende von den Essstörungen junger Menschen hin zu zahlreichen Formen von Selbstverletzung. Es häufen sich die existenziellen Ängste vor Krankheit, Invalidität, Arbeitslosigkeit oder vor einem generellen Nicht-mithalten-Können. Wir beobachten eine Zunahme von Mobbing mit allen negativen Auswirkungen. Dem steigenden Leistungsdruck halten längst nicht alle Individuen und Familien stand: Selbstwertprobleme und Depression sind die Folgen. Kürzlich meinte ein junger Familienvater, nachdem seine Frau ihn auf die Möglichkeit *seines* Pflegeurlaubes ansprach: „Ja, den kann ich mir schon nehmen, aber dann bin ich als Erster weg von der Firma." Das politische Gezerre um das Kindergeld erhärtet den Verdacht, dass es wenig Interesse gibt, Vätern wirklich eine Karenzzeit für ihre Kinder zu ermöglichen.

Wenn sich hinter Leidenszuständen oder Lebensblockaden wiederkehrende strukturelle Faktoren und Trends feststellen lassen, sollten sie von BeraterInnen in geeigneter Form öffentlich gemacht werden. Dies entlastet einerseits KlientInnen und ist eine sinnvolle Rückkoppelung an die kommunikativen Abläufe der ganzen Gesellschaft. Unter Wahrung der professionellen Verschwiegenheit geht es um ein politisches Handeln im weitesten Sinne.

Systemisch orientierte BeraterInnen können sich den Fragen nach der Wirksamkeit von Beratung und nach ihren Kosten nicht verschließen. In diese Richtung besteht noch Forschungsbedarf, denn es gibt kaum aussagekräftige Studien, die Beratung unabhängig von Psychotherapie untersucht haben. Ebenso könnte untersucht werden, wie Beratung dem allgegenwärtigen Trend zur Kundenbindung im eigenen Arbeitsfeld entgegenwirkt. Durch welche Maßnahmen wird sichergestellt, dass nicht die Abhängigkeit von den BeraterInnen, sondern Selbstermächtigung der KlientInnen das Ziel bleibt? Die Praxis eines sehr geschätzten Kollegen, seine Beratungsprozesse bevorzugt dann zu beenden, wenn sich die Situation der Klienten zu fünfzig bis sechzig Prozent gebessert habe, zeugt von einer konsequenten Anwendung des Konzepts der Autopoiesis und der Selbstregulierung von Systemen. Zum Schluss sei ein Zitat aus der Frankfurter Erklärung des „Forum Beratung" gestattet:

„Eine Welt im Wandel braucht Beratung, aber eine Beratung, die diesem Wandel Rechnung trägt. Unsere Lebens- und Arbeitswelten verändern sich gegenwärtig in dramatischer Form. Bisher tragfähige Normalitäten und Identitäten verlieren im globalisierten Kapitalismus ihre Passform und wir alle sehen uns mit der Erwartung

---

[42] Bekannt unter dem Namen PSYBE. Siehe auch den Beitrag in diesem Buch von Leo Pöcksteiner: „Zur Akzeptanz und Wirksamkeit der geförderten Familienberatung".

konfrontiert, uns flexibel und offen auf veränderte Bedingungen einzulassen. Unsere Alltage werden riskanter und unvorhersehbarer. Gemeinsamkeiten scheinen weniger selbstverständlich, Identitäten und Zukunftsentwürfe werden brüchig, müssen immer wieder erarbeitet und neu ausgerichtet werden. Persönliche Lebenspläne, Vorstellungen von sich selbst und der eigenen Lebenswelt verlangen kontinuierliche Reflexion und Überprüfung."[43]

Möglicherweise leistet Beratung der Gesellschaft des Computerzeitalters einen kompensatorischen Dienst, indem sie hilft, mit Enttäuschung und Scheitern so umzugehen, dass daraus für das nächste Mal gelernt werden kann. In der Bearbeitung von enttäuschten Erwartungen lernen wir etwas über andere und über uns selbst. Mit ihrem kommunikativen Angebot kann Beratung Reflexion ermöglichen und im erzählenden Wiederherstellen des roten Fadens brüchig gewordene Lebensentwürfe neu verknüpfen. Beratung bleibt aber auch ein gesellschaftlicher Seismograph, der Zustände und Bedingungen, die Leiden produzieren, beim Namen nennen und damit verändern kann. Wie eingangs festgestellt, erfahren wir in der gegenwärtigen gesellschaftlichen Situation nicht nur einen Überschuss an Sinn, sondern sind auch bedroht vom Risiko des Scheiterns. Wenn wir dieses Risiko als eine mögliche Variante unter vielen anderen mitlaufen lassen, wird Scheitern ein Teil der (Selbst- und Fremd-)Erfahrung und ein Impuls für neue Prozesse der Sinnverarbeitung. Naturgemäß wird psychosoziale Beratung dem Non-Profit-Bereich zugeordnet, weil sie meist nicht gewinnorientiert im Sinne des Marktes arbeitet. Aber professionell und selbstkritisch durchgeführte Beratungsleistungen können für die Gesellschaft einen wichtigen Social-Profit erbringen, solange sie ihre Erkenntnisse wieder in die gesellschaftliche Kommunikation einbringen.

Verwendete Literatur

Barz, H./Kampik, W./Singer, T./Teuber, S. (2001): Neue Werte, neue Wünsche. Future Values, Düsseldorf/Berlin.

Baecker, D. (2005): Die Beratung der Gesellschaft. Universität Witten/Herdecke, Working Paper im WWW unter http://www.gesellschaftsberatung.info/pdf/baecker _keynote.pdf; Stand vom 24. 11. 2007.

Beck, U./Beck-Gernsheim, E. (Hrsg.) (1994): Riskante Freiheiten. Individualisierung in modernen Gesellschaften, Frankfurt.

Brückner, G. (2003): Frankfurter Erklärung zur Beratung. Aufruf zu einem neuen Diskurs. Forum Beratung in der DGVT. Frankfurt, den 1. 1. 2001, aktualisiert im Oktober 2003. Im WWW unter http:// *www.forum-beratung-dgvt.de* → Beratung im Diskurs; Stand vom 11. 1. 2008.

---

[43] Brückner u. a. (2003), ohne Seitenangabe.

Descartes, R. (1937): Von der Methode des richtigen Vernunftgebrauchs und der wissenschaftlichen Forschung. Französisch-Deutsch. 2. verbesserte Auflage, Hamburg 1997.

Faust, M. (2006): Soziologie und Beratung – Analysen und Angebote. In: Soziologische Revue, Jg. 29, S. 277–290. Working Paper im WWW unter http://sofi.uni-goettingen.de/fileadmin/Michael_Faust/Material/Soz-Revue-Seiten277-290.pdf; Stand vom 13. 9. 2007.

GIM, Gesellschaft für innovative Marktforschung mbH (2001): Delphie-Studie. Futures Values. Auszüge, Heidelberg.

Keupp, H. (1997): Ermutigung zum aufrechten Gang. Deutsche Gesellschaft für Verhaltenstherapie, Tübingen.

Keupp, H. (1997a): Soziale Empfindsamkeit. Festvortrag anlässlich 50 Jahre Kinder- und Jugendberatung der Stadt Linz, Linz.

Keupp, H. (2006): Quo vadis Erziehungsberatung? Vortrag aus Anlass der 50-Jahr-Feier der Psychologischen Beratungsstelle für Kinder, Jugendliche und Eltern des Caritasverbandes Heidelberg am 06. 10. 2006. Working Paper im WWW unter *http://www.ipp-muenchen.de/texte/keupp_eb_06.pdf*; Stand vom 13. 9. 2007.

Keupp, H. (2005): Beratungsziel: Fitness für den Markt oder Selbstsorge in der Zivilgesellschaft? Menschenbildoptionen der Beratung in der globalisierten Welt. Vortrag bei der Ringvorlesung „Beratung in Bildung, Beruf und Beschäftigung" an der TU Dresden am 22. 5. 2005 Working Paper im WWW unter http://www.ipp-muenchen.de/texte/keupp_dresden.pdf; Stand vom 13. 9. 2007.

Keupp, H. (2007): Sich selber finden – Identitätskonstruktionen heute und welche Ressourcen in Familie und Gesellschaft sie benötigen, Working Paper im WWW unter http://www.ipp-muenchen.de/texte/sich_selber_finden.pdf; Stand vom 24. 11. 2007.

Klarer, K. (2006): Jahresbericht 2005. Erziehungs- und Jugendhilfeverbund Kempten. Vorwort. Im WWW unter: http://www.eb-kempten.de → schneller Zugang → Jahresbericht → Vorwort; Stand vom 11. 1. 2008.

Luhmann, N. (1993): Soziale Systeme. Grundriss einer allgemeinen Theorie, Frankfurt/Main; zit. nach Wenzel, J. (2007), siehe unten.

Reese-Schäfer, W. (2005): Niklas Luhmann zur Einführung. 5. ergänzte Auflage, Hamburg.

Sennett, R. (1998): Der flexible Mensch – Die Kultur des neuen Kapitalismus, Berlin.

Steixner, S. (2004): Vortrag anlässlich des Kongresses „culture meets culture", Wien. Von der Autorin überlassenes Manuskript.

Wenzel, J. (2007): Eine Einführung in die Systemtheorie selbstreferentieller Systeme nach Niklas Luhmann. Working Paper im WWW unter *www.systemischeberatung.de* → Systemtheorie → Selbstreferentielle Systeme; Stand vom 15. 12. 2007.

Ziebertz, T., Rezension vom 27. 07. 2004 zu: Frank Nestmann, Frank Engel, Ursel Sikkendiek (Hg.): Das Handbuch der Beratung. Band 1 Disziplinen und Zugänge. dgvt-Verlag (Tübingen) 2004. 560 Seiten. ISBN 3-87159-048-7. In: socialnet Rezensionen unter http://www.socialnet.de/rezensionen/ 1706.php, Datum des Zugriffs 24. 11. 2007.

Witzableiter von Ilse Simml

Eine Klientin fühlt sich von ihrer Familie sehr ausgenützt.
Ihr Ziel heißt: Ich will auch NEIN sagen lernen!
Nach einigen Beratungsstunden beginnt sich langsam etwas zu verändern, aber anscheinend braucht sie bei der Überlegung: „Darf ich jetzt NEIN sagen?" doch etwas länger Zeit.
Ihr Mann scheint ein scharfer Beobachter zu sein und gibt dazu seinen Kommentar:
„Du kriegst schon wieder deinen **Simml-Blick!**"
Besser ein Simml-Blick als ein Silberblick!

Zur Akzeptanz und Wirksamkeit von EFL-Beratung

Leo Pöcksteiner

Familienberatung – ein dreifacher Auftrag

In der geförderten, institutionellen Familienberatung lassen sich grundsätzlich drei Aufträge[1] differenzieren. Die Qualität der Beratungsprozesse wird dabei wesentlich vom Ausmaß der Differenzierung und Bewusstwerdung dieser Aufträge mitbestimmt.

Zunächst gibt es einen „gesellschaftlichen Auftrag", der seitens des Fördergebers nach der jeweiligen familienpolitischen Akzentuierung im Rahmen des Familienberatungsförderungsgesetzes formuliert wird. FamilienberaterInnen müssen sich darüber klar sein, welche Aufträge sie gestellt bekommen und welche sie übernehmen. Sie tragen damit auch gegenüber der „Gesellschaft" eine Verantwortung für das Gelingen der Beratung.

Aus der jeweiligen Biografie und persönlichen Position der BeraterIn ergibt sich ein ganz „persönlicher Auftrag". Menschen werden BeraterInnen, weil es ihnen Sinn macht und nicht selten auch Freude. Menschen zu helfen oder auch mit ihnen arbeiten zu wollen, wurde früher eher unter dem Aspekt eines doch möglicherweise dahinterliegenden „Helfersyndroms" oder dem Verdacht unlauterer narzisstischer Befriedigung durch die „hilflosen Helfer" betrachtet. Demgegenüber beteuert Petzold, dass Helfer „zumeist kompetent, nicht hilflos, engagiert, nicht narzisstisch-ausbeuterisch, altruistisch, nicht egoman"[2] sind. Im Gegenteil, die Altruismusforschung zeigt: Helfen ist gesund! Es stärkt die Lebenszufriedenheit, Menschen bei der Bewältigung ihrer Schwierigkeiten, aber auch ihrer Entwicklungsaufgaben zu beraten und zu begleiten. Natürlich werden und müssen in den Ausbildungseinrichtungen, Supervisionen und auch in den multidisziplinären Teams die persönlichen Aufträge der BeraterInnen ausreichend reflektiert werden. Doch gerade „für die Beratung, die ressourcen- und lösungsorientiert arbeitet, protektive Faktoren sucht und bereitzustellen bemüht ist"[3], ist zunächst einmal der BeraterIn eine positive Perspektive zu unterstellen.

Und drittens der wichtigste Auftrag: Der Auftrag der KlientIn an die Familienberatung als souveräner persönlicher Akt. Der KlientIn muss zumindest implizit verdeutlicht werden, dass es zur persönlichen Souveränität gehört, einen Auftrag an die Familienberatung zu formulieren.[4] Ohne klare Auftragsformulierung kann auch

---

[1] Vgl. Petzold (2003), S. 26.
[2] Zahn-Wachsler et. al. (1991) und Sober (1998), zitiert nach Petzold (2003), S. 26.
[3] Petzold/Goffin, Oudhoff (1993), zitiert nach Petzold (2003) S. 26.
[4] Vgl. Petzold (2003), S. 26.

nicht gesagt werden, ob die BeraterIn bzw. die Beratungseinrichtung dem Auftrag entsprechen kann oder ob nicht besser an eine andere Einrichtung verwiesen werden sollte. Ohne genauere Auftragsklärung bleibt das Beratungsgespräch ein unverbindliches Gespräch über Anliegen und Wünsche. Die Verantwortungsübernahme und die Verwebung der Lösungswege in die Eigenkompetenz der/s Hilfesuchenden gelingen nicht und dies führt häufig zum Abbruch einer Beratung.

Familienberatung – Nützliche Antworten auf aktuelle Lebensfragen

1974 wurde die Förderung von Familienberatungsstellen, als „flankierende Maßnahme zur sogenannten Fristenlösung konzipiert"[5], etabliert. Die gesetzliche Grundlage ist bis heute das Familienberatungsförderungsgesetz. Geregelt sind vor allem Qualifikation und Ausbildung der BeraterInnen, die Mindestdauer der Öffnungszeiten und Anwesenheit der BeraterInnen, die Sachbezogenheit der Beratung, die Wahrung der Anonymität und die Verschwiegenheit gegenüber den KlientInnen wie auch die inhaltlichen Schwerpunktsetzungen der Beratungsstellen und die Art der Dokumentation.

Obligatorische, im Gesetz aufgezählte Beratungsgegenstände sind „Angelegenheiten der Familienplanung" und „wirtschaftliche und soziale Belange werdender Mütter". Und mit einem appellativen Charakter versehen, soll die Beratungstätigkeit des Weiteren „Familienangelegenheiten, insbesondere solche rechtlicher und sozialer Natur, sexuelle Belange und sonstige Partnerschaftsbeziehungen" zum Gegenstand haben. Damit wurde schon bei Gesetzwerdung der Blick nicht nur auf die Funktion der Familienberatung als Begleitmaßnahme zur Straffreistellung der Abtreibung gelegt, sondern Familienberatung auf das gesamte mögliche Spektrum der Problemstellungen in familiären und partnerschaftlichen Problemstellungen erweitert.

Die weitere Entwicklung lässt sich in fünf Phasen[6] beschreiben. Sie spiegeln Antworten auf die entstandenen Fragen der Menschen und Familien wider:

In einer ersten Phase wurde gemäß dem politischen Auftrag der ersten Stunde die *Regionalisierung, Flächendeckung und Profilierung* vorangetrieben. Gab es 1974 schon 55 Familienberatungsstellen, so wuchs die Anzahl beständig bis 1999. Ab diesem Zeitpunkt bis 2005 verdoppelte sich dann beinahe die Anzahl der Stellen auf 454. Damit hat beinahe jeder Bezirk eine Familienberatungsstelle, bzw. auf 22.500 ÖsterreicherInnen kommt derzeit im Durchschnitt eine Familienberatungsstelle.

In einer zweiten Phase erfolgte eine *inhaltliche Binnendifferenzierung* der Familienberatung einerseits nach Zielgruppen, Schwerpunktsetzungen sowie durch Verortung in speziellen Sozialräumen als auch durch Bildung in sich kohärenter Angebotsbündel – etwa Trennungs- und Scheidungsberatung (verortet am Gericht), Mediation und Begleitungsangebote für betroffene Kinder.[7]

---

[5] BMSG (2004), S. 52.
[6] Vgl. Pöcksteiner (2006), S.12 ff.
[7] Vgl. Sauer (1996) und BMUJF (1997a).

Mit dem Psychotherapiegesetz 1991 begann als dritte Phase die *Erweiterung* durch Angebote aus der „Beratungslandschaft"[8], wie Psychotherapie, Mediation, (Besuchs-)Begleitung, Elternbildung und Begegnungsangebote.
Energisch geführte Definitions- und Abgrenzungsdiskussionen führten zu neuen Rahmungsversuchen. So wurden Familienberatungsstellen in einer vierten Phase zu *Multifunktionalen Beratungszentren*[9], um etwa psychotherapeutische Behandlung von Familienberatung abzugrenzen und dennoch in Familienberatungsstellen anbieten zu können.

Zuletzt wurde im Regierungsprogramm 2002 eine Umwandlung der Familienberatungsstellen zu *Familienkompetenzzentren* proklamiert. Parallel begann in dieser nun fünften Phase verstärkt die Diskussion um die Entwicklung von Standards in der Familienberatung und konkrete Tools[10] zur Erarbeitung solcher wurden vorgestellt. Familienberatung wurde konfrontiert mit dem in der Förderlandschaft stärker werdenden Legitimierungsdruck für Beratungsangebote. Der Ruf nach Erbringung von Effektivitäts- und Effizienznachweisen dient dabei nicht immer nur einer Qualitätserhaltung bzw. Entwicklung von Angeboten, sondern auch zur Entwicklung von Steuerungsmöglichkeiten der Mittelvergaben in einer sich verknappenden finanziellen Ressourcenlage des Staates.

Um die Weiterentwicklung der Familienberatung in Richtung Umsetzung des Regierungsprogramms 2002 voranzutreiben, beauftragte das Bundesministerium für Soziale Sicherheit und Generationen 2006 zwei Studien: STRASSER & STRASSER Consulting GmbH[11] mit der Evaluierung des Familienberatungswesens in Österreich mit dem Ziel, Potenziale und Handlungsfelder für die Zukunft, speziell auf dem Weg in Richtung Familienkompetenzzentrum zu fokussieren. Sie machten eine Erhebung mittels Fragebögen in den Familienberatungsstellen, machten qualitative Interviews mit TrägervertreterInnen von innovativen Familienberatungsstellen, stützten sich auf eine umfangreiche Auswertung der vorhandenen statistischen Daten, eruierten in Rückkoppelungsworkshops die subjektiven Wahrnehmungen und Alltagserfahrungen von FamilienberaterInnen und wurden von einer externen Praxisgruppe begleitet. „Hunderte Personen waren in der einen oder anderen Form in die vorliegende Evaluierung involviert […]."[12]

---

[8] Zum Begriff Beratungslandschaft vgl. Reichel (2005).
[9] Vgl. BMUJF (1997).
[10] Vgl. dazu Handbuch zum P&Q Compass im WWW unter http://www.sozial-wirtschaft.at → Performance & Quality Compass → P&C Handbuch. Stand vom 14. 1. 2008.
[11] STRASSER & STRASSER (voraussichtliche Veröffentlichung durch das BMGUF 2008): Das geförderte Familienberatungswesen in Österreich, Wien.
[12] STRASSER & STRASSER (voraussichtliche Veröffentlichung durch das BMGUF 2008), S. 8.

In einer zweiten Studie fragte OGM (Österreichische Gesellschaft für Marketing GmbH)[13] in 3001 telefonischen Interviews mit aktuellen, ehemaligen und Nicht-Klienten der Familienberatung nach deren Erfahrungen mit Familienberatungsstellen.

Im Folgenden werden Auszüge aus diesen beiden, dem Bundesministerium für Gesundheit und Familie übergebenen, bis dato jedoch noch nicht veröffentlichten Studien präsentiert.[14]

Die KlientInnen

Geschlecht und Alter

Über zwei Drittel der Beratungssuchenden sind Frauen (69%), Männer nutzen die Familienberatung zu 31%. Besonders hoch ist der Frauenanteil in Kärnten (78%) und im Burgenland (75%). Ebenso signifikant erhöht ist der Frauenanteil bei öffentlichen Beratungsstellen (77%) etwa gegenüber kirchlichen Trägern (66%).

54% aller KlientInnen nehmen Familienberatungsstellen im Alter von 30 bis 49 Jahren in Anspruch, davon stellen die 30- bis 39-Jährigen mit 30% den höchsten Anteil dar. 17% aller KlientInnen sind zwischen 20 und 29 Jahren alt, 14% sind 0 bis 20 Jahre. Ab dem 50. Lebensjahr nehmen nur mehr 15% Familienberatung in Anspruch.

Herkunft und Familienstand

Der weitaus größte Teil der KlientInnen (84%) kommt aus Österreich, 11% kommen aus der EU und anderen europäischen Ländern und 5% aus außereuropäischen Ländern.

Die Verteilung ist jedoch innerhalb Österreichs recht unterschiedlich. Während der AusländerInnen-Anteil in Wien bei 27% und in Salzburg bei 19% liegt, kommen im Burgenland nur 7% und in Niederösterreich nur 8% der beratenen Personen aus dem Ausland. Signifikant ist auch, dass der Anteil ausländischer Personen bei öffentlichen Einrichtungen deutlich höher (22%) ausfällt als etwa bei kirchlichen Beratungsstellen (13%).

Die Auswertung der Anzahl der beratenen KlientInnen nach Gemeindegrößen ergibt, dass 38% aus Städten mit über 100.000 Einwohnern stammen. An zweiter Stelle stehen jedoch schon Gemeinden zwischen 2.000 und 5.000 Einwohnern (21%), gefolgt von Dörfern unter 2.000 Einwohnern (14%).

Nimmt man die Erreichbarkeit als ein Qualitätsmerkmal[15], so benötigen 70% der dokumentierten KlientInnen bis zu einer halben Stunde und weitere 24% benötigen bis zu einer Stunde für ihre Anreise zu ihrer Familienberatungsstelle.

---

[13] OGM (voraussichtliche Veröffentlichung durch das BMGUF 2008): Familienberatungsstellen in Österreich, Wien.
[14] Mein Zugang zu den Studien erfolgte durch freundliche Genehmigung für eine auszugsweise Darstellung der Ergebnisse durch die Förderabteilung des BMGUF.
[15] Vgl. Pöcksteiner (2006).

Die meisten Personen (32%), die im Jahr 2005 eine Beratungsstelle aufsuchten, hatten keine eigenen Kinder und lebten auch nicht mit Kindern in einem Haushalt (38%). 29% der KlientInnen hatten zwei eigene Kinder (29%) bzw. zwei Kinder im Haushalt (25%). Knapp die Hälfte (48%) war verheiratet, 35% waren ledig, 15% geschieden und 2% verwitwet.

Die BeraterInnen

2005 waren 2.692 BeraterInnen in der geförderten Familienberatung tätig. Die größte Berufsgruppe stellen dabei SozialarbeiterInnen und Ehe- und FamilienberaterInnen mit 42% dar, gefolgt von der Berufsgruppe der PsychologInnen (17%) und PädagogInnen (11%), JuristInnen (12%) und ÄrztInnen (7%). Von 1999 bis 2002 war ein starker Anstieg von 1700 BeraterInnen beobachtbar, seither bleibt der Stand in etwa gleich. Die berufliche Zusammensetzung der BeraterInnen hat sich in diesem Zeitraum jedoch kaum verändert. Diesem Zuwachs an BeraterInnen entspricht auch ein starker Anstieg der Beratungen im selben Zeitraum (siehe weiter unten).

Die Leistung

Die nachgefragten Beratungsangebote (STRASSER & STRASSER)

Sowohl Männer als auch Frauen suchten 2005 eine Familienberatungsstelle am häufigsten in Zusammenhang mit Partnerschaftsproblemen – Kommunikation, Rollenverteilung, Sexualität (20% Männer, 14% Frauen), in Zusammenhang mit Trennungen – Scheidung, Besuchsrecht, Unterhalt (18% Männer, 19% Frauen), und in Zusammenhang mit Erziehungsfragen – Kinderbetreuung, Schule, Ausbildung und Ablösung von Kindern (Männer und Frauen jeweils zu 14%) auf.

In deutlichem Abstand gefolgt von:
- psychische Probleme (8% Männer, 9% Frauen),
- Gewalt in der Familie, Missbrauch, Misshandlung (6% Männer, 8% Frauen),
- Schwangerschaft, Empfängnisregelung, Wunschkind (3% Männer, 7% Frauen),
- und sonstige Konflikte im familiären Umfeld (Männer u. Frauen mit jeweils 4%).

Beratungsstunden – Anzahl der KlientInnen – Beratungssetting (STRASSER & STRASSER)

Von 1999 bis 2005 haben sich die geleisteten Beratungsstunden von ca. 78.000 im Jahr 1999 auf insgesamt ca. 260.000 Stunden im Jahr 2005 mehr als verdreifacht. Die durchschnittliche Beratungszeit pro 1000 Einwohner hat von 9,7 Stunden im Jahr 1999 auf 32,2 Stunden im Jahr 2005 zugenommen. Das heißt, um ein Zahlenspiel zu strapazieren, auf einen Bewohner fielen fiktiv pro Jahr knapp zwei Beratungsminuten.

2005 suchten Frauen und Männer etwa im gleichen Ausmaß eine Familienberatungsstelle auf: am häufigsten im Zusammenhang mit Partnerschaftsproblemen, gefolgt von Trennungs- und Scheidungsproblemen und Erziehungsfragen. Es überrascht nicht, dass die Trennungs- und Scheidungsberatungen am stärksten stiegen, allen voran die Themengruppe „Trennung/Scheidung – Besuchsrecht – Unterhalt".

Beratungssetting (OGM)

37% der aktuellen KlientInnen und 48% der ehemaligen KlientInnen geben an, dass sie allein in der Beratung waren. Bei 63% der aktuellen und 52% der ehemaligen KlientInnen waren auch andere Familienmitglieder eingebunden.

Zufriedenheit mit der geförderten Familienberatung

92% der aktuellen und ehemaligen KlientInnen geben an, mit der Beratung sehr bzw. eher zufrieden zu sein; 8% waren weniger bzw. nicht zufrieden. Als einige Gründe gaben diese in einzelnen Nennungen an, dass der „Berater inkompetent" sei, er/sie „nicht auf persönliche Bedürfnisse eingegangen" sei, „Zeitmangel" herrschte, „Erwartungen nicht erfüllt" wurden.

Bei der Befragung der ehemaligen KlientInnen nach einzelnen Kriterien ergab sich eine ebenso hohe Zufriedenheit. 90% waren mit der Person der BeraterIn zufrieden, 86% mit deren Kompetenz.

Bei Themen der Strukturqualität der Familienberatung gaben 86% an, mit der Terminvereinbarung zufrieden zu sein und 84% mit den Öffnungszeiten; schon abfallend jedoch nur mehr 79% mit den Räumlichkeiten, 75% mit der telefonischen Erreichbarkeit der Beratungsstelle und lediglich 20% waren zufrieden mit dem Internetauftritt, wobei auch nur 6% mit diesem unzufrieden waren. Auch bei den zuvor genannten Kriterien war die Unzufriedenheit nur zwischen 7 und 15%.

Wartezeiten

Über die Länge der Wartezeiten liegen keine gesicherten Daten vor (STRASSER & STRASSER). Jedoch bescheinigt die OGM-Umfrage eine hohe Zufriedenheit hinsichtlich Terminvereinbarungen. Eine Diskrepanz zeigt sich insofern, als die Beratenen in einer Mehrzahl von einem ausreichenden Angebot in den Familienberatungsstellen sprechen, die Fördernehmer jedoch sprechen von einem höheren regionalen Bedarf, als die Förderung es zulässt, was zu teilweise langen Wartezeiten für die KlientInnen führt.

Abschluss der Beratung und Beratungserfolg

77% der ehemaligen KlientInnen geben an, dass die Beratung bis zur Problemklärung durchgeführt wurde. 20% hätten vorzeitig abgebrochen (OGM).

Auf die Schwierigkeit, Beratungserfolg zu messen, kann an dieser Stelle nicht eingegangen werden. Dennoch zeigt folgender Befund eine erfreuliche subjektive Einschätzung der ehemaligen KlientInnen: 31% sagten, dass sich die ursprüngliche

Problemstellung vollkommen aufgelöst hat. 35% meinten, sie hätten mit dem Problem umzugehen gelernt, 23% fühlten sich am Ende der Beratung gestärkt, die Probleme zu lösen, und lediglich 8% sagten, dass die Probleme eigentlich kaum oder gar nicht gelöst werden konnten (OGM).

Die Auswertung der Dokumentationen der BeraterInnen über die Beratungsabschlüsse (STRASSER & STRASSER) ergibt zum Teil ein ähnliches Bild: 23% dokumentierten den Beratungsabschluss mit einer eingetretenen Problementlastung für die KlientInnen, immerhin bei 9% wurde eine Problemlösung gefunden und bei 22% wurde eine Klärung der Anfrage dokumentiert.

Auch in der Empfehlungsbereitschaft („Mundpropaganda") bestätigt sich die große Zufriedenheit der ehemaligen KlientInnen mit der Beratung (OGM): Etwas mehr als die Hälfte von den 90%, die die Beratungsstelle weiterempfehlen würden, haben das auch schon getan. Umgekehrt haben lediglich etwas weniger als die Hälfte der 6%, die die Beratungsstelle nicht weiterempfehlen würden, von einer Inanspruchnahme der Beratungsstelle abgeraten.

Die geförderte Familienberatung – eine Marke mit Kerngeschäft
Laut OGM sind Familienberatungsstellen zu 92% der Bevölkerung bekannt. Sie werden in spontaner Nennung in erster Linie als Beratungseinrichtungen für Familienkonflikte (40%) und rund um die Kindererziehung (33%), für die Konfliktberatung bei Paaren (31%) und bei der Beratung bei Trennung, Scheidung und deren rechtlichen Folgen (11%) definiert.

Gewalt in der Familie, Schuldnerberatung oder auch psychische Probleme (in der Familie) erfahren, spontan gefragt, eine deutlich geringere Zustimmung (7% und niedriger).

Bei der gestützten Abfrage (OGM) ordneten alle befragten KlientInnengruppen folgende Beratungsarten mit einer über 90%igen Zustimmung den Familienberatungsstellen zu:

Trennung, Scheidung und rechtliche Folgen, Beratung rund um die Kindererziehung, Gewalt in der Familie, Familienkonflikte.

Mit einer über 80%igen Zustimmung ordneten die KlientInnen den Familienberatungsstellen die Beratung für (Ehe-)Paare, bei psychischen Problemen in der Familie, bei Behinderung in der Familie und bei traumatischen Erlebnissen den Familienberatungsstellen zu.

Des Weiteren folgten Suchtberatung mit 70%, die Anlassthemen für die seinerzeitige Initialzündung der Familienberatung die Beratung bei Schwangerschaft, Verhütung und Geburt mit 69%, Rechtsberatung mit 62%. MigrantInnenberatung, Beruf und Wiedereinstieg und Schuldnerberatung erhielten um die 50% und medizinische Beratung lediglich 40% Zustimmung für eine Zugehörigkeit dieser Beratungsarten zu Familienberatungsstellen.

STRASSER & STRASSER vermerken zu diesem Befund, dass ihre Auswertung der dokumentierten Beratungen ebenso zu denselben Beratungsangeboten führen, also Familienberatung als Netz von Hilfestellungen in zentralen Familienfragen nicht nur assoziiert wird, sondern sich tatsächlich in den Ergebnissen widerspiegelt. Für die Weiterentwicklung von Familienberatungsstellen bedeutet dies auch, dass bei strukturellen und prozessualen Veränderungen große Sorgfalt angebracht sein wird, um den hohen Grad der KlientInnenzufriedenheit von über 90% zu erhalten.

Die Kostenlosigkeit der Inanspruchnahme der Familienberatung wird zu 89% befürwortet.

Die KlientInnen bekommen zu gut einem Drittel Informationen zu Familienberatungsstellen über Freunde und Bekannte, dann schon deutlich abgefallen über andere psychosoziale Einrichtungen, Zeitungen und Zeitschriften, sowie über die eigene Familie.

In Bezug auf die Nutzung anderer Angebote aus der Beratungslandschaft ergibt sich als klares Ergebnis, dass die Familienberatung das Kerngeschäft der Familienberatungsstellen ist:

85% der KlientInnen sagten, in der Familienberatungsstelle ausschließlich Familienberatung genutzt zu haben. 13% nahmen auch andere Angebote wie therapeutische Betreuung (38%), Kinderbegleitung bei Scheidung (9%), Elternbildung (1%) und andere nicht näher definierte Angebote (54%) in Anspruch. Bei der allgemeinen Frage nach weiteren sinnvollen Leistungen in der Familienberatung gaben die telefonisch Befragten (OGM) mit über 80%iger Zustimmung Kinderbetreuungseinrichtungen, Eltern-Kind-Zentren und Elternbildungseinrichtungen an.

Familienberatung: Quo vadis?

Diese die Erwartungen übertreffenden, guten Aussagen über die geförderte Familienberatung lassen natürlich in besonderer Weise die Ambitionen der Erweiterung in Richtung Familienkompetenzzentren unter einem neuen Licht erscheinen:

1. Die bisherigen Leistungen der geförderten Familienberatung machen Sinn, sind einladend und entsprechen den Bedürfnissen der Menschen. Eine Veränderung in Richtung Familienkompetenzzentren darf das bisher Erreichte nicht gefährden.

2. Im Bereich der aktuellen geförderten Familienberatung ergeben sich Handlungsempfehlungen (STRASSER & STRASSER), die sofort angegangen werden könnten:

So sollte zunächst an einer Profilierung des Corporate Identity (Internetauftritt und Leitliniendiskussion) gearbeitet werden. Des Weiteren empfehlen STRASSER & STRASSER, das Augenmerk auf das Qualitätsmanagement (Qualitätsentwicklung und -sicherung, Prozessstandards, Dokumentation und Praxishandbücher) zu legen.

Das derzeitige Dokumentationssystem sollte auch verstärkt den einzelnen Familienberatungsstellen wertvolle Rückmeldungen und Vergleichsmöglichkeiten mit anderen Familienberatungsstellen eröffnen.

3. Wenn eine Veränderung in Richtung „Familienkompetenzzentrum" betrieben wird, dann ist als Erstes das „Wording" zu hinterfragen, weil weder BeraterInnen noch KlientInnen dem Begriff „Familienkompetenzzentrum" etwas abgewinnen können. Dagegen sagt „Familienberatung" klar aus, was sie an Leistung beinhaltet: Sie bezeichnet eine „Marke", die in der öffentlichen Wahrnehmung für Anonymität, Professionalität, Verschwiegenheit, Neutralität und Individualität steht (STRASSER & STRASSER).

4. Die Multifunktionalität in den Familienberatungsstellen sollte erhalten bleiben, die dazugehörige intra- und interinstitutionelle Vernetzung etabliert und auch finanziell abgegolten werden.

In der OGM-Studie zielte eine Frage auch darauf ab, die Verflechtung der Familienberatung mit anderen Beratungsstellen zu ergründen. Immerhin gaben 39% der KlientInnen an, auf andere Angebote innerhalb der Beratungsstelle von der BeraterIn aufmerksam gemacht worden zu sein, 53% sagten nein. Über Angebote anderer Stellen wurden nur mehr 32% informiert und für 59% gab es gar keine. Und nur 13% der KlientInnen wurden an andere Stellen weiterverwiesen.

Fallbezogene Vernetzung funktioniert, systematische Vernetzung stößt jedoch derzeit in Familienberatungsstellen auf Grenzen.

STRASSER & STRASSER bescheinigen zwar der Familienberatung ein hohes Engagement in Bezug auf fallbezogene und überregional trägerspezifische[16] Vernetzung. Jedoch stößt systematische Vernetzung auf regionaler Ebene an die Grenzen der Konkurrenz und der Qualität persönlicher Beziehungen der handelnden Menschen (BeraterInnen, ...). Derzeit ist die Vernetzung eher auf Bezirksebene initiiert und sporadisch auf die Engagiertheit einzelner Personen abgestellt – nicht zuletzt auch wegen Ressourcenmangels. Durchgehend konzipierte formelle regionale Vernetzung im Sinne eines modernen Netzwerkmanagements fehlt.

5. STRASSER & STRASSER schlugen nach derzeitigem Diskussionsstand für die Weiterentwicklung in Richtung Familienkompetenzzentren drei Modellvarianten vor, die zunächst in Pilotprojekten erprobt und evaluiert werden könnten:

---

[16] STRASSER & STRASSER führen an, dass das gute Funktionieren der Vernetzung auf überregionaler Ebene einerseits im Wegfallen der persönlichen Nähe und andererseits im wechselseitigen Vorteil der Stärkung des gemeinsamen Niveaus der Leistungserbringung gründet.

Erste Variante wäre ein „Familienkompetenzzentrum" auf Bezirksebene, eine zweite Variante wäre ein „Familienkompetenzzentrum" je Bundesland als Ansprechpartner für den Bund und Motor für regionale Vernetzung. Oder, als dritte Variante, so viele Familienkompetenzzentren wie Familienberatungsstellen mit einem zu definierenden (Mindest-) Leistungsprogramm.

Das Leistungsspektrum eines solchen „Familienkompetenzzentrums" könnte in stichwortartiger Ausführung von einer umfassenden (Erst-)Information über Abklärungsleistungen bis hin zu einer verstärkten Sozialraumorientierung (systematische Vernetzung, Wartung, Entwicklung bedarfsgerechter Angebote – auch im Bereich Bildung und Begegnung) reichen. Es gewährleistet weiters regelmäßige Vernetzung, Koordination und regionalen Erfahrungsaustausch und es dient dem Bundesministerium in Familienbelangen als Ansprechpartner.

Überlegungen zu einer zusätzlichen Positionierung der Familienberatung als Kulturtechnik

In immer sich rascher verändernden und komplexer werdenden Lebenswelten, in der Flexibilität und Wandern zwischen den Sozialräumen abverlangt werden, gewinnen Fähigkeiten und Fertigkeiten heutiger Beratungsmethodik immer mehr Bedeutung für die alltägliche Lebensbewältigung (Selbst- und Sozialkompetenzen):

- Familienberatung bildet einen Lernraum aus zur zeitweisen Delegation von kommunikativer Kompetenz zur Problemlösung, aber auch zur Erweiterung der Handlungsmöglichkeiten im Sinne einer Tankstelle, einer Clearingstelle, die man aufsucht, bevor der Treibstoff zu Ende ist oder wenn man spezielle Wissensstände zur Bewältigung von Problemen und Entwicklungsaufgaben in Erfahrung bringen möchte.

- Familienberatung dient zur Herstellung und Wegbarmachung von Lebens- und Veränderungswissen im Sinne von Selbstermächtigung der Menschen.

- Familienberatung könnte verstärkt als ein Motor und eine Vermittlerin gesellschaftlichen Veränderungswissens im Sinne einer Kulturtechnik werden, um Engpässe bei Veränderungsprozessen wieder zu verflüssigen, um Patchwork-Identitäten eine Klammer im Sinne der Salutogenese, etc. anzubieten.

- Familienberatung bietet einen Rahmen für reflektiertes Selbst- und Beziehungswissen, wie das Passen in einer sich immer rascher verändernden Welt funktioniert, was der einzelne Mensch dabei alles beachten und tun muss und auf welche Kompetenzen er sich konkret verlassen kann, um aus dem breiten Spektrum der Lebensmöglichkeiten immer wieder die angemessene, nützliche, richtige, … Wahl treffen zu können.

„Heutzutage ist Beratung eine Wissenschaft geworden. […] Beratung ist eine angewandte Sozialwissenschaft, die unverzichtbar interdisziplinär ausgerichtet sein muss, denn sie braucht nicht nur Wissensstände der Psychologie, Soziologie, Erziehungswissenschaften usw. Sie braucht die Erfahrung von Praktikern aus Bildungsarbeit, Beratung und Therapie."[17] Die Qualität der Familienberatung als Beratungsdisziplin lebt vom interdisziplinären Diskurs in multidisziplinären und multiprofessionellen Beratungsteams, Ausbildungsteams und scientific communities,... und von den wertschätzenden Korrespondenzprozessen zwischen BeraterIn und KlientIn im Sinne einer doppelten Expertenschaft.

Beratung braucht den Austausch und die Vernetzung mit anderen Professionen, Beratungs-, Behandlungs-, Begleitungs-, Bildungs- und Begegnungseinrichtungen, nicht nur um KlientInnen rasch mit einem optimierten Angebot helfen zu können, sondern um ihr Selbstverständnis in Theorie und Praxis immer wieder zu reflektieren, den Bedarfslagen der Menschen anzupassen und so qualitativ hochstehende Beratungsangebote zu setzen.

Verwendete Literatur

Bundesministerium für Umwelt, Jugend und Familie [BMUJF] (Hrsg.) (1997): Forschungsprojekt Endbericht. Beratung – Psychotherapie. Ein Projekt zur Bestandsaufnahme und Orientierung, Wien.

Bundesministerium für Umwelt, Jugend und Familie [BMUJF] (Hrsg.) (1997a): Familienberatung bei Gericht. Mediation. Kinderbegleitung bei Trennung oder Scheidung der Eltern, Wien.

Bundesministerium für Gesundheit und Familie [BMGUF] (Hrsg.) (voraussichtliche Veröffentlichung 2008): Von STRASSER & STRASSER Consulting GmbH vorgelegter Endbericht der Studie: Das geförderte Familienberatungswesen in Österreich. Evaluierung, Wien.

Bundesministerium für Gesundheit und Familie [BMGUF] (Hrsg.) (voraussichtliche Veröffentlichung 2008a): Von OGM Österreichische Gesellschaft für Marketing vorgelegte Studie: „Familienberatungsstellen in Österreich". Zusammenfassung der Hauptergebnisse, Wien.

Bundesministerium für Soziale Sicherheit, Generationen und Konsumentenschutz [BMSG] (Hrsg.) (2004): Internationales Jahr der Familie. 1994 + 10. 2004. 10 Arbeitskreise – Ergebnisse und Ausblick, Wien.

Familienberatungsförderungsgesetz [FBFG] (1997): Bundesgesetz vom 23. Jänner 1974 über die Förderung der Familienberatung BGBL. Nr. 80/1974, in der geltenden Fassung der Bundesgesetze BGBL. Nr. 734/1988 und BGBL. Nr. 130/1997.

---

[17] Petzold (2003), S. 29f.

Petzold, H./Goffin, J. J. M./Oudhoff, J. (1993): Protektive Faktoren und Prozesse – die „positive" Perspektive in der longitudinalen, „klinischen Entwicklungspsychologie" und ihre Umsetzung in die Praxis der Integrativen Therapie. In: Petzold (1993c) und in Petzold/Sieper (1993a), S. 173–266.

Petzold, H. (2003): Interdisziplinär beraten – sich ergänzen: Überlegungen zu „Beratung" als Disziplin und Praxeologie in der modernen Wissensgesellschaft. Im WWW unter http://www.donau-uni.ac.at/psymed/beratung → Literatur; Stand vom 9. 1. 2008.

Petzold, H. (2005): „Beratung" als Disziplin und Praxeologie zum Umgang mit subjektiven Theorien und ihren kollektiven Hintergründen in der modernen Wissensgesellschaft. In: Beratung Aktuell, 6. Jahrgang, S. 4–21.

Pöcksteiner, L. (2006): Möglichkeiten und Grenzen multifunktionaler Beratungszentren. Ein Beitrag zur Weiterentwicklung von geförderten Familienberatungsstellen zu multifunktionalen Familienkompetenzzentren, Donau-Universität Krems, Masterthese.

Prospekt Unternehmensberatung GesmbH (o. J.): Performance & Quality Compass. Zusammenfassung der Ergebnisse einer Erhebung in Familien-, Mädchen- und Jugendberatungsstellen. Im WWW unter http://www.sozial-wirtschaft.at → Performance & Quality Compass, Stand vom 14. 1. 2008.

Reichel R. (Hrsg.) (2005): Die Beratungslandschaft. In: Reichel, R. (Hrsg.), Beratung, Psychotherapie, Supervision. Einführung in die psychosoziale Beratungslandschaft, Wien.

Sauer, Ch. (1996): Mediation im Rahmen der Familienberatung. Ein Plädoyer. In: Gumpinger, M. (Hrsg.), Mediation. Linz. S. 97–113.

Zahn-Waxler, C./Cummings, E. M./Iannotti, R. (Hrsg.) (1991): Altruism and aggression: biological and social origins, Cambridge.

Witzableiter von Ilse Simml

Meine Situation ist schon etwas außergewöhnlich: Ich bin Leiterin der evangelischen Beratungsstelle und arbeite auch in der katholischen Beratungsstelle am Stephansplatz. So komme ich oft in kuriose Situationen.
Wie z. B. Anruf in der evangelischen Beratungsstelle:
„Sind Sie die Frau **Simpl**, die mit der Bibel arbeitet?"
Ja! Und um mit Farkas zu sprechen: „Schauen Sie sich das an!"

In der Katholischen Beratungsstelle ist die Lage etwas anders. Da wird eher nach einem Priester gefragt:
Ein Herr mittleren Alters (Krisenphase!) schaut sich fragend um und meint dann: „Arbeiten Sie hier allein da?"
Ich bejahe.
Er: „Ohne Priester?"
Ich: „Ja, wenn Sie einen Priester haben wollen, das lässt sich schon bewerkstelligen!"
Er: „Ich meine, Sie arbeiten als Frau allein ohne Priester!"
Wir klären das Setting und er nimmt mit mir allein vorlieb. Am Ende der Stunde frage ich ihn, wie die Beratung für ihn war, so ganz allein nur mit einer Frau?
Er: „Na, eh gut, darf ich Sie zu einem Kaffee einladen?"
Ich staune: „Was, ohne Priester? Das ist nicht erlaubt!"

Akademisierung – Chance oder Risiko

Philosophische Betrachtungen einer Ehe-, Familien- und Lebensberaterin

Elisabeth Birklhuber

Die gegenwärtige Ausbildungssituation (2007)

Durch den Bologna-Prozess[1] (1999) ist in Österreich eine umfassende Hochschul- und Studienreformdiskussion ausgelöst worden, die zahlreiche Berufsausbildungen betrifft.

Mit der Einführung der gestuften Studienabschlüsse (Bachelor/Master-Studienstruktur) sowie dem internationalen Leistungspunktesystem (ECTS) wird eine europaweite Flexibilisierung von Bildungsprozessen erwartet.

Um Ausbildungen vergleichbar zu machen, werden sie nach ECTS-Punkten[2] neu bewertet. Diese Bewertung macht auch vor den Ausbildungen zur Ehe-, Familien- und Lebensberatung nicht Halt. Genauso wie die Diskussion, ob die Ausbildung akademisiert werden solle oder nicht. Die Ausbildung zum/r Ehe-, Familien und LebensberaterIn wird gleich wie das Propädeutikum gegenwärtig mit 90 ECTS-Punkten ausgezeichnet. Das Fachspezifikum in der Psychotherapie wird mit 180 ECTS-Punkten bewertet.

Derzeit gibt es in Österreich sechs anerkannte Lehranstalten für Ehe- und Familienberatung, die Diplomierte Ehe-, Familien- und LebensberaterInnen[3] ausbilden. Eine wesentlich größere Anzahl von zertifizierten Lehrgängen für Lebens- und Sozialberatung steht ihnen gegenüber. Einige dieser Lehrgänge bieten mittlerweile auch anerkannte Upgrades beziehungsweise zertifizierte Zusatzmodule[4] an. Wenn diese

---

[1] 1999 unterzeichneten Vertreter aus 29 europäischen Ländern in Bologna eine unverbindliche Erklärung, die das Hochschulwesen in Europa vergleichbar machen sollte. Mittlerweile ist die Teilnehmerzahl bei 46 europäischen Staaten.
Die Vorbereitung und die Umsetzung dieser Erklärung nennt man Bologna-Prozess. Sein Ziel ist ein einheitlicher europäischer Hochschulraum und damit die Förderung der Mobilität, der internationalen Wettbewerbsfähigkeit und der Beschäftigungsfähigkeit.

[2] European Credit Transfer System – Basis für dieses Bewertungssystem ist das Arbeitspensum, das Studierende absolvieren müssen, um die Ziele eines Lernprogramms zu erreichen. Die Ziele sind in Form von Lernergebnissen und zu erwerbenden Kompetenzen festgelegt. Ein Credit entspricht in etwa 25 bis 30 Arbeitsstunden. Mit eingeschlossen in das Arbeitspensum werden Vorlesungen, Seminare, Selbststudium, Vorbereitung auf und Teilnahme an Prüfungen etc.

[3] Ehe-, Familien- und LebensberaterInnen werden in der Folge als EFL-BeraterInnen bezeichnet.

[4] Lehranstalten gibt es in Wien, Linz, Graz, Klagenfurt, Feldkirch und Innsbruck, wobei jene in Linz für die nächsten drei Jahre keinen Ausbildungslehrgang anbietet. Eine Liste der sechs Ausbildungseinrichtungen finden Sie im Anhang.

von Lebens- und SozialberaterInnen absolviert werden, gelten sie laut Familienberatungsförderungsgesetz[5] als den Ehe-, Familien- und LebensberaterInnen gleichwertig anerkannt.

Der Abschluss der Ausbildung erfolgt nach positiv beurteilten Kolloquien und einer Diplomarbeit über einen Beratungsfall durch Verleihung eines Diploms.

Diplomierten Ehe-, Familien- und LebensberaterInnen kann ein Teil der Stunden dieser Ausbildung auf das Psychotherapeutische Propädeutikum angerechnet werden. Nach § 10 Abs. 2 Z. 7 Psychotherapiegesetz (1990) hat man damit die berufliche Voraussetzung („Quellberuf") für eine fachspezifische Ausbildung in Psychotherapie erworben.

Ein weiteres Betätigungsfeld wurde durch die Errichtung des gebundenen Gewerbes für Lebens- und Sozialberatung erschlossen: Nach Ergänzung durch die vorgeschriebene Praxis, Einzelsupervision (10 Lehreinheiten) und Einzelselbsterfahrung (30 Lehreinheiten) kann für den Gewerbeschein eingereicht werden.

Das Zentrum für Psychosoziale Medizin an der Donau-Universität Krems[6] bietet den Universitätslehrgang „Psychosoziale Beratung" an, den AbsolventInnen als „Akademische/r Berater/in sowie Lebens- und Sozialberater/in" abschließen. Die AbsolventInnen dieser Ausbildung gelten laut Familienberatungsförderungsgesetz ebenfalls als den Ehe- und FamilienberaterInnen gleichwertig. Dieser Universitätslehrgang wird ebenfalls mit 90 ECTS-Punkten bewertet. Nach weiteren drei Semestern berufsbegleitend ist die Erlangung des Masters of Science (Psychosoziale Beratung) möglich. Einschließlich der Grundstufe beläuft sich die Bewertung auf 120 ECTS-Punkte.

Die Akademisierung der Ausbildungslehrgänge an den Lehranstalten für Ehe- und Familienberatung wird derzeit diskutiert. Eine notwendige Voraussetzung dafür wäre die Benotung der Lernleistungen der Studierenden und eine habilitierte Lehrgangsleitung.

Da die Akademisierung möglicherweise ein Andocken an eine Universität notwendig macht, käme es sehr wahrscheinlich zu einer Ausbildungskostenerhöhung für die AbsolventInnen.

Von vielen Seiten wird die Akademisierung für notwendig und unaufhaltbar befunden. Es soll jedoch gewährleistet bleiben, dass auch weiterhin QuereinsteigerInnen zur Ausbildung zugelassen werden.

---

[5] Siehe auch das Kapitel „Gesetzliche Rahmenbedingungen für Beratung" von Brigitte Ettl.
[6] Die Donau-Universität Krems ist eine Universität für Weiterbildung und bietet Studien an, die AbsolventInnen eines Grundstudiums bzw. Personen mit gleichzuhaltender Berufserfahrung zur Spezialisierung, Vertiefung und Aktualisierung ihrer Kenntnisse dienen. Die Zulassungsvoraussetzungen können je nach Studienangebot variieren.
Zu finden im WWW unter: http://www.donau-uni.ac.at.

Persönliche Vorbemerkungen

Als ich zum ersten Mal vom Plan der Akademisierung der EFL-Ausbildung gehört habe, war ich strikt dagegen.

Für mich gab es nur die Möglichkeit, die Ausbildung um vier Semester zu verlängern, was unrealistisch wäre, oder die theoretischen Ausbildungsanteile würden auf Kosten der praktischen, angewandten Teile unterrichtet, was fatal wäre. Aus meiner Ausbildungserfahrung[7] schien es mir unmöglich, die benötigten Fähigkeiten, das dringende Know-how, das ich als EFL-Beraterin brauche, oder vielmehr das, was mich als Beraterin ausmacht, an einer Universität zu erhalten.

Akademisches Arbeiten ist für mich wissenschaftliches Arbeiten. Es hat einen klaren Anspruch auf Wahrheitsfindung oder wenigstens auf die Annäherung an die Wahrheit, basierend auf einer linear gedachten Ursachen-Wirkungslogik, der Auswertung von Versuchs- oder Umfrageergebnissen, einem Literaturstudium und dem Verfassen von wissenschaftlichen Arbeiten mit Bedacht auf die Nachvollziehbarkeit der Quellen. (Wenngleich sich mein ursprünglich naturwissenschaftlich, empirisch geprägter Wissenschafts- und Wahrheitsbegriff schon während meines Philosophiestudiums erweitert hat: Wahr ist, was ins System passt beziehungsweise was in einem eingegrenzten und definierten System stimmig ist, und es gilt nur solange als wahr, bis es durch eine stimmigere Wahrheit abgelöst wird.)

Dem Motto des lebenslangen Lernens treu verpflichtet, habe ich beim Schreiben oder vor allem bei der Recherche für diesen Beitrag sehr viel dazugelernt. Unter anderem weiß ich jetzt, dass es anwendungsorientierte und forschungsorientierte Studienrichtungen gibt. Erstere werden vielfach auf Fachhochschulen oder in Lehrgängen universitären Charakters angeboten. Auch habe ich dazugelernt, dass es ein quantitatives Forschungsparadigma und ein qualitatives Forschungsparadigma gibt.

Die Sprache der Wissenschaft

Die oben genannten Begriffe werden im Laufe dieses Beitrages noch erklärt. Würde ich schreiben: „Diese Fachtermini werden in der Folge noch näher definiert", würde dies dem wissenschaftlichen Jargon eher entsprechen – und damit bin ich schon bei einem der Risiken der Akademisierung angelangt.

Die Wissenschaft hat ihre eigene Sprache oder, besser gesagt, jede wissenschaftliche Richtung hat ihre eigene Sprache. Vielfach werden gleiche Begriffe mit unterschiedlichen Bedeutungen verwendet. So werden viele Begriffe/Bezeichnungen aus der Physik für psychische oder soziale Phänomene verwendet (z. B. Kohärenz oder komplementär, aber auch Wörter wie „Übertragung" und so weiter).

---

[7] Meine Ausbildungserfahrung beruht auf einem Studium der Philosophie und der Deutschen Philologie sowie einem akademischen Lehrgang der Medienkunde. In einem zweiten Bildungsweg absolvierte ich die Berufsausbildung zur Ehe- und Familienberaterin und als Zusatzqualifikation habe ich eine Ausbildung zur Mediatorin abgeschlossen.

Mit der ihr eigenen Sprache grenzt sich die Wissenschaft vielfach ab, distanziert sich und wird für viele unverständlich. Gerade Distanz und Unverständnis, oft dem eigenen Leben gegenüber, möchte ich aber in der Beratung verringern.

„Die Klarheit ist die Höflichkeit des Philosophen." Diesen Aphorismus/Satz von José Ortega y Gasset erlaube ich mir umzuformulieren in: „Die Klarheit ist die Höflichkeit der Wissenschaft" und weiters erlaube ich mir eine Frage anzuhängen: „Warum sind dann Wissenschaftler immer so unhöflich?"

Für mich hat das verschiedene Gründe: Zum einen ist es sicher Unvermögen: Es ist schwierig, sehr komplizierte Vorgänge und Zusammenhänge so auszudrücken und zu erklären, dass sie allgemein verständlich sind. Es braucht auch viel Zeit und Energie. Zum anderen ist es Eitelkeit: Eine eloquente, komplizierte Ausdrucksweise weist jemanden als gebildeten Menschen aus. Fachsprachen zu verwenden, hat aber – wie jeder andere Sprachcode (Dialekte, Gaunersprache, Geheimsprachen) – auch eine stark soziale Komponente. Wenn ich sie beherrsche, zeichnet mich das als einer bestimmten Gruppe zugehörig aus.

Als Beraterin brauche ich meine eigene authentische Kommunikationsform und die beruht oft sehr viel mehr auf Zuhören und Präsentsein, Verstehen und Verstandenwerden denn auf idiomatischer Abgrenzung.

Der Glaube an die Wissenschaft

Der Klarheit zuliebe oder – soll ich sagen – aus Höflichkeit möchte ich darstellen, von welchem Wissenschaftsbegriff ich ausging und wo ich gelandet bin.

„Wissenschaft ist die Tätigkeit des Erwerbs von Wissen durch Forschung, seine Weitergabe durch Lehre, der gesellschaftliche, historische und institutionelle Rahmen, in dem dies organisiert betrieben wird, sowie die Gesamtheit des so erworbenen menschlichen Wissens. Forschung ist die methodische Suche nach neuen Erkenntnissen, ihre systematische Dokumentation und Veröffentlichung in Form von wissenschaftlichen Arbeiten. Prinzipiell jedermann soll die Forschungsergebnisse nachvollziehen, überprüfen und für sich nutzen können."[8]

Wissenschaft steht unter dem Einfluss des gängigen Weltbildes, gleichzeitig prägt sie dasselbe aber auch mit ihren Erkenntnissen. Welche Wege zur Erkenntnis führen, wird durch Metatheorien, den Wissenschafts- und Erkenntnistheorien festgelegt. Diese Regeln müssen ständig hinterfragt und verändert und manchmal zu Gunsten von neuem Wissen auch missachtet werden.[9]

Für mich war bisher eine universitäre Ausbildung einerseits der Erwerb von Wissen, das zur gelehrten Zeit ein durch Forschung erreichtes, optimales Niveau hat, und andererseits das Erlernen von wissenschaftlichem Arbeiten im jeweiligen Fachgebiet.

---

[8] Definition von Wissenschaft. Im WWW unter http://de.wikipedia.org/wiki/Wissenschaft. Stand vom 13. 12. 2007.
[9] Vgl. Schigl (2005), S. 91 f.

In der Recherche ist mir klar geworden, dass „Lehrgänge universitären Charakters" oder anwendungsorientierte Hochschulen und Fachhochschulen andere Ansprüche haben. Was natürlich bedeutet, dass ich meinen Wissenschaftsbegriff erweitern musste.

Eine Möglichkeit ist es, Wissenschaft nicht rein nach quantitativen Methoden, sondern auch nach qualitativen zu definieren, wie das ja auf universitärer Ebene schon in den letzten sechzig Jahren geschieht: Sozial- und Humanwissenschaften ließen sich immer weniger in das naturwissenschaftliche Denkschema einzwängen und gleichzeitig stießen aber auch die Naturwissenschaften an ihre Grenzen.

Der Schluss, dass durch den „offeneren" Wissenschaftsbegriff nichts gegen eine Akademisierung beziehungsweise eine Verwissenschaftlichung der Ausbildung spräche, bedeutet für mich noch nicht, dass sie deshalb schon notwendig oder klug ist. Dennoch beruhigt er so weit, dass er folgende Frage zulässt:

Entspricht die diskutierte Akademisierung nicht vielmehr dem Zeitgeist einer Wissenschaftsgesellschaft, einer wissenschaftshörigen Gesellschaft, und ist *deshalb* unaufhaltbar?

Die Zeit verlangt nach einer Orientierung an der Wissenschaft. Studien- und Forschungsergebnisse ersetzen heute vielfach das, was früher Autoritäten wie Kirche und Staat bedeutet haben. Laut dem deutschen Mathematiker Leonhard Euler (1707–1783) gibt es drei Arten von „Wahrheiten". Demnach halten wir etwas für wahr oder glauben wir etwas,

- weil wir es selber wahrgenommen haben,
- weil wir es durch Nachdenken erschlossen haben oder
- weil es uns ein anderer gesagt hat.[10]

Dieser „Andere", dem wir glauben, ist heute mehr und mehr die Wissenschaft, wie auch Joseph Duss-von Werdt in einem Vortrag mit dem Thema: „Beratung der Zukunft – Zukunft der Beratung" so treffend formulierte.

„,Die Wissenschaft ist in den westlichen Gesellschaften zur eigentlichen offiziellen Ideologie geworden.' Dieser Satz stammt von einem exakten Wissenschaftler, François Lurçat (De la science à l'ignorance. Paris 2003, S. 176). Die Wissenschaft hätte sich, sagt er, sogar an die Stelle der von ihr befehdeten früheren Offenbarung gestellt. Sie hat ihre eigenen Dogmen und wird selber zu einer Art Kirche. Sie hat ihre eigene Gemeinschaft der Wissenschaftsgläubigen um sich geschart und damit ihre eigenen Grundlagen verlassen, nämlich aufgeklärt zu sein.

Wissenschaftlich begründete Beratung rückt damit in die Nähe einer säkularen Kirche. Ihre Vertreterinnen und Vertreter geben sich als jemand zu verstehen, der versteht. Das ist dann ein fraglicher Anspruch, wenn dieses Verstehen Wille zur

---

[10] Vgl. Soentgen (2004), S. 49.

Macht über andere wird: Ich weiß, ich verstehe dich besser als du dich selber. Ich kenne dein Unterbewusstes, dein wahres Selbst, deine Authentizität. Vertraue mir mehr als dir selber."[11]

Schon vor fünfhundert Jahren wurde versucht, den Menschen in Analogie zur Maschine zu erforschen, zu beschreiben und demnach auch zu behandeln.

Unser wissenschaftliches Denken ist noch vielfach geprägt von diesem mechanistischen, materialistischen Weltbild, wenngleich es in den letzten hundert Jahren wieder Bestrebungen gibt, dieses zu erweitern. Nicht zuletzt deshalb, weil die Humanwissenschaften damit an ihre Grenzen gestoßen sind.

Für mich gilt es zu unterscheiden: zwischen der Wissenschaftlichkeit von Beratung, also der Beratungsforschung, und der Frage, ob die Berufsfähigkeit auf einer akademischen Ebene erlangt wird.

Es steht für mich außer Frage, dass Wirkungs- und Prozessforschung, Evaluation von Beratungs-Inanspruchnahme, Beratungsbedürfnissen und Beratungszufriedenheit notwendig sind. Ich finde: Unser professionelles Handeln als BeraterInnen muss wissenschaftlich fundiert sein; unsere Gesprächsführung den neueren Erkenntnissen der Kommunikationsforschung angepasst sein; unsere Haltung und Beziehungsgestaltung auf den Prinzipien der Wirkungsforschung basieren und unsere Diagnosefähigkeit auf medizinischen, psychiatrischen Erkenntnissen beruhen. Ich verlange selbstverständlich und erwarte, dass im Rahmen der Qualitätssicherung von Ausbildungen dem Fachwissen ein dementsprechender Platz in Ausbildungscurricula eingeräumt wird.

Die Emanzipation von Ausbildungen

Beraten ist für mich ein „Tun". Ähnlich einem Handwerk erlernen wir es am eigenen Tun und an der Erfahrung, wie mit uns getan wird.

Vielfach habe ich den Eindruck, in der ganzen Diskussion um die Akademisierung von Sozial- oder genauer psychosozialen Berufen geht es vorrangig darum, die Ausbildungen nicht an ein universitäres Niveau anzugleichen, sondern ihr den gleichen Wert zuzuerkennen. Es hat scheinbar etwas mit Profilierung und Image zu tun. Vielleicht bedarf es der Aufwertung der Ausbildung durch einen akademischen Grad aus mangelnder Berufsidentität? Vielleicht ist sie dem Selbstwert der EFL-BeraterInnen zuträglich oder sogar dringend erforderlich?

Vielleicht steckt auch die Erwartung dahinter, dass akademisch gebildete BeraterInnen mehr verdienen, bessere Berufschancen haben?

Vielleicht aber auch die Angst, dass es mit der Zeit zwei Klassen von BeraterInnen gibt und dass die nicht-akademisch Ausgebildeten weniger Chancen auf dem Arbeitsmarkt haben?

---

[11] Joseph Duss-von Werdt: Beratung der Zukunft – Zukunft der Beratung. Vortrag 2004, St. Pölten.

Möglicherweise kommt es durch die Aufwertung der Sozialakademien zu einer Umstrukturierung der Anwendungsbereiche von Ehe-, Familien- und Lebensberatung. Ähnliche Vorgänge finden ja schon im Pflegebereich statt. Akademisch gebildetes Personal (PflegewissenschaftlerInnen) drängt in die Führungsebenen von Krankenhäusern und will eigentlich nicht mehr wirklich Krankenpflege machen. Vielleicht machen in Zukunft die EFL-BeraterInnen die eigentliche Sozialarbeit, weil akademische SozialarbeiterInnen dafür zu teuer werden oder zu „verbildet" sind?

Über die Jahrhunderte hat gegolten: „Wissen ist Macht." Doch Bildung und Ausbildung werden gerade auf dem psychosozialen Markt mehr und mehr zur Ware und ein akademischer Abschluss, egal in welchem Bereich, garantiert schon lange keine berufliche Sicherheit mehr.

BeraterInnen sollen weniger ausgebildet, dafür besser ausgewählt werden! Dieser provokante Satz widerspricht den derzeitigen Marktgesetzen. Vielmehr gilt: Wer zahlt, wird ausgebildet. Dazu bleibt natürlich auch die Frage: „Wer wählt denn die *Auswähler* aus?"

Mehr Fragen als Antworten – dessen bin ich mir bewusst. Doch erscheint mir dieses philosophische Stilmittel in diesem Fall der Themenstellung angepasst. Gleichwohl, angesichts der zunehmenden Differenzierung im Wissens-, Handlungs- und Wissenschaftsbereich erscheint es mir passend und notwendig, über diese Themen weiter nachzudenken.

Ein Beispiel dafür, wie die psychosoziale Beratung im universitären, wissenschaftlichen Kontext an Image und Profil verliert, sehe ich in dem Statement auf der Internetseite der Donau-Universität. Die Beschreibung konzentriert sich nicht auf die Möglichkeiten und Chancen, die Beratung birgt, sondern sie ist ausschließlich um ihre Abgrenzung von den wissenschaftlich „anerkannteren" Bereichen wie Medizin oder Psychotherapie bemüht. Das zu lesen, finde ich geradezu beschämend.

„Beratung kann in einem weiten Tätigkeitsbereich (Eheberatung, Suchtberatung, Sexualberatung, Personalberatung …) durchgeführt werden, ist aber an sich ein streng eingegrenztes Arbeitsfeld. BeraterInnen müssen ihre KlientInnen an TherapeutInnen und/oder ÄrztInnen, SupervisorInnen weiter überweisen, wenn eine andere Interventionsform, z. B. Psychotherapie, Physiotherapie, Suchttherapie, Supervision, medikamentöse Behandlung …, erforderlich wird. Sie können z.B. nur beraten, welche Behandlungsform oder Institution angebracht ist. Ein wichtiges Ziel der BeraterInnenweiterbildung ist das Erkennen und Erlernen der Grenze, wo ‚‚Beratung aufhört und andere professionelle Maßnahmen wie Supervision oder Therapie' angezeigt sind."[12]

Bei mir bleibt ein wenig die Angst, dass die Emanzipationsbestrebungen der Ausbildungen gleich missverstanden werden wie die Emanzipationsversuche der Geschlechter. Es geht nicht um Gleichmache, sondern es braucht die gegenseitige Anerkennung der Gleichwertigkeit.

---

[12] http://www.donau-uni.ac.at/de/department/psymed/studien/beratungsupervisioncoaching/index.php; Stand vom 13. 12. 2007.

EFL-Beratung ist Wissensarbeit

Aus der Entwicklungsgeschichte der EFL-Beratung lassen sich in Analogie zur Sozialen Arbeit mehrere Spezifika für die heutige Struktur dieser Tätigkeit ableiten:

EFL-Beratung ist eine abhängige Erwerbsarbeit, die eine besondere Form von Dienstleistung anbietet, da sie sowohl Gefühls- und Interaktionsarbeit als auch Wissensarbeit beinhaltet.

„Spricht man von Sozialer Arbeit als Wissensarbeit, so kann darunter jedoch nicht allein die Anwendung theoretischen Wissens verstanden werden."[13]

Der Begriff der Wissensarbeit steht für „Tätigkeiten (Kommunikationen, Transaktionen, Interaktionen), die dadurch gekennzeichnet sind, dass das erforderliche Wissen nicht einmal im Leben durch Erfahrung, Initiation, Lehre, Fachausbildung oder Professionalisierung erworben und dann angewendet wird. Vielmehr erfordert Wissensarbeit im hier gemeinten Sinn, dass das relevante Wissen (1) kontinuierlich revidiert, (2) permanent als verbesserungsfähig angesehen, (3) prinzipiell nicht als Wahrheit, sondern als Ressource betrachtet wird und (4) untrennbar mit Nichtwissen gekoppelt ist."[14]

Für die EFL-Beratung kann das bedeuten, dass das Wissen in einem akademischen Ausbildungsprozess vorerst erworben wird, dass es in der Praxis regelmäßig eingesetzt wird, im Beziehungsgeschehen mit den KlientInnen, aber auch mit dem Team von KollegInnen und unter Supervision immer wieder verändert, ergänzt, revidiert und damit erneuert wird.

„Wenn also gilt, dass unter Wissen kognitive Schemata zu verstehen sind, die zwar als wahr gelten, aber grundsätzlich korrekturfähig sein müssen, und die nach ihrer Bewährung in der Praxis beurteilt werden, dann ist gerade die Arbeit von SozialarbeiterInnen und SozialpädagogInnen eine stark auf Wissen beruhende Tätigkeit."[15]

Demzufolge ist auch EFL-Beratung eine auf Wissen beruhende Tätigkeit.

„Tatsächlich zeigt sich, dass trotz Verberuflichung und Professionalisierung die Soziale Arbeit auch heute oftmals noch immer aus Werten des Helfens, der Solidarität und der Nächstenliebe begründet wird. Trotz einer umfassenden Professionalisierung und der Orientierung an wissenschaftlicher Rationalität sind es noch immer Kompetenzen wie Empathie und Geduld, die die Qualität der Ausübung Sozialer Arbeit wesentlich bestimmen."[16] Claudia Reihert erklärt dies auch damit, dass noch immer in weiten Teilen der Wohlfahrtspflege ehrenamtliche Laienarbeit neben professioneller, hauptamtlicher Arbeit praktiziert wird. Dies ist ja auch vielerorts noch im kirchlichen, seelsorglichen Beratungssektor verbreitet. „In der Folge werden

---

[13] Reihert (2005), S. 30.
[14] Wilke (1998), zitiert nach Reihert (2005), S. 31.
[15] Reihert (2005), S. 31.
[16] Reihert (2005), S. 22.

durch diese Vermischung aber auch Selbstbild und Außendarstellung der Beschäftigten beeinflusst; es entsteht der Eindruck einer Jedermann(-frau)tätigkeit."[17]

Auf dem Gebiet der Sozialarbeit hat die Akademisierung dazu geführt, „dass mittlerweile ein umfangreiches wissenschaftlich-theoretisches Fachwissen an Hochschulen und Universität vermittelt wird und Eingang in die Arbeit findet. Als abhängige Erwerbsarbeit befindet sich die Soziale Arbeit somit in einem Spannungsverhältnis von scheinbar alltäglichen, persönlichen Qualifikationen und einer akademischen Ausbildung."[18] Im analogen Fall würde die Akademisierung der EFL-Beratung gleichermaßen zu einer Aufwertung, Profilierung und Abgrenzung gegenüber unprofessioneller Laienarbeit beitragen. Darin sehen die BefürworterInnen die Chance der Akademisierung und in diesem Sinne ist ihnen beizupflichten.

Interessant ist aber auch die Frage, wie weit die Ökonomisierung der Sozialarbeit und auch der Ehe- und Familienberatung durch die Errichtung des Gewerbes für Lebens- und Sozialberatung einen Einfluss auf die Qualität der Ausbildung hat.

„Derzeit liegen noch keine gesicherten Kenntnisse darüber vor, ob die Ökonomisierung zu einer stärkeren Professionalisierung oder – wie andere vermuten – zu einer Taylorisierung[19] und damit Deprofessionalisierung Sozialer Arbeit führt."[20]

Ausbildungsnotwendigkeiten

Davon ausgehend, wie oder was ein/e fertige/r BeraterIn sein soll, will überlegt sein, was davon akademisch ausgebildet werden sollte.

Die folgenden jeweils vier Teilbereiche, die einmal nach Christa Gutmann (langjährige Direktorin der Lehranstalt für Ehe- und Familienberatung) und weiters nach René Reichel (Leiter des Lehrgangs für Psychosoziale Beratung an der Donau-Universität) zitiert sind, finden sich in leicht divergierender Lehreinheitenanzahl in den unterschiedlichen Studentafeln der Ausbildungscurricula wieder.

„Das gesamte Ausbildungsgeschehen rankte sich um vier Schwerpunkte, die fächerübergreifend und fortlaufend konkretisiert wurden:

1. Entwicklung der Persönlichkeit

2. Förderung der sozialen Kompetenzen in Relation zu den beruflichen/sozialen Kompetenzen

3. Beratungsbezogene Integration einschlägiger Wissensbereiche

---

[17] Reihert (2005), S. 22.
[18] Reihert (2005), S. 22.
[19] Taylorismus hier im Sinne von: Arbeit muss effizienter werden, damit sie sich rechnet. KlientInnen werden nach genauen, geprüften Standards wie am Fließband abgefertigt. Das würde zur Entfremdung der BeraterInnen von ihrer eigentlichen Arbeit führen. Ausführlicheres zum Taylorismus findet sich im WWW unter: http://de.wikipedia.org/wiki/Taylorismus. Stand vom 13. 12. 2007.
[20] Reihert (2005), S. 22.

4. Praxiseinführung und Praxisbegleitung."[21]

Oder:

1. Selbsterfahrung
2. Lernen im Gruppenprozess
3. Lernen von Fachwissen
4. Reflektierte Praxis[22]

Auch bisher wurde und wird dem Fachwissen ein gebührender Platz eingeräumt. Dies auch auf akademischem Niveau zu tun, wäre für mich eine Möglichkeit, wenngleich keine dringende Notwendigkeit.

Carl Rogers gibt fünf Notwendigkeiten an, die eine Beraterin/einen Berater ausmachen: Feinfühligkeit, Objektivität, Achtung vor dem Individuum, Selbstverstehen, psychologisches Wissen.

Zum psychologischen Wissen schreibt er: „Viertens kann jeder Therapeut[23] kaum erwarten, dass er ohne fundiertes Wissen über menschliche Verhaltensweisen und physische, soziale und psychologische Determinanten befriedigende Arbeit wird leisten können. Vielleicht mag es logischer erscheinen, wenn diese Voraussetzungen an erster Stelle genannt worden wären, aber die Erfahrung jeder Klinik wird den Standpunkt bestätigen, dass eine umfassende Kenntnis der psychiatrischen und psychologischen Wissensbereiche in sich keine Garantie für therapeutische Fähigkeiten ist. Die grundlegenden Voraussetzungen für den Psychotherapeuten liegen, wie bereits ausgeführt, im Bereich der Einstellungen, Emotionen und Einsichten und nicht unbedingt im Bereich des intellektuellen Wissens."[24]

Beratung – ein weiblicher Beruf?

EFL-Beratung ist seit ihren Anfängen ein „weiblicher" Beruf und auch heute gibt es noch mehr Beraterinnen als Berater. Universitäten sind nach wie vor männlich dominiert. Ich finde aber, dass unser Beruf Rollmodels als Vorbilder braucht, die in den bisherigen Ausbildungen in hohem Ausmaß zu finden waren und sind.

Als einen interessanten Ansatz zur Entwicklung der Sozialen Arbeit, aus dem ja die EFL-Beratung hervorgegangen ist, sehe ich jenen von Claudia Reihert:

---

[21] Gutmann (2006), S. 4.
[22] Vgl. Reichl (2005), S. 118 f.
[23] Rogers verwendet die Begriffe Psychotherapeut und Berater, Psychotherapie und Beratung in seinem Buch: *Die nicht-direktive Beratung*, „mehr oder weniger austauschbar", mit der Begründung: „… weil sie sich alle auf die gleiche grundlegende Methode beziehen – auf eine Reihe direkter Kontakte mit dem Individuum, die darauf abzielen, ihm bei der Änderung seiner Einstellungen und seines Verhaltens zu helfen". Rogers (2001), S. 17.
[24] Rogers (2001), S. 223.

„Sozialarbeit wird Ende des 19. Jahrhunderts durch die Bürgerliche Frauenbewegung als ein karitatives, ehrenamtliches Betätigungsfeld für bürgerliche Frauen konzipiert. […] Für Alice Salomon, eine der Ahnfrauen des sozialen Berufs, ist die Suche nach einer gerechteren sozialen Ordnung die sittliche Grundlage der Wohlfahrtspflege. ‚Aus der Verneinung des mechanischen und materialistischen Prinzips entsteht uns eine neue Ordnung der menschlichen Beziehungen: der neue Idealismus.' […]

Das Ziel der Bürgerlichen Frauenbewegung, die Schaffung einer menschlicheren und gerechteren Sozialordnung, kann nach Ansicht der Frauen nur durch die weibliche karitative Arbeit erreicht werden. Frauen, so die Meinung, vereinigten in ihrem Wesen die Fähigkeiten zur Hingabe und Fürsorge, die den Männern fehlten. Es sei deshalb die originäre und wesensgemäße Aufgabe der Frau, eine humanere Gesellschaftsordnung durchzusetzen. Mütterlichkeit geht somit über die eigene Familie hinaus und wird zur Basis fürsorgender Frauenarbeit […].

Das bedeutet, Sozialarbeit erwächst nicht aus erlernbaren Qualifikationen, sondern ihre Ausübung basiert auf der den Frauen von Geburt an eigenen Fähigkeit der Mütterlichkeit. Grundlage der Sozialarbeit ist das Prinzip der geistigen Mütterlichkeit."[25]

Meine eigene akademische Bildung empfinde ich in meiner Arbeit als Beraterin manchmal als hinderlich. Ich möchte immer alles benennen, einen Begriff dafür finden, eine Kategorie. Ich bilde mir noch ein, dass das für die KlientInnen und die Arbeit mit ihnen wichtig sei, dabei achte ich manchmal nicht auf das, was ich spüre, was ich fühle. Mein Handeln bleibt im Kopf.

„Als Berater bin ich Mitmensch, der zuerst und zuletzt einfach da ist, wenn andere sich mir zuwenden. Wenn ich meine Zuwendung nach einem bestimmten Konzept gestalte, ist dieses Konzept sekundär. Primär ist das Da-Sein. Das Konzept und seine ‚Technik' sind Machtinstrumente, die ich auf Mitmenschen anwenden kann. Das tue ich, wenn ich sie behandle. […]
Wenn Beraterinnen und Berater ein Konzept vor die direkte Begegnung mit Menschen setzen, sind sie zwar ganz gut geschützt und haben eine professionelle Identität. Sind sie den Menschen aber Menschen? Um das zu sein, braucht es ein anderes Konzept: Da-Sein und Zeithaben."[26]

Das sind meines Erachtens Fähigkeiten oder Voraussetzungen, die nicht akademisch gelehrt werden oder vielleicht nicht einmal gelehrt werden können.

---

[25] Simmel-Joachim (1992) und Riemann (1985), zitiert nach Reihert (2005), S. 9.
[26] Joseph Duss-von Werdt: Beratung der Zukunft – Zukunft der Beratung. Vortrag 2004, St. Pölten.

Paradigma des lebenslangen Lernens

Die Zeiten, in denen wir glaubten, dass unsere Entwicklung mit dem Erwachsensein abgeschlossen sei, sind längst vorbei. Entwicklung bedeutet Veränderung mit der Idee zu einem „Besseren" und sie geschieht vielfach gekoppelt mit Lernen. Gerade EFL-Beratung kann ein geschützter Raum für Entwicklung und Lernerfahrungen sein. Vielfach geht es um das Vermitteln und Erlernen von Lebenswissen, das auch schon bisher informell stattgefunden hat.

„Eine Zusammenschau der verschiedenen Definitionen ergibt zwei zentrale Typen, wie Lernen geschehen kann: entweder geplant und organisiert, also *formell,* oder ungeplant, ins alltägliche Leben verwoben, nebenbei und spontan geschehend, also *informell.*"[27]

Sowohl in der Ausbildung zur EFL-BeraterIn als auch in der Beratung selber gilt es den Bogen zu spannen zwischen dem formellen und dem informellen Lernen, um selbst Lebenswissen zu erlangen und dies auch in professioneller Form weitergeben zu können.

In der Wissenschaft wurde über Jahrhunderte nur die kognitive Intelligenz bedient. Die Vermittlung und Erlangung erfolgte über kognitives Lehren und Lernen. Die Bedeutung der emotionalen und sozialen Intelligenz und vor allem die Kompetenz auf diesem Gebiet erhalten im Wissenschafts- und Schulbetrieb erst langsam den gebührenden Platz. (Die Frage zu diskutieren, ob dies auch auf die zunehmende Zahl der weiblichen Wissenschaftlerinnen zurückzuführen ist, würde den Rahmen dieses Beitrages sprengen. Trotzdem möchte ich sie als überlegenswert hier stehen lassen.)

Für mich macht eine gute BeraterIn zu sein aus, wenn es gelingt, das Wissen (über mich, über mein Du und unsere mögliche wechselseitige Wirkung aufeinander) vom Kopf in den Bauch zu bekommen, also Wissen und Intellekt mit Emotionalität und Intuition in Balance zu bringen. Das braucht weniger wissenschaftliche Bildung als Raum und Zeit zur Entwicklung – und die wünsche ich all meinen KollegInnen und jenen, die es noch werden möchten. Mit einem Augenzwinkern möchte ich mit den sieben Tugenden nach Martin Koschorke[28] schließen:

Demnach sollen gute BeraterInnen dumm (im Sinne von: nicht wissen, Fragen stellen, nachfragen), langsam (im Sinne von: genau verstehen wollen), faul (im Sinne von: nicht für den Klienten arbeiten, Klienten zum Darstellen und Sprechen bringen, Unklares nicht mit meinen Vorstellungen füllen), unhöflich (im Sinne von: unterbrechen), unvollkommen (im Sinne von: Fehler machen, Fehler zugeben), penetrant (im Sinne von: bei einer Sache bleiben, sich nicht abbringen lassen) und frech (im Sinne von: sich trauen, Dinge deutlich zu benennen) sein.

---

[27] Knoll (2007), S. 2.
[28] Vgl. Koschorke (2006).

Wenngleich der Studentenschaft diese „Tugenden" gerne als negative Eigenschaften nachgesagt werden, überlasse ich es den LeserInnen, welche davon geeignet sind, um universitär unterrichtet zu werden und unserem Berufsstand einen akademischen Grad zu verleihen.

Verwendete Literatur

Duss-von Werdt, J. Beratung der Zukunft – Zukunft der Beratung. Vortrag am 12. 03. 2004, St. Pölten.

Gutmann, C. (2006): EFL-Beratung Aktuell. Teil 3. In: Focus efl Beratung, Nr. 5, S. 4–5.

Knoll, J. (2007): Die Fülle des Lernens. In: tools. Informelles Lernen, 01, Wien, S. 1–4.

Reichel, R. (2005): Aus- und Weiterbildung in der Beratungslandschaft. In: Reichel, R. (Hg.) (2005): Beratung Psychotherapie Supervision. Einführung in die psychosoziale Beratungslandschaft, Wien, S. 114–124.

Reihert, C. (2005): Karriere, Klienten, kollegiale Beratung. Konzept einer Untersuchung der Ansprüche Beschäftigter im Bereich Soziale Arbeit. IAW Arbeitspapier. Im WWW unter http://www.iaw.uni-bremen.de/FeA/ → Publikationen → Arbeitspapiere der Forschungseinheit Wandel der Arbeitsgesellschaft (FeA) 2005 → Claudia Reihert; Stand vom 13. 12. 2007.

Riemann, I. (1985): Soziale Arbeit als Hausarbeit. Von der Suppendame zur Sozialpädagogin, Frankfurt/Main.

Rogers, C. R. (2001): Die nicht-direktive Beratung. 10. Auflage, Frankfurt/Main.

Schigl, B. (2005): Forschung in der Beratungslandschaft. In: Reichel, R. (Hg.) (2005): Beratung Psychotherapie Supervision. Einführung in die psychosoziale Beratungslandschaft, Wien, S. 91–113.

Simmel-Joachim, M. (1992): Frauen in der Geschichte der sozialen Arbeit – zwischen Anpassung und Widerstand. In: Bader, C./Cremer, C./Dudeck, A. (Hg.): Frauen in sozialer Arbeit. Zur Theorie und Praxis feministischer Bildungs- und Sozialarbeit, Weinheim, München, S. 42–59.

Soentgen, J. (2004): Selbstdenken! 20 Praktiken d. Philosophie, 3. Auflage, Wuppertal.

Wilke, H. (1998): Organisierte Wissensarbeit. In: Zeitschrift für Soziologie, Jg. 27, Heft 3, S. 161–177.

Witzableiter von Ilse Simml

Apropos dazulernen:
Ich hatte ein persönliches Gespräch mit einer Therapeutin, weil ich schon des Öfteren in peinliche Situationen gekommen war, indem ich irrtümlich im Herrenklo landete. Ich wollte mir das – wie man so schön sagt – einmal anschauen!
Die Therapeutin zeigte sich aber nicht sehr beeindruckt und meinte nur:
„Tun Sie sich da net viel an, das ist mir doch auch schon passiert, ich hab halt gesagt: Meine Herren, machen Sie ruhig weiter – ich bin Sexualtherapeutin!"
So mutig sollte man sein!
Das war eine Ultra-Kurztherapie! Ob sie mich geheilt hat, weiß ich zwar nicht, aber beruhigt!

Prozessorientierte Gruppenarbeit – Persönlichkeitsentwicklung fördern

Stefan Schäfer

Einleitung

Menschen, die eine Beratung aufsuchen, befinden sich in der Regel in einer Krise. Die Lehranstalten für Ehe- und Familienberatung wurden gegründet, um personal und fachlich kompetente Berater auszubilden. Die Lehranstalt für Ehe- und Familienberatung der Diözese Feldkirch besteht seit 1974. Seither wurden drei Ausbildungen für „Ehe-, Familien- und Lebensberater" durchgeführt.

1980 wurde der Ausbildungszweig für „Familien- und Gruppenarbeit" installiert und vom Unterrichtsministerium als Curriculum mit Öffentlichkeitsrecht anerkannt und in das Organisationsstatut der Lehranstalten für Ehe- und Familienberatung integriert.[1]

Diese Fachrichtung stellt neben den beiden anderen Curricula[2] eine eigenständige Ausbildungsform mit einem unterschiedlichen Berufsbild dar.

Die Absolventen werden in diesem Lehrgang befähigt, Seminare und Workshops, welche Beziehungsgestaltung und Persönlichkeitsentwicklung zum Thema haben, zu leiten. Eine weitere Tätigkeit der Absolventen ist die Moderation von Gruppen, die zielorientiert ein Ergebnis erreichen wollen. 2002 wurde zudem das „Begleiten von Moderationsprozessen" in den Ausbildungsinhalt aufgenommen, da die Nachfrage an die Absolventen deutlich gestiegen war. Diese Arbeit als Referent, Trainer oder Moderator ist ein spezifisches Angebot und verlangt zu den Grundfähigkeiten eines Beraters[3] noch zusätzliche Kompetenzen. Die Ausbildung dafür wird mit dem Diplom „Trainer/in für prozessorientierte Gruppenarbeit" abgeschlossen.[4]

---

[1] Dieser Lehrplan wird bisher einzig von der Lehranstalt in Feldkirch angeboten. Maßgeblich für die Entstehung dieses Lehrplanes war Dr. Elmar Fischer, jetzt Bischof von Feldkirch. Seit 1980 wurden sieben Ausbildungslehrgänge mit 121 Teilnehmern abgeschlossen. Derzeit läuft ein weiterer mit 19 Teilnehmern.

[2] „Ehe-, Familien- und Lebensberatung" und „Erziehungs- und Jugendberatung".

[3] Der Lesbarkeit zuliebe verwende ich aus meiner Sicht „Berater", „Klient" usw. Alle weiblichen Kolleginnen sind damit ebenso angesprochen sowie die anderen Begriffe Männer und Frauen gleichermaßen einschließen.

[4] Bis 2002 lautete der verliehene Titel auf dem Diplomzeugnis „Diplomierte Familien- und GruppenarbeiterIn". Seit 2002 lautet das Diplom „Trainer/in für prozessorientierte Gruppenarbeit". Der Begriff Trainer ist als eine Zusammenfassung der Begriffe Leiter, Referent und Moderator zu verstehen, die unterschiedliche Aspekte der Rolle des Leiters in der Gruppenarbeit zusammenfassend anspricht.

Die Absolventen und auch die Leitung der Lehranstalt werden seit 1980 oft mit der Frage konfrontiert: „Was ist Familien- und Gruppenarbeit?" bzw. „Was macht ein Trainer für prozessorientierte Gruppenarbeit?"

Beratung ist auf den ersten Blick ein klarer Begriff und es ist gut vorstellbar, was damit gemeint ist. Jeder hat davon Bilder und Ideen, was derjenige macht, der andere berät. Der Begriff „Gruppenarbeit" ist kaum mit Assoziationen verbunden und bleibt daher oft diffus.

Nachfolgend soll ausgehend von den Motiven für die Erstellung eines solchen Lehrplanes für „Familien- und Gruppenarbeit" anhand von Beispielen „Prozessorientierte Gruppenarbeit" erläutert werden. Dadurch werden die notwendigen Kompetenzen der Rolle eines „Trainers für prozessorientierte Gruppenarbeit" veranschaulicht und können zur Rolle eines Beraters in Beziehung gesetzt werden. Weiters werden Überlegungen angestellt, wie die notwendigen Kompetenzen durch die Ausbildung entwickelt werden.

Wozu ein eigenes Curriculum?

Aus meiner Sicht waren 1980 fünf Motive für die Entwicklung dieses Lehrplanes ausschlaggebend. Die Motive entstanden durch Beobachtungen und Erfahrungen des ersten Jahrzehnts Eheberatung in Vorarlberg. Dabei gelten die gegenwärtigen Beobachtungen mehr als jene von vor dreißig Jahren, denn die Tendenzen haben sich verschärft. Die Beschreibung der Motive erfolgt deshalb aus heutiger Sicht.

Beobachtungsperspektive 1

- D. ist 12 Jahre alt und kann seit einigen Wochen nicht mehr einschlafen. Sie liegt bis weit über Mitternacht wach in ihrem Bett. Sie hat keine Angst oder Aufregung, D. kann einfach nicht schlafen. Die Eltern und Geschwister sind irritiert, machen sich Sorgen um Kind und Schwester.
- Herr W. hat nach einer Scheidung eine neue Partnerin. Beide genießen das neue Glück. Einzig mit der Sexualität ist Herr W. unzufrieden. Die Potenz lässt zu wünschen übrig. Manchmal erlebt er mit seiner Partnerin befriedigenden und beglückenden Sex und dann fehlt die notwendige Erektion. Aus medizinischer Sicht ist kein Grund für die Potenzstörungen vorhanden. Dies wurde durch die notwendigen Untersuchungen abgeklärt.

Berater in der Praxis und auch Menschen mit einem offenen Ohr für das Leben anderer Menschen können geradezu endlos Beispiele für Lebenssituationen auflisten, in denen Menschen nicht mehr weiterwissen und Beratung eine sinnvolle Hilfe darstellt.

Die Frage, die sich hier stellt: Könnte nicht bereits viel früher eine Unterstützung für Menschen angeboten werden, so dass die Herausforderungen des Alltags nicht zu eskalierenden Krisen werden?

Beobachtungsperspektive 2
Wechseln wir die Perspektive, indem wir den Blick globaler auf gesellschaftliche Merkmale lenken. Zu beobachten sind:
- Die steigende Anzahl der Scheidungen und die damit verbundenen Erfahrungen des Scheiterns.
- Die Gestaltung des Lebens verändert sich und Begriffe wie „serielle Monogamie" oder „Lebensabschnittspartner" werden verwendet. DIE ZEIT schreibt 2004: „Deutschland eine Wildnis von Fremden, die einander für eine gewisse Zeit paarweise zähmen, um sich dann wieder zu verlieren, zu verdrängen, zu vergessen."[5]
- Damit zusammenhängend verändern sich die Biografien, das Alter der Erstgebärenden steigt.
- Eltern und Pädagogen sind mit sich konkurrierenden Angeboten für die Erziehung bzw. Ausbildung der Kinder konfrontiert. Die plurale Gesellschaft schafft vielfältigste Möglichkeiten. So ist für Eltern in den letzten drei Jahrzehnten die Möglichkeit hinzugekommen, aus Kindergärten und Schulen mit unterschiedlichen Konzepten und Schwerpunkten auszuwählen. Früher war klar, in welchen Kindergarten mein Kind geht, da gab es keine Wahl. Heute entscheiden sich die Eltern für jene Möglichkeit an Ausbildung für ihr Kind, die sie für die beste halten. Eltern haben den Wunsch für ihr Kind, das Beste auszuwählen. „Das Beste für mein Kind!" ist der Satz, an dem sich Eltern orientieren. Im Unterschied zur Generation der Nachkriegseltern, die die Befriedigung des „Notwendigen" als ihre vordringliche Aufgabe sahen.

Wie können Menschen in dieser pluralen und sich immer mehr differenzierenden Gesellschaft Orientierung finden? Was unterstützt sie in ihrer Erziehungsaufgabe und Gestaltung ihrer Paarbeziehung? Gruppenangebote, die darauf Wert legen, dass die Teilnehmer miteinander in Kontakt kommen und sich über ihre Lebenserfahrungen austauschen und dabei Informationen vermitteln, könnten einen Weg darstellen. Die Erfahrung zeigt, dass dieser Austausch Sicherheit schafft und gegenseitig stärkt.

Beobachtungsperspektive 3
Beraterische bzw. therapeutische Erfahrungen und Forschungen haben in den letzten Jahrzehnten unzählige – für den Nichtfachmann unüberschaubare – Modelle und Praxisanleitungen hervorgebracht, die nützlich für den Beziehungsalltag von Paaren und Familien eingesetzt werden können. Aus dem Verständnis, was uns Schwierigkeiten macht, was zu Konflikten und Krisen führt, entsteht ein Wissen darum, was eine gesunde Entwicklung fördern kann.

---

[5] Kümmel (2004).

Damit dieses Wissen nutzbringend weitervermittelt werden kann, braucht es eine reflektierte Methodik und Didaktik.

Beobachtungsperspektive 4

Interaktive Gruppen entwickeln eine andere Kraft und Wirkung als das Einzelsetting. Dies wird durch das Lernen an verschiedenen Modellen möglich. Die Teilnehmer können in einer geschützten Situation ihre Gefühle wahrnehmen und auch zum Ausdruck bringen. Der Austausch in der Gruppe ermöglicht ein direktes Feedback durch andere Teilnehmer. Insgesamt stellen Gruppen ein experimentelles Lernfeld dar, das dem Einzelnen die Möglichkeit gibt, Verhaltensweisen auszuprobieren.

Die Teilnahme an einer Gruppe und die Begegnung mit anderen Menschen und sich selbst in einem Gruppenprozess bewirken Einsichten und Klärungen und führen zur Stärkung der Identität auf einer anderen Ebene als im Einzelsetting. Nur in Verbindung mit anderen Menschen werden wir zu Menschen. „Im Schnittpunkt von Kontext und Kontinuum, dort wo Begegnung stattfindet, bildet sich Identität, denn: Ich sehe mich selbst; du siehst mich; ich sehe, dass und wie ich gesehen werde."[6] Mich selbst im Gespräch mit anderen Menschen zu erleben und durch Medien und Körpererfahrung zum Ausdruck zu bringen, fördert die Ausdifferenzierung und Integration von Selbst- und Fremdbildern.

Die Leitung der Gruppe sorgt und steht für eine Atmosphäre des Schutzes, der Wertschätzung und Offenheit, damit dieses experimentelle Lernfeld entsteht.

Wer solche Gruppen leitet, braucht eigene Erfahrung in solchen Lernfeldern. Ohne die eigene Erfahrung in einer Gruppe, die es dem zukünftigen Trainer ermöglicht, Verhaltensweisen zu reflektieren und neue auszuprobieren, kann ein Trainer dieses Lernfeld nicht ermöglichen. Geeignete Trainer brauchen Lerngruppen, in denen sie auf die Tätigkeit vorbereitet werden.

Beobachtungsperspektive 5

Die Bedeutung der Kirchen als Orientierungshilfe für das Leben und die religiöse Praxis sind rapide am Schwinden. Die Werte der kirchlichen Lehre finden vor allem im Bereich der Sexualität und Ehe kaum mehr Beachtung. Das wird durch die steigende Anzahl der Kirchenaustritte und die Abnahme der regelmäßigen Teilnahme am kirchlichen Leben vor allem junger Menschen untermauert.

Das „Lebenswissen" der christlichen Tradition als „die Summe jener für das Leben bedeutsamer Weisheiten, die uns helfen, sinnvoll zu leben und das Ganze des Lebens deutend mit Sinn zu füllen"[7], ist nicht mehr wirksam. Der Kirche wird nicht mehr geglaubt, denn die „christentümliche Gesellschaft"[8], in der die Kirchen ein Monopol der Sinndeutung des Lebens hatten, gibt es nicht mehr.

---

[6] Petzold/Schneewind (1986), S. 140.
[7] Zulehner (1978), S. 11.
[8] Zulehner (1978) S. 15 ff.

Dies ist nur die eine Seite, weil viele Menschen nach wie vor religiös sind und nach Orientierung für ihre religiös-spirituellen Fragen suchen. Der protestantische Theologe Paul Tillich analysierte schon in den Sechzigerjahren des letzten Jahrhunderts: „Viele Menschen sind von dem ergriffen, was sie unbedingt angeht; aber sie fühlen sich jeder konkreten Religion fern, gerade weil sie die Frage nach dem Sinn des Lebens ernst nehmen. Sie glauben, dass ihr tiefstes Anliegen in den vorhandenen Religionen nicht zum Ausdruck gebracht wird, und so lehnen sie Religion ab ‚aus Religion.'"[9]

Die Menschen sind heute mehr denn je religiös Suchende, und interaktive Gruppenarbeit kann auf diese Sehnsucht nach Sinnorientierung und dem Bedürfnis nach ganzheitlichem Verstehen antworten.

Die religiöse Dimension des Lebens und ihre Bedeutung für die praktische Lebensgestaltung soll in der Ausbildung Beachtung finden. Dies geschieht durch das Verbinden humanwissenschaftlicher Erkenntnisse mit dem christlichen „Lebenswissen", die sich gegenseitig ergänzen.

Zusammenfassung

Interaktive, prozessorientierte Gruppenarbeit ist ein präventives Angebot zur Identitätsfindung und zur emotionalen sowie inhaltlichen Weiterentwicklung entsprechend der einzelnen Lebensphasen der Teilnehmer. Die religiös-spirituelle Dimension wird als möglicher Teil der Gruppe gesehen und passend zum Rahmen und zur Zielgruppe berücksichtigt. Trainer, Referenten und Moderatoren brauchen spezifische Kompetenzen, die sich mit den Kompetenzen von Beratern zu einem guten Teil überschneiden. Die Ausbildung für „Familien- und Gruppenarbeit" vermittelt die notwendigen methodischen Fähigkeiten und Wissensgebiete und fördert die Entwicklung der eigenen Person, sodass die Absolventen für diese Tätigkeit geeignet sind.

Beispiele von prozessorientierter Gruppenarbeit

In den folgenden Beispielen soll deutlich werden, wie prozessorientierte Gruppenarbeit konkret umgesetzt werden kann. Die Beispiele stellen eine willkürliche Auswahl aus den möglichen Arbeitsfeldern dar. Ein großer Bereich der Tätigkeit der weiblichen Absolventen ist die Arbeit mit der Zielgruppe der Frauen. Da ich als Mann diese Praxis nicht aus eigener Erfahrung kenne, fallen diese in diesem Beitrag ganz weg. Im Anschluss an die Beispiele werden die in der jeweiligen Situation benötigten spezifischen Kompetenzen aufgelistet.

---

[9] Tillich (1969), S. 9.

„Prozessorientierte Gruppenarbeit mit Männern"

Der Hintergrund

Eine Gruppe von sieben Männern trifft sich vierzehntägig für zweieinhalb Stunden. Den Männern gemeinsam ist ein persönlich durchlaufener Beratungsprozess. Für jedes Treffen ist ein inhaltliches Thema vorbereitet, doch Fragen und Anliegen der Männer haben Vorrang vor dem Inhalt. Der Abend beginnt mit der Frage: „Was hast du seit dem letzten Treffen erlebt und was willst du davon mitteilen?"

Eine Erfahrung

Für W. ist die Beziehung zu seinem bereits erwachsenen Sohn und wie er diese gestalten soll immer wieder ein Anliegen. Einerseits ist er mit dem Verhalten des Sohnes seit Jahren nicht einverstanden; die beiden treffen sich ein bis zwei Mal im Jahr und telefonieren selten. W. sagt, er halte das, was sein Sohn macht, nicht aus; jeder Kontakt ende im Streit und gegenseitigen Unverständnis. Andererseits sehnt er sich nach mehr Kontakt und will seinen Sohn unterstützen, gerade jetzt, da dieser selbst Vater geworden ist.

In der Gruppe wird nur die Abwertung von W. seinem Sohn gegenüber sichtbar. Er schimpft massiv über ihn und macht deutlich, dass er nicht verstehen kann, warum sein Sohn den Kontakt nicht will oder immer wieder abbricht. Beim dritten Treffen reagiert M. – einer der jüngeren Männer – heftig auf die wiederkehrende Beschreibung von W. Er schreit: „Du bist doch ein A... Wenn ich einen solchen Vater hätte wie dich, mit dem würde ich kein Wort reden! Ich halte das hier gar nicht mehr aus. Ich muss eine rauchen." Er steht auf und ist draußen. Die anderen Männer erstarren. W. kann die Reaktion des Mannes nicht verstehen, weil das Verhalten seines Sohnes ja für ihn offensichtlich furchtbar ist.

Mühsam erarbeiten wir, was zwischen den beiden Männern gelaufen ist. W. kann in der Folge verstehen, wie M. – der von seinem Vater nur den Namen, Beruf und Wohnort kennt – sich mit dem Sohn von W. identifizierte und ihm die Verletzung des Sohnes spiegelte. M. lernt zu verstehen, wie er sich rational von seinem Vater distanziert hat – Was soll ich mit dem? Gezahlt hat er, mehr ist da nicht – und wie die Abwertung von W. gegenüber dessen Sohn seinen inneren emotionalen Konflikt zu seinem Vater aufwühlte.

Welche Wirkungen der Prozess innerhalb dieser Gruppe hatte, wird am letzten Abend deutlich: Einer der Männer bedankt sich bei W. dafür, dass er seine Situation erzählt und seine Fragen eingebracht hat. Er selbst habe auch einen Sohn aus der ersten Ehe, der in etwa demselben Alter ist und in den letzten Monaten berufliche und persönliche Schwierigkeiten hatte. Viele Jahre habe er wenig Kontakt gehabt. Über die Erfahrungen in der Gruppe, dem erlebten Prozess zwischen W. und dem jüngeren Mann habe er angefangen, regelmäßig am Samstag seinen Sohn anzurufen, weil er verstanden habe: Die Verantwortung für den Kontakt habe er. Letzten Samstag habe sein Sohn das erste Mal am Abend selbst angerufen, weil er sich noch nicht gemeldet habe.

Das Aussprechen von Werten, Gefühlen und das Feedback durch Teilnehmer haben diesen Prozess ermöglicht.

Kompetenzen des Trainers
- Kennt Modelle, um die Kommunikationsabläufe und Konflikte zu reflektieren.
- Erkennt Gruppenphasen, Gruppenrollen und Gruppenthemen und kann mit ihnen umgehen.
- Hat methodisches Rüstzeug, um bei Konflikten entsprechend zu reagieren.
- Erkennt Kommunikationsmuster, die sich wiederholen, und weiß Interventionstechniken, die diese Muster unterbrechen.
- Kann eigene Prozesse und jene der Teilnehmer auseinanderhalten. Das meint in der oben dargestellten Situation besonders die Reflexion der eigenen Vaterbeziehung und eine Bewusstheit über die eigenen Werte und Vorstellungen über die Beziehung von Vätern und Söhnen.
- Erkennt emotional heftige und tiefe Situationen und kann sie durch die eigene Person halten.
- Kann eine Zielgruppenanalyse[10] durchführen, die ein Verständnis für die an der Gruppe teilnehmenden Menschen, ihre Sprache und mögliche Fallen entstehen lässt.
- Auswahl der Räumlichkeiten und ihrer Atmosphäre[11].
- Beherrscht die Herstellung und das Halten des Kontaktes zu den Teilnehmern als Grundfähigkeit, ohne die keine Tätigkeit im Bereich Beratung und Gruppenarbeit denkbar ist.

„Ein Tag mit meinem Paten, meiner Patin"

Hintergrund

Firmung als sakramentales Zeichen der Stärkung ist ein Übergangsritual in der Phase des Erwachsenwerdens. Die Jugendlichen treten dabei anders mit der Gesellschaft in Kontakt als bisher. Der räumliche Spielraum wird mit etwa zehn Jahren größer. Die Jugendlichen können größere Wege alleine machen, was durch die Erlaubnis, ohne Begleitung mit dem Fahrrad unterwegs zu sein, deutlich wird. Sie gestalten unabhängiger von ihren Familien eine eigene Lebenswelt und gehen eigene Beziehungen ein. In der Firmung wird durch die Aufgabe des Paten gerade dieser Aspekt berücksichtigt und unterstützt. Pate/Patin stellt eine Begleitung auf diesem Weg dar. Sinnvoll sind daher gleichgeschlechtliche Paten.

---

[10] Zielgruppenanalyse bildet Hypothesen über die Teilnehmer, ihre Lebenssituation (Alter, Stand, Geschlecht, Bildung, Vorerfahrungen in Gruppen bzw. zum Thema). Eine wichtige Frage betrifft die Beziehung zum Gruppenleiter.
[11] In der beschriebenen Gruppensituation wäre zum Beispiel eine Kerze in der Mitte nicht angebracht und würde Teilnehmer abschrecken.

Das Projekt
Paten und Firmlinge verbringen einen gemeinsamen Tag mit einem doppelten Ziel:
- Klärung der Rolle des Paten für den Firmling. Was erwartet der Firmling vom Paten? Wie kann dieser ihn auf seinem Weg begleiten und was will der Pate für den Firmling sein?
- Inhaltlich arbeiten die Teilnehmer – erwachsene Paten und Firmlinge – am Thema der männlichen bzw. weiblichen Identität. Was ist männlich und wie leben wir unser Mannsein bzw. was ist weiblich und wie leben wir unser Frausein?
Darum wird in geschlechtlich getrennten Gruppen gearbeitet. Am Abend begegnen sich die männliche und weibliche Seite und stellen einander vor, was sie an diesem Tag getan haben.

Erlebnisorientierte Methoden, die Spaß machen, sind jeweils der Einstieg in die einzelnen Facetten des Themas.

Für Pate und Firmling ist dieser Tag ungewohnt. Auf diese Weise sind sich Pate und Firmling noch nie begegnet.

Ein Gewinn dieses Tages liegt auch im Kontakt zwischen den Paten, die beim Firmgottesdienst ihren Firmling begleiten. Sie sind sich nicht fremd, haben eine gemeinsame Erfahrung mit ihren Firmlingen und als Männer bzw. Frauen miteinander.

Eine Erfahrung
Im Lauf des Tages machen wir (Männer) mit den Firmlingen eine Übung. Die Paten stellen sich in einer Reihe dicht hintereinander und halten die Hände in die Höhe. Jeder der Firmlinge wird – wenn er will – von den Paten wie über ein Förderband über den Köpfen von einem Ende der Reihe zum anderen weitergegeben.

Die Übung braucht Mut. Wichtig ist dabei, dass keiner über seine eigene Grenze geht. Jeder der Jungs kann und soll selbst entscheiden, ob er die Übung machen will. Wer sich in ca. zwei Meter Höhe tragen lässt, bekommt einen Applaus, und jene, die nein sagen, auch.

Einer, der zu den lautesten Jungs gehört, will nicht. Darauf grinsen ein paar andere. Der Junge und die Referenten sehen das Grinsen und sprechen ihre Wahrnehmung aus. In der Folge entwickelt sich ein Gespräch über Angst und was Angst für Männer bedeutet.

Die Sequenz wird mit einem Gespräch zwischen Firmling und Paten abgeschlossen. Sie werden eingeladen, sich zu erzählen, wovor sie Angst haben.

Kompetenzen des Trainers
- Hat Erfahrung in der Gruppenarbeit mit Jugendlichen und Erwachsenen.
- Kennt erlebnispädagogische Methoden und kann sie anwenden.
- Hat männliche Sozialisation und Entwicklung reflektiert.
- Hat Firmung als religiöses Thema reflektiert und kann situationsgerecht damit umgehen.
- Kann mit großen Gruppen umgehen.

„Jugendprojekt: Babysitten"

Hintergrund

Paare sind während der Kleinkindphase oft auf sich allein gestellt, weil ihre Familie nicht in der Nähe wohnt und sie wenig Anschluss in ihrer Wohngegend haben. Zudem sind sie mit kleinen Kindern „angebunden" und können nicht einfach nach Lust und Laune abends weg. Wenn sie jemanden zum Aufpassen für ihre Kinder brauchen, fehlen oft die Ressourcen. Die Projektidee: Jugendliche aus der Gemeinde übernehmen diese Aufgabe.

Der Nutzen ist auf mehreren Ebenen:
- Die Paare bekommen die Möglichkeit, die Paarbeziehung und/oder Sozialkontakte zu pflegen.
- Das Sozialkapital der Wohngegend wird genutzt und erweitert.

Jugendliche haben eine sinnvolle Freizeitgestaltung, die ihre Sozialkompetenz fördert, und bekommen dafür auch Taschengeld.

Das Projekt

Seit 1993 fördert das Land Vorarlberg das Projekt „Babysitten" in Zusammenarbeit mit der Gemeinde vor Ort. In 14 Kursstunden werden Jugendliche zwischen 14 und 18 Jahren auf die Aufgabe des Babysittens vorbereitet. Eine Auswahl aus den Themen, die an den Abenden behandelt werden:
- Bedürfnisse des Kindes
- Was fördert die Entwicklung eines Kindes?
- Einschlafrituale
- Was finde ich am Erziehungsstil meiner Eltern gut und möchte ich beibehalten? Was würde ich anders machen?

Die Babysitterkurse werden von der politischen Gemeinde angefordert und von einem Mann und einer Frau durchgeführt. Insgesamt steht derzeit ein Team von acht AbsolventInnen für dieses Projekt zur Verfügung.

Eine Erfahrung

An einem der Abende wird das Thema „Gewalt in der Familie" angesprochen, um die zukünftigen Babysitter darauf vorzubereiten, wie sie sich verhalten sollen, wenn sie Gewalt in der Familie beobachten oder einen Verdacht haben. Eines der Mädchen in der Gruppe beginnt zu weinen und sackt in sich zusammen. Als sie angesprochen wird, will sie gehen. Die Trainer schaffen es, dass sie bleibt, und mit der Zeit erzählt sie über die Gewalterfahrungen, die sie in ihrer Familie gemacht hat. Jetzt werde sie durch eine Therapie begleitet und sei vor neuerlicher Gewalt sicher.

Zur Aufgabe der Trainer gehört es, hier das Thema in den Hintergrund zu stellen, dem Mädchen Platz zu geben und den Gefühlen und Fragen der anderen Jugendlichen nachzugehen. So eine Erfahrung wird beim nächsten Abend erneut thematisiert.

Kompetenzen des Trainers
- Kann jugendgerechte Atmosphäre herstellen.
- Bereitet die inhaltlichen Themen vor, arbeitet sie durch.
- Stellt Kontakt über mehrere Abende her und hält ihn.
- Kompetenz der Krisenintervention.
- Kann Arbeitsfähigkeit wieder herstellen.
- Beachtet den Gruppenprozess zwischen den Jugendlichen und kann sie entsprechend ansprechen.

Zusammenfassend sind aus diesen Beispielen drei fachliche Kompetenzbereiche zu ersehen:
- **Methodenkompetenz**: Trainer kennen unterschiedlichste Methoden der Gruppenarbeit und können diese in Phasen einer Veranstaltung passend einplanen.
- **Fachkompetenz**: Trainer sind vertraut mit Theorien über Persönlichkeitsentwicklung, mit Familiendynamik, Kommunikationstheorie, Konflikt und Konfliktbearbeitung und Kriseninterventionsmodellen.
- **Kommunikationskompetenz**: Trainer haben die personalen Fähigkeiten, mit Menschen Kontakt herzustellen und ihr eigenes Kontaktverhalten zu reflektieren.

Prozessorientierte Gruppenarbeit: Begriffsklärungen, Kompetenzbeschreibungen

Unterscheidung Beratung versus Gruppenarbeit

Das systemisch orientierte Modell über „Hilfssysteme" von Kurt Ludewig[12] macht Unterschiede zwischen Beratung und Gruppenarbeit augenscheinlich.

„Logisch korrekter" Ausgangspunkt sind Menschen mit Problemen, die über ihr „Problem" sprechen, und „Helfer", die mit den Hilfesuchenden kommunizieren. In der Art und Weise, wie über das „Problem" und „den Wunsch nach Hilfe" gesprochen wird, werden unterschiedliche Arten von sinnvollen „Hilfssystemen" generiert. Ludewig unterscheidet in seinem klinisch-systemischen Therapiemodell vier verschiedene Formen, die nach dem Inhalt des geäußerten Anliegens des „Problemsystems" ein je anderes „Helfen" als zielführend notwendig machen.[13] Therapie, Beratung, Begleitung und Anleitung sind die nach Anliegen, Ziel und Setting differenzierten Kategorien.

Für uns sind Beratung und Anleitung relevant. Absolventen der Beraterausbildung sind im Beratungskontext und prozessorientierte Trainer im Anleitungskontext tätig.

Ein Beratungskontext entsteht durch eine Blockade des Klienten mit dem allgemeinen Appell an das Beratersystem: „Hilf mir, meine Möglichkeiten zu nutzen!" Wesentlicher Teil von Beratung ist es, die blockierten Ressourcen und vorhandenen Potenziale des Klientensystems wieder zu entdecken und zu befreien, damit die „Selbstheilungskräfte"[14] wirksam werden und der Klient die entscheidenden Schritte selbst tun kann. Das Beratungssystem stellt dabei zeitlich begrenzt fachliche und personale Kompetenzen zur Verfügung, die genau diesen Prozess anstoßen und fördern sollen.

Anders kreiert ein Problemsystem einen Anleitungskontext, wenn der Hilfewunsch im „Fehlen oder Mangel an Fertigkeiten" begründet ist. Die Aufgabe des „Helfersystems" ist hier nach Ludewig, Wissen zur Verfügung zu stellen. Für die drei beschriebenen Beispiele könnte der Hilfewunsch lauten:

- Gib uns die Möglichkeit, das in der Beratung Gelernte mit anderen Menschen zu üben!
- Begleite uns bei der Suche nach der Bedeutung der Rollen Pate und Firmling, wie sie uns entsprechen!
- Bring uns die Fähigkeiten zum Babysitten bei!

---

[12] Ludewig (1993), S. 121 ff.
[13] Ludewig (1993), S. 123.
[14] Walch schreibt zu den Selbstheilungskräften: „In akuten Krisen verlieren wir oftmals ganz das Vertrauen in die selbst-regulatorischen Kräfte. Deshalb brauchen wir Hilfe." Walch (2000), S. 8. Diese Hilfe ist je nach methodischem Ansatz auf unterschiedlichen Ebenen und aktiviert entsprechende Kräfte dieser Ebene. Beratung als Arbeit auf der personalen Ebene fördert rationale Einsicht und die Verbindung von emotionalem Erleben und „Problem".

Alle vier Kontexte können nicht scharf voneinander abgegrenzt werden, sodass Überschneidungen zwischen Therapie und Beratung bzw. Anleitung und Beratung stattfinden.

Was hilft, ist die Beziehung!
Eine dieser Überschneidungen der beiden Kontexte ist die Beziehung zwischen Berater und Klient bzw. Trainer und Teilnehmer. Ausgehend von der Beziehung Berater – Klient kann festgehalten werden:
Die Verschwiegenheit ist ein unabdingbares Merkmal jedes Beratungssettings. Entscheidet sich eine Einzelperson, ein Paar oder eine Familie, eine Beratungsstelle aufzusuchen, so wird dies als ein intimer Vorgang erlebt. Das Anliegen geht nur mich bzw. uns etwas an. Damit einher geht eine der ersten Aufgaben des Beraters, nämlich Kontakt zum Klienten herzustellen und eine mögliche Scham, sich zu zeigen, zu verstehen, damit jener förderliche Rahmen entsteht, der es dem konkreten Klienten ermöglicht, den gerade anstehenden Schritt in seiner Entwicklung zu machen. Damit Klienten sich der notwendigen Auseinandersetzung stellen können, braucht es eine Atmosphäre des persönlichen Vertrauens, der Sicherheit und des Sich-Verlassens auf die Kompetenz und Intimität.

Daher ist es einsichtig und verständlich, dass Beratungen im Einzelsetting[15] stattfinden. Außer in speziellen Situationen ist es kaum vorstellbar, dass sich Menschen entscheiden, an einer Gruppe teilzunehmen, um ihr als Problem bezeichnetes Anliegen zu klären. Zusammenhänge, Erfahrungen, die als intim eingestuft und erlebt werden, mit anfangs fremden Anderen zu kommunizieren, ist eine Hürde, die Menschen mit einem „Problem" nicht überwinden, weil es ihre persönlichen Grenzen verletzen würde.

Die Grundlage aller Beratung ist eine vertrauensvolle und verschwiegene Atmosphäre. Der Berater stellt für eine begrenzte Zeit und der Rolle entsprechend die eigene Person als Werkzeug für das Anliegen der Klienten zur Verfügung. Diese personale Beziehung ermöglicht die Öffnung der Klienten.

Für „prozessorientierte Gruppenarbeit" trifft dies ebenso zu. Die Herstellung einer Atmosphäre, in der die Teilnehmer bereit sind, über sich zu sprechen und sich vor anderen Menschen zu zeigen, ist die erste Aufgabe eines Trainers. Daher ist die Anfangsphase einer Veranstaltung als Schlüssel für die folgenden Prozesse zu verstehen.

Für alle „Helfersysteme" gilt, dass die Atmosphäre, in der Entwicklung stattfinden kann, eine sichere, vertrauensvolle Beziehung zwischen den „Helfern" und den „Problemsystemen" braucht.

---

[15] Einzeln, nicht als Einzelperson verstanden, sondern als System (einzeln, Paar, Familie oder auch Arbeitskontext), das ein „Problem" lösen will.

Personale Entwicklung durch die Ausbildung

In diesem Abschnitt werden Überlegungen angestellt, wie diese Kompetenzen bei den Ausbildungskandidaten so erweitert werden, dass sie die spezifische Rolle im „Helfersystem" ausfüllen können.

Unterschiedliche Theorieansätze beschreiben Haltungen, die gelernt und verinnerlicht werden sollten.

Nach Schlippe und Schweitzer kommen der Person und der Haltung wesentliche Bedeutung zu: „Systemische Therapie und Beratung stellen weder eine unmittelbar wissenschaftsgeleitete Anwendung systemtheoretischer Konzepte noch einen rein handwerklichen Satz von Techniken dar. Zwischen beides treten die Person des systemisch Arbeitenden sowie der Kontext, in dem systemisch gearbeitet wird. Beides wird miteinander verbunden durch eine Reihe grundlegender, das konkrete Handeln inspirierender Prämissen und Haltungen."[16]

Eine dieser Haltungen ist die *Neutralität*[17] gegenüber den Personen, den Symptomen und gegenüber den Lösungsideen, die als Haltung einer systemischen Beratung verhindert, dass einfach eigene Ideen und „Ratschläge" dem Klienten übergestülpt werden. Neutralität hat auch ihre Grenzen.[18] Sie ist eine professionelle Haltung und bedeutet keineswegs, dass der Berater oder Trainer als Person unberührt arbeitet, weil – wie beschrieben – die Beziehung zwischen „Helfer" und Problemsystem fundamental ist.

Eine zweite Haltung: *Hypothesen bilden*. Der Berater oder Trainer geht nicht davon aus, dass er die richtige Sicht der Wirklichkeit hat. Jede Sichtweise ist eine mögliche und vorläufige. So ist es sinnvoll, ein ganzes Bündel von Hypothesen zu erstellen, die möglichst so formuliert sind, „dass sie alle Mitglieder eines Problemsystems einschließen und dabei entweder gute Absichten oder unbeabsichtigte negative Folgen oder umgekehrt das Leiden an einem Problem mit positiven Nebenwirkungen des Problems verknüpfen"[19].

Neben den systemischen Haltungen gehören die Basisvariablen *Empathie, Wertschätzung und Kongruenz* der nicht-direktiven Gesprächsführung in der Tradition von C. Rogers zu den Grundhaltungen in jeder psychosozialen Arbeit. Auch wenn hier nicht näher auf die Basisvariablen eingegangen wird, sind sie in der Ausbildung von Beratern und Trainern bedeutsam.

Die Entwicklung solcher Haltungen braucht Zeit und Training, die in der Ausbildung durch die Gruppe und den Praxisteil zur Verfügung gestellt wird. Insgesamt kann davon gesprochen werden, dass durch die Ausbildung die Persönlichkeit des

---

[16] Schlippe/Schweitzer (1986), S. 116.
[17] Das Konzept der Neutralität beschrieb die sogenannte Mailänder Schule und wurde bereits mehrfach weiterentwickelt. Begriffe wie Allparteilichkeit, Neugier, „Respektlosigkeit gegenüber Ideen, Respekt gegenüber den Menschen". Vgl. dazu Schlippe/Schweitzer (1986), S. 121 ff.
[18] Vgl. Schlippe/Schweitzer (1986), S. 120.
[19] Schlippe/Schweitzer (1986), S. 118.

Teilnehmers reifen soll und ein starkes „Ich" für die Arbeit in der Beratung bzw. Gruppe zur Verfügung steht.

Die Entwicklung des „starken Ich" setzt bereits Lebenserfahrung voraus. Der Aufbau der Persönlichkeit in der ersten Lebenshälfte lässt dieses Ich mit seinen Stärken und Schattenseiten entstehen.

Das ist auch eine der Stärken der Ausbildungen an den Lehranstalten für Ehe- und Familienberatung. Die Teilnehmer haben bereits Berufs- und Lebenserfahrung gesammelt und stehen so auf einem anderen Boden und bringen diese Ressourcen in die spätere Arbeit ein.[20]

Was meint ein „starkes Ich"? „Ein gesundes und stabiles Ich unterstützt *mit* seiner Kraft unsere Entwicklung, weil seine Funktionen im Dienste des Selbst stehen. Mit einem gesunden Ich traut man sich seine Kompetenz zu zeigen, seine Meinung zu sagen und tatkräftig für seine Ziele einzutreten. Weil man eine sichere Persönlichkeit ist, hält man Kritik aus, ist tolerant und dialogfähig. Man geht *mit* sich und mit anderen so um, dass man selbst und die anderen sich wohlfühlen. Das Ich lässt uns die Organisation des Alltags meistern. Wir brauchen gesunde Ich-Funktionen, wie wir die Arme zum Handeln und die Beine zum Gehen brauchen."[21] Diese Entwicklung eines „gesunden Ich" stellt eine natürliche Entwicklung der Persönlichkeit dar, die in Stufen und Stadien verläuft, wie dies auch von vielen Autoren beschrieben wird. Ken Wilber[22] verwendet für die Entwicklungsstufen das Bild einer Leiter und des Kletterers, der diese Leiter zu besteigen hat. Jede Sprosse stellt einen Entwicklungsschritt dar. Jede Störung zu einem bestimmten Zeitpunkt bricht eine der Stufen auf der Leiter, die sich auf die Person bis ins Erwachsenenalter auswirkt.

Neben der natürlichen Entwicklung der Person auf dem Weg durch die Lebensalter kann eine bewusste Auseinandersetzung mit meiner Person – in der systemischen Terminologie: mit meinen Mustern – eine Stärkung des „Ich" bewirken.

Genau diese gezielte Auseinandersetzung soll Bestandteil des Weges zu Beratern bzw. Trainern sein. Nach dem Aufbau des „Ich" steht der nächste Schritt an: „Wenn wir aber unsere Individualität und Persönlichkeit ausgelebt und eingebracht haben, wird es notwendig, schrittweise die Betonung der Ich-Persönlichkeit (die Herausstellung des Ich-bin, Ich-habe, Ich-kann) abzubauen, um das Ich in die Totalität des Seins zurückzuführen, d. h. die erworbenen und geschenkten Fähigkeiten nicht mehr im Eigenbesitz zu lassen, sondern dem Ganzen zur Verfügung zu stellen."[23]

---

[20] Was die Ausbildungsgruppen an der Lehranstalt für Ehe- und Familienberatung in Feldkirch betrifft, ist der Altersschnitt der Teilnehmer von 36 auf 41 Jahre gestiegen. Dies mag auch daran liegen, dass die Lebensverläufe anders angelegt sind.
[21] Maurer (1998), S. 81.
[22] Wilber (1999), S. 183 ff.
[23] Walch (2000), S. 2.

Auch diese Schritte sind Teil der Ausbildung für Berater und Trainer und sollen zu einer Haltung werden. Menschen entwickeln sich in einem spiralförmigen Prozess auf unterschiedlichen Ebenen (rational, moralisch, emotional, ...). Berater und Trainer sind sich in ihrem Berufsbild bewusst, dass sie wie jeder andere Mensch auf dem „Weg" sind. Dieses Grundverständnis vom Menschen und damit von sich selbst ist eine Möglichkeit, der Entwicklung entgegenzutreten, in der das „Ego"[24] über das „Ich" die Oberhand hat. Im Bild von der Leiter und dem Kletterer bedeutet dies: Der Kletterer erkennt die „gebrochenen Leitersprossen" als eine Facette seiner Person und beginnt diese anzunehmen. Die einzelnen Schulen verwenden dafür unterschiedliche Begriffe und sprechen andere Aspekte an. Allen Richtungen gemeinsam ist ein Wissen um die Notwendigkeit von dieser persönlichen Entwicklung. Sie sprechen von:

- Unterbrechung redundanter Muster,
- Bearbeitung des Schattens oder
- Transformation des Ego.

Einen bewussten Umgang mit diesen abgespaltenen Anteilen meiner Persönlichkeit halte ich für eine fundamentale Fähigkeit für Berater und Trainer und für eine der Qualifizierungen für diese Tätigkeit.

Dass diese Schritte gegangen wurden, wird wahrnehmbar in folgenden Kriterien, wenn die Teilnehmer:

- einen konstruktiven Umgang mit Selbst- und Fremdwahrnehmung haben;
- sich um Kongruenz bemühen und Diskrepanzen wahrnehmen und ansprechen können;
- ihr Erleben im Hier und Jetzt transparent machen;
- eine breite Palette des Gefühlsspektrums erleben und ausdrücken können;
- innerpsychische und interpersonale Konflikte erkennen, ansprechen und bearbeiten können;
- ihre eigenen Grenzen erkennen und für die Psychohygiene Verantwortung übernehmen, indem sie Stützsysteme pflegen;
- systemische Kenntnisse umsetzen, indem sie ihre wechselnden Abhängigkeiten bewusst wahrnehmen und entsprechend handeln.

---

[24] Walch (2000), S. 1, beschreibt das Ego: „Das starke Ich wird zum Ego, wenn es seine Ziele gegen die berechtigten Ansprüche anderer durchsetzt, die Grenzen nicht respektiert, kontrolliert und manipuliert, um für sich selber das Beste herauszuholen. Es findet vorwiegend ein Kreisen um sich selbst statt." Und weiter auf S. 3: „Wie zeigt sich das Ego: In Spannungen und Verkrampfungen, in Neid, Verbissenheit, Gier, Eifersucht, Druck, Härte, Abwertung, Unversöhnlichkeit; in Allmachtphantasien, Anerkennungssucht und Machtansprüchen. Dadurch bindet das Ego unsere kreativen und evolutiven Kräfte."

Was bedeutet „prozessorientiert"?

Der Begriff *prozessorientiert* meint in diesem beschriebenen Zusammenhang: Der Trainer einer Gruppe orientiert sich in der Gestaltung des Ablaufes

- am Ablauf,
- an den mit den Teilnehmern vereinbarten Zielen,
- an den interaktiven Kommunikationsprozessen in der Gruppe
- und den persönlichen Prozessen des Einzelnen.

Er entscheidet nach begründbaren Kriterien, welches die nächsten Schritte im Ablauf sind, ob der Inhalt, die Gruppe oder der Prozess eines einzelnen Teilnehmers im Vordergrund steht.

Methodische Kompetenz

In dieser personalen Entwicklung durch die Ausbildung besteht eine weitgehende Überschneidung der Ausbildungsziele.

Nun noch einige Anmerkungen zu den Unterschieden in Methodik und der Praxisanleitung für Berater bzw. Trainer:

Beispielsweise lernen Berater, mit dem Familienbrett umgehen. In der Arbeit mit Gruppen wird dieses Interventionsinstrument nicht eingesetzt. Auf der anderen Seite lernen Trainer körperorientierte Methoden kennen und anwenden.

Die Unterschiedlichkeit wird auch in den Praktika sichtbar. In der Beraterausbildung ist die Praxis an einer Beratungsstelle mit Hospitation bei Beratungsgesprächen und später das Führen von eigenen Beratungsfällen Voraussetzung. Für Trainer besteht die Praxis in der Hospitation und Durchführung von mindestens zwei dokumentierten Bildungsprojekten.

Didaktische Überlegungen

Die beschriebenen Ziele in der Erreichung personaler und professioneller Kompetenz finden in didaktischen Grundsätzen ihren Niederschlag.

Die Ausbildungen erfolgen entlang vier verschiedener Stränge:

- Aneignen und Reflexion von theoretischem Wissen
- Aneignen und Reflexion von Methoden
- Praktische Umsetzung der erlernten Methoden und Theorien
- Selbsterfahrung als Prozess der Integration der erlernten Inhalte in die eigene Person

Diese vier Säulen der Didaktik werden als sich gegenseitig beeinflussende Bereiche gesehen und sind daher nicht in einzelne Lehrveranstaltungen zu trennen. Das stellt die Anforderung an das Lehrpersonal, Theorie, Praxis und persönlichen Prozess der Teilnehmer zu verbinden.

Exkurs: Ausbildung und das Familiensystem der Teilnehmer
Die rationale und emotionale Dimension des Ausbildungsweges zum Berater bzw. Trainer stellt zusätzlich zum zeitlichen Aufwand eine Herausforderung an die Teilnehmer und an deren Familiensystem dar.

So bringt Mama (Papa) neue und ungewohnte Ideen in die Familie ein und verlangt andere Formen der Kommunikation. Der Partner oder die Kinder werden darauf aufmerksam gemacht, dass es wichtig ist, die Sätze mit „Ich …" zu beginnen und nicht mit „Du …" oder „Man …".

Der Partner verbringt viel Zeit – Zeit, die bisher oft Freizeit mit der Familie am Wochenende war – mit anderen Menschen. Er geht mit für die Familie fremden Menschen Beziehungen ein, in der höchst persönliche Dinge besprochen werden.

Nach den Seminaren kommt Mama (Papa) voll von Eindrücken wie von einer anderen Welt nach Hause und erwartet sich nach der Anstrengung etwas Ruhe. Die anderen Familienmitglieder haben ganz andere Wünsche, möchten, dass sie (er) jetzt präsent ist und sich in die Familie einbringt.

Die Auswirkungen auf die Paarbeziehung sind unterschiedlich. Ein Teil der Paare kann die Anregungen der Ausbildung als Bereicherung erleben und in die Paarbeziehung mit einbauen. Ein anderer Teil begegnet einander mit konflikthaften Auseinandersetzungen. Der Partner, der nicht in der Ausbildung ist, reagiert oft mit Angst und wertet die hinzukommenden Erfahrungen ab. Durchschnittlich zwei bis drei von ca. zwanzig Teilnehmern trennen sich während der drei Jahre oder unmittelbar nach dem Ende.

In den letzten vier Ausbildungsgruppen versuchten wir mit Begegnungsmöglichkeiten zwischen den Teilnehmern und deren Partnern, diesen destabilisierenden Paarprozessen entgegenzutreten – leider ohne den gewünschten Erfolg.

Jedoch bleibt festzuhalten, dass der Ausbildungsprozess keine neuen Konflikte hervorbringt oder befriedigende Beziehungen entstehen lässt, er beschleunigt lediglich, was bereits vorhanden ist. Aufgabe der Ausbildner ist es, diese Aspekte mit im Auge zu behalten, indem sie angesprochen werden.

Abschluss
Im Beitrag zu diesem Buch sind einige der Erfahrungen von fünf Ausbildungsgruppen, die ich seit 1992 geleitet habe, enthalten. Sie wären nicht möglich gewesen ohne die Teilnehmer, die sich mir und den anderen Ausbildnern auf diesem Weg zu fachlicher und personaler Kompetenz anvertrauten. Diese Erfahrungen und Erkenntnisse sind auch nicht ohne jene Lehrer denkbar, von denen wir Ausbildner in der Entwicklung profitierten. Wir bauen immer auf anderen auf, stehen in einer Reihe von Menschen, die mit ihrer Zuwendung und ihrem Wissen den nächsten Schritt ermöglichen.

„*Alles echte Leben ist Begegnung. Begegnung liegt nicht in Zeit und Raum, sondern Raum und Zeit liegen in der Begegnung.*"*(Martin Buber)*
In diesem Sinn verstehe ich Beratung und prozessorientierte Gruppenarbeit. Meine Ausführungen möchte ich mit den Gedanken einer Teilnehmerin schließen. In ihrer Prozessreflexion schrieb sie: „Es bleibt mir gar nichts anderes übrig, als erwachsen zu werden und einen neuen Lebensabschnitt zu beginnen. Mehr als sonst setzte ich mich mit Fragen auseinander: ‚Wer bin ich?', ‚Was kann ich?' und ‚Wer will ich sein?'" Und später: „Ich habe viel gelernt, bin in der Kommunikation *sicher(er)* geworden. Ich bin mir meiner Fähigkeiten bewusst und gehe *mutig* auf Neues zu."

Verwendete Literatur

Kümmel, P. (2004): Wie man in Deutschland als Paar lebt. In: Die Zeit, Nr. 8, 12. Februar. Im WWW unter http://www.zeit.de/2004/08/Deutschland_2fPaar?page=all. Stand vom 13. 12. 2007.

Ludewig, K. (1993): Systemische Therapie, 2. Auflage, Stuttgart.

Maurer, A. (1998): Auf der Suche nach dem Selbst oder wie ich lernte, mich dem Fluss des Lebens anzuvertrauen, Wien.

Petzold, H. G./Schneewind, U. J. (1986): Konzepte zur Gruppe und Formen der Gruppenarbeit in der Integrativen Therapie und Gestalttherapie. In: Petzold, H. G./Frühmann, R. (Hg.), Modelle der Gruppe in Psychotherapie und psychosozialer Arbeit, Bd. 1. Paderborn, S. 109–254.

Schlippe, A. v./Schweitzer, J. (1986): Lehrbuch der systemischen Therapie und Beratung, Göttingen-Zürich.

Tillich, P. (1969): Die verlorene Dimension, 3. Auflage, Stuttgart.

Walch, S. (2000): Ich, Ego und Selbst. ÖATP Newsletter. Im WWW unter:
http://www.transpersonal.at/5_files/fachbeitraege/Walch_IchEgoSelbst.pdf, Stand vom 13. 12. 2007.

Wilber, K. (1999): Eine kurze Geschichte des Kosmos, Frankfurt.

Zulehner, P. M. (1978): Helft den Menschen leben. Für ein neues Klima in der Pastoral, Freiburg.

Witzableiter von Ilse Simml

Ein nicht ganz so junger Mann, so um die vierzig, kam aus einer Notlage in die Beratung, weil er kein Geld für eine Therapie hatte.
Wir blätterten in seiner gutbürgerlichen Familiengeschichte:
Nach zwei älteren Schwestern kam endlich ER, der ersehnte Prinz, zur Welt! – Er durfte daher gut und lang auf Kosten aller Familienmitglieder leben.
Jetzt aber gab es keine Eltern mehr, das Erbe war sinnlos verprasst, und die lieben Schwestern weigerten sich endlich, ihn noch länger durchzufüttern.
Ein jämmerlicher Prinz saß also vor mir.
Am Ende der nächsten Stunde schenkte ich ihm eine PRINZENROLLE, legte sie ihm in die Hände und vollzog ein feierliches Ritual, indem ich sagte:
„Diese Rolle essen Sie noch auf, aber dann ist Schluss mit der PRINZENROLLE!"
Natürlich folgten noch einige Stunden, bis er ganz auf eigenen Füßen stand.

Teil 2: Definition

Ein Ich im Wir. Beziehung in der Beratung[1]

Karin Urban

In eine Beratungsstelle kommen Menschen aus verschiedenen Richtungen – aus Krisen und Problemen, aus Beziehungsschwierigkeiten und Sinnfragen – und dort sollen sie Bereicherndes finden: Begleitung und Verständnis, Fachwissen und menschliche Unterstützung. Dort sollen sie nicht nur Lösungen für Probleme finden, damit sie unverändert in das alltägliche Leben zurückkehren können; vielmehr sollen sie anhand der Anliegen, die sie in die Beratung geführt haben, Schritte in Richtung ihrer Mitte machen können, um dort den weiteren Weg zu suchen. In der Beratung können wir am Anfang nicht von vornherein wissen, in welche Richtung das Leben dieser Person weitergehen wird; nur aus der Mitte seiner Persönlichkeit und seiner Überzeugung soll diese Entscheidung entstehen – und die Aufgabe der Beratung ist es, auf diesem Weg zu begleiten, auf das eine oder andere, was der/die Betroffene vielleicht nicht bemerkt hätte, aufmerksam zu machen und zu schauen, dass die Menschen, die sich beraten lassen, nicht verloren gehen, auf ihren Weg kommen – und auch bleiben.

Wie geschieht das? Wie kann eine Begegnung zwischen zwei Menschen, die im sonstigen Alltag nichts miteinander zu tun haben, dazu führen, dass es im Laufe der Gespräche möglich werden sollte, zu sagen: „Jetzt ahne ich, wer ich bin …".

Diese Bewegung könnte man exemplarisch als den Weg von einem Ausgangspunkt bezeichnen, den Werner Sprenger in einem seiner Meditationsgedichte sehr treffend formuliert:

„Da opfern die Menschen ihr Leben,
opfern ihr einziges Leben für ein Bild,
um ein Bild desjenigen zu verwirklichen,
der sie sein sollen
oder sein wollen
oder sein wollen sollen
oder sein sollen wollen:
und also
opfern sie ihr eigenes Leben für ein Bild.
Anstatt sich selbst zu verwirklichen,
opfern sie dieses einzige Leben
für nichts,
für nichts als ein Bild."[2]

---

[1] Die folgenden Ausführungen beziehen sich sowohl auf Einzel- als auch auf Paar- und Familienberatungen, ebenso auf Beratungen mit Erwachsenen wie mit Kindern.

Der Weg in Richtung der eigenen Mitte, zum eigenen Ich, wird manchmal als gefährlich dargestellt:

Im Film „Der Club der toten Dichter"[3] ist Neil von seiner Persönlichkeit her der geborene Schauspieler. Ermutigt durch seinen Lehrer Mr. Keating bringt er den Mut auf, seine Neigungen in die Tat umzusetzen, was ihn in einen tödlichen Konflikt mit den Vorstellungen seines Vaters bringt, der Neil als Soldat und Arzt wissen möchte.

Dieser Weg kann aber viel mehr zu einer neuen Lebendigkeit führen:

Im Film „Rhythm is it" werden die Bilder, die junge Menschen von sich haben – ungelenk, unbegabt, unfähig – überwunden, und durch die Ermutigung und Herausforderung durch den Tanzlehrer und Choreographen Royston entdecken sie in sich Begabungen und Fähigkeiten, die sie nicht erahnt hatten.

Im Tanzprojekt wird den Studierenden vermittelt: Ihr könnt euer Leben ändern, durch das Tanzen! Das eröffnet das Recht, einmal alles andere beiseite zu lassen, die Perspektive zu ändern und ein neues Bewusstsein zu schaffen. Das hilft, Blockaden zu überwinden und Neues zu ermöglichen.

Auf die Frage, um was es ihrer Meinung nach gehe, beschreiben die Jugendlichen und Lehrenden in „Rhythm is it" viele Aspekte, die auch für Beratungsprozesse wesentlich sind:

- **Weibliche Jugendliche:** „Es geht darum, eine eigene Kraft zu entwickeln, und es geht nicht darum, einfach nur das zu tun, was er (der Choreograph Royston, Anm.) sagt."[4]
- **Männlicher Jugendlicher:** „Ich merke, dass sich bei mir etwas bewegt, ich Gefühle spüre – ich muss noch lernen, diese auszudrücken."[5]
- **Tanzlehrerin:** „Es geht um Transformation – es war ganz still, alle Gedanken fielen ab, das Sehen und Fühlen beginnt – und damit die richtige Veränderung. Es wird begriffen, dass es nicht nur ein Spiel ist, sondern etwas sehr Wichtiges […]."[6]
- **Choreograph Royston:** „Wir arbeiten auf den Prozess hin, wo wir uns langsam herausziehen und sie anfangen zu wachsen. Es ist, als ob man unter ihre Haut kriecht und sich dann zurückzieht, damit sie übernehmen können."[7]

„Ich möchte junge Menschen mit der Idee vertraut machen, dass das Leben eine immerwährende Herausforderung ist. Steht nicht still, nehmt nichts hin,

---

[2] Sprenger (1986), S. 41, ©Werner Sprenger.
[3] „Der Club der toten Dichter", DVD.
[4] „Rhythm is it", DVD 1.
[5] „Rhythm is it", DVD 1.
[6] „Rhythm is it", DVD 1.
[7] „Rhythm is it", DVD 1.

geht weiter, sucht nach der nächsten Sache, dem nächsten Moment. Ihr müsst es nicht planen, aber seid bereit, seid offen dafür."[8]

- **Dirigent Rattle:** „Es geht im Orchester auch darum, zuhören zu lernen. Jederzeit ist alles möglich durch Blickkontakt der Spieler untereinander. Es entsteht Vertrauen untereinander [...]. Durch das Einstudieren werden die einzelnen Ebenen hervorgehoben – Wissen, Kontrolle, Prozess, am Ende verstehen, was passiert ist [...]. Die eigene Auseinandersetzung und Arbeit bringen mehr als eine halbe Stunde Unterricht."[9]

Die Beraterin[10] hat genauso wie der Choreograph im Tanzprojekt den Blick sowohl auf das gerichtet, was da ist, als auch auf das, was noch nicht da ist und werden kann. Somit werden Potenziale sichtbar, die in diesem Menschen stecken, und es können neue, weitere Möglichkeiten aufgezeigt und angeboten werden. Unmöglich ist es jedoch, Neues bzw. Veränderung zu erzwingen.

Widerstände verunmöglichen die Entwicklung zur Ganzheit. Ermutigung durch einen kompetenten Menschen (Beraterin) kann wie eine Befreiung wirken und zum Beginn für einen Entwicklungsprozess werden.

Beratungsbeispiel:

Frau R., 28 Jahre alt, meldet sich in der Familienberatungsstelle mit der Bitte um einen Termin. Sie sei in einer Trennungssituation und es gehe ihr sehr schlecht, sie leide unter Schlafstörungen und wisse nicht, was sie tun solle. Durch die Exploration ergibt sich Folgendes: Frau R. ist mit ihrem Freund seit acht Jahren zusammen, sie haben gemeinsam ein Haus gebaut, waren beide berufstätig und für Frau R. schien alles zu passen. Da er nie das Thema Heirat ansprach, fragte sie ihn vor einigen Monaten, wie es mit Heirat und Kindern wäre. Ab diesem Zeitpunkt fing ihr Lebensgefährte an auszugehen, kam spät nach Hause, sagte, dass er noch zwei bis drei Jahre richtig leben wolle. Bald darauf wurde Frau R. zugetragen, dass sich ihr Partner mit einer anderen Frau treffe. Ihr Partner leugnet. In der Folge wiederholt sich dreimal, dass Frau R. aus dem Haus auszieht, zu ihren Eltern geht und nach kurzer Zeit wieder bei ihm ins Haus einzieht. Als Frau R. intime Korrespondenz mit einer für sie unbekannten Frau entdeckt, ist die Sache für sie eindeutig und sie zieht nun wiederum zu ihren Eltern. Sie fühlt sich abgeschnürt, hat keine Lebensfreude mehr, leidet an Zukunftsängsten, weiß nicht, was sie tun soll.

Im Laufe der Beratung erkennt Frau R., wie sehr sich ihr bisheriges Leben auf das Festhalten an einem starren Bild konzentrierte. Das Bild hieß: „Mit dreißig Jahren will ich verheiratet sein, ein Kind haben und mit meinem Mann in einem eigenen

---

[8] „Rhythm is it", DVD 1.
[9] „Rhythm is it", DVD 2.
[10] Zur Vereinfachung der Lesbarkeit wurde für den/die BeraterIn immer die weibliche Form und für den Klienten/die Klientin immer die männliche Form gewählt. Ich bitte jedoch, immer beide Formen mitzudenken.

Haus wohnen." Diesem Bild ordnete sie alles unter, auch ihre eigene Lebendigkeit. Das Bild schränkte und grenzte ihr Leben ein, machte sie unflexibel, schnürte ihr die Luft ab. Dem bisschen Sicherheit, das sie durch das Festhalten an diesem Bild erfuhr, ordnete sie alles unter.

Schrittweise gelang es innerhalb der Beratung, dass Frau R. anfing, ihre Ängste und Unsicherheiten zu benennen und zu erspüren, was ihr denn die Luft wegnahm. Durch die fragende, interessierte Haltung ihres Gegenübers in der Beratung begann sie sich erstmals selbst für die Bestandteile und die Zusammensetzung ihres starren Bildes zu interessieren und zu hinterfragen, worauf es eigentlich gebaut ist. Die Themen in den folgenden Stunden bezogen sich auf ihren Familienhintergrund, die eingefahrenen Familienstrukturen, in denen Frau R. aufwuchs, wo von einer Generation zur nächsten unhinterfragt Lebensbilder weitergegeben wurden.

Erst jetzt wurde Frau R. bewusst, wie sehr sie dadurch eingeschränkt wurde und dass sie noch kaum eigene Schritte in Richtung ihrer eigenen Lebendigkeit unternommen hatte.

In der Erziehung und in der Beratung geht es also um eine Begegnung zwischen zwei Menschen, in der mindestens dem einen Menschen in Richtung seiner Entfaltung geholfen werden soll. Dabei bedingt die Haltung des anderen Menschen (der Beraterin), ob diese Entwicklung tatsächlich in eine gute oder aber in eine problematische Richtung geschieht, weil in ihrer Entwicklung die Person die Sichtweise wichtiger Menschen – der wesentlichen „Du" – übernimmt, um ihre Vorstellung von sich selbst und ihr Selbstverständnis zu bilden. Somit ist das Leben wesentlich davon abhängig, ob wir nur dazu verpflichtet werden, Rollen, Erwartungen, Aufgaben usw. zu erfüllen – wie Sprenger es im obigen Gedicht formuliert –, oder ob wir als lebendiges Individuum mit Hoffnungen, Entwürfen, auch Ängsten und Unsicherheiten – eben als ein „Ich" – angesehen werden. Und wenn diese Möglichkeit nicht in der ursprünglichen Erziehung geschenkt wird oder angenommen werden kann, bleibt die Hoffnung, dass später im Leben – eben auch innerhalb der Beratung – neue Chancen immer noch kommen können.

Wie muss ein Mensch angesehen und angesprochen werden, um sich als lebendiges Ich erfahren zu können?

Diese zentrale Frage der Erziehung und Beratung bestimmt, in welcher Einstellung und Haltung, mit welchen Kompetenzen und mit welchem Wissen Beraterinnen ihren Klienten (manche sprechen lieber von „Patienten", da dieses Wort deutlicher vom Wort „passio" – „ich leide" stammt) begegnen wollen.

In der Ausbildung an der Lehranstalt für Ehe- und Familienberatung am Zentrum für Ehe- und Familienfragen in Innsbruck[11] wird von dem ausgegangen, was im Alltag einem leidenden Menschen – einem Freund, einem Bekannten, auch einem Fremden

---

[11] Im Folgenden wird nach dem unveröffentlichten Skriptum Kennedy (2005) vorgegangen.

– angeboten wird: ein Setting, eine Beziehung und manchmal unser Wissen. Im Alltag, wenn wir etwa jemandem weinend auf der Straße begegnen, schlagen wir vor, irgendwohin zu gehen oder uns zu einer bestimmten Zeit zu treffen; dort bieten wir Bezogenheit, also Beziehung an, und manchmal wissen wir etwas, was in dieser Situation brauchbar ist, manchmal ist es aber wichtiger, einfach für diesen Mensch da zu sein und ihm unsere Aufmerksamkeit zu schenken.

In der Beratung geschieht Ähnliches. In einem verlässlichen Setting kann der Hilfesuchende sich öffnen, und allein diese Möglichkeit kann viel an Erleichterung bringen. Die Beziehung kann einerseits als Unterstützung dienen, zugleich durch die Art der Gestaltung als Verständnisquelle verwendet werden. Das Wissen über lebensgeschichtliche Zusammenhänge kann Unverständliches verständlich machen und so ent-ängstigen.

Die Aus- und Fortbildung der Beraterinnen hat mit der Differenzierung und Verfeinerung dieses Angebotes zu tun. Der Umgang mit dem Setting und mit den Störungen des Settings (z. B. Verspätungen, vergessene Stunden usw.) wird besprochen, die verschiedenen Einflüsse, die die Gestaltung eben dieser Beratungsbeziehung prägen (Übertragung und Gegenübertragung, Widerstände usw.) sollten verstanden werden und verschiedene Formen der Intervention (z. B. Deutung, Konfrontation, Spiegelung, Reframing, Metaphern usw.) sollten zur Verfügung stehen.[12]

Hierbei geht es nicht um eine Technik, sondern um eine bestimmte Form der Zuwendung, die in unserer Gesellschaft – vielleicht aus der Verarmung der Beziehungswelt notwendig geworden – institutionell angeboten wird. In dieser Zuwendung wird eine Einstellung und somit eine Beziehungsform eingehalten, die für die Beratung grundlegend ist.

Wie lässt sich diese Haltung bebildern?

In einem Bild, übernommen von der Londoner Middle Group, stelle man sich eine altmodische Schublade vor, in der vier Mappen hängen: Die vorderste, mit der wir jede Beratungsstunde beginnen, ist ganz leer. In der zweiten Mappe sind all die Tatsachen, Erfahrungen und Gefühle enthalten, die der Klient uns schon mitgeteilt hat und die uns einfallen, während der Klient erzählt, oder die wir nach der Stunde nachschauen können. Die dritte Mappe enthält unser theoretisches Wissen – wie eine Seele verletzt wird, wie eine Entwicklung erschwert wird, welche ungelösten Konflikte das weitere Leben prägen oder, theoretischer gesprochen, unser Wissen bezüglich psychologischer Entwicklung, Abwehrmechanismen, Übertragungen usw. Und in der hintersten Mappe, auf der in dem Bild „privat" steht, sind die eigenen Erfahrungen von Schmerz, Verletzung, Verlust usw. enthalten, die wir verwenden, um andere Menschen zu verstehen, auch dann, wenn wir in der Situation der Beratung natürlich diese Erfahrungen nie aussprechen.

---

[12] Vgl. Kennedy (2005).

Diese Art, einen anderen Menschen zu verstehen, indem man in sich – immer – Ähnliches finden kann, kommt in einer Geschichte über Rabbi Dov Beri vor, der für seine große Weisheit bekannt war. Einmal merkten die Leute, dass die Tür des Rabbi viel länger als sonst geschlossen geblieben war. Als jemand hineinschaute, fand er den Rabbi allein, seinen Kopf in den Händen. Auf diese Unterbrechung hin sprang der Rabbi auf und rief, dass die Leute für ihn fasten sollten. Sie fragten ihn, was passiert war. Dov Beri antwortete: „Die Grundlage von meinem Verständnis für die Probleme, Sünden und Sorgen eines Menschen ist, dass ich immer in mich hineinschauen kann und eine Neigung zu etwas Ähnlichem in mir finden kann. Aber der letzte Mann, der hier war, hat mir so eine entsetzliche Geschichte erzählt, dass ich in mir keine Entsprechung finden kann. Und deswegen bin ich so besorgt – da es bedeutet, dass eine Entsprechung in mir vorhanden ist – und ich muss sie verdrängen!"

Die Möglichkeit, einen anderen Menschen zu verstehen und in diesem Verständnis standzuhalten, nennt Bion „Behalten"[13]. Wie eine Mutter/ein Vater ihr/sein Kind auch ohne Sprache durch ein Hineinversetzen in die kindliche Seele verstehen kann, muss auch die Beraterin sich für das Gegenüber öffnen, wach sein, ohne jedoch schon gleich von vornherein zu wissen, worum es geht. Freud spricht von „freischwebender Aufmerksamkeit". Indem die Beraterin in dieser Haltung mit Geduld offen für die Stimmungen und Gefühle von anderen Menschen ist, gelingt es, quasi durch die Sprache hindurchzublicken und sich empathisch für diesen Menschen zu öffnen. Wie in der Kommunikationskette zwischen Mutter/Vater und Kind, wo die Bezugsperson z. B. den Schmerz des Kindes stellvertretend spürt, erzeugt der Klient in der Beraterin das Gefühl, was er empfindet, und dadurch wird die Grundlage für einen beraterischen Prozess geschaffen. Ebenso wie die Eltern die Gefühle ihres Kindes aufnehmen und sie ihm in überschaubarer Form zurückgeben (z. B. das Kind hat Angst in der Nacht, die Mutter spürt dies und erklärt ihm das Geräusch, durch das es aufwachte), wird die Beraterin zu dem, was Bion als „Behälter" für die Gefühle des anderen bezeichnet.

Was Bion mit diesem Terminus „Behalten" benennt, wird anderswo auch dargestellt. Diese Art des Zuhörens ist in Hesses „Glasperlenspiel" auf wunderbare Weise beschrieben:

> „Es war die Gabe des Zuhörens. Wenn ein Bruder aus einer der Siedlungen oder ein vom Gewissen beunruhigtes und getriebenes Weltkind sich bei Josef einfand und ihm von seinen Taten, Leiden, Anfechtungen und Verfehlungen berichtete, sein Leben erzählte, seinen Kampf um das Gute und sein Erliegen im Kampf, oder einen Verlust und Schmerz, eine Trauer, so verstand Josef ihn anzuhören, ihm sein Ohr und Herz zu öffnen und hinzugeben, sein Leid und seine Sorge in sich aufzunehmen und zu bergen und ihn entleert und beruhigt zu entlassen. Langsam, in langen Jahren, hatte dieses Amt sich seiner bemächtigt und ihn zum

---

[13] Vgl. Bion (1992), S. 76 ff.

Werkzeug gemacht, zu einem Ohr, dem man Vertrauen schenkte. Eine gewisse Geduld, eine gewisse einsaugende Passivität und eine große Verschwiegenheit waren seine Tugenden."[14]

Wie wird diese Haltung in einem Beratungsgespräch umgesetzt? Wie wird eine richtige Kombination von menschlicher Offenheit, empathischem Verstehen und theoretischer Kompetenz aufrechterhalten, mit dem Ziel der Entwicklung unserer Klienten in Richtung ihres eigentlichen Ichs?

Dies wird versucht, indem verschiedene Phasen des Beratungsgesprächs unterschieden werden:

Die *Vorbereitung*, indem sich die Beraterin bemüht, möglichst ruhig und leer (Bion: ohne Erinnerung und Begehren) für den Klienten da zu sein (vgl. erste Mappe); die *Exploration*, die Bemühung zu verstehen, in welcher Umgebung dieser Mensch umgeht; drittens und viertens die *Assimilierung* und *Diagnose*, ein subjektives und objektives Verständnis, wie es sich im Leben anfühlt und beschaffen ist: Wie muss es sein, in seinen/ihren Schuhen zu stecken? Und zugleich die Frage: Was passiert hier? (z. B. ein Kind jammert über Kopfweh, die Beraterin spürt daraufhin Mitgefühl, in der Folge fällt ihr ein, dass das Kind eine Englischschularbeit hat, und sie überlegt, inwieweit hier ein Zusammenhang besteht); ein *Entwurf*, wie es im besten möglichen Fall in diesem Leben ausschauen könnte, wie wenn man eine Pflanze anschaut und denkt, wenn diese Pflanze mehr Wasser hätte, könnte es so und so ausschauen. Im Unterschied zu Rogers, wo es darum geht, dem Klienten das zu spiegeln, was schon vorhanden ist, ist es auch wichtig, das zu sehen, was nicht da ist: z. B. das Fehlen von Aggressionen usw. Dazu braucht es ein Bild, wie ein „vollständiger" Mensch beschaffen ist. Aus der Geschichte der Psychoanalyse z. B. kann man auch sehen, welche Teile der Persönlichkeit gerne abgespalten werden und im Blick der Beraterin gesucht werden müssen. Hat dieser Mensch Triebe, Gefühle, einen Körper, eine Geschichte, eine Außenwirklichkeit und einen Zugang zu einem inneren Gewissen?, sind wesentliche Fragen, die sich dabei stellen. In der begrenzten Zeit einer Beratung ist es natürlich notwendig, eine bestimmte *Zielsetzung* für jetzt zu identifizieren, die in der Form eines Fokus zusammengefasst wird und die zugleich in Richtung des Entwurfs der bestmöglichen Lebensform führen sollte; und dann die Frage der *Methode*: Wie ist dies bei diesem Klienten zu erreichen?[15]

Manchmal kann schon die Exploration eine Veränderung bewirken, indem etwas auszusprechen zu mehr Klarheit führt. Dies gilt auch in der Paarberatung, wo die Beraterin garantiert, dass – anders als in der normalen Situation in der Familie – jeder sich aussprechen darf und eingespielte Gesprächsmuster dadurch unterbrochen werden. So äußern Klienten schon nach den ersten Gesprächen, wie groß ihre Ver-

---

[14] Hesse (1979), S. 535.
[15] Vgl. Kennedy (2005).

wunderung darüber ist, wie viel sie schon nach kurzer Zeit von ihrem Partner/ihrer Partnerin erfahren haben. „Da tun sich Welten für mich auf, schon allein durch das wirklich Miteinander-Reden", nannte es unlängst eine Klientin.

Das Verständnis von theoretischen Modellen – z. B. Übertragung von Handlungs- oder Beziehungsmustern aus der Herkunftsfamilie, Spaltungsmechanismen, Transaktionsanalytische Begriffe u. ä. – wird, ohne die Verwendung von Theoriesprache, den Klienten helfen, Einsicht in störende Verhaltens- und Beziehungsmuster zu gewinnen und so diese zu verändern. Und manchmal wird die Beraterin mit Klienten diese neuen Handlungsmöglichkeiten ausdenken und vielleicht Übungen vorschlagen, damit die Einsichten der Beratung zu gelebtem Alltag werden können.

Wie aber wirkt Beratung?

Den Psychoanalytiker Neville Symington[16] beschäftigt eine sehr verwandte Thematik: Die ganze Welt der Psychotherapie und Beratung gründet auf eine Voraussetzung: Nämlich dass ein Mensch ein Problem lösen kann, indem er mit einem anderen Menschen spricht. Er weist darauf hin, dass das Wort „Problem" irreführend ist, da es suggeriert, dass das Problem intellektueller Natur sei und somit durch Wissen irgendeiner Art gelöst werden könne – wie wenn man z. B. zum Arzt oder zum Rechtsanwalt geht. Die Probleme, die die Menschen in Therapie oder Beratung bringen, haben jedoch mit der Gefühlswelt zu tun – mit Leid –, und diese Probleme können nicht durch Mitteilung von Information gelöst werden, eine Tatsache, die schon Freud erkannte, nämlich dass die Vermittlung von Wissen über die Entstehung von Symptomen seiner Patienten gar nicht zum therapeutischen Erfolg führte.[17] Symington fragt daher, ob es die Kommunikation selber sei, die das Problem auf eine nicht-intellektuelle Art löst. Weiters, wenn dies der Fall ist, welche Art von Kommunikation, welche Qualität der Interaktion zwischen den zwei Menschen ist es, die zu einer Linderung des Schmerzes im Herzen des einen führt?

Symington betont somit, dass es nicht um ein intellektuelles Verständnis geht, wenn eine Person menschlich verstanden wird. Er sieht als das Wesentliche im Menschen die Emotionen an und versteht Emotion als eine grundlegende Kommunikation zwischen Menschen. Es ist die Störung in den Beziehungen zwischen Menschen, die in Beratung führt, und Symington fragt folglich nach der Qualität der heilsamen Beziehung. Dies kann nicht eine objektivierende, quasi wissenschaftliche Betrachtung sein; das ist ja die Nicht-Qualität, die erst krank macht. Wenn eine Person nur als Ding betrachtet wird – wie in den Diktaturen der Welt, aber auch dort, wo das Denken von Wissenschaft und Technologie beherrscht wird –, ist die schöpferische Fähigkeit und emotionale Lebendigkeit des Menschen häufig praktisch unlebbar. In manchem Denken – jedoch eher selten in der akademischen Psychologie und sogar ebenso selten in

---

[16] Vgl. Symington (2006), S. 1 ff.
[17] Vgl. Freud (1913 d).

manchen Psychotherapieschulen – wird aber eine völlig andere, insbesondere nicht reduzierbare Art des Kontaktes zwischen Menschen, im Gegensatz zu dem Kontakt zwischen Menschen und der materiellen Welt, thematisiert. So unterscheidet Martin Buber zwischen der Ich-Es- und der Ich-Du-Beziehung.

Hiermit ist die Unterscheidung zwischen einem objektivierenden Blick auf den anderen, wo die andere Person nicht als gleichwertiges Subjekt begriffen wird, und einer intersubjektiven Beziehung zwischen zwei Mitmenschen gemeint (beide Formen sind als Diagnose und Assimilierung im obigen Gesprächsmodell enthalten). Es ist ein Anliegen Symingtons zu zeigen, dass die Heilkraft der Beratung eben in dieser zweiten Form der Beziehung, der Ich-Du-Beziehung liegt. Aber wie?

Buber charakterisiert die zwischenmenschliche Ich-Du-Beziehung im Gegensatz zu der Ich-Es-Beziehung der wissenschaftlichen Betrachtung so: „Das Grundwort Ich-Du kann nur mit dem ganzen Wesen gesprochen werden. Die Einsammlung und Verschmelzung zum ganzen Wesen kann nie durch mich, kann nie ohne mich geschehen. Ich werde am Du; Ich werdend spreche ich Du. Alles wirkliche Leben ist Begegnung."[18]

Indem die Beraterin in der Beratung ihr Gegenüber wirklich ganzheitlich meint, kann ein Zwiespracheraum entstehen – zwischen der Beraterin und dem/n zu Beratenden ist „etwas". D. h. in diesem Raum wird das Wort wirklich, indem das Gegenüber wirklich angeredet wird – im Reden, Denken, Sprechen wird das Visavis eben ganzheitlich gemeint und umfasst –, kein Pseudosprechen, sondern ein unmittelbares Tun, indem die/der Beratende in sich selbst Resonanz zur Authentizität ihres Handelns gefunden hat.

„Das Aussprechen des Wortes ist ein Akt der Beziehung und wird beziehungstragend."[19] Erst wesentliches Sprechen aus sich heraus ermöglicht Entwicklung innerhalb von Beziehungen – aus dem Prinzip „Ich oder Du" erwächst „Ich und Du".

Moeller greift diesen Aspekt auf und regt Paare dazu an, durch persönliche, konzentrierte, regelmäßige Paargespräche, so genannte Zwiegespräche, Beziehungs- und Begegnungsräume zu schaffen, indem die zwei Gegenüber voneinander erfahren, wie jeder sich selbst gerade erlebt.[20]

Gerade diese Erfahrung der Ich-Du-Beziehung ist es, die die schöpferischen Kräfte in einem Menschen neu freisetzen kann. Das grundlegende Prinzip ist, dass emotionales Wachstum durch Kommunikation mit einer Person ermöglicht wird; und dazu, dass dies nicht nur in der Kindheit und mit einer bestimmten Person (Mutter) passieren muss, sondern immer als Möglichkeit gegeben ist. Anders formuliert: Die Schaffung oder Schöpfung von Persönlichkeit geschieht in Gegenwart einer anderen Person, die selbst eine Person sein muss – Grund genug, die Wichtigkeit der Selbsterfahrung in jeder Ausbildung zu betonen.

---

[18] Buber (2005), S. 18.
[19] Vgl. Stöger (2003), S. 125.
[20] Vgl. Moeller (1992), S. 19 ff.

Im östlichen Verständnis entsteht „zwei" nicht durch ein zufälliges Zusammenstellen zwei unbezogener Einheiten; vielmehr entsteht Vielheit durch die Differenzierung einer Ganzheit, wie unsere Augen und Hände auch aus einer Eizelle entstehen. Genauso kann es in gelungener Begegnung sein: Aus einem vielleicht zufälligen „Wir" am Anfang einer Beziehung, am Anfang einer Beratung kann jeder mehr „Ich" werden. Manche Philosophen und manche Dichter haben dies schon formuliert. So schreibt Robert Pirsig: „[...] weil es ohne Objekte kein Subjekt geben kann – weil die Objekte erst bewirken, dass das Subjekt sich seiner selbst bewusst wird – ist Qualität das Ereignis, in dem das Gewahrwerden sowohl von Subjekten als auch von Objekten möglich wird".[21] D. h. dass es in einem guten Gespräch, einem Qualitätsgespräch, kein Ich ohne Du geben kann, dass Ich nur möglich ist, wenn es ein lebendiges Du als Gegenüber gibt. Dieselbe Wahrheit beschreibt der Dichter E. E. Cummings so:

„Eins ist nicht die Hälfte von zwei. Zwei sind die Hälfte von Eins: [...] Die andere Hälfte zu finden, ist der erste Schritt auf dem Wege zur Ganzheit."[22]

Und die Hoffnung ist, dass in der Beratung diese „andere Hälfte" gefunden werden kann, sodass der Klient nicht nur den ersten Schritt auf dem Weg zur Ganzheit machen kann.

Aber auch in der Psychologie ist die Wichtigkeit der lebendigen Beziehung immer wieder angesprochen worden. Schon Freud hat gewusst, dass es die Liebe ist, zwischen Arzt und Patient, die heilsam ist. „Es ist eigentlich eine Heilung durch Liebe."[23] Diese Einsicht, die Freud zwar formulierte, aber deren Bedeutsamkeit er nicht ausführlich entfaltete, stellt Jonathan Lear in seiner philosophischen Deutung der Psychoanalyse als Grundstein der Entwicklung des Menschen und auch der Psychoanalyse dar.[24] Viel ausführlicher bringt Racker dies zur Sprache. Er betont, die Möglichkeit der Veränderung: „[Das] hängt zum guten Teil von der Fülle und der Art der liebenden Zuwendung (Eros) ab", die der Therapeut für seinen Patienten aufbringen kann. Er spricht „von einer besonderen Art von Eros, die wir Verständnis nennen, und es ist ein besonderes Verständnis, das insbesondere allem gilt, was der Mensch abwehrt, was er fürchtet und was ihm verhasst ist"[25] – also für all das, was der Mensch in sich nicht sehen durfte und somit nur zu einem Bruchteil seines Ichs geworden ist.

In jeder liebenden Beziehung also ist die Möglichkeit gegeben, dass, indem sich zwei Menschen möglichst ganzheitlich begegnen, jeder vollständiger und vollkommener werden kann. Und dies gilt auch für die besondere Form der Beratungsbegegnung. Dass der Klient in der Beratung – in dem „Wir" des Beratungsgesprächs – neu lernt, zu sich, zu seiner Ganzheit „Ich" zu sagen.

---

[21] Pirsig (1992), S. 252.
[22] Cummings (1994), S. 74
[23] Brief Freud an Jung 6. 12. 1906; Freud/Jung (1974), S. 13.
[24] Vgl. Lear (1991), S. 130.
[25] Racker (1978), S. 43.

Verwendete Literatur

Bion, W. R. (1992): Lernen durch Erfahrung, Suhrkamp Taschenbuch Wissenschaft, Frankfurt am Main.

Buber, M. (2005): Ich und Du, Gütersloher Verlagshaus 14, Gütersloh.

Cummings, E. E. (1994): Hundred Selected Poems, Grove Atlantic Inc.

Freud, S./Jung, C. G. (1974): Briefwechsel, S. Fischer Verlag GmbH, Frankfurt am Main.

Fürstenau, P. (2001): Psychoanalytisch verstehen. Systemisch Denken. Suggestiv intervenieren, Klett-Cotta Verlag, Leben Lernen 144, Stuttgart.

Hesse, H. (1979): Das Glasperlenspiel, Suhrkamp Verlag, Küsnacht.

Kennedy, P. (2005): Unveröffentlichtes Skriptum zur Ausbildung an der Lehranstalt für Ehe- und Familienfragen, Innsbruck.

Lear, J. (1991): Love and its Place in Nature, Noonday, New York, 1991.

Moeller, M. L. (1992): Die Wahrheit beginnt zu zweit. Das Paar im Gespräch, Rowohlt Taschenbuch Verlag GmbH 41, Reinbek bei Hamburg.

Pirsig, R. M.(1992): Zen und die Kunst ein Motorrad zu warten, Fischer Taschenbuch Verlag, Frankfurt am Main.

Racker, M. (1978): Übertragung und Gegenübertragung. Studien zur psychoanalytischen Technik, Ernst Reinhardt Verlag, München.

Sprenger, W. (1986): Schleichwege zum Ich. Meditationsgedichte, Nie/nie/sagen Verlag 11, Konstanz.

Stöger, P. (2003): Martin Buber. Eine Einführung in Leben und Werk, Topos plus Taschenbücher, Verlagsanstalt Tyrolia, Innsbruck/Wien.

Symington, N. (2006): A Healing Conversation. How Healing Happens, Karnac Books, London.

Daten zu den Filmen

Rhythm is it! You can change your life in a dance class, 2005, Deutschland (Drehbuch/Regie: Thomas Grube und Enrique Sanchez Lansch; Hauptdarsteller: Berliner Philharmoniker, Sir Simon Rattle, Royston Maldooms; DVD 1, 2 und 3; im Handel erhältlich).

Der Club der toten Dichter, 2003, Deutschland (Drehbuch/Regie: Tom Schulman/Peter Weir; Hauptdarsteller: Robin Williams; DVD im Handel erhältlich).

Witzableiter von Ilse Simml

Musikalische Beratung

Nicht nur Witze, sondern auch Lieder können ernsthafte Situationen entspannen, so wie im folgenden Fall:
Paarberatung. Ein Paar, Heurigenbesitzer, sitzt vor mir, und – wie es doch immer wieder vorkommt – will keiner beginnen. Wie gelernt, schalte ich mich zirkulär ein: „Frau M., wenn Ihr Mann beginnen würde, was glauben Sie, wie würde er das Problem schildern?"
Jetzt wird sie aktiv: „Na, hern's, was heißt des, er sitzt doch eh do, Sie kennen ihn doch gleich selber fragen!"
Sie muss mich für etwas unterbelichtet gehalten haben, trotzdem bleibe ich bei meiner Methode und bekomme schlussendlich auch eine Antwort: Also Alkohol, bei Heurigenbesitzern nichts Ungewöhnliches, war im Spiel. Ihr zeitweise chemisch veränderter, illuminierter Mann machte ihr zu schaffen. Noch schlimmer: Ihre Ängste vor seinem viel zu schnellen Autofahren waren „unüberhörbar".
Gegen Ende der Stunde ist dann etwas Ruhe eingekehrt.
Bevor ich mich von dem Paar verabschiede, gebe ich Frau M. eine Aufgabe. Wir befinden uns schließlich in einer evangelischen Beratungsstelle, so soll sie doch beim Autofahren „Kirchenlieder" singen.
Sie beteuert: „Ich kenne ja keine, nur Heurigenlieder!"
Ich: „Ganz einfach zu merken –
Bei Tempo 50: ‚In Gottes Namen fahren wir!'
Bei Tempo 120: ‚Wir sind nur Gast auf dieser Erde!'
Bei Tempo 150: ‚O Welt, ich muss dich lassen!'"

Gesetzliche Rahmenbedingungen für Beratung
Gewerbe als Lebens- und SozialberaterIn oder Arbeiten im Kontakt und Austausch mit einem BeraterInnenteam in institutionalisierten Beratungsstellen

Brigitte Ettl

1 Einführung

Beides probiert – (k)ein Vergleich ...

Am Anfang stand die Ausbildung. In meinem Fall: zur diplomierten Ehe-, Familien- und Lebensberaterin an der Lehranstalt für Ehe- und Familienberatung der Erzdiözese Wien. Der nächste „Schritt" war ein beidbeiniger Sprung in die Institution: Ich wurde als „gelernte Juristin" Rechtsberaterin und Praktikantin in einer Familienberatungsstelle der Erzdiözese Wien. Beidbeinig ging es auch nach Abschluss der Ausbildung weiter: Ich blieb im Team der Beratungsstelle, weiterhin mit zwei Aufgabenbereichen – der Rechtsberatung und der Ehe- und Familienberatung. Parallel dazu löste ich den Gewerbeschein und begann meine Tätigkeit als Lebens- und Sozialberaterin in freier Praxis. Räumlich blieb auch dieses Standbein zu einem Teil mit der Institution verbunden: Ich konnte die Beratungsstelle auch für die Arbeit mit privaten KlientInnen nützen, gegen Entrichtung eines Betriebskostenersatzes.

Die zeitlichen Vorgaben durch die Institution erleichterten hier Klarheit und Trennung der beiden Bereiche. Im Rahmen der Institution Erzdiözese Wien gibt es für jede BeraterIn ein in Absprache mit dem Team festgelegtes Stundenkontingent – in meinem Fall zwischen acht und zehn Stunden pro Monat, mit dem die offiziellen Öffnungszeiten der Beratungsstelle gewährleistet sein müssen. Diese Zeiten waren also institutionellen KlientInnen vorbehalten. Die übrigen Zeiträume standen damit für gewerbliche Beratungen zur Verfügung. Dafür benützte ich aber auch Räumlichkeiten zu Hause.

In der Zwischenzeit bin ich zusätzlich freiberuflich als Psychotherapeutin tätig und habe eigene Praxisräumlichkeiten in der Wiener Innenstadt. In die Beratungsstelle komme ich also nur mehr für institutionelle Beratungen und Teamtermine.

Diese berufliche „Zweibeinigkeit" hat ihre Wurzeln zum einen in meiner Persönlichkeit: wirtschaftliche Selbstständigkeit, ein Leben als Unternehmerin erschien mir schon immer erstrebenswert und attraktiv. Zum anderen liegt es auch an den Rahmenbedingungen in Wien: Im Gegensatz zu anderen Bundesländern gibt es hier kaum die Möglichkeit, eine existenzsichernde Anstellung als Beraterin zu bekommen.

Für viele meiner KollegInnen ist die Ehe- und Familienberatung daher ein „Nebenjob" – oder sie haben sich auch für ein „Doppelleben" in der Institution und auf dem freien Markt entschieden.

2 Gesetzliche Rahmenbedingungen

Grundlage für die Beratung im institutionellen Rahmen ist das Familienberatungsförderungsgesetz.[1] Hier ist geregelt, was die Beratung zum Gegenstand haben muss: Angelegenheiten der Familienplanung, wirtschaftliche und soziale Belange werdender Mütter, Familienangelegenheiten sowie sexuelle Belange und sonstige Partnerschaftsbeziehungen.

Die Durchführung der Beratung obliegt verschiedenen Berufsgruppen – AbsolventInnen einer mit Öffentlichkeitsrecht ausgestatteten Lehranstalt für Ehe- und Familienberatung sind hier ausdrücklich erwähnt.

Der Träger hat die in einer Beratungsstelle tätigen Personen zur Verschwiegenheit über alle ihnen ausschließlich aus dieser Tätigkeit bekannt gewordenen Tatsachen zu verpflichten. Zusätzlich formuliert natürlich auch die Institution im Dienstvertrag rechtlich verbindliche Anforderungen an die BeraterInnen. Im Handbuch bzw. in den Protokollen von StellenleiterInnensitzungen sind dann weitere „Spielregeln" formuliert, deren Einhaltung verpflichtend ist.

Im Handbuch für die Ehe-, Familien- und Lebensberatungsstellen der Erzdiözese Wien ist auch folgende Selbstverpflichtung des Trägers formuliert:

„Der Träger garantiert die Eigenverantwortung des/der Beraters/in aus dessen/deren christlichem Gewissen und respektiert die berufliche Schweigepflicht. Der Träger nimmt keinen Einfluss auf Beratungsgespräche und setzt sich dafür ein, dass auch keine anderen Institutionen Einfluss nehmen."[2]

Zu den im selben Handbuch angeführten Aufgaben der BeraterInnen zählen neben administrativen Angelegenheiten auch regelmäßige Supervision und Weiterbildung sowie die Teilnahme an Teamsitzungen. Ausführlich ist hier auch die Verschwiegenheitspflicht geregelt.[3]

Grundlage für die Beratung in der gewerblichen Praxis sind die Lebens- und Sozialberatungsverordnungen[4]. Hier sind die Zugangsvoraussetzungen sowie verpflichtende Lehrplaninhalte für entsprechende Ausbildungscurricula geregelt. Die Lehranstalten für Ehe- und Familienberatung sind ausdrücklich erwähnt.

---

[1] Vgl. BGBl. I Nr. 130/1997 Familienberatungsförderungsgesetz in der ab 29. November 1997 geltenden Fassung.
[2] Handbuch Ehe-, Familien- und Lebensberatungsstellen/Kategoriale Seelsorge der Erzdiözese Wien, 3. Auflage, 2006, S. 7.
[3] Handbuch Ehe-, Familien- und Lebensberatungsstellen/Kategoriale Seelsorge der Erzdiözese Wien, 3. Auflage, 2006, S. 12.
[4] BGBl Nr. 641/2003, 140. Verordnung.

In der Verordnung bezüglich der Standes- und Ausübungsregeln für das Gewerbe der Lebens- und Sozialberatung[5] ist die Verpflichtung zur Orientierung am Wohl der KlientInnen festgehalten.

Hier werden Lebens- und SozialberaterInnen auch zu standes*gemäßem* Verhalten verpflichtet. Definiert wird dies vor allem durch umfangreiche Aufzählungen, was als standes*widriges* Verhalten zu verstehen ist: die Führung unerlaubter Titel, die Herstellung eines Abhängigkeitsverhältnisses, die Abgabe parteilicher Gutachten, die Angabe von KlientInnen als Referenz, das Verbot von Vergütungen für Überweisung von KlientInnen, unentgeltliche oder den Grundsätzen einer ordnungsgemäßen kaufmännischen Geschäftsführung widersprechenden Leistungen, die Herabsetzung anderer Berufsangehöriger oder deren Leistungen.

Diese Verbotsliste wird durch den in der Gewerbeordnung festgelegten Tätigkeitskatalog[6] ergänzt. Hier sind jetzt auch die auf dem Markt üblichen Bezeichnungen für die Tätigkeit „Beratung", „Coaching", „Counselling" sowie „Betreuung von Personen oder Institutionen" erwähnt.

Der Lebens- und Sozialberatung sind demnach folgende Themen vorbehalten: Persönlichkeitsentwicklung, Selbstfindung, Problemlösung, Verbesserung der Beziehungsfähigkeit sowie psychologische Beratung (mit Ausnahme der Psychotherapie). Ausdrücklich erwähnt sind in diesem Katalog auch ernährungsbezogene und sportwissenschaftliche Fragestellungen, ohne dass dafür eine über die Lebens- und Sozialberatungsausbildung hinausgehende Zusatzqualifikation gefordert wird.

3 Marketing

Werbung/PR

Als BeraterIn unter dem Dach einer Institution ist Marketing – also die Gestaltung der Beziehung zum Markt, zu potenziellen KlientInnen, Medien, relevanten Sozialeinrichtungen (Schulen, Behörden ...) – nur in Ausnahmefällen ein Thema: Bei Neueröffnung oder Jubiläum einer Beratungsstelle wird das jeweilige Team aktiv. Um die „große Linie" – Logo, Folder, Homepage, Medienkontakte ... – kümmert sich die Institution. Auch wenn hier vieles auf kollegialer Basis in Arbeitsgruppen entwickelt und entschieden wird, so kann ich als BeraterIn das Ausmaß meines Engagements für diese Themen selbst bestimmen und habe in keinem Fall eine finanzielle Mitverantwortung.

Bin ich als BeraterIn UnternehmerIn, so ist Marketing ein zeitaufwändiger Dauerauftrag, der sich vor allem in der Startphase auch noch als finanzielle Belastung erweist: Ich muss mir überlegen, mit welchem Angebot ich welche Zielgruppen auf welchem Weg erreichen möchte. Was unterscheidet mich von den vielen anderen LebensberaterInnen, Coaches, TherapeutInnen? Wie gestalte ich Visitenkarten,

---

[5] BGBl Nr. 1297/1998, 260. Verordnung.
[6] § 119 GewO 1994.

Folder, Homepage? Wie und an wen schreibe ich worüber eine Presseaussendung? Welche professionelle Unterstützung, z. B. durch WerbegestalterInnen, kann und will ich mir leisten? In welchen Netzwerken werde ich aktiv? Wie soll meine Preisgestaltung aussehen?

Hier entsteht eine Fülle an Aufgaben, die mit der eigentlichen Beratung nicht viel zu tun haben. – Es wird sinnvoll sein, sich auch in diesen Bereichen durch Fachliteratur und Seminare Kompetenz anzueignen.

Meiner Erfahrung nach haben gerade BeraterInnen oft ein Selbstbild, das der Vermarktung der eigenen Person im Wege steht. „Helfen" ist gut, „Verkaufen" ist böse. Als helfende Unternehmerin muss es mir gelingen, hier in meinem Inneren, in meinem Wertekatalog, eine Brücke zu bauen.

Preisgestaltung

Eine Spezialhürde für „HelferInnen" ist die Preisgestaltung: Im institutionellen Kontext gelten hier sehr humane, klientenfreundliche Regeln. Die Kostenbeiträge der KlientInnen sind freiwillig, können auch in der Höhe von diesen bestimmt werden und haben keinen Einfluss auf das Einkommen der Beraterin. Dies kommt natürlich der helfenden Haltung sehr entgegen. In der gewerblichen Praxis bedarf es hier einer existenzsichernden Kostenrechnung:

- Wie hoch sind meine Betriebs- und Lebenshaltungskosten?
- Wie viele Stunden kann ich im Jahr realistisch verkaufen? – Bitte nicht auf Urlaub, Krankheiten, Flautephasen … vergessen.
- Wie hoch muss dann das Honorar für eine Stunde sein?
- Sozialtarife kann ich mir in der gewerblichen Praxis nur leisten, wenn es andere gibt, die „ein bisserl mehr" zahlen (können).

Räumlichkeiten

Adresse und Einrichtung der Räumlichkeiten sind im institutionellen Bereich zumeist vorgegeben. Natürlich kann das Team hier noch seine persönliche Note einfließen lassen, doch der Spielraum ist begrenzt.

Die eigene Praxis ist eine der wichtigsten Visitenkarten. Es beginnt bei der Wahl der Adresse – die Erreichbarkeit mit öffentlichen Verkehrsmitteln, Parkplätze, anonymer Eingangsbereich sind hier neben den Betriebskosten relevante Entscheidungskriterien.

- Bilde ich mit KollegInnen – vielleicht auch aus angrenzenden Berufsfeldern – eine Gemeinschaftspraxis? Wenn ja, mit wem und mit welchen Spielregeln?
- Soll die Raumgröße auch die Arbeit mit Gruppen ermöglichen? Welcher Einrichtungsstil passt zu meiner Zielgruppe?

Viele dieser Fragen kosten in der Startphase viel Kraft, doch auch die Erhaltung einer Praxis gleicht mit Reinigung und Reparaturarbeiten einem Zweitwohnsitz.

Meinen KlientInnen zeige ich in der eigenen Praxis jedenfalls wesentlich mehr von mir als in den Räumlichkeiten einer Beratungsstelle. Hier kann ich mich im Notfall für Unzulänglichkeiten distanzierend entschuldigen.

Noch sichtbarer als Person werde ich, wenn der Beratungsraum in meinen privaten Wohnbereich integriert ist. Familienfotos und Kinderschuhe im Vorzimmer holen auch unbeteiligte Abwesende in die Beratungsbeziehung mit herein. Diese Nähe erfordert eine bewusste Auseinandersetzung mit der Situation und weiters – unter Umständen – eine zum Ausgleich stärkere Distanzierung auf anderen Kommunikationsebenen.

4 Team oder EinzelkämpferIn?

Arbeit in einer Familienberatungsstelle bedeutet Zugehörigkeit zu einem Team. Auch wenn ich in der Realität vielleicht aufgrund der Dienstpläne einen Großteil der Arbeitszeit allein in der Stelle verbringe, so bin ich doch in eine größere Struktur eingebunden.

Administration

Sichtbar wird dies auch bei Abwesenheit aller anderen Teammitglieder im administrativen Bereich: Formulare für Dokumentation, Abrechnung, Diensteinteilungen etc. sind genauso vorgegeben wie der Text auf dem Anrufbeantworter und Ablageordnungen. Diese Vorgaben ersparen Zeit und geben Sicherheit.

In der freien Praxis muss ich meine Organisationsstrukturen selbst entwickeln.

Beziehungen

Sobald ich das Glück kollegialer Gesellschaft an der Stelle habe, wird es überhaupt fein: Von einer kurzen entlastenden Befindlichkeitsrunde bis zu einer hilfreichen Intervision nach einer herausfordernden Beratungsstunde reicht hier die Entlastungspalette. Und auch der Humor kommt nicht zu kurz ...

Die gewerbliche Praxis ist, sofern ich nicht mit KollegInnen ein Team bilde, einsam. Hier muss ich mir meine Austauschmöglichkeiten selbst organisieren – in Form regelmäßiger Treffen mit KollegInnen sowie einigen „Notfall-Telefonnummern", bei denen ich – fast – jederzeit meine Gedanken wieder ordnen kann.

Auch wenn sich KlientInnen die Türe in die Hand geben, so sind BeraterInnen in der freien Praxis aufgrund der fehlenden „Kommunikationstankstellen" stark Burn-out-gefährdet.

Zugehörigkeit

Als BeraterIn an einer Familienberatungsstelle habe ich die Institution des Trägers hinter mir. Dieser Träger ist in der Öffentlichkeit bekannt, steht für bestimmte Leistungen, Inhalte und Werte. (Ich gehe davon aus, dass niemand unter dem Dach eines Trägers arbeitet, mit dem er sich nicht zumindest in den wesentlichen Grundpfeilern identifizieren kann.) Dies schafft im Team eine gemeinschaftsfördernde Grundstimmung. Es signalisiert aber auch den KlientInnen, mit welcher Haltung sie bei mir als Beraterin rechnen können. In der freien Praxis habe ich hier einen wesentlich größeren Erklärungsbedarf. Die Institution vermittelt auch den KlientInnen ein Gefühl der Sicherheit. Als Einzelperson muss ich mir dieses Vertrauen meist von Grund auf erarbeiten.

Information, Erfahrungsaustausch

In einer institutionalisierten Beratungsstelle laufen viele Informationen zusammen: Mitteilungen des Trägers, der Ministerien, anderer Einrichtungen etc. Ich erhalte so einen raschen Einblick über wichtige Entwicklungen in der Branche, spannende Fortbildungen und Materialien zu Schwerpunktthemen. Eine wertvolle Ergänzung ist dann noch der informelle kollegiale Erfahrungsaustausch über neue Methoden, Umgang mit schwierigen Situationen usw.

Auch die gewerbliche Praxis hat selten einen leeren Postkasten, doch viele Informationen gehen an EinzelkämpferInnen spurlos vorüber.

Supervision

Die Supervision – verpflichtend und meist im Team – ist ein besonderer Vorteil der Arbeit in der Institution. Das regelmäßige Besprechen von Fällen bzw. Entwicklungen im Team ist für mich ein zentraler Punkt der persönlichen Qualitätssicherung. Die Kontinuität der Supervisionsgruppe schafft eine tragfähige Vertrauensbasis und ermöglicht die beobachtende Begleitung längerer Fallgeschichten.

In der gewerblichen Praxis bin ich auch zu Supervision und Weiterbildung verpflichtet, muss mir diese aber selbst organisieren – und im Gegensatz zu den Gepflogenheiten in meinem institutionellen Kontext – auch selbst finanzieren.

Sicherheit

Auch wenn es ein Randthema ist, so sei es doch erwähnt: Mitunter ergeben sich mit KlientInnen kritische Situationen. Die Anwesenheit einer Kollegin, eines Kollegen ist dann hilfreich, entlastend und vermittelt ein Gefühl der Sicherheit.

In der freien Praxis bin ich in solchen Situationen auf mich allein gestellt.

5 Klientenbeziehungen

Wer will mich?

Schon der Beginn der Beziehung zwischen BeraterIn und KlientIn ist völlig unterschiedlich: Menschen, die sich an die Beratungsstelle wenden, kennen in den seltensten Fällen eine bestimmte Person. Sie haben eine Frage, ein Problem, sie möchten mit jemandem sprechen. Die „Zuteilung" erfolgt fast nach dem Zufallsprinzip: Wer passt für die Fragestellung und hat freie Kapazitäten? Ganz selten wird eine bestimmte Beraterin, ein bestimmter Berater verlangt. Vor dem Erstgespräch kennt der

Klient, die Klientin zumeist nur den Namen seiner/ihrer BeraterIn. Verfügt die Institution über eine Homepage, so können sich KlientInnen vielleicht sogar „ein Bild machen".

Der Beginn der Beratungsbeziehung in der gewerblichen Praxis verläuft meiner Erfahrung nach zu einem überwiegenden Anteil über gezielte Weiterempfehlungen durch BeratungskollegInnen, durch ÄrztInnen, Bekannte, frühere KlientInnen etc. In diesem Fall haben die KlientInnen schon mehr über die Beraterin erfahren. Diese Empfehlungen bringen meist einen großen Vertrauensvorschuss: „Wenn X sagt, Sie können mir helfen, dann glaube ich das auch …"

Haben Menschen die Möglichkeit, uns BeraterInnen als Vortragende bei Veranstaltungen bzw. als TrainerIn in einem Seminar kennen zu lernen, so können sie sich schon selbst ein genaues Bild machen, unverbindlich ins Gespräch kommen – und sich so dann sehr bewusst für diese konkrete Person entscheiden. Auch dies wirkt sich auf die Vertrauensbasis von Beginn an positiv aus.

Anders ist der Einstieg in die Beziehung, wenn der Zufall eine größere Rolle spielt – entweder durch einen Folder, der in irgendeinem Wartezimmer aufliegt und ins Auge fällt, oder durch eine Internet-Recherche. Vor allem wenn nur der knappe Text des Folders zur Verfügung steht, ist in der Eingangsphase wesentlich mehr Unsicherheit zu spüren. Die eigene Homepage ist da eine viel aussagekräftigere vertrauensbildende Maßnahme. Ihre Gestaltung soll daher durchaus eine persönliche Note aufweisen, damit die Persönlichkeit der BeraterIn auch über dieses distanzierte Medium spürbar wird.

Vor allem von der KlientInnengruppe, die über das Internet anfragt, kommt zu Beginn häufig die Frage nach einem kostenlosen Erstgespräch. Ob man dieses anbietet oder nicht, ist eine „Glaubensfrage", hier gibt es meiner Ansicht nach kein „richtig" oder „falsch". Ich halte mich an die Gepflogenheiten der ärztlichen KollegInnen und verrechne ab der ersten Stunde. Dafür arbeite ich ohne längerfristige Bindungsverträge, wie sie vor allem im Bereich Coaching und Therapie immer wieder vereinbart werden.

Kosten

In der Beratungsstelle bezahlen die meisten KlientInnen einen freiwilligen Kostenbeitrag, dessen Höhe sie selbst bestimmen. Soziale Härtefälle können das Angebot auch kostenlos in Anspruch nehmen. Die Honorierung der BeraterInnen ist davon völlig unabhängig. Ich habe die Erfahrung gemacht, dass es den meisten KlientInnen ein Anliegen ist, diesen Beitrag zu entrichten. Sie können damit ihre Wertschätzung zum Ausdruck bringen, kommen nicht in die Rolle von „Almosenempfängern" und nützen die Möglichkeit, so lange sie es wirklich brauchen. Immer wieder erkundigen sich KlientInnen auch nach dem Finanzierungsmodell der Beratungsstelle.

In der gewerblichen Praxis werden zu Beginn – meist schon im Rahmen des telefonischen Erstkontakts – Honorarhöhe und Zahlungsmodalitäten vereinbart. Für einen Großteil der KlientInnen ist dies auch bei moderater Honorarhöhe eine „außergewöhnliche Belastung" ihres Haushaltsplanes. Dies erschwert mitunter den Beratungsprozess: Wenn der Anlass für die Beratung eine Krise mit materiellen Auswirkungen ist, z. B. Scheidung oder Arbeitslosigkeit, so können sich Menschen dann oft die Unterstützung, die sie brauchen würden, nicht mehr leisten.

Honorarreduktionen sind, auch wenn sie einfühlsam und wertschätzend angeboten werden, oft nicht hilfreich, da KlientInnen in dieser Situation nur sehr schwer „Geschenke" annehmen können.

Generell überlegen KlientInnen in der gewerblichen Praxis wesentlich bewusster, ob die Kosten-Nutzen-Relation für sie – noch – stimmig ist.

Absagen

Ein sensibler Punkt sind kurzfristige Absagen bzw. Terminverschiebungen punkto Verrechnung.

In der Beratungsstelle ist mein Honorar davon nicht betroffen. Trotzdem sehe ich es als meine Verantwortung gegenüber dem Träger und dem Ministerium an, dass die zur Verfügung gestellten Mittel möglichst effizient eingesetzt werden. Habe ich daher das Gefühl, dass KlientInnen leichtfertig mit Absagen umgehen, so thematisiere ich dies beim nächsten Termin. Sollten KlientInnen ohne Absage zweimal nicht erscheinen, wird bei einem neuerlichen Anruf kein Termin mehr vergeben.

Wesentlich schwieriger ist der Umgang mit Absagen in der eigenen Praxis. Als Juristin ist mir hier eine klare vertragliche Grundlage wichtig. Meine KlientInnen erhalten also im Rahmen des Erstgesprächs einen Begrüßungsbrief, in dem neben Hinweisen auf zusätzliche Unterstützungsmöglichkeiten und eine Verbesserung der Nachhaltigkeit unserer Gespräche durch entsprechende Vor- und Nachbereitung auch die Regelungen für Absagen und Verschiebungen festgehalten sind. Inhaltlich habe ich mich da an die Vorgaben des Österreichischen Berufsverbandes für Psychotherapie orientiert. Angewendet habe ich dies bislang allerdings äußerst selten – und wenn, dann nur, wenn der Beratungsprozess ohnedies kurz vor dem Abschluss stand. Die Irritation durch meine Forderung hat dann immer zum endgültigen Abbruch geführt.

Generell kommen in der eigenen Praxis kurzfristige Absagen noch seltener vor als in der Beratungsstelle. Wahrscheinlich schafft auch hier der durch die Honorarvereinbarung sehr bewusst abgeschlossene „Beratungsvertrag" ein höheres Maß an Verbindlichkeit. Natürlich ist es KlientInnen, vor allem jenen, die auch beruflich selbstständig sind, immer wieder von sich aus ein Anliegen, die abgesagten Stunden zu bezahlen.

Terminstruktur

Beratung im institutionellen Kontext hat eine klar vorgegebene Terminstruktur. Beratungstermine sind fast ausschließlich nur zu den offiziellen Öffnungszeiten der Stelle möglich. KlientInnen müssen sich also an diese Vorgaben anpassen. Zudem wird – Ausnahme Paarberatungen – nicht mehr als eine Stunde vergeben.

In der eigenen Praxis ist hier die Möglichkeit der Rücksichtnahme auf zeitliche Möglichkeiten der KlientInnen wesentlich größer. Wenn ich es mit meinen persönlichen Ressourcen vereinbaren kann, arbeite ich auch am Wochenende. Häufig werden auch Doppelstunden vereinbart – vor allem wenn mehrere „Entwicklungsbereiche" gleichzeitig akut sind.

Erreichbarkeit

Hier haben auch im institutionellen Kontext die einzelnen BeraterInnen einen großen Spielraum: Es gibt KollegInnen, die für KlientInnen prinzipiell nur über die Telefonnummer der Beratungsstelle erreichbar sind. Viele andere geben ihren KlientInnen auch die eigene Handynummer.

Als selbstständige Beraterin hat eine gute Erreichbarkeit natürlich einen besonders hohen Stellenwert – für Neuanfragen, Terminverschiebungen etc. Die berufliche Handynummer sowie die E-Mail-Adresse stehen allen KlientInnen zur Verfügung. (Für Familie und Freunde gibt es eine zusätzliche private Handynummer.)

Anonymität

Anonymität ist eine der wesentlichen Grundprinzipien von Ehe-, Familien- und Lebensberatung im institutionellen Kontext. Um KlientInnen den Zugang in besonders kritischen und sensiblen Lebenssituationen zu erleichtern, können sie anonym bleiben. Das heißt, sie können unter einem Decknamen in die Beratungsstelle kommen und müssen weder Telefonnummer noch sonstige persönliche Daten bekannt geben.

Prinzipiell ist dies auch in der gewerblichen Praxis möglich, war allerdings noch nie Thema. Zumindest um eine Telefonnummer ersuche ich alle KlientInnen.

Verschwiegenheit

Auch hier ist kein Unterschied zwischen den beiden Arbeitsfeldern. Die Verschwiegenheitspflicht gilt in beiden Bereichen gleichermaßen und wird von den KlientInnen auch immer wieder angesprochen.

Beratungsprozess

Wesentliche Unterschiede erlebe ich hier ausschließlich in der Einstiegsphase durch den abweichenden Klärungsbedarf. Sobald es dann um die Erarbeitung des eigentlichen Beratungsauftrags und den Einstieg in den Beratungsprozess geht, sehe ich keine nennenswerten Unterschiede zwischen Beratung im institutionellen Kontext und Beratung in der gewerblichen Praxis. Es gibt da wie dort „Jammerer", „Besucher" – und Menschen, die an der Lösung ihrer Probleme arbeiten wollen.

Auch die Dauer des Prozesses ist meiner Ansicht nach vor allem abhängig von der konkreten Fragestellung und der Persönlichkeit – mehr als von dem Dach, unter dem die Beratung stattfindet. Und auch „Stammkunden", die sich nach einiger Zeit mit einem neuen Problem wieder melden, gibt es in beiden Systemen.

6 Resümee

Beides probiert – ein Vergleich ist durchaus möglich. Für welches Dach sich eine Beraterin/ein Berater entscheidet, hängt sicherlich von der individuellen Persönlichkeit und der jeweiligen Lebenssituation ab.

Beratung im institutionellen Kontext ist ein (Neben-)Beruf mit viel Freiraum.

Beratung in der gewerblichen Praxis erfordert neben der Freude an der Arbeit mit den KlientInnen noch eine große Portion unternehmerisches Selbstverständnis.

Und für mich ist es nach wie vor spannend, unter beiden Dächern zuhause zu sein.

Witzableiter von Ilse Simml

Auch außerhalb der Beratungsstellen kann man oft das unsichtbare Beratungsgewand nicht so leicht an den Nagel hängen. So wie bei dieser Begebenheit:
Ich befand mich auf einer Bushaltestelle in einem Randbezirk von Wien, vor mir zwei diskutierende Frauen:
Fr. A: „I wead ihn jetzt endlich außehauen!"
Fr. B: „Na, hau ihm no net auße, gib ihm no a wengl Zeit!"
Fr. A: „Na, jetzt hob i gnua, heuer hau i ihm endgültig auße!"
Ich krame in meiner Tasche nach einem Beratungskärtchen, um es Frau A in die Hand zu drücken – soll Rettung kommen, so kommt sie nur so!
Aber in diesem Moment höre ich Frau A zu Frau B sagen: „Jetzt hat der Baum schon zwa Jahre net geblüht, jetzt hau i ihm aber endgültig auße!"
Man sollte doch immer den **Kontext** mit einbeziehen.

Beratung mit Eltern und Kindern

Christine Kügerl

Einleitung

Ich bin seit 1982 Mutter, seit 1984 in der Elternbildung und seit 1990 in der Familienberatung tätig. Sowohl im praktischen Familienleben als auch im beruflichen Tätigkeitsbereich faszinierte mich das Wechselspiel zwischen Eltern und Kindern. Besonders beschäftigten mich folgende Fragen: Welche Faktoren fördern die individuelle Entwicklung? Welche Entwicklung durchlaufen Eltern bei der Begleitung ihres Kindes? Warum wird die Eltern-Kind-Beziehung oft so beglückend und bereichernd erlebt? Und warum gibt es in diesen Beziehungen so viele Missverständnisse, Frustrationen und Probleme bis hin zu krankhaften Störungen? Auf der Suche nach Antworten konnte ich 1996 eine Weiterbildung über frühkindliche Regulationsstörungen, vorsprachliche Kommunikation und Eltern-Kind-Beziehungen an der Deutschen Akademie für Entwicklungs-Rehabilitation e. V. in München besuchen. Dabei lernte ich das Konzept der Münchner Sprechstunde für Schreibabys von Dr. Mechthild Papoušek und ihrem Team kennen. Seither bin ich Mitglied der Gesellschaft für Seelische Gesundheit in der frühen Kindheit e. V. (GAIMH). Bei Tagungen, Kongressen und Fortbildungen kann ich mein Wissen zur Eltern-Kind-Interaktionsberatung laufend erweitern, was mir bei der Arbeit mit Eltern und Kindern in der Familienberatung sehr hilfreich ist.

Definition

Die Deutschsprachige Tochtergesellschaft der World Association for Infant Mental Health (GAIMH) unterscheidet drei Tätigkeitsbereiche: Begleitung, Beratung und Psychotherapie. Beratung für Kinder von null bis drei Jahren mit ihren Eltern und anderen Bezugspersonen wird folgend definiert: „Beratung ist ein Prozess der gemeinsamen Erarbeitung von entwicklungs- und beziehungsförderlichen Lösungen bei Belastungen, Problemen und Krisen von Familien mit Kindern von null bis drei Jahren und deren außerfamiliären Betreuungssystemen. Beratung befähigt zur Nutzung vorhandener Ressourcen in einem zeitlich überschaubaren Rahmen, um die nächsten Entwicklungsschritte des Kindes zu unterstützen. Sie basiert auf wissenschaftlichen Erkenntnissen und arbeitet auftrags-, lösungs- und ressourcenorientiert. Beratung macht ein Beziehungsangebot, ohne dies zum Gegenstand der Beratung zu machen."[1] Für mich ist diese Definition in der Beratung von Eltern mit Kindern im Kindergartenalter ebenfalls hilfreich.

---

[1] Projektgruppe Weiterbildungsstandards für Beratung, Mauri/Fries u. a. (2005), S. 6.

Beziehungsgestaltung in der Eltern-Kind-Beratung

„Ich werden am Du" ist der Titel dieses Buches. Für die Beratung mit Eltern und Kindern trifft dies in mehrfacher Weise zu. „Neugeborene, Kinder und auch noch Jugendliche sind darauf angewiesen, dass ihnen gute zwischenmenschliche Erfahrungen geschenkt werden, damit sie genetisch bereitgestellte Systeme im Hinblick auf die Beziehungs- und Kooperationsfähigkeit auch einsetzen und so die entsprechenden Fähigkeiten entwickeln können."[2] Kinder sind zur Entwicklung des Ichs in besonderer Weise auf das Du der Eltern angewiesen. Ebenso entwickeln Mutter und Vater im Rahmen der Elternschaft neue Bereiche ihrer Identität, ihres Ichs. Für diese Entwicklung sind sie wiederum auf das Du des Kindes angewiesen. So schreibt M. Papoušek: „Den wohl wichtigsten, aber oft unterschätzten Einfluss auf intuitive Kompetenzen, Befindlichkeit und psychodynamische Konstellation der Eltern bilden die jeweils aktuellen Interaktionen mit dem Baby, in denen es das elterliche Verhalten mit unmittelbaren Rückkoppelungssignalen auf positive oder negative Weise beantwortet."[3]

In der Familienberatung suchen Eltern meist Unterstützung zur Lösung von Beziehungsproblemen. Ich und Du von Eltern und Kind sind in eine Situation geraten, in der sie mit den momentan sichtbaren eigenen Möglichkeiten nicht mehr weiterkommen. Sie wenden sich an das Du einer Beratungsperson, um die Stärken des eigenen Ichs wieder wahrnehmen und einsetzen zu können. Beraterin und Berater werden zum Du und sind gleichzeitig ebenfalls ein Ich, das sich in jedem Beratungsprozess weiterentwickelt.

Eine achtsame und wertschätzende BeraterIn-KlientIn-Beziehung bildet die Basis für einen hilfreichen Beratungsprozess mit Eltern und Kindern. Im Grunde gilt es mehrere Beziehungen zu gestalten. Die Beziehung von Berater/in zur Mutter und/oder zum Vater, die Beziehung zum Kind und oft noch zu weiteren Bezugspersonen wie Großeltern oder Fachkräften.

Im Beratungsprozess wird „den Hilfesuchenden prinzipiell zugetraut, dass sie selbst über die notwendigen Ressourcen zur Problemlösung verfügen, sie jedoch Hilfe in Anspruch nehmen, weil ihnen der Zugang zu diesen Ressourcen aus unterschiedlichen Gründen aktuell nicht möglich ist. Das Ziel der Beratung besteht in der gemeinsamen Entwicklung von Zugängen zu diesen Ressourcen"[4], um eine gute Weiterentwicklung von Kind und Eltern zu ermöglichen und die Eltern-Kind-Beziehung zu verbessern.

---

[2] Vgl. Bauer (2007), S. 52 f.
[3] Papoušek (2004), S. 91.
[4] Ziegenhain u.a. (2004), S. 141.

Beziehungsgestaltung mit den Eltern

Es sind sehr unterschiedliche Situationen, in denen sich Mütter und zeitweise auch Väter an die Familienberatungsstelle wenden. Alle Eltern bewegt jedoch das Anliegen, dass das Leben mit und die Beziehung zum Kind besser werden soll. Oft haben sie sich über Monate selbst um eine Lösung bemüht, viele Ratschläge von den eigenen Eltern und Freunden erhalten und unterschiedlichste Empfehlungen ausprobiert. Meist sind die Eltern erschöpft und hilflos. Es ist für Mütter und Väter sehr frustrierend, wenn sie bemerken, dass sie ihr Kind nicht verstehen. Es nervt und macht zeitweise auch aggressiv, wenn das eigene Kind sich so ganz anders verhält, als man dies erwartet, und wenn Erziehungsbemühungen abgelehnt werden. Für manche Eltern ist es beschämend, wenn sie mit ihrem eigenen Kind nicht zurechtkommen. Einige Eltern bekommen Angstzustände, wenn sie an bestimmte Situationen mit ihrem Kind denken, und haben ein Vermeidungsverhalten entwickelt. Sie besuchen z. B. gewisse Freunde oder die Großeltern nur noch selten und meiden zur „Hauptfrequenzzeit" den Spielplatz. Ein Teil der Eltern wird wegen der Auffälligkeiten ihres Kindes vom Jugendamt, einem Psychologen oder dem Kindergarten zur Familienberatung geschickt. Diese Eltern sind oft irritiert, sie verstehen häufig die Diagnose und die Zuweisung nicht und fragen, wozu die Beratung überhaupt gut sein soll. Die meisten Eltern befinden sich generell in einer belastenden bis krisenhaften Lebenssituation.

Nur selten wenden sich Eltern einfach mit Fragen zu Erziehung und Entwicklung an die Familienberatung. Immer wieder sind dies Mütter und Väter, die erst spät ein Kind bekommen haben oder deren Kinderwunsch sich durch Formen künstlicher Befruchtung erfüllt hat. Diese Eltern wollen nun „alles" richtig machen und ihr Kind möglichst gut fördern.

Bereits beim Telefonat zur Terminvereinbarung beginnt der Beziehungsaufbau. Bei den Beratungsgesprächen sind die Grundhaltungen der klientenzentrierten Gesprächsführung ebenso wichtig wie die systemische Sichtweise. Mit der persönlichen, emotionalen Verfügbarkeit vermittle ich eine wertschätzende Haltung. Die Eltern sollen merken, dass sie mit ihrer Situation, ihren Fragen und ihrer Hilflosigkeit in der Beratung gut aufgehoben sind und dass hier auch Frust und Wut auf das Kind ihren Platz haben. Aus diesem Grund ist das Erstgespräch den Eltern alleine vorbehalten, wo sie Zeit und Raum bekommen, die Situation aus ihrer Erlebnisweise zu schildern. Alle Beratungsstunden, wo es um innere Vorstellungen, die eigene Lebensgeschichte der Eltern oder persönliche Probleme der Eltern geht, sind den Eltern alleine vorbehalten.

Ich bemühe mich, eine Bezugsperson für Mutter/Vater zu werden, sie feinfühlig wahrzunehmen und dabei auch ihre Fähigkeiten und Stärken zu entdecken. Ich gehe davon aus, dass Eltern über Fähigkeiten zur Erziehung und Förderung ihres Kindes verfügen, derzeit zu diesen jedoch zu wenig Zugang haben. Als beratende Bezugsperson kann ich Eltern dabei begleiten, dass sie diese Fähigkeiten wieder entdecken, weiterentwickeln und so die Beziehung zu ihrem Kind wieder befriedigend gestalten können.

Beziehungsgestaltung zu den Kindern

In der Familienberatung erlebe ich relativ selten Kinder, die sich natürlich und entspannt entwickeln konnten. Ebenso sind es nur wenige Kinder, die mit sich selbst kein Problem haben und „nur" aufgrund des elterlichen Verhaltens inadäquate Verhaltensmuster entwickelt haben. Häufig haben die Kinder ein Problem, sich selbst zu regulieren und mit den alltäglichen Anforderungen des Lebens angemessen zurechtzukommen. Dadurch können sie Bedürfnisse und Befindlichkeiten oft nicht verständlich mitteilen, was den Eltern eine hilfreiche Erziehung und Beziehungsgestaltung erschwert. Bei vielen Kindern, die in die Familienberatung kommen, sind Extremvarianten des Temperaments zu beobachten. Häufig ist ihre sensorische Reizschwelle sehr niedrig.

Oft befinden sich die Kinder mit den Eltern in einer allgemein schwierigen Lebenssituation und kommen dadurch immer wieder in Überforderungssituationen. Ebenso kommen Eltern in die Familienberatung, bei deren Kindern eine psychische Auffälligkeit oder ein Problem bis hin zu einer Krankheit diagnostiziert wurde. Diese Kinder werden bereits von den entsprechenden Fachkräften behandelt oder erhalten ein Förderprogramm. Zusätzlich wurde den Eltern empfohlen, sich in einer Familienberatung Anregungen zur Verbesserung der Eltern-Kind-Beziehung und zur Gestaltung des Familienalltags zu holen.

Die gemeinsamen Beratungsstunden von Eltern mit Kindern nenne ich Spielstunden. In jedem Beratungsprozess gibt es zumindest eine Spielstunde, damit ich das Kind kennen lernen kann. In den Beratungsspielstunden wird nicht über das Kind gesprochen, sondern mit Mutter/Vater und Kind gemeinsam in spielerischer Form konkret an der Eltern-Kind-Beziehung gearbeitet. Diese Stunden finden im Spielzimmer oder in einem großen Gruppenraum (bei Kindern mit starkem Bewegungsbedürfnis) statt. Nach meist drei Spielstunden gibt es eine Nachbesprechungsstunde nur mit den Eltern.

In den gemeinsamen Beratungsstunden gilt meine Aufmerksamkeit dem Kind ebenso wie den Eltern. Ich bemühe mich um einen guten Kontakt mit dem Kind, ohne jedoch zu einer Bezugsperson zu werden. Hauptbezugsperson bleibt auch in der Beratungsstunde die Mutter bzw. der Vater oder, in seltenen Fällen, die Großmutter des Kindes. Ich bemühe mich um eine ganzheitliche Wahrnehmung des Kindes, um dadurch die Wahrnehmung der Eltern unterstützen und Missverständnisse aufklären zu können. Mit besonderer Sorgfalt beobachte ich die Interaktionen zwischen dem anwesenden Elternteil (meist die Mutter) und dem Kind. Die Beziehungsgestaltung zum Kind hat immer die Verbesserung der individuellen Eltern-Kind-Beziehung zum Ziel. Das Kind erlebt mich daher weniger als Person, die ihm persönlich zur Verfügung steht, sondern als Fachkraft, die für seine Mama, oder eventuell für sie beide, da ist. Erkennbar ist dies z. B. daran, dass Kinder nach einer Beratungsstunde zur Mama sagen: „Wann kommen wir wieder her spielen?" und nicht zu mir: „Wann kann ich wieder zu dir spielen kommen?"

Für mich ist die Individualität jeder Mutter, jedes Vaters und jedes Kindes sowie die vielfältige Gestaltung der Beziehungen in jeder Familie eine Herausforderung und gleichzeitig Motivation und Input zur beruflichen und persönlichen Weiterentwicklung.

Gestaltung eines Beziehungsprozesses

Eine Beziehung wird durch viele Interaktionen, an denen beide Beziehungspartner mitgestalten, aufgebaut und laufend weiterentwickelt, bis sie in unterschiedlicher Weise beendet wird. Die Qualität einer Beziehung wird somit durch die Qualität der einzelnen Interaktionen bestimmt.

Mit **Interaktion** wird die Wechselwirkung bzw. Wechselbeziehung, mit der sich Individuen oder auch Gruppen durch ihr aufeinander bezogenes Handeln gegenseitig beeinflussen, beschrieben.[5] In der Beratungssituation kommt es zur Wechselwirkung zwischen Klientin/Klient und Beraterin/Berater, wobei eine hilfreiche Wechselwirkung dem Aufbau einer vertrauensvollen Beratungsbeziehung mit dem Ziel einer Lösungsfindung dient.

Zwischen Mutter, Vater und Kind kommt es ebenfalls von Anfang an zu einer Wechselwirkung. Das elterliche Verhalten beeinflusst die Reaktionen des Kindes ebenso, wie das Verhalten des Kindes das weitere Verhalten der Eltern mitbestimmt. Bei hilfreichen Gegenseitigkeiten kommt es zu befriedigenden Beziehungserlebnissen und zur Förderung der Entwicklung. Negative Gegenseitigkeiten können die Beziehung und Entwicklung belasten bis stören.

Eltern-Kind-Interaktion

Bei vielen Eltern beginnt mit dem Kinderwunsch der Aufbau einer Beziehung zu diesem zukünftigen Wesen. In der Schwangerschaft entwickeln werdende Mütter und Väter ein inneres Bild von ihrem Kind und wenden sich aufmerksam diesem Du zu. Wenn das Baby geboren ist, erleben die Eltern vom ersten Tag an seine individuelle Art und Eigenständigkeit. Nun beginnt eine Gegenseitigkeit, die sich ständig weiterentwickelt und wo Eltern und Kind miteinander und aneinander lernen. Werden Geschwister geboren, so wird die Beziehungsvielfalt erweitert und zur Eltern-Kind-Interaktion kommen die Kind-Kind-Interaktionen hinzu.

Für die Einschätzung und hilfreiche Begleitung der jeweiligen Eltern-Kind-Beziehung im Rahmen der Familienberatung ist mir das „entwicklungsdynamische, kommunikationszentrierte Modell zur Genese frühkindlicher Regulations- und Beziehungsstörungen"[6] sehr hilfreich geworden. Die entwicklungspsychologische und systemische Sichtweise war mir aus der Familienberatung bereits

---

[5] Vgl. Reinhold (1997), S. 305.
[6] Vgl. Papoušek (2004), S. 101.

vertraut und wird in diesem Modell durch konstitutionelle Aspekte, pädiatrischneurologische, bindungsrelevante, psychodynamische und psychosomatische Konzepte ergänzt.[7]

Das **Kind** ist ein Partner in diesem Interaktionsmodell. Es verfügt über sein individuelles Temperament und seine genetischen Anlagen. Sein psychobiologisches System verfügt, je nach Alter, über einen bestimmten Reifungszustand. Es hat bereits Erfahrungen in der Schwangerschaft, während der Geburt und in seiner bisherigen Lebenszeit gemacht. Gleichzeitig mit der Sprachentwicklung bildet das Kind auch innere Vorstellungen vom Kindsein, seinen Eltern und der Umwelt im Allgemeinen. So stehen ihm bestimmte Ressourcen zur Selbstregulation und Kommunikation zur Verfügung. All diese Faktoren beinhalten auch mehr oder weniger Risiken.

Mutter und Vater bestimmen ihrerseits die Qualität der jeweiligen Interaktion. Auch die Eltern haben ihr individuelles Temperament. Sie verfügen über viele Fähigkeiten, im Besonderen die sprachlichen und sozialen Fähigkeiten, und befinden sich in einer aktuellen psychophysiologischen Befindlichkeit (sind mehr oder weniger gesund, ausgeruht oder übermüdet usw.). Sie haben hilfreiche und belastende Erfahrungen von der eigenen Schwangerschaft bis zum jetzigen Zeitpunkt gemacht und innere Vorstellungen über Kindsein, Erziehung und Elternschaft entwickelt. Diese Faktoren ergeben die Kombination aus Ressourcen und Risikofaktoren, welche die Basis für die Entfaltung der intuitiven elterlichen Kompetenz und einer hilfreichen co-regulatorischen Funktion in der Eltern-Kind-Interaktion ergeben.

Jede Eltern-Kind-Interaktion spielt sich in einem bestimmten gesellschaftlichen **Umfeld** ab. Die Partnerschaft der Eltern, das Familiensystem, Freunde, Nachbarn und die allgemeinen gesellschaftlichen Bedingungen von der Kinderbetreuungsmöglichkeit, dem Verkehrsnetz bis hin zu den finanziellen Unterstützungen ergeben wiederum Ressourcen oder Belastungen für Eltern und Kind.

In Eltern-Kind-Beziehungen gibt es Gelingen und Misslingen

Verfügt das Kind über eine entwicklungsgemäße Selbstregulationsfähigkeit und ist bei Mutter bzw. Vater die intuitive elterliche Kompetenz gut entwickelt, so entsteht bei den meisten Interaktionen eine positive Gegenseitigkeit. Das Kind sendet Signale, die von der Mutter bzw. dem Vater erkannt und verstanden werden. Sie/Er wendet sich dem Kind zu und gibt ihm, was es benötigt. Das Kind wiederum beantwortet die Bemühungen, indem es das Angebot der Mutter/des Vaters annimmt und schließlich mit Signalen der Zufriedenheit beantwortet. So bekommen Mutter und Vater durch die positiven Feedbacksignale des Kindes eine deutliche Bestätigung für ihre elterlichen Fähigkeiten und ihr Selbstvertrauen wird gestärkt. Eine positive Gegenseitigkeit oder Co-Regulation ist entstanden.[8] In unzähligen Alltagssituationen, wie Füttern, Schlafen-

---

[7] Vgl. Papoušek (2004), S. 100 f.
[8] Vgl. Papoušek (2004), S. 101.

legen, Wickeln, Baden, Spielen und später bei Zwiegesprächen, Ausflügen, Autonomiebestrebungen des Kindes, Haushaltstätigkeiten bis hin zu Erfahrungen mit Grenzen und Frustrationen ergeben sich diese Eltern-Kind-Interaktionskreisläufe. Wenn die überwiegende Anzahl in positiver Gegenseitigkeit verläuft, so fühlen sich Eltern und Kind gegenseitig bestärkt und großteils zufrieden. Die Entwicklung jedes Beteiligten vollzieht sich wie von selbst.

Systemische Sichtweise der Eltern-Kind-Interaktion[9]

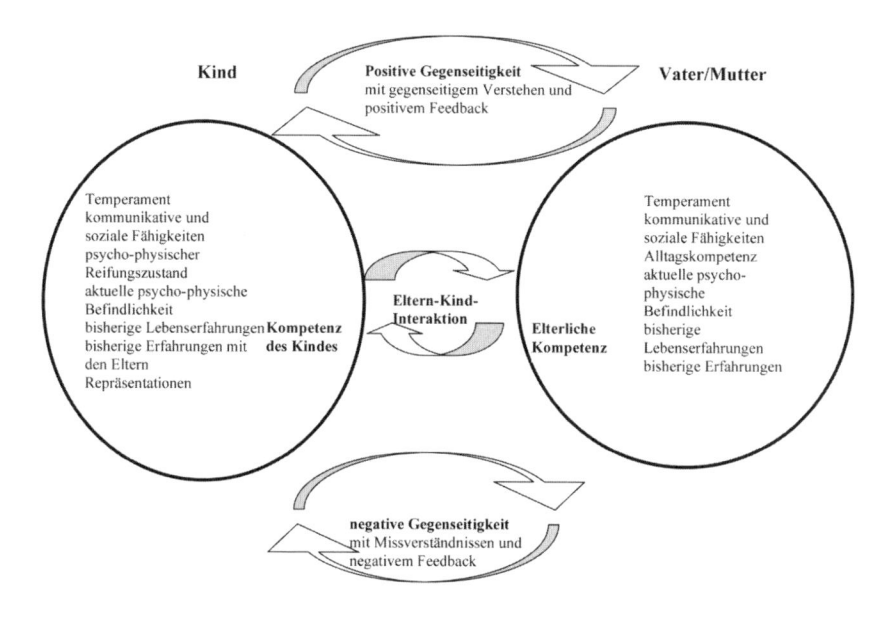

```
                    Positive Gegenseitigkeit
      Kind         mit gegenseitigem Verstehen und      Vater/Mutter
                        positivem Feedback

  Temperament                                            Temperament
  kommunikative und                                      kommunikative und
  soziale Fähigkeiten                                    soziale Fähigkeiten
  psycho-physischer                                      Alltagskompetenz
  Reifungszustand                                        aktuelle psycho-
  aktuelle psycho-physische                              physische
  Befindlichkeit             Eltern-Kind-                Befindlichkeit
  bisherige Lebenserfahrungen Kompetenz  Interaktion  Elterliche   bisherige
  bisherige Erfahrungen mit  des Kindes             Kompetenz   Lebenserfahrungen
  den Eltern                                             bisherige Erfahrungen
  Repräsentationen

                    negative Gegenseitigkeit
                   mit Missverständnissen und
                      negativem Feedback
```

Verwandtschaft, Freunde, Nachbarn, Gesellschaft

Bei den vielen Interaktionen im Familienalltag kommt es immer wieder zu Dysregulation oder negativer Gegenseitigkeit. Das Kind kann sich nicht verständlich genug mitteilen oder seine Selbstregulationsfähigkeiten sind sehr gering und daher benötigt es sehr viel und eine sehr feinfühlige Unterstützung durch seine Eltern. Die Eltern können die Signale ihres Kindes nicht verstehen und bemühen sich oft enorm, den Zustand ihres Kindes zu verbessern, ohne einen Erfolg zu registrieren. Die Ursachen,

---

[9] Vgl. Papoušek (2004), S. 101.

die zu überwiegend negativen Gegenseitigkeiten führen, können in jedem Teilbereich des beschriebenen Modells beginnen. Sie können somit sowohl vom Kind, den Eltern, aber auch von der Umgebung ausgehen. Häufig sind es mehrere belastende Faktoren, die zusammenwirken. Bei der Gestaltung des Beratungsprozesses ist diese Tatsache zu berücksichtigen.

Wenn negative Gegenseitigkeiten überwiegen, führt dies zu ständiger Unzufriedenheit oder Überforderung bei Kind und Eltern. Das Kind fühlt sich unverstanden und wird hilflos. Den Eltern fehlen die positiven Feedbacksignale. Dadurch werden sie in ihrer elterlichen Kompetenz verunsichert und das Selbstvertrauen nimmt ab. Es kann ein regelrechter Teufelskreis entstehen.[10] Überwiegend negative Gegenseitigkeiten erschweren die weitere Entwicklung bei Kind und Eltern und führen zu Belastungen bis Störungen in der Eltern-Kind-Beziehung.

In jedem Familienleben findet sich eine Mischung aus gelingenden und misslingenden Eltern-Kind-Interaktionen. Wenn die gelingende Gegenseitigkeit überwiegt, sind die ungestörte Entwicklung des Kindes und die Selbstsicherheit sowie die Weiterentwicklung der elterlichen Fähigkeiten gesichert. Wie in anderen Lebensbereichen auch ist Perfektionismus nicht erstrebenswert.

Gestaltung des Beratungsprozesses

Der Anfang

Zu Beginn erfolgt meist eine telefonische Terminvereinbarung. Dabei geben Mutter und Vater oft den Problemschwerpunkt und ihr Anliegen bekannt. Bereits hier beginnt die Interaktion zwischen EFL-Beraterin/EFL-Berater und Klienten. Die Eltern werden gebeten, den Mutter-Kind-Pass und eventuell vorhandene Befunde zum Erstgespräch mitzubringen.

Erstgespräch

Das Erstgespräch wird mit den Eltern (meist mit der Mutter) geführt. Eine genaue Anamnese über Schwangerschaft, Geburt und die bisherige Entwicklung des Kindes wird erhoben. Die Ressourcen sowie Risiken der Familie werden erfasst.

Die Eltern werden gebeten, die aktuelle Familiensituation zu beschreiben und ihre Erfahrungen aus der eigenen Kindheit zu erzählen. Dabei wird registriert, was die Eltern spontan und was sie erst auf Nachfrage schildern. Im Erstgespräch bekommen die Eltern auch Raum für ihre Sichtweise der Situation. Da das Kind nicht anwesend ist, können sie sich ausschimpfen, Klagen über das Verhalten ihres Kindes loswerden und Sorgen ungehindert schildern. Zu diesem Erstkontakt bringen die Eltern den Mutter-Kind-Pass und eventuelle Befunde mit, die von der Beraterin/dem Berater gesichtet, besprochen und bei Bedarf kopiert werden. Die Frage: „Gibt es noch etwas, was ich als Beraterin/Berater wissen sollte, was Einfluss

---

[10] Vgl. Papoušek (2004), S. 101.

auf die Situation/das Problem haben könnte?" schließt die Anamnese ab. Nicht selten fügen Eltern bei dieser Frage noch eine wichtige Information oder ein wichtiges Anliegen hinzu.

Wenn möglich, wird das Beratungsziel definiert und die gemeinsame Gestaltung des Beratungsprozesses besprochen.

In ca. 25 Prozent der Erstgespräche handelt es sich um sehr komplexe Familiensituationen und die Eltern sind derart belastet, dass der Beratungsbeginn sich über mehrere Einzelstunden erstreckt, bis die gesamte Anamnese erfasst ist und die Eltern den ersten Druck losgeworden sind.

Auf dem Weg zu mehr Kompetenz und befriedigender Eltern-Kind-Beziehung

Wenn Eltern belastende Erlebnisse mit ihren Kindern schildern, handelt es sich um nicht hilfreiche bis gestörte Interaktionskreisläufe. Gelingt es, diese Interaktionskreisläufe hilfreicher zu gestalten, so verbessern sich auch die Eltern-Kind-Beziehung und die Entwicklungsbedingungen für das Kind. Die gemeinsame Arbeit von Beraterin/Berater und Eltern an der Verbesserung der vielen Interaktionskreisläufe des Familienlebens ist der Hauptteil des Beratungsprozesses. Daher beschreibe ich nun die vier Bereiche, die wesentlich zum Gelingen oder Misslingen von Interaktionen in der Eltern-Kind-Beziehung, aber auch in der Beratung beitragen. Es handelt sich um

- die inneren Vorstellungen,
- die Wahrnehmungsfähigkeit,
- die Fähigkeit zu verstehen und
- das beobachtbare Verhalten.

Innere Vorstellung

Innere Vorstellungen und Eltern-Kind-Beziehung

Bereits bei der werdenden Mutter und beim werdenden Vater entwickeln sich von Anfang an innere Bilder vom noch ungeborenen Kind. Ebenso entsteht bereits in dieser Zeit eine innere Vorstellung vom Mutter- bzw. Vatersein, von Entwicklung und Erziehung. Diese Bilder werden von den bisherigen Erfahrungen gespeist und beeinflussen die Schwangerschaft, den Kontakt mit dem Kind bei der Geburt und schließlich die Eltern-Kind-Beziehung. Meist müssen Eltern nach der Geburt die innere Vorstellung von ihrem Kind immer wieder an das nun reale Kind anpassen. Ich verweise hier auf die intuitive elterliche Kompetenz, die von H. und M. Papoušek erforscht wurde. Ein wesentlicher Bereich dieser Kompetenz ist die Fähigkeit von Eltern, ihr Kind von Anfang an als eigenständige Person wahr- und annehmen zu können.

Innere Vorstellungen und Beratung

Frau W. ruft in der Familienberatungsstelle an und möchte einen Termin. Sie hat Probleme mit dem vierjährigen Gerhard. Er ist laut und oft sehr aggressiv. Besonders zeigt er dies gegenüber seiner eineinhalbjährigen Schwester. Frau W. wirkt unglücklich, als sie erzählt, dass Gerhard von Geburt an ein schwieriges Kind war, das viel geschrien hat und jetzt wenig folgt. Frau W. vermutet eine verstärkte Eifersucht und würde sich gerne beraten lassen, wie sie mit Gerhard besser umgehen kann.

Bei diesem kurzen Telefonat zur Terminvereinbarung kommt es zur ersten Begegnung zwischen Frau W. und mir. Sofort werden mehrere Bereiche meines Ich angesprochen. Ich möchte hier das Bild eines Computers verwenden. Frau W. ist Mutter und öffnet mit ihrer Schilderung das mütterliche Fenster auf meinem Bildschirm. In diesem Ordner befinden sich alle meine mütterlichen Erfahrungen und Fähigkeiten. Sie spricht von ihren Kindern, was wiederum mein Fenster zum Thema Kind öffnet. Es geht um einen Buben und ein Mädchen, um ein älteres und jüngeres Geschwisterkind. Bei mir werden die eigenen Erfahrungen als Kind in einer bestimmten Geschwistersituation ebenso angesprochen wie meine Erfahrungen mit den eigenen Kindern und die Erfahrungen aus der Arbeit mit Kindern. Frau W. spricht von Aggression und Eifersucht, was wiederum das emotionale Fenster anklickt und meinen emotionalen Bereich aktiviert. Der Wunsch von Frau W., mit Gerhard besser umgehen zu können, öffnet schließlich den Ordner der Beratungsinterventionen, in dem sich mein Wissen über Entwicklungspsychologie, die Eltern-Kind-Interaktionsberatung und die Beratungsmethodik befinden.

Da eine Person jedoch wesentlich mehr ist als ein Computer, beginnt bei mir als Beraterin bereits nach diesem Telefonat eine aktive Auseinandersetzung mit Frau W. Die erhaltenen Informationen werden vernetzt und ich entwickle eine innere Vorstellung von Frau W. und ihrer Familie.

Als Beraterin/Berater ist man herausgefordert, sich der eigenen Erfahrungen zum Thema Elternschaft und Kind bewusst zu sein und diese reflektieren zu können. Ab dem Erstkontakt entwickeln Beraterin und Berater eine innere Vorstellung von Klienten und deren Familien. Diese Vorstellung muss immer wieder reflektiert und an die aktuelle Situation der Klienten angepasst werden. Nur so können Mutter/Vater, die Kinder und weitere Familienmitglieder oder Betreuungspersonen in ihrer individuellen Eigenart wahr- und ernstgenommen werden.

Da jedes elterliche Handeln von inneren Vorstellungen beeinflusst wird, ist die Reflexion dieser Vorstellung und das Erkennen unrealistischer Vorstellungen ein wesentlicher Bereich der Eltern-Kind-Beratung. So kann z. B. Frau W. angeregt werden, ihre Vorstellung, dass Gerhard ein schwieriges Kind und sein Verhalten Ausdruck von Eifersucht ist, zu überdenken.

Neben allgemeinen und systemischen Möglichkeiten der Gesprächsführung möchte ich hier einige Anregungen zur Reflexion innerer Vorstellungen aufzählen:

- Genaue Schilderung der konkreten Alltagssituation mit dem Kind.
- Frage nach Ausnahmen.
- Fragen zu Vergleichen mit der eigenen Kindheitsgeschichte der Eltern, z. B.: „Was wäre gewesen, wenn Sie sich als Kind so verhalten hätten?" Oder: „Was sagt Ihre Mutter zu Gerhards Verhalten?"
- Erweitern der Vorstellung durch z. B.: „Wenn es nicht Eifersucht wäre, was könnte dann zu diesem Verhalten bei Gerhard führen?"
- Arbeit mit dem Familienbrett.

Wahrnehmung

Frau W. kommt zum ersten Beratungsgespräch. Sie schildert das Verhalten von Gerhard und in vergleichender Form auch das seiner jüngeren Schwester. Auf Nachfrage erzählt sie, wie es ihr selbst geht. Sie kann Gerhard oft nicht verstehen und weiß nicht, was sie tun soll. Von ihrem Mann bekommt sie wenig Unterstützung, das Haus versorgt sie fast allein und den Garten auch. Gerhard ist viel bei den Schwiegereltern, die ganz in der Nähe wohnen. Er übernachtet auch dort. Wenn er zurückkommt, ist er besonders fordernd und geht auf seine Schwester los. Die „Kleine" wird wesentlich pflegeleichter erlebt.

Wahrnehmung in der Eltern-Kind-Beziehung

Wieweit Frau W. mit Gerhard hilfreich umgehen kann, hängt von ihrer Feinfühligkeit ab. Für mich ist das Konzept der Feinfühligkeit von M. Ainsworth sehr hilfreich geworden: „Ainsworth hat die bestimmende Qualität elterlichen Interaktionsverhaltens als Feinfühligkeit konzeptualisiert."[11]

Als erste Verhaltensdimension elterlicher Feinfühligkeit beschreibt sie die Fähigkeit von Mutter und Vater, *Signale des Kindes „wahrzunehmen"*. Wenn Frau W. die Signale von Gerhard (Schreien, aggressives Verhalten, aber auch Lachen und fröhliches Spielen) nicht übersieht, überhört oder ignoriert, sondern wahrnehmen kann, wird es ihr möglich, ihn auch zu verstehen. Registrieren Eltern nur mehr „negative" Signale des Kindes und ignorieren sie Signale des Wohlbefindens und adäquates Verhalten, so entstehen Einseitigkeiten, die wiederum negative Interaktionskreisläufe begünstigen. Faktoren wie Zeitmangel, allgemeine Überforderung, Irritation durch oft widersprüchliche Empfehlungen von Miterziehenden bis hin zu eigenen belastenden bis traumatischen Erfahrungen behindern oder beeinflussen die Wahrnehmung.

Auch eine gute Selbstwahrnehmung von Mutter/Vater ist notwendig, um im Kontakt mit den Kindern Zuwendung geben, sich aber auch rechtzeitig abgrenzen zu können. Diese Selbstwahrnehmung ist bei Eltern zum Beratungsbeginn meist sehr gering. Die Eltern sind z. B. durch das fehlende positive Feedback ihres Kindes

---

[11] Ziegenhain u. a. (2004), S. 49.

verunsichert. Manchmal orientieren sie sich an Empfehlungen, ohne vorher überhaupt wahrzunehmen, z. B. versuchen sie immer mehr Geduld aufzubringen, ohne die Grenzen ihrer eigenen Möglichkeiten zu erkennen. So wirken sie selbst an der Entstehung von Überforderungssituationen mit.

Wahrnehmung in der Beratung

Verbesserung der Eltern-Kind-Interaktion beginnt daher bei der Selbstwahrnehmung von Mutter/Vater und der Wahrnehmung des Kindes.

Beim ersten Beratungsgespräch habe ich die Möglichkeit, Frau W. auf vielfältige Weise wahrzunehmen und Einblick in ihre Situation zu bekommen. Sie sendet mir viele verbale und nonverbale Signale, wie Körperhaltung, Bewegungen und Gesichtsausdruck. Sie erzählt von ihrem Familienalltag und ihrer persönlichen Befindlichkeit. Durch genaues Hinhören, Sehen und Fühlen kann ich meine bereits entstandene innere Vorstellung erweitern und korrigieren. Durch aufmerksames Wahrnehmen entsteht für mich ein konkretes Bild von Frau W., ihren Kindern und ihrer gesamten Familiensituation.

Das Konzept der Feinfühligkeit ist für mich auch in der Beratung mit Eltern und Kindern eine gute Orientierung. Wieweit aus dem Beratungsprozess eine hilfreiche Gegenseitigkeit entsteht, hängt von der Feinfühligkeit der Beraterin/des Beraters ab. Sie/Er sieht Körperhaltung und Mimik der Mutter und des Vaters, hört ihre Worte und den Klang ihrer Stimme. Durch die eigene emotionale Aufmerksamkeit können Gefühle der Eltern wahrgenommen werden. Auf der Basis einer wertschätzenden Beratungsbeziehung wird die Mutter/der Vater eingeladen, in Ruhe ihren Empfindungen nachzuspüren. Oft sind Mütter/Väter so gestresst, dass sie sich selbst nur teilweise wahrnehmen. Manche Eltern sind bereits sehr hektisch im Handeln geworden. Sie spüren erst sehr spät, dass sie etwas nervt, dass sie ihre Ruhe haben möchten, dass sie etwas ändern müssten usw. Es scheint, als ob sie Angst vor der Selbstwahrnehmung hätten. In den letzten Wochen sind sie durch ihr Kind zeitweise so an ihre Grenzen gekommen, dass sie erschreckende Gefühle und Gedanken bei sich entdeckt haben. Da ist die Gewissheit, dass sie auch diese Gefühle und Gedanken in der Beratung mitteilen können, schützend und hilfreich. Mittels beschreibender Sprache und einem verlangsamten Sprechtempo lässt sich diese Beratungsatmosphäre herstellen.

Damit Eltern hilfreiche Lösungen für schwierige Situationen mit ihrem Kind entdecken können, bedarf es einer verbesserten Wahrnehmung des Kindes. Im geschützten Rahmen einer Beratungsstunde, wo die Mutter/der Vater nicht sofort handeln muss, ist dies meist leichter möglich.

Folgende Anregungen können die Selbstwahrnehmung und Wahrnehmung des Kindes verbessern:

- Zusammenfassen und beschreibende Rückmeldung durch die Beraterin/den Berater.

- Nach den Gefühlen der Eltern während der Schilderung einer Familienszene fragen.
- Detaillierte Schilderung von Alltagssituationen mit den Fragen: „Und was war da kurz davor?" sowie „Wie ging es dann weiter" oder „Und was war danach?"
- Bestärkung der Eltern bei der Schilderung von Signalen des Kindes in Alltagssituationen.
- Führung eines Wochenprotokolls. Durch die Dokumentation eines Tages aus dem Erleben des Kindes haben Eltern oft ganz neue Beobachtungen und erkennen Zusammenhänge, die ihnen zuvor nicht möglich waren.
- Gemeinsame Spielstunde mit dem Kind. Mutter und Vater haben die Aufgabe, auf das Spielinteresse des Kindes zu achten und mitzuspielen.
- Wenn Eltern in einer konkreten Interaktion die Signale ihres Kindes registrieren, so werden sie darin direkt oder bei der Nachbesprechung bestärkt.
- Als Beraterin eigene Wahrnehmungen des Kindes nach der Spielstunde den Eltern mitteilen.

So verbessert sich schrittweise die Selbstwahrnehmung und die Wahrnehmungsfähigkeit der Eltern gegenüber ihrem Kind. Die anfängliche Aufmerksamkeit auf fast ausschließlich störende Signale des Kindes erweitert sich und die Eltern erkennen z. B. Belastungsfaktoren, die zu diesem Verhalten geführt haben. Weiters werden hilfreiche Interaktionen und passendes Verhalten des Kindes zunehmend registriert und wieder wertgeschätzt. Dadurch wird „die Freude am Kind" wieder spürbar, die, wie es Harald Werneck beschreibt, für gelingende Eltern-Kind-Interaktionen und eine befriedigende Eltern-Kind-Beziehung so wichtig ist.

Das Einüben in eine immer wieder neue Wahrnehmung von Mutter, Vater und Kind ist gleichzeitig eine laufende Weiterentwicklung der eigenen Fähigkeiten der Beraterin/des Beraters. Es ermöglicht nicht nur ein erfolgreiches berufliches Wirken, sondern generell eine bewusste Lebensführung.

Verstehen

- *Thomas ist viereinhalb Jahre alt und hat eine zweijährige Schwester. Seit einigen Wochen besteht er sehr darauf, immer Erster zu sein. Mit der Frage: „Was kann ich gegen die Eifersucht tun?" wendet sich die Mutter an die Beratungsstelle.*
- *„Haben Sie gesehen, jetzt schaut er wieder so böse", sagt eine Mutter mitten im gemeinsamen Spiel in der Beratungsstunde. (Max wirkt ernst und konzentriert.)*
- *„Wenn Anna Schimpfwörter benutzt, fühle ich mich hinuntergemacht und hilflos."*
- *Der kleine Ralf (zwei Monate) schreit sehr viel und schläft schwer ein.*
- *Die Schilderungen von Gerhards Verhalten wurden bereits erwähnt.*

Verstehen in der Eltern-Kind-Beziehung

M. Ainsworth beschreibt als zweiten Punkt der elterlichen Feinfühligkeit: „*diese angemessen zu interpretieren*"[12] – und meint damit, dass die Signale eines Kindes von den Eltern verstanden werden.

In den oben geschilderten Interaktionen senden Kinder Signale. Thomas sagt, dass er Erster sein will. Max hat die Augen mittelweit offen, die Augenbrauen sind über der Nase leicht zusammengezogen, die Stirne hat zwei Querfalten und sein Blick ist auf ein Gebilde aus Bausteinen gerichtet, an dem er einen Brückenbogen fertigstellen möchte. Sein Mund ist geschlossen und die Lippen sind schmal.

Anna formuliert Schimpfwörter, nachdem ihr die Mutter etwas verboten hat.

Die Signale dieser Kinder werden von den Müttern interpretiert. Die Mutter von Thomas versteht sie als Ausdruck von Eifersucht. Die Mutter von Max definiert dessen Gesichtsausdruck als „böses Schauen" und die Mutter von Anna versteht die Schimpfwörter als persönliche Abwertung.

Manche Kinder schreien sehr viel und lassen sich nur sehr schwer trösten. Dadurch wird es für Eltern wesentlich schwieriger, dieses Signal zu verstehen.

Beim kleinen Ralf ist dies z. B. zu beobachten. Das Baby weint und der Vater beginnt es herumzutragen. Das Baby beruhigt sich, schläft jedoch nicht ein, sondern beginnt bald wieder zu weinen. Nun legt es der Vater auf seinen Unterarm und wiederum ist für kurze Zeit Stille, bis das Weinen von Neuem beginnt und der Vater eine weitere Beruhigungshilfe versucht.

Der Vater versteht das erneute Weinen von Ralf als Aufforderung, etwas anderes als Beruhigungshilfe anzubieten. Das Baby hat jedoch generell Mühe abzuschalten und wird durch den Wechsel des Angebotes lediglich für kurze Zeit abgelenkt. Das Kind sendet dem Vater schwer verständliche Feedbacksignale. Es würde eine gleichbleibende Beruhigungshilfe benötigen. Ralf regt durch sein Verhalten den Vater immer wieder zu weiteren Versuchen an. So wirkt auch das Kind an der Entstehung eines Missverständnisses mit.

Kinder sind grundsätzlich bemüht, ihrer Umgebung mitzuteilen, was sie brauchen oder möchten. Trotzdem sind bereits bei Kleinkindern Doppelbotschaften zu beobachten. Auch Kinder wissen eben nicht immer ganz genau, was sie benötigen oder wollen. In solchen Situationen ist es für Eltern schwerer, die Signale des Kindes angemessen zu interpretieren.

Bei der Interpretation der Signale des Kindes entsteht Verständnis oder Missverständnis und diese Weichenstellung entscheidet über den weiteren Interaktionsverlauf.

Verstehen und Beratung

In jedem Beratungsgespräch senden Eltern ebenso laufend Signale in verbaler und nonverbaler Form und es liegt an der Feinfühligkeit der Beraterin/des Beraters, ob diese angemessen interpretiert (= verstanden) werden. Aufgrund der Wahrnehmung

---

[12] Ziegenhain u. a. (2004), S. 49.

und mittels Nachfragen bemüht sich die Beraterin/der Berater, die Erlebnisse von Eltern und Kind zu erfassen.

Als EFL-Beraterin vertraue ich darauf, dass Eltern grundsätzlich über die Fähigkeit verfügen, ihr Kind zu verstehen und dass sie dies auch möchten. Im Beratungsgespräch mit Mutter/Vater sind für mich folgende Schwerpunkte wichtig geworden, damit Eltern wieder Zugang zu ihrer eigenen Empathiefähigkeit bekommen:

- Was brauchen Mutter/Vater, um ihr Kind verstehen zu können? Häufig werden z. B. entwicklungsbedingte Verhaltensweisen missverstanden. Dies trifft hier bei Thomas und Anna zu. Durch Fragen nach weiteren Entwicklungszeichen, wie Konkurrenzverhalten, Leistungseifer, Warum-Fragen, ist ein Informationsgespräch über die Entwicklungsschritte in der Kindergartenzeit möglich. „Was ist Ihrem Kind derzeit besonders wichtig? Kann es seit kurzer Zeit etwas Neues? Womit beschäftigt es sich derzeit besonders gerne?" Solche Fragen reichen oft aus, um die Aufmerksamkeit der Eltern auf die Entwicklung des Kindes zu lenken. Häufig entspannen sich dadurch die Eltern und entwickeln ein lebendiges Interesse für die Bedeutung von aktuellen Entwicklungsschritten für das spätere Leben ihres Kindes. Wenn Eltern erkennen, dass Entwicklungsschritte auch für das Kind anstrengend sind, aber ihren Sinn haben, so bekommen diese Situationen im Familienalltag eine andere Bedeutung. Auch einfache Informationen über die kindliche Entwicklung können das Verstehen fördern. „Ach so!", formuliert Annas Mutter erleichtert, „Anna drückt nun auf diese Weise ihren Ärger über mein Verbot aus. Vor einigen Monaten hat sie noch losgebrüllt und mit den Füßen gestampft." Die Mutter kann nun die emotionale Weiterentwicklung ihrer Tochter erkennen und fühlt sich nicht mehr persönlich angegriffen.

- Was stört die Fähigkeit, das Kind zu verstehen? Bei der Mutter von Max ist die angemessene Interpretation des Gesichtsausdruckes gestört. Selma Fraiberg (1980) spricht von den „Gespenstern im Kinderzimmer". „Sie definiert Gespenster als Besucher aus der unerinnerten Vergangenheit der Eltern."[13] In manchen Situationen sehen Mütter/Väter sich selbst als Kind in ihrem Kind. Die Eltern erleben Gefühle aus vergangenen, unbewussten Erlebnissen von Verlassenheit, Bedrohung usw. und projizieren diese auf ihr Kind. In anderen Situationen wird durch ein Detail beim Kind, z. B. gerunzelte Stirn, ernster Blick, die innere Vorstellung von Bezugspersonen aus der Vergangenheit der Eltern geweckt und die Mimik des Kindes aufgrund vergangener Erlebnisse interpretiert. Dadurch ist eine ungetrübte Wahrnehmung des Kindes nicht mehr möglich und das Verstehen der Signale des Kindes extrem erschwert. Ich möchte hier einen Vergleich mit Dias verwenden. Das „Gespenst im Kinderzimmer" ist mit einem hängen gebliebenen Dia zu vergleichen. Aufgrund ei-

---

[13] Papoušek, Barth u. a. (2004), S. 255.

ner kleinen Ähnlichkeit im Gesicht von Max wird das „alte Bild" gelockert und schiebt sich im Kopf der Mutter vor. Die Wahrnehmung klemmt. Durch das innere Bild im Kopf kann die Mutter das äußere Bild „Gesicht von Max" nicht mehr klar sehen und daher auch nicht verstehen. In solchen Situationen kommen Eltern in emotionalen Stress. Sie sind vom aktuellen Verhalten des Kindes und gleichzeitig von ihrer Vergangenheit gefordert. Eltern arbeiten in solchen Situationen doppelt und gehen gleichzeitig an der realen Situation ihres Kindes vorbei. Kurz gesagt: Frust auf mehreren Seiten. Aufgrund dieser Tatsache ist mir das Verständnis für Eltern in solchen Situationen wichtig.

- Durch Spiegeln und beschreibende Rückmeldungen vergewissere ich mich, ob ich die Wahrnehmung und emotionale Befindlichkeit der Mutter verstehe.
- Wenn dies gelungen ist, helfen Fragen, wie z. B.: „Woran erinnert Sie dieses böse Schauen?"
- Die Arbeit mit dem Familienbrett ist eine weitere Möglichkeit, den Gespenstern auf die Spur zu kommen.
- Ebenso die Arbeit mit dem Kindersessel. In Anlehnung an eine Methode der Gestaltberatung verwende ich einen stabilen Kindergartensessel als Platz für das Kind. Schildert die Mutter z. B. einen Konflikt mit dem Kind (Kleinkind bis Schulbeginn) und schließt mit der Feststellung ab: „Ich kann einfach nicht verstehen, warum er/sie so zu mir ist?", dann greife ich die geschilderte Situation auf und bitte die Mutter, ihren Sessel und den Kindersessel so zu positionieren, wie dies in der Konfliktsituation der Fall war. Nun kann die Mutter die Szene nochmals erzählen, wobei sie immer wieder den Platz wechselt. Ich rege die Mutter, sowohl auf der eigenen Position als Mutter als auch auf dem Kindersessel in der Rolle des Kindes, zu detaillierter Wahrnehmung an. Dadurch kann die Mutter meist sehr bald entdecken, dass jeder Konfliktpartner einen anderen Blickwinkel hat, dass Mutter und Kind aneinander vorbeireden und oft bei der Mutter „Gespenster" auftauchen. Kann das „verklemmte Dia" gelockert und zurück in die historische Ordnung gebracht werden, führt dies bei Mutter/Vater sowohl zu mehr Verständnis für sich selbst als auch zu besserer Wahrnehmung und angemessener Interpretation der Signale des Kindes. Da z. B. die Mutter von Max ihren unzufriedenen Vater als Gespenst erkennen und den früheren Situationen zuordnen kann, ist es ihr möglich, in der Mimik von Max die Konzentration und beginnende Anstrengung zu sehen. Dadurch kommt sie in eine ganz andere emotionale Situation und kann das Spiel mit ihrem Sohn auf eine angemessene Art und Weise fortsetzen.

- Hat das Kind Mühe, sich verständlich mitzuteilen? Babys und Kleinkinder senden an ihre Eltern durchaus widersprüchliche oder schwer verständliche Signale. Auch Doppelbotschaften sind bei Kleinkindern bereits zu beobachten. Diesen Eltern hilft eine genaue Beobachtung des Kindes über ein bis zwei Wochen, um herauszufinden, was das Kind wirklich mitteilen möchte. Das bereits erwähnte Wochenprotokoll und eine Videoaufnahme können hier hilfreich sein.

Durch das Bemühen der EFL-Beraterin/des EFL-Beraters um eine angemessene Interpretation der Signale der Klienten wird ein adäquates Selbst-Verständnis für Mutter/Vater möglich. Informationen über die Entwicklung des Kindes, das Aufdecken von „Gespenstern im Kinderzimmer" und Anregungen zum Entschlüsseln von schwer verständlichen Signalen bzw. Doppelbotschaften des Kindes unterstützen Eltern dabei, die Signale ihres Kindes angemessen zu interpretieren. Bei Beratungsspielstunden und Videodiagnostik kann die Beraterin/der Berater die Signale des Kindes direkt feinfühlig wahrnehmen und interpretieren. Beides wird den Eltern bei den Nachbesprechungen zur gemeinsamen Weiterarbeit zur Verfügung gestellt. Dabei erweitern Beraterin und Berater auch ihr eigenes Einfühlungsvermögen.

Verhalten

- *Der zwei Monate alte Ralf schreit oft untröstlich und schläft sehr schwer ein.*
- *Der zweieinhalbjährige Mario will nicht mehr zur Tagesmutter gehen.*
- *Wenn die Eltern mit dem dreijährigen Jan bei einer anderen Familie auf Besuch sind, können sie ihn nicht aus den Augen lassen, da er zeitweise scheinbar plötzlich andere Kinder angreift, stößt und schlägt.*

Am Beginn vieler Eltern-Kind-Beratungen steht die Schilderung eines von den Eltern als unpassend, störend oder fehlend erlebten Verhaltens des Kindes.

Bei manchen Eltern ist auch das Erleben eigener Verhaltensmuster der Anlass, eine Beratung aufzusuchen.

- *Die Mutter von Eva (zweieinhalb Jahre) schildert betroffen, dass ihr in gewissen Situationen die Hand ausrutscht. Wenn Eva nach einigen Minuten mit „Mama wieder lieb!" den Kontakt zur Mutter sucht, weist sie sie oft heftig zurück. Die Mutter sieht, dass ihr Verhalten keinen Erziehungserfolg bewirkt, sondern Eva verunsichert, aber es passiert ihr immer wieder.*
- *Der Vater von Mario weiß nicht, wie er sich verhalten soll und wie er seiner Mutter erklären kann, dass sein Sohn noch nicht bei Oma übernachten will.*

Die Fragen: „Wie kann ich es besser machen?" und „Was kann ich tun?" sind Bestandteil jedes Erstgesprächs. Gleichzeitig ist das beobachtbare Verhalten von Eltern und Kind ein sehr sensibler Bereich. Eltern fühlen sich hilflos und oft beschämt, wenn das Verhalten ihres Kindes nicht der „Norm" oder der Erwartung entspricht und wenn sie ihr eigenes Verhalten als falsch bis „unmöglich" empfinden.

Unter Verhalten verstehe ich im Zusammenhang mit der Eltern-Kind-Beratung das gesamte beobachtbare nonverbale und verbale Verhalten von Eltern und Kindern. Sowohl das aktive Tun als auch das Innehalten, emotional aufmerksam da zu sein sowie Pausen zuzulassen, gehören zum Verhalten.

Verhalten in der Eltern-Kind-Beziehung

Kinder verfügen von Geburt an durch angeborene Reflexe, Bewegungsmöglichkeiten und Stimme über Verhaltensmuster, mit denen sie ihr Überleben sichern und sich der Umgebung mitteilen. Diese Verhaltensmöglichkeiten werden im Laufe der Entwicklung immer differenzierter und zielgerichteter. Sie entwickeln sich nach angelegten Möglichkeiten und durch Nachahmung sowie experimentelles Lernen.

Mittels Bindungsverhalten z. B. stellt ein Kind Bindung zu Hauptbezugspersonen her und bemüht sich, diese aufrechtzuerhalten. Auf der Basis einer sicheren Bindung entwickelt es sein Explorationsverhalten, um spielend die Welt zu entdecken, zu lernen und sich mittels sozialer Verhaltensweisen anderen Kindern und Erwachsenen zuzuwenden sowie sich mit Distanzverhalten auch wieder abzugrenzen. Mit Essverhalten und weiteren Alltagskompetenzen wird es immer selbstständiger. Mit den sich ständig erweiternden sprachlichen Fähigkeiten können sich Kinder mitteilen, Kontakte pflegen, sich abgrenzen und wehren sowie ihr Wissen erweitern. Bei Entwicklungsschritten sind Verhaltensmuster zu beobachten, z. B. Trotzverhalten, das mit Erlangen der entsprechenden Kompetenzen, wie z. B. Selbstständigkeit, Selbstsicherheit und Machtkompetenz, wieder aufhört. Schließlich gibt es Verhaltensweisen, wie z. B. unstillbares Schreien, verstärkt aggressives Verhalten, Ängstlichkeit usw., als Zeichen von Überforderung oder Mangel, das als Hilferuf zu verstehen ist.

Eltern verfügen ebenfalls über Pflege- und Fürsorgeverhalten, Spielverhalten und Sprechverhalten sowie Möglichkeiten, sich abzugrenzen und dem Kind Orientierung zu geben. H. und M. Papoušek haben bei ihren Forschungen festgestellt, dass Eltern im Umgang mit ihrem Baby weltweit dieselben Verhaltensmuster zeigen. Eltern verfügen über intuitives elterliches Verhalten, das Mutter und Vater hilft, durch Blickkontakt, Mimik, Stimme, Pflege- und Spielverhalten, ohne nachzudenken, rasch und hilfreich auf das Kind reagieren zu können. Zum intuitiven elterlichen Verhalten zählt auch die Bereitschaft von Mutter und Vater, das eigene Verhalten immer wieder an die Entwicklung des Kindes anzupassen. „Intuitive Kompetenzen sind aufgrund ihrer relativ kurzen Entwicklungsgeschichte im menschlichen Verhalten nicht so fest verankert wie beispielsweise physiologische Reaktionen und daher durch äußere Umstände eher störanfällig."[14] Wenn Menschen in ihrer eigenen Entwicklung zu wenig hilfreiches elterliches Verhalten erlebt haben oder gar negative Verhaltensmuster bis hin zu Gewalt durch ihre Eltern erfahren mussten, so ist die Entwicklung der intuitiven elterlichen Verhaltensweisen belastet, gestört oder blockiert. Wenn diese Menschen nun Mutter/Vater werden, so verfügen

---

[14] Ziegenhain u. a. (2004), S. 42.

sie oft nicht über die entsprechende Feinfühligkeit, um hilfreich mit ihrem Kind umgehen zu können. Sie sind verunsichert, machen zu viel des Guten und zeigen ein überregulierendes oder überkontrollierendes Verhalten. Andere Eltern wiederum haben in der eigenen Kindheit viel Missachtung, mangelnde Unterstützung bis hin zur Vernachlässigung erfahren. Auch ihnen fällt es schwer, das Bedürfnis ihres Kindes zu erkennen und richtig darauf zu reagieren. Sie übersehen Signale ihres Kindes leichter oder muten ihm zu viel an Selbstständigkeit zu. In diesem Fall spricht man von unterregulierendem elterlichem Verhalten.

M. Ainsworth rundet mit: *„prompt mit dem passenden Angebot darauf zu reagieren"*[15] ihre Definition von Feinfühligkeit ab. Für mich ist die Abwandlung zu: „in einem angemessenen Zeitraum mit dem passenden Angebot darauf zu reagieren" stimmiger, wenn es sich um Kleinkinder oder Kinder im Kindergartenalter handelt.

Wenn Eltern in die Beratung kommen, ist oft eine erlernte Hilflosigkeit festzustellen. Sie haben den Eindruck, dass sie durch ihr Verhalten kaum etwas bewirken können. In Aussagen, wie z. B.: „Egal, was ich mache, es gibt immer ein Theater", ist diese Hilflosigkeit erkennbar. Die Eltern haben den Eindruck, dass ihr Kind das Familiengeschehen bestimmt und sie nur mehr auf sein Verhalten reagieren. Ganz allgemein benötigen Eltern das Bewusstsein, dass sie mit ihrem Verhalten Einfluss auf die Entwicklung des Kindes, sein Verhalten und die Gestaltung der Eltern-Kind-Beziehung nehmen. Dass sie etwas bewirken können und nicht hilflos sind.

Verhalten in der Eltern-Kind-Beratung

Das verbale und nonverbale Verhalten der Beraterin/des Beraters dient dazu, dass Eltern in einem wertschätzenden emotionalen Rahmen, auf Basis eines vertrauensvollen Beziehungsangebotes, ihre Vorstellungen überprüfen, ihre Wahrnehmung verfeinern, ihr Einfühlungsvermögen erweitern und dadurch ihr Verhalten verbessern können.

Mit folgenden Möglichkeiten kann die EFL-Beraterin/der EFL-Berater auf die Verhaltensmuster der Eltern Einfluss nehmen:

- Als Modell im Umgang mit den Eltern und dem Kind ein abgestimmtes Verhalten praktizieren.
- Geschilderte adäquate Verhaltensmuster der Eltern im Detail erklären lassen, deren Wirksamkeit definieren und dadurch Mutter/Vater in diesen Verhaltensmustern bestärken.
- Durch gezielte Fragestellungen adäquate Verhaltensmuster auf passende, derzeit noch wenig hilfreiche Interaktionssequenzen übertragbar machen.
- Fragen nach richtigem Verhalten nicht sofort beantworten, sondern mittels beschreibender Sprache und Fragen, Wahrnehmung und Interpretationsfähigkeit der Eltern verbessern und dadurch das passende Verhalten gemeinsam finden.

---

[15] Vgl. Ainsworth, Bell & Stayton (1974). In: Ziegenhain u. a. (2004), S. 49.

Eine Möglichkeit, um die Wahrnehmung der Eltern zu verfeinern und hilfreiches Verhalten zu bestärken, ist das Hilfsmittel einer Videoaufnahme. Diese Möglichkeit biete ich den Eltern nach einem Erstgespräch oder auch erst zu einem späteren Zeitpunkt an. Ich erkläre den Ablauf und das Ziel dieser Möglichkeit und zeige das Spielzimmer mit der Einwegscheibe. Die Eltern entscheiden selbst, ob sie diese Möglichkeit für sich im Beratungsprozess nützen möchten oder nicht.

Die Videodiagnostik hat viele Vorteile. Besonders bei Babys und Kleinkindern kann so der nonverbale Ausdruck des Kindes detaillierter wahrgenommen werden. Durch das spätere Anschauen können sich die Eltern ganz auf die Wahrnehmung konzentrieren, ohne sofort handeln zu müssen. Bei einer Videoaufnahme sind mir die Beschreibungen von Ziegenhain eine hilfreiche Orientierung.[16]

Je nach Fragestellung der Eltern wird eine Spielabfolge von zehn bis zwanzig Minuten zusammengestellt und mit Mutter/Vater besprochen. Im Spielzimmer ist altersgerechtes Spielmaterial bereitgestellt. Durch die Einwegscheibe ist das Kind weder durch die Kamera noch durch mich beeinflusst und kann sich auf das Spiel mit seiner Mutter/seinem Vater einlassen.

„Eine genaue Videoanalyse durch die Beraterin/den Berater ist die Grundlage für das Videofeedback mit den Eltern, die Gelegenheit bekommen, ihr Kind und sich selbst zu sehen."[17] Das Video wird im ersten Schritt auf die Stärken und Kompetenzen des Kindes und der Eltern hin analysiert und erst danach werden kritische Aspekte vermerkt und Überlegungen für eine Verbesserung dieser Interaktionssequenzen angestellt. Dabei wird nicht das vorhandene Verhalten hinterfragt, sondern Überlegungen zum „Stattdessen" gemacht, z. B. die Mutter von Max bietet bereits ein neues Spielzeug an, bevor Max seine Aufmerksamkeit vom ersten Spiel abwendet. Statt „Hätte nicht so schnell was Neues anbieten sollen" – besser: „Hätte Max weiterhin bei seinem Spiel beobachten können". Für die Videonachbesprechung wird eine gelungene Interaktionssequenz eingestellt. Bei der Nachbesprechung werden Mutter/Vater gefragt, wie es ihnen bei der Spielstunde gegangen ist und ob es ähnlich war wie beim Spielen zu Hause, oder ob sie etwas Neues, Anderes wahrgenommen haben. Danach wird die gelungene Interaktion gemeinsam angeschaut und die Eltern können das Verhalten des Kindes und ihr Verhalten selbst beschreiben. Ausgehend von der Wahrnehmung und dem Verstehen hilfreichen Verhaltens wird klientenzentriert weitergearbeitet.

---

[16] Vgl. Ziegenhain (2004), S. 147 ff.
[17] Ziegenhain (2004), S. 151.

Der Weg von misslingenden Interaktionen zu hilfreichen Interaktionen

Die Mutter von Jakob (zweieinhalb Jahre) ist etwas früher gekommen. Sie nimmt mit Jakob im Warteraum Platz. Kurz darauf ist Kindergeschrei und die schimpfende Stimme der Mutter zu hören. Als ich Frau G. in den Beratungsraum bitte, beginnt sie sofort ärgerlich zu berichten: „Da sehen Sie, wie es mir geht. Den ganzen Tag dieses Geschrei. Alles muss nach seinem Willen gehen. Was mache ich nur falsch?"

Ich steige mit der Beschreibung: „Ihnen kommt vor, bei Jakob muss derzeit alles nach seinem Willen gehen", *in das Gespräch ein.*

„Ja genau! Ich glaube, damit will er zeigen, wer der Herr im Haus ist", *setzt Frau G. fort. Jakob ist relativ klein und schaut mit seinen großen Augen zu den Erwachsenen, um dann ein Spielzeugauto zu holen.*

„Jakob will Ihnen zeigen, wer der Herr im Haus ist", *wiederhole ich.* „Versteht er diesen Satz schon?"

„Nein", *schmunzelt nun Frau G.,* „aber mir kommt es so vor. Immer muss ich tun, was er gerade will."

Jakob beginnt gerade vom Rande des Sofas zu seiner Mutter zu fahren. Als er bei ihrem Bein anstößt, sagt er kurz mit freundlichem Ton: „Aufstehen."

„Sehen Sie", *beginnt mir Frau G. mit aufgeregter Stimme zu erklären.* „Jetzt geht das hier auch schon los!"

„Jakob möchte, dass Sie aufstehen und er hier mit dem Auto fahren kann. Und was möchten Sie?", *beschreibe ich rasch die Situation.*

„Ich möchte sitzen bleiben", *antwortet Frau G.*

Bevor ich Frau G. bei ihrem Vorhaben unterstützen kann, wandelt Jakob bereits sein Spiel ab. Die Zeitverzögerung, die durch das Gespräch zwischen der Mutter und mir entstanden ist, hat er sichtlich für weitere Überlegungen genützt. Jakob fährt nun mit dem Auto über die Knie seiner Mutter und danach zum Ende des Sofas.

„Ach so, jetzt hat er umdisponiert. Aha, so geht das auch", *stellt Frau G. fest.*

Mit der Frage: „Muss ich immer tun, was er will?", *wendet sich Frau G. erneut an mich.*

Ich beschreibe kurz die Situation: „Jakob hat eine Idee gehabt. Er wollte mit dem Auto an der Sofakante entlangfahren und hat deshalb gesagt: ‚Aufstehen'. Sie hatten eine andere Idee. Sie wollten sitzen bleiben. Diesmal hat Jakob umdisponiert und ist dann über Ihre Knie gefahren."

„Also muss ich nicht immer tun, was er will", *stellt die Mutter fest.*

Ich blicke zu Jakob und beschreibe, was er gerade macht: „Und jetzt hat er die Idee, alle Autos wie auf einem Parkplatz aufzureihen."

„Ja, es hat ihm gar nichts ausgemacht, dass ich sitzen geblieben bin", *meint Frau G.*

Ich versuche das Thema Willensentwicklung ins Gespräch zu bringen und schildere Frau G., dass ich bemerke, dass Jakob sich heute sehr interessiert im Raum bewegt und immer wieder Spielideen entwickelt. Frau G. berichtet mit fröhlicher Stimme, dass dies auch zu Hause der Fall ist. Sie freut sich darüber, dass er schon einige Zeit an einer Beschäftigung dran bleibt. „Da wird Jakob nun immer selbstständiger", setze ich das Gespräch fort. Die Mutter bestätigt dies.

„Da er selbstständiger wird, hat er auch immer wieder eigene Ideen, und Sie entscheiden, ob diese Idee gerade möglich ist oder ob Sie eben eine andere Idee haben. So erlebt Jakob, dass es gut ist, Ideen zu haben, und dass er seine Ideen durchführen kann. Und er wird merken, wann er umdisponieren muss, weil Sie eine andere Idee haben."

„Aha, das heißt, ich kann tun, was Jakob will, aber ich muss es nicht tun", gibt sich Frau G. nun selbst die Antwort auf die Anfangsfrage. „Und Jakob will mich nicht ärgern, sondern das gehört jetzt so dazu", setzt sie fort.

Jakob ist in der Zwischenzeit auf das Sofa geklettert und hat entdeckt, dass sich die drei Teile der Rückenlehne umklappen lassen. Das erste klappt er um. Beim zweiten sitzt seine Mutter. Er versucht es umzuklappen, was durch den Rücken seiner Mutter nicht gelingt. „Mama aufstehen", ist aus seinem Mund zu hören. Frau G. wirkt nun wesentlich gelassener, fast spielerisch. „Die Mama mag nun sitzen bleiben", sagt sie freundlich zu Jakob, rutscht dabei jedoch ein wenig nach vor. Jakob lehnt die Rückenlehne an den Rücken der Mutter und geht mit kleinen Schritten durch den schmalen Spalt. Die dritte Rückenlehne klappt er wiederum nach vor. Er schaut seine Mutter an und lässt sich dann in ihre Arme fallen. Die Mutter hat dies intuitiv erfasst und fängt ihn lachend auf. „Du bist ja mein Schatz", ist aus ihrem Mund zu hören.

Zu Beginn fehlt Frau G. die Vorstellung, dass Jakobs Willensäußerungen mit seiner Autonomieentwicklung in Zusammenhang stehen. Andererseits hat sie die Vorstellung, dass eine gute Mutter ihrem Kind Wünsche erfüllt. Zusätzlich gibt es ein „Gespenst", das als Herr im Haus auftaucht. Aufgrund dieser Voraussetzungen nimmt die Mutter die Willensäußerung ihres Sohnes wahr, kann diese jedoch nicht angemessen interpretieren. Einerseits kann sie nichts damit anfangen, andererseits fühlt sie sich provoziert, dass ein so kleines Kind schon so viele Ansprüche hat. Einerseits will sie eine gute Mutter sein, andererseits will sie nicht immer „nach der Pfeife ihres Sohnes tanzen".

Da Jakob anwesend ist, beginne ich mit Frau G. nicht an den Fehlinterpretationen oder ihrer Vorstellung über Erziehung von Kleinkindern zu arbeiten, sondern bemühe mich um konkrete Interaktionserlebnisse mit Jakob, dass Frau G. direkt in der Beratungssituation neue, hilfreiche Erfahrungen machen kann.

Frau G. erhält durch meine Rückmeldung eine kurze Anregung zur Reflexion ihrer Vorstellung. Danach ergibt sich eine Verlangsamung zwischen der Wahrnehmung von Jakobs Aufforderung und dem Angebot (wäre hier Nachgeben gewesen) der Mutter. In dieser kleinen Pause ist für Jakob Raum für die Abwandlung seiner Idee. Dadurch macht Frau G. eine neue Erfahrung. Auch wenn sie Jakob einen

Wunsch nicht sofort erfüllt, bleibt er in seinem Spiel und entwickelt sogar eine neue Idee. Dies wiederum kann Frau G. sehen und sie erkennt, dass Jakob Ideen umdisponieren kann. Diese Wahrnehmung verändert erneut die Vorstellung von Frau G. über Jakobs Verhalten. Er will seinen Willen nicht immer nur durchsetzen, er kann auch umdisponieren. Durch die Informationen der Beraterin kann Frau G. das Verhalten ihres Sohnes in einem Entwicklungszusammenhang sehen. Daraus ergibt sich für sie die Vorstellung, dass Jakobs Verhalten nicht gegen sie gerichtet ist, sondern zu seiner momentanen Entwicklung dazugehört. Im letzen Teil dieser Beratungssequenz kann Frau G. ihr eigenes Verhalten reflektieren und kommt durch eine weitere konkrete Erfahrung zum Schluss, dass sie den Wünschen ihres Sohnes nachkommen kann, dass sie ebenso bei ihrer Idee bleiben kann und dass auch ein Kompromiss entstehen kann. Durch eine spontane, gemeinsam beglückend erlebte Interaktion wird diese Erfahrungskette abgeschlossen.

In dieser Beratungssequenz kommt es zu einer laufenden gegenseitigen Beeinflussung von Ich und Du sowohl zwischen Mutter und Kind als auch zwischen Beraterin und Mutter. Darin ist deutlich zu sehen, dass Beziehung nicht ist, sondern laufend neu entsteht und weiterentwickelt wird. Im Beratungsverlauf ist erkennbar, wie sich innere Vorstellung, Wahrnehmung, Verstehen und konkretes Handeln ständig gegenseitig beeinflussen. Im Beratungsprozess kann die Beraterin/der Berater von dem Interaktionsschwerpunkt ausgehen, der von Mutter/Vater gerade eingebracht wird. Danach wird darauf geachtet, ob sich die vier Faktoren hilfreich beeinflussen und zu einer positiven Gegenseitigkeit führen. Ist dies nicht der Fall, so kann bei jedem Faktor mit einer Verbesserung begonnen werden. Im Beratungsprozess sind dadurch immer wieder Kreise zu beobachten, die gleichzeitig eine Fortbewegung bilden, z. B. wird von den Eltern eine misslingende Interaktion geschildert. Die Beraterin unterstützt die Mutter bei der Verbesserung der Wahrnehmung. Dadurch wird ein neues Verständnis möglich, was wiederum zu einem hilfreicheren Verhalten führt. Ein dadurch neues Ergebnis führt zur Veränderung der inneren Vorstellung. Die veränderte Vorstellung z. B. über die Autonomieentwicklung führt bei der nächsten Situation zu einer differenzierteren Wahrnehmung usw.

Setting

Die meisten Gespräche werden nur mit den Eltern geführt. Vor allem die Auseinandersetzung mit den eigenen Vorstellungen, Gespenstern im Kinderzimmer oder die Arbeit an der eigenen Geschichte der Eltern wird nie in Anwesenheit des Kindes praktiziert.

Die Kinder lade ich zum Kennenlernen zu einer Spielstunde mit den Eltern ein. Eine Videospielstunde wird von Eltern und Kind gemeinsam besucht und wenn Eltern eine direkte Unterstützung in begleiteten Spielstunden wünschen, so gibt es ebenfalls gemeinsame Beratungsspielstunden mit Eltern und Kind. Ein Video wird immer mit dem Elternteil besprochen, der gemeinsam mit dem Kind gefilmt wurde.

Stabilisierung der erarbeiteten Kompetenzen

Viele Eltern können bei der Anamnese und den ersten Beratungsstunden zur Erfassung der genauen Familiensituation sowie dem Erleben des gemeinsamen Spieles mit ihrem Kind ihre Fähigkeiten bereits stark erweitern. Entsprechende Informationen durch die Beraterin/den Berater geben zusätzliche Anregung und Sicherheit. So können sinnvolle Veränderungen im Familienalltag oft rasch vorgenommen werden und die Eltern können ihr Verhalten konstruktiv verändern. In den einzelnen Beratungsstunden ergeben sich die Struktur und die Beratungsmethodik aus den bereits beschriebenen vier Faktoren der Interaktion. Am Ende jeder Beratungsstunde fassen Mutter/Vater das für sie wichtigste Ergebnis zusammen und formulieren den nächsten konkreten Umsetzungsschritt. Dieser wird zu Beginn der folgenden Beratungsstunde reflektiert.

Mit wenigen Stunden in zwei bis dreiwöchigem Abstand werden die erarbeiteten Kompetenzen gefestigt bzw. neu auftretende Fragen besprochen. So erstrecken sich die meisten Beratungen mit Eltern und Kindern über zwei bis vier Monate.

Hinter einem Eltern-Kind-Beziehungsproblem sind oft andere Probleme verborgen

Bereits im Erstgespräch schildert Frau W., dass sie mit der Erziehungsaufgabe alleine ist. Bald formuliert sie auch Kommunikationsprobleme und Konflikte mit ihrem Partner, mit dem sie in Lebensgemeinschaft lebt. Bei der Erarbeitung einer klareren Alltagsstruktur werden Kommunikationsprobleme und unterschiedliche Vorstellungen über Erziehung mit den Großeltern sichtbar. Die Arbeitslosigkeit des Partners und der bevorstehende Wiedereinstieg von Frau W. selbst belasten die Situation ebenfalls.

In den ersten drei Beratungsstunden zeigt sich meist, ob die Eingangsfrage der Eltern wirklich das gesamte oder eigentliche Problem ist. So wie bei Frau W. zeigt sich bei vielen Familien, dass mehrere Probleme vorliegen, die sich gegenseitig beeinflussen. Dies erfordert von der Beraterin/dem Berater Geduld, da meist nur ein Problem nach dem anderen erzählt wird, und Flexibilität, um sich auf die unterschiedlichen Probleme einstellen zu können.

Da in Familienberatungsstellen im Team gearbeitet wird und oft ein Beratungsangebot und das Angebot einer Psychotherapie vorhanden ist, stehen den Eltern in bereits vertrauten Räumlichkeiten mehrere Unterstützungsmöglichkeiten zur Verfügung. Darüber hinaus benötigen Beraterin/Berater Informationen über das psychosoziale Netz und eine hilfreiche Gesprächsführung, damit Überweisungen gelingen.

Mögliche Beratungsschwerpunkte und Interventionen:

Problem:	Intervention:
Akute Überlastungssituation der Eltern	Entlastungsmöglichkeiten für die Eltern gemeinsam suchen
Selbstregulationsproblem des Kindes	Entwicklung von co-regulatorischen Kompetenzen mit den Eltern, damit beim Kind die Selbstregulationskompetenz gefördert wird
Fehlende Alltagsstruktur	Entwicklung einer für Kind und Eltern adäquaten Tages- und Wochenstruktur mit hilfreichen Ritualen für belastende Alltagssituationen
Fehlendes Wissen über die kindliche Entwicklung	Verständliche Information über die Entwicklung und Entwicklungszeichen des Kindes
Missverständnisse zwischen Eltern und Kind	Förderung der elterlichen Feinfühligkeit, um die Signale des Kindes zu erkennen und zu verstehen
Fehlende oder störende Handlungsmöglichkeiten der Eltern	Suche nach und Erweiterung von hilfreichen Verhaltensmöglichkeiten der Eltern (hier sind mehrere Spielstunden erforderlich, in denen z. B. die Mutter im konkreten Spielverhalten direkt von der Beraterin/dem Berater unterstützt wird)
Irritierende innere Bilder (Gespenster im Kinderzimmer) bei den Eltern	Reflexion und Veränderung dieser Vorstellungen
Aktuelle familiäre Belastungen unterschiedlicher Genese	Krisenbegleitung
Partnerschaftskonflikte	Paarberatung, Trennungs- bzw. Scheidungsberatung
Belastende Einwirkungen aus dem familiären oder gesellschaftlichen Umfeld	Genaue Definition und Erarbeitung von Abgrenzungsmöglichkeiten
Entwicklungsverzögerung, Entwicklungsstörung oder Krankheitsverdacht beim Kind	Überweisung an Kinderarzt, Psychologen, Fachärzte, Psychotherapeuten
Erkrankungen der Eltern	Überweisung an Fachärzte, Psychologen, Psychotherapeuten

Abschluss der Beratung

Bei Problemen, die die Möglichkeiten der Beraterin/des Beraters überschreiten, ist der Abschluss der Beratung eine Überweisung zu adäquaten Fachkräften oder Institutionen. Bei diesen Überweisungen bemühe ich mich durch entsprechende Motivation und begleitende Gespräche, dafür zu sorgen, dass die Eltern die vorgeschlagene Einrichtung auch wirklich aufsuchen.

Meist ist nach mehreren Beratungsstunden, in denen an der Verbesserung der Eltern-Kind-Interaktionen gearbeitet wurde, an den Schilderungen der Eltern zu erkennen, dass sie sicherer sind, ihr Kind besser verstehen, das Gefühl haben, den Familienalltag wieder gestalten zu können usw. Häufig beginnen Mutter/Vater dann selbst eine Stunde mit: „Ich glaube, heute komme ich das letzte Mal zu Ihnen. Ich komme nun wieder selbst zurecht." So kann diese Stunde zur Reflexion des Erarbeiteten dienen.

Woran erkennen Mutter/Vater den Unterschied zwischen der Familiensituation vor der ersten Beratungsstunde und jetzt? Worauf müssen sie achten, damit es ihnen weiterhin gut geht? Was könnte in Zukunft zu einem Problem werden? Wie können sie gut auf sich selbst achten? Und was brauchen sie noch von der EFL-Beraterin/dem EFL-Berater, um die Beratung gut abschließen zu können. Nach diesem Fragenleitfaden ist noch Platz für einen individuellen Abschied, der den Klienten und dem Beratungsverlauf entspricht. Wenn die Beraterin/der Berater eine adäquate Bezugsperson für Mutter/Vater waren, so ist mit Erreichen des gemeinsamen Zieles ein Loslassen gut möglich.

Zusammenfassung

So wie in der Eltern-Kind-Beziehung entsteht auch in der Eltern-Kind-Beratung von Anfang an eine Gegenseitigkeit, die sowohl von den Verhaltensmustern als auch von den Vorstellungen der Beteiligten bestimmt wird. Eine aufmerksame Wahrnehmung und die laufende Reflexion der eigenen Vorstellungen durch die EFL-Beraterin/den EFL-Berater sind wichtige Grundvoraussetzungen für die hilfreiche Gestaltung des Beratungsprozesses. Mittels aufmerksamer Wahrnehmung und hilfreichen Beratungsinterventionen kann die Beraterin/der Berater Mütter und Väter dabei unterstützen, ihr Kind wahrzunehmen, es zu verstehen und mit hilfreichem Erziehungsverhalten seine Entwicklung zu unterstützen.

In der Ehe-, Familien- und Lebensberatung können Eltern Zusammenhänge zwischen den Problemen mit den Kindern und anderen Schwierigkeiten erkennen und Lösungen dafür finden. Schließlich erweitert die Eltern-Kind-Beratungstätigkeit auch die Wahrnehmungsfähigkeit, das Einfühlungsvermögen, Flexibilität und Weitblick sowie den eigenen Handlungsspielraum der Beraterin/des Beraters. Es ist eine befriedigende Tätigkeit, Menschen auf Basis einer vertrauensvollen Beziehung bei der Lösung von Schwierigkeiten begleiten zu können.

Verwendete Literatur

Bauer, J. (2007): Prinzip Menschlichkeit. Warum wir von Natur aus kooperieren, 3. Auflage, Hamburg.

Kersper, K./Hottinger, C. (1992): Mototherapie bei sensorischen Integrationsstörungen, München.

Largo, R. H. (1995): Babyjahre. Die frühkindliche Entwicklung aus biologischer Sicht. Das andere Erziehungsbuch, 11. Auflage, Hamburg.

Papoušek, M./Schieche, M./Wurmser, H. (2004): Regulationsstörungen der frühen Kindheit. Frühe Risiken und Hilfen im Entwicklungskontext der Eltern-Kind-Beziehungen, Bern.

Papoušek, M. (1996): Die intuitive elterliche Kompetenz in der vorsprachlichen Kommunikation als Ansatz zur Diagnostik von präverbalen Kommunikations- und Beziehungsstörungen. In: Kindheit und Entwicklung, 5, S. 140–146.

Reinhold, G. & Lamnek, S. (1997): Soziologie-Lexikon, Wien.

Rollett, B./Werneck, H. (2002): Klinische Entwicklungspsychologie der Familie, Göttingen.

Werneck, H. (1998): Übergang zur Vaterschaft. Auf der Suche nach den „Neuen Vätern", Wien.

Ziegenhain, U./Fries, M./Bütow, B./Derksen, B. (2004): Entwicklungspsychologische Beratung für junge Eltern. Grundlagen und Handlungskonzepte für die Jugendhilfe, München.

CD: Koschorke, M. (2006): Leben in Partnerschaft. Einander verzeihen – Wie macht man das?, Salzburg.

Witzableiter von Ilse Simml

Kinder in der Beratungsstelle

Eine Mutter mit der fünfjährigen Tochter Jacqueline kommt zur Abklärung eines Problems. Das Kind spielt währenddessen in unserer Kinderecke.
Am Ende der Stunde ruft die Mutter ihre Tochter, um nach Hause zu gehen: „Schakeline, komm, wir gehen nach Hause!" Die Mutter bemüht sich, nach der Schrift zu sprechen.
Jacqueline schaut kurz auf und entgegnet: „He?"
Mutter: „Des haßt net He, sondern Wos!"
So lernen die Kinder, in der Beratung schön zu sprechen.
Es gäbe aber auch noch eine dritte Variante!

Alex, 14 Jahre, wird von der Schulärztin geschickt, weil er öfters – gerade vor Schularbeiten – kollabiert. Dadurch entgeht er dem Stress.
Ich lasse mir seine Geschichte genau erzählen, zeige mich ganz begeistert von dieser Kunst und bitte ihn, mir diese Methode auch beizubringen, aber ganz langsam, Schritt für Schritt.
Er steht auf, hält den Atem kurz an und wird weiß. Ich bin schon sprungbereit, um ihn eventuell aufzufangen. Er öffnet ganz plötzlich wieder die Augen und stammelt verdutzt: „Jetzt kann ich's auf einmal nimmer!"
Ich lehne mich zurück und bedaure zutiefst, dass ich um ein so wichtiges Lernprogramm umfalle.
Danach konnte Alex diese Technik wirklich nicht mehr einsetzen!
Das war die Tausendfüßler-Methode!
Ich denke, Sie kennen sie alle? – Wenn man einen Tausendfüßler fragen würde: „Mit welchem Fuß beginnst du?", würde man ihn verwirren und er würde sich verheddern!
Systemisch ausgedrückt, ist dies die Methode der Verstörung!

Beziehungs- und Prozessgestaltung in der Paarberatung

Eva Bitzan

Einleitung

Ich glaube, es gibt wenige Problemkreise, für die es in unserer westlichen Gesellschaft keine Ratgeber, Anleitungen, Workshops und zu (guter?!) Letzt Talkshows gibt. Eben das ist in den letzten Jahren auch für Beziehungen aktuell geworden.

Im Alltag und in den Schilderungen der Paare in der Beratung steht dem aber gegenüber, dass die Liebe als „Himmelsgeschenk" gilt. Sie ist etwas, das einem zufällt, mit einem geschieht und möglichst märchenhaft endet. In diesem Bereich in eine Krise zu geraten oder gar zu scheitern, ist nach wie vor eine tiefe persönliche Kränkung, ein Versagen bei etwas vermeintlich Angeborenem.

Auch ich bin der Meinung, dass eine Zweierbeziehung, wie Birgit Dechmann sagt, „… noch der menschlichste Versuch aller Grenzüberschreitungen ist, den unsere moderne Zivilisation zur Verfügung zu stellen hat"[1]. Aber Grenzen zu überschreiten, in dem Fall die der eigenen Person, braucht viel Energie, Einsatz, Fantasie und vieles mehr, und bedarf mitunter auch der Hilfe von außen, des Blickes eines Dritten, weil man an individuelle Grenzen gestoßen ist.

In der Unterstützung und Begleitung von Paaren sehe ich die Möglichkeit, den Blick zu weiten, neue „Grenzübergänge" zu entdecken und dem Leben zu zweit neu auf die Spur zu kommen.

Warum schreibe ich ausgerechnet über Paarberatung?

Weil ich Paare mag!

No-na, werden Sie sagen, wer seine Klienten nicht mag, hat ohnehin den falschen Beruf gewählt. Natürlich. Aber ich kann mich wirklich leidenschaftlich erwärmen für das an Paaren so Spezielle:

- Ihr Gehabe, bevor bzw. wenn sie zur ersten Stunde kommen: Wer meldet wie an? Wer fängt zu erzählen an? Wer gibt das Tempo vor?
- Die unterschiedliche Sicht der Dinge und damit eigentlich die Ganzheit des Lebens.
- Die Mimik und Körpersprache eines Partners, wenn der andere spricht.
- Die Ideen, warum sie einander „eingekauft" (nach Koschorke) haben und warum sie einander auch oft wieder gehen lassen (müssen).
- Und welche Verrenkungen das Leben macht, um sie doch beisammen zu halten.
- Die vielen Facetten des Lebens, die erst in einer Beziehung zum Tragen kommen, das Dasein lebenswerter, aber auch oft nicht mehr tragbar machen.

---

[1] Dechmann/Ryffel (2001), S. 17.

Ich mag das!

Bald nach Beginn meiner Beratungstätigkeit – vielleicht bestärkt dadurch, dass ein Ehepaar im Zentrum meiner Diplomarbeit stand – wurde dieses Setting zu meiner „Lieblingsdisziplin". Ich begann viel darüber zu lesen und spezielle Fortbildungen zu besuchen, wobei die unterschiedlichsten Paare, die in Beratung kommen, viele Fachkommentare und Seminare übertreffen und hautnahe Erkenntnisse liefern.

Ich erhebe nicht den Anspruch, Paare, sobald wir ihre Wünsche, Lasten und Ziele erarbeitet haben, immer zu einer Lösung zu führen. Dazu ist das Leben und sind Beziehungen an sich oft zu kompliziert. Aber ich lasse mich bei allen Klienten gerne auf diese Herausforderung ein, neue Sichtweisen zu gewinnen, Ent-täuschungen und Belastungen auch gute Seiten abzugewinnen und sich als Paar mitunter neu kennen zu lernen.

Wenn es gelingt, dass die Paare neue Seiten aneinander entdecken, die Entwicklung von Problemen verstehen können, eine bessere Form der Kommunikation finden und/oder ihr Geworden-Sein akzeptieren, dann betrachte ich das als Erfolg in meiner Arbeit.

Nicht immer gelingt es – oder es ist auch gar nicht das Ziel –, einen neuen, gemeinsamen Weg für das betreffende Paar zu finden. Manchmal „scheitert" Beratung; bin ich und ist das Paar mit seinem Latein am Ende. Auch das ist Realität – und daraus erwächst für mich die Aufgabe, Vertreter dieser Wirklichkeit zu sein, diese bewusst zu machen.

Eine Begleitung, auch auf getrennten Wegen, wird oft gerne angenommen, weil ich beide mitsamt ihrer Geschichte bereits kenne.

1. Prozessbeginn

Wie beginnt nun eigentlich die Beratung mit Paaren? Was ist das Spezifische daran?

Für mich interessant und oft schon ein erster Hinweis, den ich mir einfach merke, ist: Wer von den beiden ruft an und vereinbart einen Termin? Das ist ja bereits – je nach Temperament – die erste Gelegenheit, ein Statement abzugeben, ein Bild zu zeichnen, wenn die Beraterin/der Berater fragt, was denn das Anliegen sei.

Manche erzählen eher kurz von dem Paarthema und alles Weitere soll dann von Angesicht zu Angesicht geklärt werden. Manche gehen sofort in medias res – bereits hier musste ich lernen, achtsam zu sein: Schnell ist man als potenzielle HelferIn beeindruckt, schockiert oder von Sympathien ergriffen – ohne überhaupt einen Termin vereinbart zu haben. Das lässt sich natürlich schwer vermeiden, aber ich halte diese Gespräche eher kurz und bin dann neugierig auf die erste Begegnung. Auch die Zaghaften, die gar nicht sicher sind, ob Beratung überhaupt in Frage kommt, ermutige ich zu einem persönlichen Gespräch. Ist einmal dieser erste Schritt getan, nimmt die Veränderung ja schon ihren Lauf.

Und es sind übrigens nicht – wie man vielleicht glauben möchte – meist die Frauen, die für Beratung initiativ werden. Ich habe mir die Mühe gemacht, bei den Paaren, die bei mir in Beratung waren bzw. sind, das Verhältnis zu ermitteln. Die männlichen bzw. weiblichen Anrufer halten sich in etwa die Waage. Wenn nach einem ersten Einzelgespräch der Partner dazukam, so war es meist ein Anliegen der Frau, den Partner einzubeziehen.

Für mich markant bei Terminen für Paare – sie sollten möglichst schnell zu haben sein! Offenbar ist dann, wenn der Entschluss gefasst wird, fremde Hilfe in Anspruch zu nehmen, wirklich Feuer auf dem Dach und auch wenn jahrelang diskutiert wurde: Jetzt soll endlich etwas passieren!

Die erste Stunde – wie in der Ausbildung gelernt – ist oft die dichteste, interessanteste; der erste Satz mitunter der wichtigste, weil er das Anliegen komprimiert.

Aber auch bevor noch Worte gewechselt werden, gibt es schon aussagekräftige Hinweise: Wenn es vom Ablauf her möglich ist, bitte ich das Paar im Beratungszimmer Platz zu nehmen, während ich noch einen Krug mit Wasser und Gläser hole. Das bietet den beiden – vor allem wenn sie neu sind – die Möglichkeit, sich mit dem Raum vertraut zu machen und außerdem in der Zwischenzeit Platz zu nehmen. Und eben dieses „Platz nehmen" ist spannend: Sind sie auf Distanz gegangen und haben das jeweils andere Ende der Couch gewählt? Oder sitzen sie eng beisammen, halten sich an der Hand? Können sie einander sehen?

Allein diese kurze, wortlose Aktion öffnet für mich ein wenig ein Fenster in diese Beziehung. Auch wenn Paare schon länger in die Beratung kommen, die Platzwahl bzw. wie sie zueinander sitzen, ist immer ein Blitzlicht, das ich gerne anspreche.

„Platz nehmen" und „Platz finden" in dieser doch außergewöhnlichen Lebenssituation beginnt nun für das Paar und auch für die Beraterin/den Berater. Was kann, was darf hier gesagt werden; was muss sogar endlich erzählt werden? Werden hier die „Platzverhältnisse" anders sein als zu Hause? Bekommt Unangenehmes, längst Zurückliegendes oder sogar Neues Platz? Paare erzählen, dass ihnen solche und ähnliche Gedanken durch den Kopf gegangen sind, bevor sie zum ersten Mal zur Beratung kamen.

Natürlich hat in der Beratung alles Platz – wenn es zum Thema gehört und dem Ziel dient. Und das will einmal erarbeitet sein. Mühevoll habe ich gelernt, dass vor allem Paare – eben gleich in Stereo – sehr rasch sehr viel Platz einnehmen. Wie eine Schleuse, die sich öffnet, ergießen sich Sorgen und Nöte vieler Jahre in den Raum und ich muss als ZuhörerIn gehörig rudern, um nicht darin unterzugehen.

„Da haben *Sie* aber ganz schön viele Probleme" – ein simpler Satz aus einem Seminar von Martin Koschorke ist in so einem Fall ein gutes Werkzeug. Die Schlagworte (beim Schreiben fällt mir auf, wie doppeldeutig dieses Wort hier ist!) zu den Paar-Nöten auf Zettel geschrieben und zwischen den beiden aufgehäuft, wirken sehr anschaulich und schaffen die nötige Arbeitsdistanz (Idee ebenso von M. Koschorke). Nach Dringlichkeit gereiht, können die Begriffe nachher Grundlage der weiteren Arbeit sein.

Noch soll das – möglichst gemeinsame – Ziel gefunden werden. Jedoch die wenigsten Paare haben eine genaue Vorstellung, wo sie genau hinwollen, dafür eine umso genauere, von wo sie weg wollen, was nicht mehr sein soll. Und sie haben Angst. Angst, die jeder von uns kennt, wenn er sich Problemen, notwendigen Veränderungen, Konflikten stellen soll. Was ist, wenn Dinge sich auftun, die ich gar nicht wissen will? Was, wenn sich herausstellt, dass wir nicht zueinander passen? Was, wenn unsere Bedürfnisse und Wünsche grundverschieden sind? Was, wenn er/sie mich nicht wirklich liebt?

Jennifer Louden schreibt dazu in ihrem Buch „Tut euch gut": „Wir sehnen uns nach Sicherheit, aber das schadet der Beziehung … Wir fürchten uns vor Veränderung, aber sie ist unausweichlich. Das Leben *ist* Veränderung."[2]

Und wenn es mir gelingt, dem Paar vor Augen zu führen, dass eine Veränderung bereits war, dass Sie den Schritt in die Beratung getan haben (anstatt sich zu Hause im Kreis zu drehen), dann haben wir schon ein Ziel umrissen: Es soll sich etwas ändern, ein neuer Blickwinkel soll gefunden werden, neue Perspektiven gewonnen.

Und so tauchen wir ein in die Welt des Paares, sortieren, hören und ordnen, was drängend ist und zuerst geklärt werden soll und was auf längere Sicht wichtig wäre und Beachtung braucht.

Exkurs: Paarberatung im Duett

Eine besondere Qualität in der Paarberatung ist für mich die Möglichkeit, im Duett zu arbeiten. Und zwar als Mann und Frau. Leider sind in unserem Berufsfeld die Männer sehr rar und natürlich muss auch die „Chemie" zwischen den KollegInnen stimmen, aber wenn irgendwie die Chance besteht, so zu arbeiten, finde ich sie dem Paar gegenüber angemessener als Einzelberatung.

Ich habe für mich selbst eine Erweiterung des Blickfeldes, der Sicht der Dinge und Probleme erlebt. So sehr ich mich (in meinem Falle als Frau) auch bemühe, die männliche Seite zu erfühlen, dem Paar ausgewogen gegenüber zu sitzen und alle „ins Boot zu holen" – die Klienten blühen immer noch mehr auf, wenn ein Geschlechtsgenosse versucht, ihre Seite zu verstehen und zu reflektieren. Vor allem kritische Einwände landen besser; Konfrontationen werden eher zugelassen.

Als Paar zu beraten, lässt Luft zum Durchatmen, wenn die Probleme (und das Paar) drängend werden. Es erweitert die Methodenvielfalt und – es macht wirklich Spaß! Viel an Supervision findet gleich in der Nachbesprechung der Stunde statt: Warum habe ich diese Frage gestellt bzw. nicht gestellt? Ist ihm die Körperhaltung der Frau nicht aufgefallen? Uns so weiter. Oft habe ich den Eindruck, wofür man alleine zwei bis drei Stunden braucht, um es zu erarbeiten – auch weil man dabei möglicherweise einige Umwege geht –, gelingt zu zweit in kürzerer Zeit. Das Wahrnehmungsspektrum ist einfach größer.

---

[2] Louden (2005), S. 30.

2. Der Beratungsprozess anhand eines Beispiels

Weil ein Prozess immer leichter anhand eines Beispiels zu schildern ist, will ich hier ein fiktives Paar – Birgit und Walter – vorstellen.

Die beiden sind noch relativ jung, nehmen wir an, Ende zwanzig, Anfang dreißig, und haben gemeinsam ein sechsmonatige Tochter. Die Beratung aufgesucht haben sie, weil nach der (Früh-)Geburt der Tochter plötzlich nichts mehr in der Beziehung war wie vorher. Das Mädchen war zwar zu diesem Zeitpunkt nicht geplant, aber mit Freude erwartet. Die Zeit, die aber Mutter und Kind im Krankenhaus aufgrund intensiver medizinischer Versorgung der Kleinen verbringen mussten, und auch die Wochen zu Hause entfremdeten die Eltern einander. Birgit richtete ihr Augenmerk allein auf das Kind, keine Minute ließ sie es aus den Augen und auch nicht in der Obhut des Vaters (der nicht im gemeinsamen Haushalt lebte). Walter zog sich mehr und mehr zurück, suchte Kontakt zu Freunden und auch ehemaligen Freundinnen, verglich andere junge Familien mit seiner eigenen und wurde immer unzufriedener. Birgit wurde Walter gegenüber misstrauisch, weil sie Anrufe und Nachrichten von Frauen auf seinem Handy entdeckte. Es kam zu Auseinandersetzungen, die immer öfter lautstark und verbal verletzend endeten.

Mit dem Wunsch, „neu zu starten", alte Leichen endgültig zu begraben und einfach Familie sein zu können, kamen sie in die Beratungsstelle.

Um gleich die oben erwähnte Beobachtung bezüglich „Platz nehmen" an diesem Beispiel zu zeigen: Die beiden saßen dicht nebeneinander, das Baby hatten sie mitgebracht und es ruhte friedlich auf Walters (!) Schulter.

In der ersten Stunde gelang es gut, Walters Kränkung angesichts der ihn ausschließenden Mutter-Kind-Symbiose anzusprechen. Er hatte sich sehr aufs Vatersein gefreut und sich das auch ohne Weiteres unter den etwas schwierigeren Anfangsbedingungen zugetraut, nur Birgit fand immer Gründe, um ihn von der Kleinen fernzuhalten. Und auch alle Freunde, die er in der Folge kontaktierte, „fütterten" seine Kränkung mit Schilderungen aus ihrem Familienleben. Also wurde er immer ungehaltener und schließlich laut und unflätig.

Birgit, die als Kind Beziehungen ihrer Mutter zu gewalttätigen Männern miterleben musste, legte jedes Wort und jede Grobheit von Walter auf die Goldwaage. Sie belehrte ihn bezüglich der Unmöglichkeit seines Verhaltens, jede sachliche Kommunikation wurde unmöglich. Es gelang uns (erzählt wird eine Paarberatung im Duett) gut, beide in ihrer Not zu sehen und füreinander sichtbar zu machen.

In der zweiten Einheit, der wir sehr gelassen entgegensahen (hatten wir es doch mit einem „vernünftigen" Paar zu tun), lieferten uns beide die Anschauung eines solchen Konfliktes. Aus „heiterem Himmel" verbot Birgit ihm das Wort und Walter begann sie zu beschimpfen – sie agierten jeder dem anderen gegenüber vom Eltern-Ich zum Kinderheits-Ich, plötzlich und aus der Emotion heraus. Nun konnten wir uns zwar vorstellen, wie das Problem aussah, aber – Hilflosigkeit machte sich breit.

Birgit hat aufgrund ihrer eigenen Geschichte große Angst vor heftigen Auseinandersetzungen; sie spürt innerlich bereits eine Hand auf ihrer Wange, wenn äußerlich erst ein verbaler Schlagabtausch aufkommt. Sofort macht sie alle Luken dicht, sie sieht und vor allem hört ihr Gegenüber nicht mehr. Mit ihrer Körpersprache und mit kurzen Sätzen sagt sie ihm: „So nicht. Sei sofort still."

Walter möchte seine Kränkung zum Ausdruck bringen. Er ist sich aus seiner Erfahrung heraus sicher, dass er gute Argumente hat – er will ja *nur* das Beste für sein Kind. Was kann Birgit dagegen haben? Aber seine laut vorgebrachten Ideen hört Birgit schon nicht mehr. Seine Stimmlage hat bewirkt, dass sie den Notausgang genommen hat. Bisher unbekannte Wut steigt in ihm auf, er weist sie zurecht wie ein Vater sein Kind, das unfolgsam ist. Er wird ausfällig, weil immer hilfloser. Die Erkenntnis danach: *Wir können nicht miteinander!*

Aber: Da ist das Kind, da ist eine Liebe, die, wenn auch im Moment vergraben, uns zueinander zieht – also *können wir auch nicht ohne einander!*

Als BeraterInnen sind wir eigentlich – auch wenn's heftig ist – ganz dankbar für diese „Vorführung". Wir können jetzt besser spüren, wie es die beiden umtreibt, können die Körpersprache beobachten, können Zusammenhänge herstellen. Nicht, dass das Paar alleine zu „dumm" wäre, das auch zu tun. Aber zur Zeit sind sie so mit sich selbst beschäftigt und betriebsblind, dass scheinbar kein Weg aus diesem Dilemma herausführt.

Unsere bzw. meine Aufgabe sehe ich nun darin, relativ ruhig den Konflikt zu beobachten und dann mit dem Paar gemeinsam zu analysieren. Carl Rogers beschreibt seine Erfahrung als Therapeut so: „Er [der Klient] soll wissen, dass ich mit ihm in seiner festen, eingeengten, kleinen Welt stehe, und dass ich sie relativ unerschrocken betrachten kann. […] Ich will ihn auf der angsterfüllten Reise hin zu sich selber begleiten, zu der begrabenen Furcht, zu dem Hass und zu der Liebe, die er nie in sich hat aufkommen lassen können."[3]

Birgit und Walter in ihre Welt zu begleiten, war hier unser Auftrag. Den ganzen Beratungsprozess zu erzählen, wäre zu umfangreich, aber kurz zusammengefasst, haben sie einander „neu" kennen und verstehen gelernt: Birgits Kindheitserlebnisse wollte Walter in Zukunft besser berücksichtigen, Walters Willen und seiner Fähigkeit als junger Vater wollte Birgit mehr Raum und Vertrauen schenken. Mein Kollege und ich haben sie noch mit ein paar guten Ideen zur „Beziehungshygiene" auf einen neuen Weg geschickt.

3. Persönliche Erfahrungen

So vielfältig wie die Paare, so vielfältig sind auch die Beratungsstunden.

So gibt es einige, wo nach relativ kurzer Zeit ein großes Vertrauensverhältnis zwischen den Ratsuchenden und der Beraterin/dem Berater herrscht. In dieser Atmosphäre gelingt es vergleichsweise leicht, kritische Gewohnheiten des Paares aufzuzeigen. Eine belastende Vorgeschichte eines der beiden, die Schleifen in der neuen

---

[3] Rogers (1982), S. 80.

Beziehung zieht, kann angstfreier angeschaut werden. Humor kann hier eine große Hilfe sein – wenn ich als BeraterIn über ihr Tun und Scheitern lachen kann, können es Paare oft auch.

Es gibt auch Paare, bei denen sich die Beziehungsgestaltung nicht nur untereinander, sondern auch zur Beraterin/zum Berater schwierig gestaltet. Nicht immer gelingt es leicht, einen angstfreien Raum zu eröffnen, indem sie – oder einer der beiden – sich zeigen wollen. Viele Stunden sind nötig, Supervision für mich, bis es vielleicht doch gelingt – an unerwarteter Stelle mitunter – Alternativen zum Bisherigen zuzulassen.

Eigene „Schatten" holen mich leider auch ein – „dumm, faul und langsam", die gelernten Beratertugenden weichen meiner Ungeduld und meinem Erfolgsanspruch (schließlich will ich „heilen" und „erlösen", habe ich doch ursprünglich Theologie studiert …).

Die meisten „schlaflosen Nächte" bescheren mir Paare, bei denen bald deutlich wird, dass es keinen gemeinsamen Weg mehr gibt. Selten sind sie sich darin einig; das wäre vergleichsweise einfach. Oft ist die Beratung der Ort, wo's „rauskommt". Wo einem der beiden am liebsten wäre, ich würde dem anderen – möglichst schonend – das Ende der Beziehung nahebringen. Hier soll endlich der Schritt zur Trennung gelingen. Das Verständnis für das Bedürfnis nach Loslösung für den einen und die Empathie mit der Wut und Trauer des anderen möchte ich als Beraterin nun unter einen Hut bringen.

Hier z. B. ist es besonders wertvoll, einen Kollegen an der Seite zu haben: Das Angebot, eventuell jeden der beiden für sich weiter zu begleiten, kann entlasten.

Meine persönliche „Idealvorstellung" von Paarberatung beginnt lange, bevor die beiden krisengeschüttelt vor mir sitzen. In einem Workshop habe ich auch bereits versucht, dem näherzukommen: Aufmerksamkeit und Zeit für die Beziehung, Ressourcenarbeit zu zweit, *bevor* es eng wird. Denn das wird es ganz bestimmt irgendwann einmal für alle Paare. Geradezu typische Zeiten gibt es dafür: die Geburt eines Kindes, ein Berufswechsel, der Auszug von Kindern. Die Zeit der nachlassenden Kräfte, die Zeiten großer Langeweile und die Zeiten turbulenten Familienlebens. Und obwohl Krisen niemanden freuen, geht ohne sie im Beziehungsleben nichts weiter. Der Umgang damit kann aber meiner Meinung nach gelernt werden, man muss nicht unvorbereitet und blauäugig in sie hineinstolpern.

Im Fall von Paaren heißt das: Wer seinen Partner und dessen Lebensgeschichte kennt, wer sich vertraut macht mit der Sprache des anderen („Höre, was ich meine und nicht, was ich sage!") und Verständnis für (Weiter-)Entwicklungen des anderen aufbringen kann, hat die halbe Krise schon gemeistert.

Meine Idee wäre also eine Paarberatung in „guten Zeiten", bevor die beiden nicht mehr weiterwissen. Denn dann sind beide aufnahmefähiger für Veränderungen und es sind noch nicht so viele Verletzungen passiert, die oft nach heftigen Krisen ein neues Vertrauen erschweren.

Beratung kann eigentlich einer pädagogischen Tätigkeit gleichgesetzt werden: Sie gibt Anregungen zum Leben-lernen, Hilfe zur Selbstorganisation und somit zur Selbsthilfe.[4]

Manchmal kann ich mich des Eindrucks nicht erwehren, dass Menschen meinen, mit dem Finden eines Partners, der Heirat (sowie mit der Zeugung und Geburt eines Kindes) ergebe sich „*alles Weitere*" von selbst. Mit dem Verlassen der Bildungseinrichtungen – je nachdem zwischen 15 und 25 Jahren – habe man fürs Leben gelernt, was nötig ist. Hier schließt sich der Kreis zur Einleitung: Vermeintlich ist die Beziehungsfähigkeit angeboren oder ein „Himmelsgeschenk". Die Erfahrung zeigt uns, dass es nicht so ist. Lernen, sich neu orientieren, eigene Ressourcen entdecken und Leben und Beziehungen gestalten, bleibt eine Lebensaufgabe.

Dazu die Hilfe eines professionellen Beraters/einer Beraterin in Anspruch zu nehmen, wird immer „gesellschaftsfähiger". „Die Ratsuchenden werden als Experten für ihre Probleme angesehen, während der Berater/die Beraterin als Experte für Lernprozesse gilt." Sie geben Unterstützung bei präventiven und ressourcenfördernden Maßnahmen.

Für mich als Beraterin mit dem Schwerpunkt „Paare" heißt das – wenn die KlientInnen zustimmen –, ein Stück Erziehungsarbeit an ihnen zu leisten, wobei ich natürlich auf ihre Mitarbeit angewiesen bin. Der wichtigste Unterrichtsgegenstand ist sicher die Kommunikation zwischen den beiden und die vielen damit verbundenen Methoden. Können sie einmal *zuhören* und von ihren persönlichen Nöten *sprechen*, können Themen wie Kinderbetreuung, Finanzen oder Großfamilie besser in Angriff genommen werden. Wie bei Birgit und Walter, wo nicht zuerst die Inhalte der Auseinandersetzung vordringlich waren, sondern die Art und Weise, *wie* sie geführt wurde. „Beziehungskultur" sozusagen als Wahlfach – Wie bleibe ich als Liebespaar nicht auf der Strecke? Haben wir „Zeit zu zweit"? – ist dann schon eine vergleichsweise lustvollere Übung für BeraterIn und Paar.

Schlussbemerkungen

Einige Gedanken von Erich Fried möchte ich ans Ende dieser Ausführungen stellen. In seinem Gedicht „Wohin?" stellt er fest, dass die Liebe zum Grübeln führt, das Grübeln zu Trauer, die Trauer zum Mitleid, das Mitleid zur Verzweiflung, die Verzweiflung zu den Fragen. Dann meint er weiter:

> *„Zu den Fragen? Aber die Fragen führen zur Auflehnung.*
>
> *Zur Auflehnung? Aber die Auflehnung führt zum Tod.*
>
> *Also zum Tod? Aber ohne Auflehnung, ohne Mitleid, ohne* **Liebe** *– was wäre das Leben?"*[5]

---

[4] Krause/Mayer/Assmann (2007), S. 152.
[5] Fried (1981), S. 13.

Am Anfang der Beziehungen und Paar-Geschichten, die ich bisher begleitet habe, stand meist die Liebe. Danach befragt, konnten beide Partner sich auch wieder an die ersten Monate erinnern und staunen. Am Ende des Weges, der sie in die Beratung geführt hatte, hatten sie aber auch Trauer, Verzweiflung und Auflehnung, vielleicht sogar so etwas wie den „Tod" ihrer Beziehung erlebt. Trotzdem saßen sie hier. Um des Lebens willen.

Ich hoffe, dass die beiden Menschen, die ein Paar ausmachen, durch den Prozess der Beratung wachsen. Dass sie durch die Beziehung, die für einige Zeit zwischen uns wächst und es uns und mir ermöglicht, sie durch Angst, Trauer, Verzweiflung und Liebe zu begleiten, neu auf den Weg des Lebens kommen. Ob miteinander oder getrennt. Und dass sie weitererzählen, dass Krisen auch Chancen enthalten und zur Ganzheit des Lebens dazugehören.

Verwendete Literatur

Dechmann, B./Ryffel, C. (2001): Vom Ende zum Anfang der Liebe, Weinheim und Basel.

Fried, E. (1981): Lebensschatten, Berlin.

Krause, C./Mayer, C.-H./Assmann, M. (2007): Profil und Identität professioneller Berater und Beraterinnen. In: Beratung Aktuell 3/07, S. 140–158.

Louden, J. (2005): Tut euch gut! Das Wohlfühlbuch für Paare, München.

Rogers, C. (1982): Entwicklung der Persönlichkeit, 4. Auflage, Stuttgart.

Weiterführende Literatur

Brown, J. R. (2004): Zwei in einem Sieb. Märchen als Wegweiser für Paare, Köln.

Jung, M. (2004): Das sprachlose Paar. Wege aus der Krise, 2. Auflage, München.

Küstenmacher, M. u. W. (2006): Simplify your love, Frankfurt/Main.

Sanders, R. (1998): Zwei sind ihres Glückes Schmied, Paderborn.

Weinzettl, M./Rudle, G. (2007): PaaRanoia, Wien.

Witzableiter von Ilse Simml

Paarberatung ist ein ausgiebiges Thema.
In einer unserer Sitzungen machte eine Ehefrau ihren Partner in unguter Weise herunter. Eine eigene Art der „Leporello-Arie" über all die Dinge, die er nicht kann, unter anderem:
„I sag's Ihnen, wenn der Hendln auspaniert, dann geht die Panier sofort runter und die nackerten Hendln schwimmen in der Pfanne herum!"
Ich: „Aber Frau D.! Gönnen Sie Ihrem Mann doch auch einmal Striptease in der Pfanne!"
Das war das STOP ihrer Anklage.

Ein jugendlich klingender Mann rief ganz verzweifelt in unserer Beratungsstelle an:
„Meine Frau hat mich soeben verlassen!"
Wir führten ein längeres Gespräch. Ich machte ihm den Vorschlag, falls seine Frau wieder zurückkäme, doch gleich mit ihr zu uns zu kommen.
Er resignierend: „Aber sie hat mir gesagt, falls sie doch noch einmal zurückkomme, solle ich sie gleich in die Psychiatrie stecken!"

Krisenintervention

Helga Goll

Einleitung und Eingrenzung

Ganz allgemein lässt sich sagen, dass eine psychosoziale Krise die seelisch-körperlich-kognitive Reaktion auf belastende Lebenssituationen ist. Basierend auf klinischen Erfahrungen und theoretischen Überlegungen ist im Laufe der Zeit eine Vielzahl von Krisenmodellen entwickelt worden. Hierbei ist grundsätzlich wichtig zu unterscheiden zwischen

- Krisen im Zuge entwicklungsbedingter Prozesse,
- Krisen im Verlauf von psychischen Störungen und
- Krisen im Gefolge belastender Lebenssituationen.

Dieser Beitrag wird sich mit Krisenintervention in der Beratung und deren Möglichkeiten und Grenzen befassen und sich daher ausschließlich mit Krisen im Gefolge belastender Lebenssituationen (= akuten Krisen) beschäftigen. Mit Krisenintervention sind hier auch nicht die psychosozialen Notfalleinsätze vor Ort gemeint, wie sie z. B. die Akutbetreuung Wien (ABW) oder die Krisenteams (KIT) in anderen Bundesländern durchführen. Deren Aufgabe ist es, Menschen im ersten Schock aufzufangen, zu betreuen und – wenn notwendig – an Beratungs- oder Psychotherapieeinrichtungen zum Zweck von Krisenintervention und Psychotherapie zu überweisen.

Psychosoziale Krisen im Gefolge belastender Lebenssituationen entstehen durch Ereignisse und Situationen, denen wir Menschen im üblichen Lebensverlauf begegnen, die uns jedoch aufgrund verschiedenster Umstände, Konstellationen und Anforderungen in unseren Fassungs-, Anpassungs- und Bewältigungsmöglichkeiten überfordern. Dazu zählen unerwartete, plötzliche, gewaltsame Ereignisse, wie z. B. überraschende, tragische Todesfälle von Partnern, Kindern, Eltern; unerwartete Trennungsabsicht oder bereits erfolgte Trennung des Lebenspartners; Unfälle, Straftaten, Kündigung der Arbeit oder Wohnung u. ä. (traumatische Krisen).

Doch gibt es auch gewünschte, geplante, vielfach sogar freudig angestrebte Veränderungen des örtlichen, familiären, beruflichen Gefüges, wie beispielsweise berufliche Karriereschritte, Zusammenziehen von „Teilfamilien", Umziehen in eine andere Wohnung, die erwünschte Geburt eines Kindes, die altersgemäße Pensionierung u. a., die wir – für uns selbst oft völlig überraschend – nicht bewältigen können (Lebensänderungskrisen).

Wir verlieren „den Boden unter den Füßen", werden von Gefühlen, Gedanken und körperlichen Beschwerden bedrängt, die uns erleben lassen, dass Selbstkontrolle und Selbststeuerung nicht im gewohnten Maße möglich sind und wir die Hilfe und

Unterstützung anderer Menschen benötigen – auch die Hilfe professioneller Berater und Beraterinnen[1]. Gerade im zwischenmenschlichen Bereich ausgelöste Krisen – ich erwähne beispielhaft unerwartete Trennungen und Todesfälle –, können Anlass sein, eine Ehe-, Familien- und Lebensberatung (EFL-Beratung) aufzusuchen, deren deklariertes Ziel es ist, die Beratenen zu befähigen, ihr Leben mit seinen Schwierigkeiten zu meistern, zu gestalten und sich selbst wieder weiterhelfen zu können.

In diesem Anliegen und Ziel bestehen Gemeinsamkeiten mit der Krisenintervention, einem methodischen Konzept mit situations- und personsspezifischer Flexibilität der Interventionen und Maßnahmen, basierend auf einer aktiv zu erarbeitenden, tragfähigen Beziehung.

Charakteristika von Krisen

Um psychosoziale Krisen etwas genauer zu beschreiben, zähle ich die wesentlichen in der Fachliteratur angeführten Merkmale auf:

- Akute Krisen sind eine prozesshaft verlaufende Reaktion innerhalb kurzer Zeit (längstens sechs bis acht Wochen).
- Sie beginnen in der Konfrontation mit einer einschneidenden Veränderung des Lebens.
- Das subjektive Erleben (die Bedeutungsgebung) dieser Veränderung als Herausforderung, Bedrohung, Verlust oder vernichtende Katastrophe ist entscheidend für die weitere Entwicklung.
- Persönliches Fassungsvermögen, Bewältigungsmöglichkeiten und/oder Bewältigungsfähigkeiten reichen nicht aus.
- Gefühle der Hilflosigkeit, Verzweiflung, Ohnmacht, Angst sowie des massiven persönlichen Versagens entstehen gemeinsam mit körperlichen und gedanklichen Fehlfunktionen und Missempfindungen und bewirken eine anwachsende Verschlechterung des Gesamtbefindens.
- Das psychische Gleichgewicht ist dadurch gestört, die Grenze des Erträglichen wird erreicht.
- Der zunehmende Druck bewirkt eine Zuspitzung innerhalb weniger Stunden bis zu längstens sechs bis acht Wochen nach der Konfrontation und drängt nach Entlastung (= Wendepunkt der Krise), (siehe auch: Gefahren der Krise).

Die **akute Krise** ist doppelgesichtig, sie ist sowohl Gefahr als auch Chance. Der Wendepunkt markiert wichtige Weichenstellungen für die Zukunft, die sowohl in negativer Richtung (Aspekt der Gefahr: Erkrankung, Selbst- und Fremdschädigung) als auch in positiver Richtung (Aspekt der Chance: Reifung, Weiterentwicklung) erfolgen können.

---

[1] Im Interesse der leichteren Lesbarkeit verwende ich von nun an die weibliche Form und schließe die männliche ein, da sowohl mehr Frauen als Männer Beratung nützen, wie auch mehr Frauen als Beraterinnen tätig sind.

Zusammenfassend lässt sich als typisch für die **akuten Krisen** sagen, dass sie **immer** durch ein bestimmtes Ereignis oder eine bestimmte Situation ausgelöst werden, sich das seelische und körperliche Befinden innerhalb weniger Stunden bis Wochen dramatisch zuspitzt und zu drängenden, schwer bis gar nicht mehr unter Kontrolle zu haltenden Reaktionen und Verhaltensweisen führt.

Individualität der Krise

Die für die Beratungstätigkeit wesentliche Individualität, durch die Krisenanlässe erst zu psychischen Krisen werden, deren Ausmaß und deren Schwere sie bestimmt und erst wirklich verstehbar macht, lässt sich in folgenden Aspekten fassen:

Subjektive Bedeutung des Krisenanlasses

Menschen werten und empfinden entsprechend ihrer Entwicklung, persönlichen Lebensgeschichte und aktuellen Lebenssituation unterschiedlich! So kann etwa der Tod eines nahen Angehörigen einen schweren persönlichen Verlust oder auch spürbare Erleichterung bedeuten, eine berufliche Beförderung nicht nur als Gewinn von Ansehen, Geltung und Einkommen erlebt werden, sondern auch als Verlust von geliebter Tätigkeit, bekannter Arbeitsstruktur oder vertrauten Beziehungen zu Arbeitskolleginnen.

Anfälligkeit für Krisen

Aufgrund von persönlicher Vorerfahrung im Umgang mit belastenden Situationen kann eine erhöhte Verletzlichkeit für gleiche und ähnliche Situationen bestehen, sodass die aktuelle Belastung besonders spürbar und schneller verunsichernd wird und leicht zur Überforderung und damit zur Krise führt. So können auch Lebensveränderungen, die für Außenstehende relativ unproblematisch wirken, Krisen auslösen.

Umgekehrt ermöglichen früher geglückte Krisenbewältigungen eine gute Basis für alle späteren Krisensituationen.

Reaktionen der Umwelt auf die Krise

Für die Bewältigungsbemühungen der Betroffenen ist von großer, oft ausschlaggebender Bedeutung, ob Angehörige, Freundinnen, Kolleginnen und andere Personen im Falle von z. B. beruflicher Enttäuschung, familiären Dramen oder plötzlicher schwerer Erkrankung verständnisvoll unterstützend, gleichgültig, abweisend oder mit Rückzug reagieren. Sehr viele Krisen, wenn nicht sogar die meisten, werden mit Hilfe des sozialen Umfelds aufgefangen.

Dieser Aspekt ist auch für die Beratung von größter Wichtigkeit, um eine allfällige, über das Beratungsgespräch hinausgehende notwendige Unterstützung im Alltag sicherzustellen. Es ist häufig bereits im Erstgespräch für die Beraterinnen eine wesentliche Aufgabe, der Krisenklientin zu helfen, ihr soziales Netz zu aktivieren, zu nützen, zu erweitern.

Gefahren von Krisen

Krisen sind, wie schon beschrieben, Situationen, in denen die affektive Belastung sehr hoch ist und daher eine starke Tendenz zu kurzschlüssigen, destruktiven, oftmals irreversiblen Handlungen besteht. Auch können durch die psychische Destabilisierung seelische Störungen und körperliche Erkrankungen ausbrechen. Auf zwei Gefahren möchte ich besonders hinweisen:

Selbstgefährdung – Suizidalität

ist die am häufigsten auftretende Gefahr der **akuten Krisen**, weshalb ich später (siehe S. 216f.) im Zusammenhang mit der Vorgangsweise etwas ausführlicher auf sie eingehen werde.

Im allgemeinen Zusammenhang mit akuten Krisen möchte ich jedoch vorwegnehmen,

- dass Suizidgedanken und Suizidäußerungen unter dem eskalierenden Druck der Krisensymptomatik verständlich sind, eine entlastende Funktion haben und oftmals zunächst noch keine Handlungsabsicht besteht;
- dass manche Suizidhandlung aus einem nicht mehr zu kontrollierenden Impuls heraus erfolgt ohne Suizid-Entschluss („Ich musste einfach aus dieser schrecklichen Situation herauskommen", erklärte ein 19-jähriger junger Mann seinen Sprung durch das Fenster aus dem zweiten Stockwerk. „Ich hab an nichts anderes gedacht.");
- dass diesem drängenden Impuls zu widerstehen sehr schwer fällt, weshalb der emotionalen Entlastung in Krisen so wesentliche Bedeutung zukommt als einem wichtigen Schritt, die Impulskontrolle wieder zu erlangen;
- dass sich aus ursprünglich „nur" entlastenden Suizidgedanken Suizidabsichten entwickeln können und aus ihnen in letzter Konsequenz Suizidhandlungen erfolgen können.

Zum Suizid grundsätzlich festhalten möchte ich, dass

- Suizid eine dem Menschen eigene Vorstellungs- und Handlungsmöglichkeit ist und vermutlich die meisten Menschen irgendwann in ihrem Leben sich auch tatsächlich mit dieser Möglichkeit befassen;
- es viele psychische Störungen gibt, auf deren Boden Suizidalität entstehen kann;
- Suizid auch die Freiheit und Selbstbestimmtheit des Menschen zum Ausdruck bringen kann;
- damit auch religiöse, ethische und philosophische Grundfragen der Menschheit berührt werden.

Für die praktische Arbeit entscheidend ist jedoch vor allem die implizite oder explizite Aussage der Klientin: *„So kann und will ich nicht mehr weiterleben!"*

Jede Selbsttötungsankündigung und versuchte Selbsttötungshandlung ist ernst zu nehmen und so zu verstehen, dass es primär um Lebensumstände und Lebensbedingungen geht, die unerträglich scheinen. So kann Suizidalität als Ruf nach Hilfe zu Beistand, Unterstützung, Veränderung aufgenommen werden, der nur auf dem ganz persönlichen Hintergrund und Kontext des Einzelnen verstehbar wird.

In dem „*So*" ist die bei suizidalen Klienten und Klientinnen immer vorhandene Ambivalenz gegenüber Leben und Tod enthalten, die es gilt aufzugreifen, z. B.: „Dass Sie in Beratung gekommen sind und wir jetzt darüber sprechen können, dass Sie an Suizid denken, heißt doch auch, dass es einen Teil in Ihnen gibt, der weiterleben möchte. Lassen Sie uns den auch anschauen!"

Und es ist in diesem „*So*" auch die Hoffnung enthalten, dass Leben doch möglich sei, was ebenfalls thematisiert werden sollte, z. B.: „Sie haben jetzt von den Schwierigkeiten gesprochen, deretwegen Sie sich das Leben nehmen könnten. Was gibt es denn aber auch, was Sie am Leben hält?"

Fremdgefährdung

In einer Situation höchster emotionaler Spannung ist auch die Gefahr von impulsiven, fremdaggressiven Handlungen groß, vor allem dann, wenn die Spannung aus Wut, Sich-eingeengt-, Sich-bedroht- oder Sich-angegriffen-Fühlen resultiert. Da gilt für die Fremdgefährdung auch, was ich bei der Selbstgefährdung gerade oben beschrieben habe, nämlich dass es im Gefolge der akuten Krise primär um Entlastungsgedanken und Entlastungshandlungen geht und es dementsprechend wichtig ist, die Möglichkeit von Entlastung und Wiedergewinnen der Impulskontrolle zu schaffen.

Interventionskonzept

Krisen entstehen individuell, entwickeln sich individuell und daher bedürfen die Klientinnen auch individueller Unterstützung und Hilfe. Das zunehmende Wissen um die Zusammenhänge zwischen äußeren, faktischen Ereignissen im Lebensverlauf und die im Menschen darauf erfolgenden neuro-, bio- und psychologischen Reaktionen einerseits sowie die vielfachen Erfahrungen der praktischen Hilfeleistung andererseits haben jedoch gezeigt, dass sich schwerpunktmäßig Leitlinien und Vorgangsweisen für generell hilfreiches Verhalten fassen und als Konzept formulieren lassen.

1 Definition und Ziel

Krisenintervention ist eine psychosoziale Betreuung, die Gespräche sowie sonstige Tätigkeiten und Maßnahmen umfasst, die geeignet sind, die durch belastende Ereignisse ausgelösten akuten Folgen und Schwierigkeiten der Klientinnen zu lindern und bei deren Bewältigung behilflich zu sein.

Krisenintervention orientiert sich an dem Ziel, die Klientinnen zu befähigen, Probleme und Schwierigkeiten des Alltags mit erstarktem Selbstvertrauen konstruktiv zu bewältigen und ihr Leben aktiv und autonom zu gestalten. Krisenintervention ist wertgeleitet und unterstützt daher die Selbsthilfemöglichkeit, Aktivität, Entscheidungsfähigkeit und Selbstverantwortung der Klientinnen.

2 Aufgaben von Krisenintervention

- Den Kontakt zur Klientin aufnehmen und eine tragfähige Beziehung aktiv entwickeln;
- Leid und Krisensymptomatik auffangen; zu Linderung, Beruhigung, Sicherheit, Entlastung, Impulskontrolle verhelfen; Risiko für destruktive Entwicklung einschätzen und gegebenenfalls minimieren; konstruktiven individuellen Umgang mit Leid und Symptomatik initiieren, fördern, unterstützen;
- mit der Klientin gemeinsam Hilfsmaßnahmen erarbeiten: im Sinne des Krisenmanagements (orientiert an Befinden und Gefährdung) und im Sinne der Problembewältigung bzw. Problemlösung (orientiert an den entstandenen Veränderungen des Lebensgefüges);
- der Klientin behilflich sein, das auslösende Ereignis in seinen Konsequenzen und seiner Bedeutung zu erfassen und in ihr Leben zu integrieren.

3 Grundsätze der Gesprächsführung

Das Krisengespräch wird von der Beraterin insoweit aktiv geführt, als sie einerseits der Klientin Zeit und Raum geben und lassen will zur Entfaltung ihrer persönlichen Art, sich in ihrer Krise verständlich zu machen, andererseits aber notwendige Informationen erhalten und bestimmte Ziele erreichen will. Je nach Befinden, Gefährdungen und Zeitrahmen ist das Gespräch mehr oder weniger strukturiert und kann auch direktive Sequenzen enthalten.[2]

Die im Krisengespräch unbedingt zu eruierenden Minimalinformationen sind:

- Krisenanlass, Dauer, wesentliche Folgen und unmittelbar davon Betroffene (Fakten, Emotionen, Bedeutung);
- Befinden (körperlich, emotionell, kognitiv);
- Gefährdung;
- persönliche Ressourcen und soziales Umfeld (es genügt *eine* bedeutsame und verlässlich unterstützende Person).

Die anzustrebenden Minimalziele sind:

- Beziehung entwickeln, so dass sie tragfähig wird;
- Entlastung – Erleichterung – Impulskontrolle – Beruhigung innerhalb des Gesprächs erreichen, Hoffnung wecken.

---

[2] Vgl. Goll (1985), S. 29.

Wenn diese Ziele – insbesondere die tragfähige Beziehung – nicht oder nur fraglich erreicht werden können und Selbst- oder Fremdgefährdung befürchtet wird oder wahrscheinlich ist, muss mit der Klientin in ihrem Interesse (und dem ihrer Angehörigen und Freunde) über eine stationäre Behandlung gesprochen werden.

Die Spitalsaufnahme kann z. B. sinnvoll sein als Schutz, zur Behandlung oder um zu Ruhe beziehungsweise zu Kräften kommen zu können. Falls es nach diesem Gesprächsabschnitt weiterhin sinnvoll oder notwendig ist und ein ambulantes Setting nicht möglich ist, muss die Aufnahme auch organisiert werden.

Beraterinnen kommen damit ihrer Verantwortung gegenüber der Klientin und deren sozialem Umfeld, gegenüber sich selbst und der Gesellschaft nach.

3.1 Aktiv eine tragfähige Beziehung entwickeln

Von der Beraterin aktiv angestrebt wird, eine tragfähige hilfreiche persönliche Beziehung zu etablieren, damit das Leid und die damit unmittelbar zusammenhängenden Gefährdungen der Klientin möglichst gering gehalten werden können.

Tragfähig ist die helfende Beziehung, wenn sie

- Halt und Sicherheit gibt;
- emotional auffängt und emotionale Resonanz spüren lässt;
- Akzeptanz und Wertschätzung zum Ausdruck bringt;
- sorgende Anteilnahme (für Befinden, äußere Sicherheit, Selbstschutz) und auch unmittelbare Hilfestellung vermittelt.

Tragfähigkeit versucht die Beraterin zu erreichen,

- indem sie das Gespräch führt und individuell angemessen strukturiert (siehe auch: Grundsätze der Gesprächsführung S. 200);
- indem sie Zeit gibt und Zeit lässt: zu erzählen, zu fühlen, zu reagieren, an Zukünftiges zu denken;
- indem sie nicht drängt, zu handeln oder Zukunft zu planen;
- indem sie der Klientin dazu verhilft, sich selbst in ihrer Krise zu verstehen und zu akzeptieren;
- indem sie ihr Verstehen-Wollen bzw. Verständnis benennt;
- indem sie die Hoffnung vermittelt, dass die Klientin diese Situation durchstehen und bewältigen kann, auch wenn es schwer ist;
- indem sie sich mit der Klientin gegebenenfalls auseinandersetzt, damit Beziehung möglich werden kann;
- indem sie die mit der Beratungssituation in Zusammenhang stehenden Befürchtungen/Ängste, Zweifel, Hoffnungen, Erwartungen anspricht.

Dieser letzte Aspekt ist insbesondere wichtig bei fremd-motivierten Klientinnen, also Klientinnen, die von Ärztinnen, Lehrerinnen, Freundinnen, Angehörigen, Notdiensten, Spitälern, Behörden, Gerichten etc. in Beratung geschickt worden sind. „Geschickt worden zu sein" kann von den Klientinnen unterschiedlich erlebt werden und daher unterschiedlichen Einfluss auf die Beratung nehmen:

In einigen Fällen wurden die Klientinnen überwiesen oder auf Beratung hingewiesen, weil die Klientinnen von der Beratungsstelle oder Beratungsmöglichkeit nichts wussten; sie sind für diese Hilfestellung dann oft sehr dankbar.

In vielen Fällen bringen die Klientinnen damit jedoch zum Ausdruck, dass sie von sich aus weder professionelle Hilfe gesucht haben noch in Anspruch nehmen wollten. Dennoch sind sie in Beratung gekommen und Aufgabe der Beraterin sollte es daher sein, den Klientinnen dazu zu verhelfen, selbst zu entscheiden, ob sie von nun an vielleicht doch Beratung beanspruchen wollen. Diese Freiheit zur eigenen Entscheidung muss deutlich gemacht werden. Dies ist für jede Beratung wichtig, bei Krisenklientinnen aber von besonderer Bedeutung, da sie zum einen durch den Krisenanlass ja oftmals fremdbestimmt sind und zum anderen ihre grundsätzliche Kooperationsbereitschaft für die Tragfähigkeit der Beziehung wesentlich ist.

3.2 Aspekte der Beziehungsgestaltung

Grundsätzlich sind bei aller notwendigen und sinnvollen Aktivität der Beraterin immer die situations-, persons- und befindensabhängigen Fähigkeiten der Klientinnen zu Selbstbestimmung, Entscheidungsfreiheit, Selbsthilfe zu beachten, die krisenimmanenten Wünsche nach Passivität, Abhängigkeit zu respektieren und – soweit notwendig – zu gewähren, jedoch nicht zu fördern. Diese Leitwerte, emotionalen Gegebenheiten, Fähigkeiten, Wünsche und Bedürfnisse erzeugen das Spannungsfeld, in dem Krisenintervention regelmäßig steht und woraus auch Schwierigkeiten in der Beziehungsgestaltung erwachsen.

Zwei weitere Besonderheiten der Beziehungsgestaltung ergeben sich aus dem unmittelbaren gefühlsmäßigen Erleben sowohl der Klientinnen als auch der Beraterinnen.

3.2.1 Beiträge der Klientinnen zur Beziehungsgestaltung

Krisen-Klientinnen sind infolge des ihnen Widerfahrenen ratlos, gekränkt, seelisch verletzt, schämen sich, fühlen sich schuldig, hilflos, ohnmächtig, innerlich chaotisch, wie betäubt usw. Zusammengefasst: Sie sind in ihrem Gefühl von Selbstbestimmung, Eigenmächtig-Sein und ihrem Selbstwertempfinden massiv verunsichert und erschüttert. Sie bringen aus diesem Erleben heraus – ausgesprochen und unausgesprochen, bewusst und unbewusst – uns Beraterinnen Einstellungen und Gefühle entgegen, die wir kennen und erkennen sollten, damit die Beratung hilfreich werden kann.

Beispiele sind:

- Die Klientinnen hoffen, dass wir sie vor dem Abstürzen retten können (Idealisierung der Beraterin): „Sie sind meine letzte Hoffnung, dann bleibt der Suizid", sagte ein vierzigjähriger Journalist, dessen Frau einen seinen Ruf und seine Ehre schädigenden Scheidungskrieg entfesselt hatte.

- Sie hoffen, dass wir weiteres Unglück verhindern können (Idealisierung der Beraterin): „Wir haben jetzt unseren Sohn verloren, wir wollen nicht auch noch unsere Tochter verlieren", sagten die Eltern eines 16-jährigen Suizidanten als Motiv für die Beratung.
- Sie „schonen" uns, d. h. sie halten mit Informationen zurück, weil sie befürchten, dass wir ihre Emotionen und Phantasien nicht ertragen können (Misstrauen gegenüber der Beraterin): „Ich hatte den Eindruck, dass es Ihnen unangenehm ist, wenn ich so viel weine, also habe ich mehr von Dingen gesprochen, wo ich nicht weinen musste", sagte die Mutter eines achtjährigen Buben, der beim Spielen tödlich verunglückt war.
- Sie können nicht glauben, dass wir sie moralisch nicht verurteilen werden (Misstrauen gegenüber der Beraterin): „Ich konnte es Ihnen früher nicht sagen, dass ich froh bin, dass sie tot ist, aber ich muss jetzt nicht mehr in dieser furchtbaren Angst um sie leben", sagte eine 30-jährige Tochter zum Suizid ihrer Mutter, nach vielen, von Kindheit an angstvoll erlebten depressiven Phasen ihrer Mutter.
- Sie können nicht glauben, dass wir ihnen zu ihrer eigenen Entscheidung verhelfen wollen (Misstrauen gegenüber der Beraterin): „Sie wollen doch auch nur, dass ich mich scheiden lasse", sagte eine 46-jährige, mehrfach misshandelte Frau, nachdem sie gerade aus dem Spital entlassen worden war.
- Sie können nicht glauben, dass das Bemühen um Verständnis für sie hilfreich sein kann, weil die Beraterin ja keine „Schicksalsgenossin" ist (Ablehnung bis Anfeindung der Beraterin): „Sie können mich nicht verstehen, haben ja keine Ahnung, wie das ist, wenn …".

Die Gefahr der Idealisierung liegt darin, dass die Enttäuschung gewissermaßen „vorprogrammiert" ist und sich in Wut und/oder Entwertung der realen Hilfemöglichkeit oder der Person der Beraterin äußert.

Misstrauen bedeutet von Beginn an Angst und Sich-Zurückhalten, was bei der Klientin zusätzlich zur Krisensituation das Gefühl von Allein-damit-fertig-werden-Müssen und von Allein-gelassen-Sein hervorruft.

3.2.2 Beiträge der Beraterinnen zur Beziehungsgestaltung

Leid, Not und Qual der Klientinnen, wie sie sich in den oben beispielhaft beschriebenen Gefühlszuständen äußern, berühren und erfassen uns Beraterinnen, und die Gefährdungen der Klientinnen versetzen uns in Angst.

Das ermöglicht uns zwei extrem unterschiedliche, für Krisengespräche jedoch typische Reaktionsmöglichkeiten:

Entweder lassen wir uns, von „Retter-Phantasien", dem „Helfer-Syndrom" oder Verantwortungsdruck geführt, *zu sehr* in die Beziehung ein bzw. in sie verwickeln. Das führt dazu, dass

- wir uns zu stark mit der Klientin identifizieren, uns von unseren Bedürfnissen und Gefühlen zu wenig distanzieren können. Wir über- oder unterschätzen dann Fähigkeiten, Bedürfnisse, Gefühle oder das Durchhaltevermögen der Klientin;
- wir *ganz besonders* helfen wollen, daher *besonders* aktiv sind und anstelle der Klientin Lösungen überlegen und vorschlagen, wodurch wir ihr die Eigenverantwortung nehmen und auch ihre Versagensgefühle verstärken.[3]

Oder wir wollen uns aus „Selbstschutz" oder Angst vor der Verantwortung aus der Beziehung heraushalten. Das führt dazu, dass wir uns mit der Klientin nicht (ausreichend) identifizieren können. Als Folge davon

- nehmen wir sie in ihren Problemen nicht wichtig, nicht ernst; wir sagen ihr dann etwa: „Aber machen Sie sich doch nicht so viel daraus!", „Das ist eh nicht so arg!", „Es gibt viel Schlimmeres auf der Welt ..." und ähnliches;
- hören wir ihr zwar aufmerksam zu, lassen aber unser Gefühl nicht sprechen und damit auch ihres nicht; wir suchen dann für alles, was sie quält, vernünftige und logische Argumente, Erklärungen, Vorschläge;
- sind wir an ihr nicht interessiert, langweilen uns;
- schieben wir sie zu sogenannten „Experten" ab. Das ist nicht gleichbedeutend mit der zusätzlichen, manchmal sehr notwendigen Vermittlung eines Experten![4]

Zwei Fallbeispiele

Ausschnitt aus einer Paarberatung

Ein Paar kommt zur Beratung in die Partnerberatungsstelle: Karin (30 Jahre alt) und Walter (acht Jahre älter) stellen sich mit Vornamen vor, wollen auch so angesprochen werden (die Namen sind von mir geändert). Sie kommen, weil es nach mehrjähriger Partnerschaft häufig heftige Streitigkeiten gibt, die aus zunehmend unterschiedlichen Anschauungen über die Alltagsgestaltung resultieren, was bei Karin Trennungsideen hervorruft, Walter ist jedoch gegen eine Trennung.

Das im Erstgespräch von und zwischen ihnen vereinbarte Beratungsziel ist, zu besprechen, wie sie anders und besser als zuletzt zusammen leben können. Dafür vereinbaren wir weitere fünf Gespräche (je 90 Minuten Dauer), nach denen, in einem sechsten Gespräch, besprochen werden soll, wie es weitergehen kann.

Zwei dieser Folgegespräche haben bereits stattgefunden: Im ersten waren vor allem Schwierigkeiten und Streitsituationen thematisiert worden, im zweiten lag der Schwerpunkt auf Gemeinsamkeiten sowie auf Überlegungen, wie diese vermehrt werden könnten.

---

[3] Vgl. Goll (1985), S. 34.
[4] Vgl. Goll (1985), S. 33 f.

Im dritten Folgegespräch berichtete Walter anhand von Notizen über einige Situationen, wo sie beide zufrieden gewesen seien. Karin sagt nach ungefähr zehn Minuten in nachdrücklicher Art: „Ich habe mich entschieden, die Beziehung zu beenden".

Ich bemerke, wie Walter geschockt erstarrt, ich bin selbst völlig überrumpelt und beschließe, da ich Walter nach dem Schock noch etwas Zeit lassen will, nach einer „Schrecksekunde" Karin zu fragen: „Wie sind Sie denn zu dieser Entscheidung gekommen?"

Karin: „Es ist mir deutlich geworden, dass es zwischen uns nicht um zu bereinigende Streitsituationen oder ein Sich-nicht-verstehen-Können geht, sondern dass wir uns grundlegend auseinanderentwickelt haben."

Ich: „Was meinen Sie damit?"

Karin: „Walter lebt so verantwortungsbewusst, nimmt alles so ernst, ich möchte ungeplant, leichter und spontan leben."

Ich: „Und das geht gemeinsam nicht?"

Karin: „Nein."

Ich: „Da sind Sie sicher?"

Karin, bestimmt in Ton und Haltung: „Ja!, und ich will auch nichts mehr versuchen!"

Ich wende mich nun an Walter, der verkrampft und angespannt wirkt (sitzt sehr aufrecht, stocksteif, Hände in einander verkrampft): „Walter, was geht in Ihnen vor?"

Walter, zögernd, stoßweise: „Ich weiß nicht ... ich spür nichts ... ich kann nichts sagen ..."

Ich empfinde aggressive Spannung im Raum und sage nach längerer Pause: „An was denken Sie denn gerade?"

Walter: „Mir schwirrt der Kopf von Gedanken ... dass ich mich umbringe oder vielleicht Amok laufe."

Ich: „Was wollen Sie uns damit sagen, Walter?"

Angespanntes, langes Schweigen, in dem ich deutlich meine Unsicherheit und Angst spüre, mir durch den Kopf geht, dass ich das Risiko einschätzen muss, und dann frage ich: „Haben Sie eine Waffe?"

Walter: „Nein, aber ich kann mir eine besorgen."

Ich bin zwar etwas beruhigt (unmittelbar kann er nichts tun), aber die Angst bleibt, ich spüre auch eigenen Zorn, versuche zu verstehen und sage: „Könnte es sein, dass Sie damit Ihre große Wut über uns ausdrücken?"

Walter reagiert nicht, schweigt. Ich überlege fieberhaft, mich unter steigender Angst und Druck fühlend, wie das Gespräch weitergehen soll, merke, dass mir nichts einfällt und ich nichts tun kann und daher ebenfalls schweige. Auch Karin rührt sich nicht. Die Spannung steht massiv und dicht, die Luft ist zum Schneiden.

Nach langer Zeit wendet sich Walter zu Karin: „Es ist unfair und ungerecht, dass Du diese Gespräche beendest" – er wird zunehmend lauter und heftiger – „uns nicht mehr Zeit geben willst; es ist unfair" – er schlägt mit den Fäusten auf die Armlehnen des Sessels – „es ist unfair, es ist …"

Ich falle ihm ins Wort und sage betont: „Walter, Sie spüren jetzt Wut!"

Walter: „Ja, ich bin wütend und zornig, ich möchte rasen und …" die Stimme kippt und er beginnt haltlos zu weinen.

Karin unterdrückt den Impuls, Walter zu berühren. Ich spüre in Walters Wut auch sein Leid und bin gleichzeitig erleichtert, weil ich sein Weinen als krampf- und aggressionslösend erlebe und denke, dass im Augenblick der Bann gebrochen und das Gefahrenrisiko gesenkt ist.

Ich lasse lange Zeit, um die Entspannung wirken zu lassen.

Walter versucht allmählich, sich zu fassen, weint in unterschiedlicher Stärke, aber viel ruhiger, von nun an bis zum Schluss immer wieder.

Ich wende mich an ihn: „Ich spüre nicht nur viel Wut, sondern auch viel Schmerz bei Ihnen."

Walter nickt und weint – Pause.

„Karin, wie geht es denn Ihnen?"

Karin, wendet sich Walter zu: „Es tut mir leid, dass diese Entscheidung dich so trifft, für mich ist sie aber richtig."

Nach einiger Zeit, als Walter wieder ruhiger wirkt, frage ich ihn: „Wie fühlen Sie sich im Moment?"

Walter: „Mein Leben ist zerstört – ich bin zerstört und aufgewühlt."

Ich: „Und was ist mit den Suizid- und Amokgedanken?"

Walter: „Im Augenblick denke ich das nicht."

Ich: „Wenn Sie jetzt von hier weggehen, was tun Sie dann?"

Walter: „Ich weiß nicht, ich bin verzweifelt." Er weint.

Ich, verständnisvoll akzeptierend: „Ja."

Nach einiger Zeit frage ich ihn, ob er glaube, dass er schlafen werde können, was er bejaht, und ob er wisse, wo er die Nacht verbringen werde, ob er vielleicht einen Freund treffen könne oder wenigstens telefonieren? Dazu äußert er sich ganz unbestimmt.

Ich informiere ihn, dass es im Zuge dieser persönlichen Katastrophe durchaus möglich sei, dass die Suizid- und Amokgedanken wieder kämen oder dass er sonst das Bedürfnis spüre, mit jemandem zu sprechen und dass dies auch nachts möglich sei, telefonisch, aber auch persönlich, schreibe die Telefonnummern bzw. Adresse auf und gebe ihm den Zettel, den er aufmerksam liest und sorgsam einsteckt.

An Karin wende ich mich, indem ich sage, da ich jetzt lange nur mit Walter gesprochen habe, wie das für sie sei, worauf sie meint, dass es „schon gepasst" habe. Auf Nachfrage (ich glaube, bei ihr Betroffenheit wahrzunehmen) sagt sie, dass sie sehr aufgewühlt sei, aber bei einer Freundin schlafen werde, mit der sie auch gut reden könne.

Da die Gesprächszeit zu Ende geht, fasse ich zusammen, dass Karin heute ihre Entscheidung zur Trennung mitgeteilt habe und weitere Paargespräche daher keinen Sinn ergäben. Mit Walter würde ich gerne weiterarbeiten, wenn er das wolle, um über sich und seine Situation zu reden. Morgen sei ich allerdings leider nicht erreichbar, falls Walter aber in die Beratungsstelle käme, würde eine Kollegin mit ihm sprechen. Ich selbst sei übermorgen telefonisch wieder erreichbar. Walter fragt nach der genauen Zeit, die ich nenne, und ich füge hinzu, dass ich mich freuen werde, wenn er anruft.

Und so verabschieden wir uns.

Die weitere Entwicklung: Walter ruft nach zwei Tagen an. Er weint so viel, dass wir zweimal telefonieren. Er berichtet, wie es ihm geht („sehr traurig") und dass er weitere Gespräche und einen Termin mit mir vereinbaren möchte. Dies geschieht.

In weiteren neun Gesprächen findet er einen Umgang mit der Trennung und seinem veränderten Leben.

Über seine Suizid- und Amoklaufens-Gedanken (sie traten nach dem beschriebenen Gespräch nicht mehr auf) sagt er in einem dieser Folgegespräche, dass er sie „für eine Grenzmarkierung" halte. Auf Nachfrage, was er damit meine, erzählt er, dass sie ihm gezeigt hätten, dass er die „Grenzen des für mich Tragbaren" erreicht habe. Ich akzeptiere diese Sicht, füge jedoch – ihm entgegenhaltend – hinzu, dass er in meiner Wahrnehmung und Erinnerung massiv wütend war, ob er sich daran erinnern könne? Er bejaht dies und davon ausgehend werden seine aggressiven Reaktionen bei Kränkung und Enttäuschung besprechbar (ich nehme hier eine Tendenz zur Verleugnung seiner Aggression wahr und stelle meine Erinnerung dagegen).

Anmerkungen zu diesem Gespräch

Ich habe diesen Beratungsausschnitt aus mehreren Gründen gewählt:

1. Weil auf Basis einer schwelenden Beziehungskrise in einem Beratungsgespräch die Krise unmittelbar eskaliert und ein kriseninterventives Vorgehen notwendig wird.

Dies ist zwar eine ungewöhnliche Situation, weil typischerweise die Krise außerhalb der Beratung ausgelöst wird und die Klientinnen, wenn sie in Beratung kommen, bereits in Reaktions- und Verarbeitungsprozessen stehen.

Dennoch kann sich, gerade in der EFL-Beratung, eine ähnliche Situation jederzeit wieder ergeben.

Darüber hinaus werden viele Schwierigkeiten von Krisenintervention unmittelbar in der Gesprächssituation präsent.

2. Weil die beiden potenziell irreversiblen Gefahren der Krise sichtbar werden: Suizid- und Fremdgefährdung.
3. Weil Konzept und Vorgangsweise von Krisenintervention erkennbar werden. So wird deutlich,

- dass die Beraterin sehr direkt und eindeutig spricht;
- dass es wichtig ist, wenn Klientinnen keine Worte finden (können), als Beraterin Verständnis zu entwickeln für die geäußerten und nicht-geäußerten Handlungsmöglichkeiten und Emotionen, für das, was die Beraterin intuitiv oder als im Raum stehend empfindet. Ebenso wichtig ist es, dieses Verständnis ins Gespräch zu bringen: Ich verstehe Walters Äußerungen als Reaktion auf die Beziehungen, sowohl – und vorrangig – auf die zu Karin, aber auch auf die zu mir, und fasse in dieser Situation sowohl die Suizidideen als auch die Gedanken an Amoklaufen als Ventil und Notsignal für Wut, Schmerz und Enttäuschung auf;
- dass die offen werdende Wut benannt wird;
- dass gegen Ende des Gesprächs nach den Suizid- und Amok-Gedanken nachgefragt wird;
- dass im Sinne von Krisenmanagement Sicherheit und Unterstützung (schlafen, Freunde) wichtig sind und bei (möglichem) Fehlen auch vermittelt werden (Notfalleinrichtungen besprechen und aufschreiben);
- dass sich das Krisenmanagement auch auf Karin als „Auslöserin" und Mitbetroffene erstreckt (erfahrungsgemäß werden Mitbetroffene leicht und daher häufig übersehen);
- dass die Beraterin die (hier bereits bestehende) Beziehung zwischen Walter und sich in ihrer Tragfähigkeit bestärkt durch ihren Versuch, ihn emotional zu verstehen und seine Wut auch auf sich zu beziehen. (Er ist vermutlich auch über die Beraterin enttäuscht, die Karins Entscheidung nicht verhindern konnte.) Beziehungsfördernd sind auch ihre Versuche, ihn emotional zu erreichen, ihr Akzeptieren seiner Wut, ihre Sorge um ihn, ihre Worte beim Abschied, sie werde sich freuen, wenn ...

4. Weil hier zwei Personen parallel eine schwierige Situation erleben, wenn auch sehr verschieden:

Walter erlebt eine Krise, und ich, die Beraterin, eine krisenhafte Situation, charakterisiert durch ein Gefühl größter Hilflosigkeit. Walters Krise ist klar: Er erfährt unerwartet – er glaubt ja und ist darauf eingestellt, dass gemeinsam Änderungen möglich sind, dass eine für ihn ganz wichtige Beziehung zu Ende ist („Mein Leben ist zerstört.").

Er reagiert entsprechend zunächst mit Schock (erstarrt), bis dann die Gefahren und Emotionen der Krise auftauchen.

Walters Krise wird noch einige Zeit andauern und er wird deutliche und massive Schwankungen und Rückschläge durchleben, bis er sie verarbeitet hat.

Die krisenhafte Situation für mich beginnt mit Walters Äußerungen, „dass ich mich umbringe, ... Amok laufe", die allerdings bereits auf mein labilisiertes, psychisches Gleichgewicht treffen: in meinem Gefühl, „Überrumpelung" durch Karins Mitteilung, ist auch mein Ärger über ihren Umgang mit der Beratung und mir enthalten (stellt mich vor eine vollendete Tatsache, hält die auch mit mir geschlossene Vereinbarung nicht ein), ein Ärger, den ich zunächst allerdings nicht wahrnehme, dadurch aber in meinen Reaktionen eingeengt bin.

Walters Äußerungen alarmieren mich, insbesondere da es zunächst fraglich ist, ob ich ihn überhaupt emotional erreichen kann, was mich verunsichert und wodurch ich zunehmend Angst und Verantwortung spüre und mich hilflos fühle, aber auch tatsächlich nicht mehr denken und handeln kann (da übernehme ich vielleicht auch Walters Hilflosigkeit). Dann kann ich meinen eigenen Zorn endlich wahrnehmen – und Walters offener Aggressionsausbruch ermöglicht mir, ihn emotional zu erreichen (Er bestätigt: „Ich bin wütend, ich fühle Schmerz.").

Die krisenhafte Situation für mich ist beendet, ich kann wieder reagieren, denken und intervenieren, auch wenn ich mich unsicher fühle.

Kommentar zum Gespräch

Dieses Gespräch macht einige der Schwierigkeiten von Krisengesprächen deutlich: Krisengespräche sind oft emotional aufgeladen und daher schwer (er)tragbar. Sie fordern von der Beraterin, die Balance zu finden zwischen Aktiv-Sein, Nachfragen, Strukturieren einerseits und Freiraum lassen, Zuwarten andererseits. Es ist häufig eine Gratwanderung zwischen Zuviel und Zuwenig.

Das Gespräch wirft auch grundsätzliche Fragen auf, die sich die Beraterin immer wieder stellen muss und die sie immer wieder neu, d. h. der jeweiligen Gesprächssituation angemessen, beantworten muss:

- War ich z. B. im Hinblick auf die Gesprächsführung zu aktiv oder habe ich umgekehrt zu lange zugewartet? Krisenintervention will doch Selbstverantwortung stützen und Hilflosigkeits- und Abhängigkeitsgefühle nicht verstärken.

  Zunächst habe ich die Gesprächsführung übernommen, weil Walter im Schock erstarrte und Zeit haben sollte, sich etwas zu fassen und überhaupt reagieren zu können, und so beschloss ich, mit Karin über ihre Entscheidung zu reden.

  Auf dem Höhepunkt meiner Hilflosigkeit konnte ich einige Zeit nicht strukturieren.

  Danach war ich wieder aktiv im Strukturieren des Gesprächs: Es war meine Aufgabe zu ermöglichen, die Risiken besprechbar zu machen und für Interventionen im Sinne des Krisenmanagements zu sorgen. Da stand ich zunehmend auch unter Zeitdruck.

  Dennoch denke ich aus meiner heutigen Erfahrung heraus, dass ich öfter versuchen hätte können, Walter mehr einzubeziehen (im Sinne der oben genannten Ziele).

- Eine andere häufige Frage, die auch hier auftaucht, ist: Hätte ich mehr nachfragen oder auf Antworten drängen können, ohne Walter noch mehr einzuengen? Dieser Aspekt, weitere Einengung zu vermeiden, ist von besonderer Bedeutung bei akut Suizidgefährdeten, weil deren Denken und Fühlen ohnehin spezifisch eingeengt ist[5].

  So habe ich beim Sicherheitsnetz (Schlafmöglichkeit, Freund) nicht weiter insistiert, weil ich Walter durch ein Beharren nicht zusätzlich einengen wollte. (Ich weiß von ihm aus den Vorgesprächen, dass ihm Selbstbestimmung und Entscheidungsfreiheit ungemein wichtig sind.)

- Eine weitere, wichtige Frage: Wie viel Spielraum für eigene Entscheidungen kann ich lassen – und bei welchen Themen?

  Ich kann Walter nach Hause gehen lassen, weil ich sicher bin, dass er heute weder sich noch andere gefährden wird.

Wie komme ich zu dieser Sicherheit? (s. auch Indikatoren der Bewältigung, S. 217)

Walters Potenzial, Schwierigkeiten **vor** Entstehen dieser Krise zu bewältigen, war mir als ausreichend aus den Vorgesprächen bekannt.

Walter ist grundsätzlich sozial integriert, allerdings erfahre ich nichts über aktuelle Unterstützungsmöglichkeiten (das ist ein gewisses Risiko, das ich mit den Notfallnummern etwas begrenzt habe).

Walters aktuelles Befinden am Ende des Gesprächs ist deutlich gebessert: Er ist traurig und weint, aber er ist wesentlich ruhiger, er denkt nicht mehr daran, sich oder andere zu gefährden, er ist nicht mehr aggressiv angespannt.

---

[5] Vgl. Ringel (1953), S. 117 ff.

Walters Beziehung zu mir ist tragfähig (siehe oben, Anmerkungen 3, letzter Punkt). Er nimmt die Notfallnummern aufmerksam an, er fragt nach meiner Erreichbarkeit.

Ich vereinbare keinen fixen Termin mit Walter, um ihn nicht zu bedrängen und um seine Autonomie zu bekräftigen, sage jedoch beim Verabschieden (und meine das auch so), dass ich mich über seinen Anruf freuen werde.

Dieses Vorgehen ist gegen die – auch für mich – typische Vorgangsweise, bei Gefährdeten jedenfalls einen nächsten Termin zu fixieren (als „Bindung", „Halt"), sie entspricht aber meinem Gefühl und Verstehen seines Entscheidungs- und Autonomiebedürfnisses.

In Krisengesprächen wird besonders deutlich, dass es keine absolute Sicherheit über zukünftiges menschliches Verhalten geben kann, dass immer ein Restrisiko bleibt. Das liegt einerseits daran, dass wir Beraterinnen uns irren und die Situation falsch einschätzen können, und es ist andererseits in der Willensfreiheit des Menschen begründet. Was wir jedoch tun können, ist, uns zu bemühen, aus unserem Fühlen, Wissen und Handeln heraus, das Risiko zu reduzieren.

Das Gespräch liegt nun ungefähr zwanzig Jahre zurück und ich denke, dass ich heute manches anders machen würde und in einer vergleichbaren Situation auch nicht so hilflos werden würde. Angst und Verantwortung würde ich auch jetzt verspüren, doch glaube ich, dass ich infolge vermehrten Wissens und gewachsener Erfahrung meinen Wahrnehmungs- und Handlungsspielraum beibehalten könnte.

Was ich anders machen würde? Vor allem würde ich heute

- Walter fragen, ob er schon früher ähnlich reagiert habe;
- versuchen, Walter mehr zum Äußern seiner eigenen Vorstellungen zu ermutigen, z. B. nochmals fragen, was er uns mit seinen Äußerungen mitteilen wolle, bevor ich ihm eine Interpretation anbiete, oder wie er sich die Konsequenzen seines Handelns vorstelle oder was ihm noch heute die Situation eine Spur erleichtern könnte.

Was ich aber keineswegs ausschließen kann, ist, dass ich als Beraterin in einer anderen Situation, in der ich Zeugin (der Krise eines anderen) und Betroffene bin (mitbeteiligt, selbst überrascht und unter Angst und Verantwortungsdruck hilflos) und in der ich meine Funktion, das Gespräch zu leiten, ausüben muss, neuerlich eine für mich krisenhafte Situation erleben könnte – und dementsprechend eingeschränkt wahrnehmen und reagieren würde.

Dies nämlich ist das stete Risiko in der Arbeit mit Menschen in akuten Krisen, dass auch die Helferinnen und Helfersysteme davon betroffen werden und ihrerseits in Krisen und krisenähnliche Situationen geraten.

Ausschnitte aus einem Einzelgespräch – Umgang mit Suizidgedanken

Frau F., Mitte bis Ende sechzig, kommt zum ersten Mal und berichtet weinend, dass ihr gleichaltriger Mann vor drei Wochen bei einem Verkehrsunfall als Fußgänger tödlich verunglückt ist. Nach genauer Schilderung des Unglücks und wie es ihr in der anschließenden Zeit ergangen ist, kommt es zu folgendem Dialog:

> Frau F.: „Am besten wär', wenn ich Schluss machen würde."
>
> Ich: „Meinen Sie damit, dass Sie sich das Leben nehmen wollen?"
>
> Frau F.: „Ja, was soll ich denn hier noch ohne ihn?" Ihr Weinen geht in Schluchzen über; ich warte, bis es nachlässt.
>
> Ich: „Haben Sie schon überlegt, wie Sie's tun würden?"
>
> Frau F.: „Nein, aber wahrscheinlich würde ich Schlaftabletten nehmen, die hab' ich zu Haus."
>
> Ich: „Haben Sie Schwierigkeiten mit dem Schlafen?"
>
> Frau F.: „Nein, nein, ich nicht, mein Mann hat die genommen, nach einer Herz-Operation – Bypass."

Sie weint nun wieder heftiger, sucht offenbar ein Taschentuch, ich schiebe ihr mit den Worten: „Hier sind Papiertaschentücher für Sie" ein Packerl über den Tisch zu, das sie nimmt, wobei sie mich mit einem langen Blick anschaut (ich empfinde ihn als überrascht-prüfend und habe den Eindruck, dass sie mich jetzt erstmals wirklich sieht).

> Ich: „Sie könnten also Schlaftabletten nehmen; was stellen Sie sich dann vor, dass nach Ihrem Tod wär'?"
>
> Frau F.: „Dass ich mit ihm wieder zusammen bin."

Sie weint nun bitterlich, ich bin berührt, wir bleiben so und sie wird nach längerer Zeit ruhiger.

> Ich: „Sie fühlen sich sehr einsam, ist das so?"
>
> Frau F.: „Ja, wir waren mehr als vierzig Jahre zusammen, haben immer alles gemeinsam gemacht."
>
> Ich: „Da verstehe ich gut, dass er Ihnen fehlt. Wann fehlt er Ihnen denn ganz besonders?"
>
> Frau F.: „In der Früh, da haben wir immer den ganzen Tag besprochen. Mit wem soll ich das jetzt tun?"
>
> Ich: „In der Früh, da geht er Ihnen also besonders ab, und wann noch?"
>
> Frau F.: „Am Abend, da haben wir immer unsere Erlebnisse besprochen, na ja, nicht immer (sie beginnt unter Tränen ein bisschen zu lächeln), weil er gerne im Fernsehen Sport und Krimis gesehen hat, und da durfte ich ihn nicht stören."

Nun weint sie wieder heftig und ich lasse lange Zeit. Nach langer Pause:

Ich: „Was glauben Sie, würde er Ihnen denn jetzt sagen, wenn er sehen könnte, wie es Ihnen geht?"

Frau F.: „Er würde sagen: Ich weiß, dass ich dir fehle, du wirst es aber auch ohne mich schaffen."

Ich: „Das finde ich schön, dass er weiß, dass er Ihnen fehlt. Und ich finde auch schön, dass er sicher ist, dass Sie ohne ihn zurechtkommen werden. Er hat Vertrauen in Sie."

Frau F.: „Ja, wir haben immer auch sehr viel über uns gesprochen. Auch unsere Tochter sagt, dass ich es schaffen werde, und kümmert sich um mich. Ich helfe ihr auch ..."

Sie schildert nun ihren Alltag mit Tochter und Enkelkindern.

Später im Gespräch: Die Tochter, die ihrerseits um den Vater trauert, ist für Frau F. eine wichtige Bezugsperson.

Ich: „Weiß eigentlich Ihre Tochter, dass sie manchmal denken, sich das Leben zu nehmen?"

Frau F.: „Nein, das würde ihr Angst machen."

Ich: „Und wenn Sie es tun würden, wie wäre das für sie?"

Frau F.: „Das wäre schrecklich für sie, wir verstehen uns gut, sie hat auch ihren Vater sehr geliebt, das kann ich ihr nicht antun. Ich werde es auch nicht tun" (sagt sie sehr bestimmt).

Die weitere Entwicklung:

Die Suizidgedanken treten noch einige Zeit auf (wir haben gezielte Ablenkung und andere Schutzmöglichkeiten erarbeitet), sind aber nie drängend, verlieren auch zunehmend an Häufigkeit. Sie brachten manchmal mehr die Sehnsucht nach ihrem Mann zum Ausdruck, manchmal mehr ihr Gefühl des Alleinseins oder später auch das zornige Gefühl des Im-Stich-gelassen-worden-Seins.

Insgesamt haben wir 15 Monate lang regelmäßig Gespräche geführt.

Kommentar zum Gespräch

Wichtig an diesem Gespräch ist, dass

- sowohl der Suizidgedanke als auch der Sinn des Suizids (Vereinigung im Jenseits) konkret angesprochen werden;
- von mir nach der Reaktion der Tochter gefragt wird,
  Diese Frage kann – wie auch in diesem Beispiel – eine Halt gebende Beziehung zu Tage fördern. Sie kann aber auch Motive für den Suizid verdeutlichen („Ich stell mir vor, wie alle weinend an meinem Grab stehen, weil sie

jetzt erst merken, was sie an mir verloren haben." – „Sie würde leiden, aber es soll ihr auch weh tun, damit sie weiß, was sie mir angetan hat." – „Es wäre zwar schlimm für ihn, aber er kommt ohne mich viel besser zurecht."), mit denen dann weitergearbeitet werden kann.
- das Risiko, dass sich Frau F. das Leben nimmt (in diesem Gespräch, das kann sich von Gespräch zu Gespräch ändern und muss immer nachgefragt werden), als relativ gering eingeschätzt werden kann:

Wieso?
Die Gedanken an Suizid sind nicht drängend oder sich aufdrängend, die Vorbereitungen und die Handlungsabsicht wirken eher passiv („am besten wär'...", „... wahrscheinlich Schlaftabletten"), das bedeutet, dass Frau F. aktuell unter keinem großen Handlungsdruck steht.[6] Außerdem wirkt sie sehr entschieden in ihrer Aussage, „dass sie es nicht tun werde".

Darüber hinaus ist sie familiär gut eingebettet und wird aktiv unterstützt. Zu mir hat sie eine tragfähige Beziehung entwickelt (s. auch Indikatoren der Bewältigung S. 220).

Anmerkungen zu diesem Gespräch
Ich habe es ausgewählt,
1. weil es einen möglichen Umgang mit Suizidgedanken schildert;
2. weil die Suizidgedanken nicht nur unmittelbaren Entlastungscharakter haben. Sie bringen für Frau F. im Zuge der Bewältigung ihres Verlusts die Intensität verschiedener Gefühle und Wünsche zum Ausdruck und ermöglichen ihr, diese zu besprechen und nach einiger Zeit zu akzeptieren. Zum Beispiel, dass es nach vierzig Jahren des Beisammenseins verständlich ist, dass sie wünscht, dass er da wäre; dass es verständlich ist, dass sie zornig ist, dass er sie mit den Schwierigkeiten des Lebensalltags allein lässt u. a.;
3. weil aus dem weiteren Verlauf ersichtlich wird, dass – wie bei manch anderen Trauernden auch – die Suizidgedanken im Zuge der Trauerarbeit über einige Zeit hindurch auftreten, ohne quälend oder drängend zu werden, daher auch keine medikamentöse oder stationäre Behandlung notwendig wird. Sie haben – wie gerade beschrieben – individuell unterschiedlich eine wichtige Funktion in der Bewältigung von Verlusten.

Die beschriebene weitere Entwicklung in beiden Fallbeispielen macht ein wichtiges Prinzip von Krisenintervention deutlich, nämlich dass Gedanken an Selbst- oder Fremdgefährdung immer wieder thematisiert werden sollten, da sich das diesbezügliche Risiko von Gespräch zu Gespräch verändert bzw. verändern kann.

---

[6] Wolfersdorf (1997), S. 119.

Schematische Struktur des Krisengesprächs

Unmittelbare Ziele des Krisengesprächs

Das Krisengespräch soll:
- eine tragfähige Beziehung zwischen Klientin und Beraterin herstellen, sichern, festigen.
- Entlastung, Erleichterung, Impulskontrolle, Beruhigung erreichen.
- Verständnis für die Klientin entwickeln und ihr behilflich sein, sich selbst in der Krise zu verstehen und zu akzeptieren; Eine Hauptaufgabe von Krisenintervention ist es, der Klientin zu ermöglichen, dass sie sich in ihrer Krise zu akzeptieren beginnt und davon ausgehend Möglichkeiten der Sicherung und Hilfe für sich entwickeln bzw. entsprechende Angebote von anderen annehmen kann. Diese Möglichkeiten müssen auf ihren Zweck und ihre Realisierbarkeit hin durchgearbeitet werden.
- Situationsbewältigung initiieren: Was ist notwendig, um die auslösende Situation und die entstandene Leidenssymptomatik etwas leichter ertragen zu können? Was ist selbst, was durch andere möglich? Selbst- und Fremdschutzmöglichkeiten besprechen und Unterstützungsstrategien erarbeiten!

In vielen Erstgesprächen ist es bereits möglich, manchmal sogar unerlässlich, die Problembewältigung/Problemlösung einzuleiten. Die Beraterin verhilft der Klientin, ihr Problem zu konkretisieren und zu definieren, dessen gefühlsmäßige und reale Bedeutung zu erfassen, ihre persönlichen Widersprüchlichkeiten zu erkennen, sich für eine realisierbare Veränderung zu entscheiden. Diese Veränderung soll durch ein zielgerichtetes, der Klientin zumutbares und mögliches Verhalten so rasch wie möglich begonnen werden.[7]

Auslösendes Ereignis erfassen

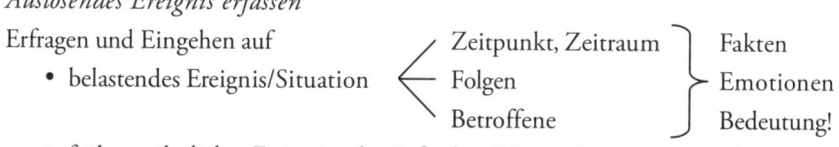

Erfragen und Eingehen auf
- belastendes Ereignis/Situation ← Zeitpunkt, Zeitraum / Folgen / Betroffene } Fakten / Emotionen / Bedeutung!
- früheres ähnliches Ereignis oder Befinden: Wie und was war damals, wie wurde es bewältigt? Vorerfahrungen mit Beratung, Psychotherapie oder psychiatrischer Behandlung?;
- die derzeitige Lebenssituation der Klientin;
- die Fähigkeiten und Ressourcen der Klientin;
- Problemlösungsvorstellungen und Problemlösungsansätze der Klientin;
- Erwartungen an die Beraterin beziehungsweise an die Institution.

---

[7] Vgl. Goll (1991), S. 48.

Körperliches und psychisches Befinden besprechen

Die Beraterin geht auf die emotionale Situation (z. B. Traurigkeit, Verzweiflung, Ohnmacht, Aggression, Scham) der Klientin sowie die körperliche (z. B. Schlaflosigkeit, motorische Unruhe, Appetitlosigkeit) und kognitive (z. B. Verwirrtsein, Konzentrationsschwierigkeiten, Gedächtnislücken) Begleitsymptomatik sowie deren mögliche Konsequenzen ein. Insbesondere versucht sie, das Selbsttötungsrisiko/Fremdtötungsrisiko zu erhellen.

Die Beraterin bemüht sich, der Klientin zu ermöglichen, ihre Gefühle wahrzunehmen, zu benennen, auszudrücken und zu handhaben. Sie weist auch darauf hin, dass diese Symptomatik eine angemessene und normale Reaktion auf das Leid der Klientin ist.

Bei möglicher oder bestehender Suizidalität:

- Suizid-Hinweise aufgreifen und Suizid-Gedanken ansprechen, falls Klientin es nicht selbst tut;
- Suizid-Gedanken, -Phantasien, -Impulse, ihre Häufigkeit, Zeitpunkt des Auftretens, Ängste und Bedenken davor etc. schildern lassen ebenso wie den Sinn des Suizides, Vorstellungen und Pläne zur Verwirklichung;
- Fragen stellen: Wer weiß noch davon? Deren Reaktionen? War das erwartet?;
- Auslösesituation detailliert schildern lassen, um die wesentliche Enttäuschung, Kränkung, Angst, Hilflosigkeit erfassen zu können: Verstärkt sie den Zweifel am Mann-Sein beziehungsweise Frau-Sein? Bedroht sie den persönlichen Wert, Einfluss, Macht, Bedeutung (Versagen)? Aktualisiert sie ein grundlegendes Gefühl von Nicht-Angenommensein (Abgelehntwerden, Verlassenwerden, Im-Stich-gelassen-Werden, Nicht-Erwünschtsein)?;
- Gab es bereits früher Suizidversuche? Was war damals die genaue Situation? Was ist ähnlich zur jetzigen?;
- Was könnte der Klientin helfen? (Die Suizidantin ist immer ambivalent gegenüber Leben und Tod, sie will nicht so wie jetzt weiterleben.) Was müsste anders werden? Wie? Wie könnte das geschehen? Was kann sie selbst oder jemand anderer dazu tun?[8]

„Wenn ausgeprägte Depression, große Angst (Panik) oder Aggression nicht durch Entlastung, wie z. B. Gefühle äußern, Chaotisches ordnen, Zusammenhänge verstehen, und durch Entspannung (z. B. Atem- und Muskelentspannungsübungen) entscheidend vermindert werden können"[9], sollte an medikamentöse Unterstützung gedacht und zu einem (Beratungs-)Gespräch mit einem Arzt geraten werden. Dies insbesondere bei hoher Selbst-/Fremdtötungsgefahr, schwerer Störung der Impuls-

---

[8] Vgl. Goll (1995), S. 174 ff.
[9] Goll (1991), S. 47.

kontrolle, länger bestehender Schlaflosigkeit, Entscheidungsunfähigkeit oder Unfähigkeit zu sinnvoller Zusammenarbeit. Die medikamentöse Therapie ist immer als vorübergehende Unterstützung gedacht.

Beweggründe für eine Aufnahme ins Spital können in diesen Fällen sein:
- Schutz vor sich selbst: Wenn die Klientin ihrer selbst nicht sicher ist;
- zur Behandlung: Wenn es der Beraterin nicht möglich ist, mit der Klientin in Kontakt zu kommen; wenn (zeit-)intensive Behandlung notwendig scheint;
- bei hoher Selbst-/Fremdgefährdung: als Schutz, Sicherheit, weil dichte Betreuung erforderlich ist;
- wenn Distanzierung vom Umfeld sinnvoll, notwendig und anders nicht möglich ist;
- wenn die selbst-/fremdgefährdete Klientin von sich aus eine Aufnahme möchte.

Die bedeutsamsten Indikatoren für eine konstruktive Bewältigung der bestehenden Krisensituation sind:
- das Bewältigungsvermögen vor Entstehen der Krise;
- das aktuelle Befinden am Ende des Gesprächs (bezieht sich auf die unmittelbare Gefährdung);
- das derzeit vorhandene Selbsthilfepotenzial;
- das aktuelle Ausmaß der sozialen Integration;
- das Ausmaß der aktuellen und sicher verfügbaren Unterstützung durch das soziale Netz und
- die Beziehung zwischen uns (Beraterin – Klientin).[10]

Hilfsmaßnahmen gemeinsam erarbeiten
„Bestehende Hilfssysteme der Klientinnen (Angehörige, Freunde, Nachbarn etc.) sollen von ihnen unterstützend mit einbezogen werden. Im Notfall werden wir selbst diese aktivieren bzw. heranziehen."[11] Gemeinsam mit der Klientin wird ein Hilfsplan entwickelt, abhängig vom aktuellen Befinden, den möglichen Gefährdungen und dem bestehenden Sozialnetz.

Maßnahmen des Krisenmanagements
Beispielsweise zähle ich auf:
- zur Sicherung: Selbst-/Fremdschutzmaßnahmen besprechen, Aufschreiben der Erreichbarkeit von Notrufen und Notdiensten, Zeit- und Tagesstrukturierung planen, (eventuelle) Aufnahme im Spital;

---

[10] Vgl. Goll (1991), S. 47 f.
[11] Goll (1991), S. 48.

- zur Distanzierung: gezielte Ablenkung, Kurzurlaub, belastende Gedanken niederschreiben und für einige Zeit weglegen;
- zur Entlastung: Arbeit delegieren, Krankenstand;
- zur Stabilisierung: Zeit- und Tagesstrukturierung planen, medikamentöse Behandlung;
- zur Unterstützung: Unterstützung suchen für Verpflichtungen und Aufgaben;
- zur Behandlung: (Fach-)Arztvermittlung, Aufnahme im Spital u. a.

Schritte der Problemlösung/-bewältigung

- Probleme erfassen, benennen, ordnen ⟨ nach subjektiver Wichtigkeit / nach realer Dringlichkeit
- Reihenfolge der Problembearbeitung besprechen und festlegen (keine unrealistischen Ziele: große Ziele in mehrere kleine Zwischenziele aufteilen u. ä.)
- Beiziehen von ⟨ Informationen / Personen / Ressourcen
- Verändern situativer Umstände
- Entwicklung von (neuen) Strategien
- Entsprechend der Notwendigkeit und den Möglichkeiten werden natürlich auch alle Hilfen der Gemeinschaft angeboten und vermittelt (z. B. öffentlichrechtliche und private Beratungseinrichtungen, Fachberatungen, Sozialhilfestellen, Clubs, Selbsthilfegruppen etc.).

Klar vereinbaren, **wer – was – wann – wie** übernimmt![12]

Grenzen der Krisenintervention in der EFL-Beratung
- Wenn der notwendige Zeitrahmen nicht gegeben ist, z. B. wenn häufige Gesprächskontakte innerhalb kurzer Zeit notwendig sind (das ist aber keineswegs immer der Fall);
- wenn Techniken der Trauma-Therapie, z. B. im Umgang mit längere Zeit bestehenden Flash-backs, erforderlich sind;
- wenn das Ausmaß der Gefährdung für ein ambulantes Setting zu groß ist;
- wenn der Verlust der Impulskontrolle bereits vor der akuten Krise für die Klientin typisch war.

---

[12] Vgl. Goll (1995), S. 71.

Der Umgang der Beraterin mit sich selbst

Wie schon erwähnt, liegt in der Arbeit mit Menschen in akuten Krisen das stete Risiko, dass auch die Beraterinnen sowie alle anderen Helfersysteme davon betroffen werden und ihrerseits in Krisen oder nach längerer Zeit in ein Burn-out geraten. Deshalb bleibt noch ein wichtiger Aspekt von Krisenintervention zu erwähnen, nämlich der Umgang der Beraterinnen mit sich selbst.

Ich habe seinerzeit trotz meiner Erschöpfung das geschilderte Paargespräch sofort protokolliert. Zum einen weil ich hoffte, mich damit emotionell selbst wieder zu stabilisieren, zum anderen weil ich das Bedürfnis spürte, möglichst genau den Ablauf und Wortlaut mit Kolleginnen zu besprechen, um andere Überlegungen kennen zu lernen. Auch für meine Supervision war es hilfreich.

Meiner Erfahrung nach sind damit bereits wichtige Hinweise für einen gedeihlichen Umgang mit sich selbst gegeben:

- möglichst viel mit Kollegen und Kolleginnen über Beratungsstunden sprechen;
- für regelmäßige Supervision sorgen;
- sich sooft es geht weiterbilden (Bücher, Tagungen etc.);
- einem emotional „nährenden" Ausgleich nachgehen (Sport, Kreativität, Tanz, Naturerleben, gärtnern u. ä.);
- Freundschaften pflegen.

Verwendete Literatur

Goll, H. (1985): Was sind psychosoziale Krisen? In: Sonneck, G. (Hrsg., 1985): Krisenintervention und Suizidverhütung, Wien.

Goll, H. (1991): Vorgangsweise bei akuten Krisen. In: Sonneck, G. (Hrsg., 1991): Krisenintervention und Suizidverhütung, 2. verbesserte und erweiterte Auflage, Wien.

Goll, H. (1995): Vorgangsweise bei akuten Krisen. Gespräch mit Suizidgefährdeten. In: Sonneck, G. (Hrsg., 1995): Krisenintervention und Suizidverhütung, 3. verbesserte und erweiterte Auflage, Wien.

Ringel, E. (1953): Der Selbstmord. Abschluss einer krankhaften psychischen Entwicklung, Wien.

Wolfersdorf, M. u. a. (1997): Suizidprävention in der Notfallpsychiatrie. In: Giernalczyk, Th. (Hrsg. 1997): Suizidgefahr – Verständnis und Hilfe, Tübingen.

Weiterführende Literatur

Cullberg, J. (1978): Krisen und Krisentherapie. In: Psychiatrische Praxis 1978/5, S. 25–34.

Golan, N. (1983): Krisenintervention. Strategien psychosozialer Hilfen, Freiburg i. B.

Gschwend, G. (2006): Nach dem Trauma. Ein Handbuch für Betroffene und ihre Angehörigen, Bern.

Kulessa, Ch. (1982): Zur Theorie der Krise. In: Gastager, H. (Hrsg. 1982): Hilfe in Krisen, Wien, Göttingen.

Wolberg, L. R. (1983): Kurzzeit-Psychotherapie, Stuttgart.

Witzableiter von Ilse Simml

Eine etwas ängstliche Klientin saß vor mir. In einer der letzten Sitzungen hatte sie erklärt: „Im nächsten Leben möchte ich nicht nochmals auf die Welt kommen."
Diesmal plagt sie die Angst vor der Vogelgrippe.
Ihre Frage: „Glauben Sie, muss man sich vor der Vogelgrippe fürchten?"
Ich zitiere Wilhelm Busch: „„Es ist sehr schwer etwas vorauszusagen, besonders die Zukunft!"" und beruhige sie mit folgenden Worten: „Aber es gibt sogar Leute, die vor lauter Angst nicht einmal mehr aus einem Schnabelhäferl trinken!"

Das wäre eigentlich schon die **Provokative Beratung**, aber die ist nichts Neues. Schon Luthers Frau, Katharina von Bora – so wird berichtet – trug plötzlich schwarze Kleider. Zunächst bemerkte Luther ihr Verhalten gar nicht, weil er in seine Arbeit so versunken war und – wie er es selbst sagte –: mit räuberischen und mörderischen Rotten zu tun hatte (Bauernaufstände)!
Als er aber auf diese Eigenheit aufmerksam wurde, entgegnete Katharina ihm: „Ich trage Schwarz, denn nach deinem Verhalten ist Gott sicher tot!"

Beratung am Gericht

Barbara Bittner

Bezirksgericht Floridsdorf, Dienstag, 18. 9. 2007

8.05 Uhr

Frau K. sitzt zusammengekauert vor uns. Sie wirkt blass und man spürt ihre Ratlosigkeit, noch bevor sie auch nur ein Wort äußert.

Frau K. fragt, was sie machen könne, um sich scheiden zu lassen – so könne es nicht weitergehen …

Wir fragen nach: Wie ist ihre Situation? Warum überlegt Frau K., sich scheiden zu lassen?

Frau K. hat drei Kinder: Elvir, 16 Jahre, absolviert eine Lehre als Schlosser, Mirella, 13, und Leni, sechs Jahre alt, gehen in die Schule. Frau K. ist vor 18 Jahren, nach der Heirat mit ihrem Mann, aus dem Kosovo nach Österreich gekommen. Seit zwei Jahren ist sie nun in einer Reinigungsfirma teilzeitbeschäftigt. Ihre Deutschkenntnisse sind mangelhaft, ihre Herkunftsfamilie lebt im Kosovo und kann sie nicht unterstützen. Ihr Mann habe immer schon recht viel getrunken, seit drei Jahren sei es aber besonders schlimm *geworden*. Wenn er betrunken nach Hause komme, wecke er sie auf und würde mit ihr zu streiten beginnen, meist über finanzielle Angelegenheiten. Letzte Nacht sei der Streit so massiv geworden, dass er sie auch geschlagen habe. Frau K. zeigt uns die blauen Flecken am Oberarm und an der Hüfte. Sie zittert und bricht in Tränen aus.

Wie soll es nur weitergehen? Gibt es einen Ausweg?

9.10 Uhr

Das Ehepaar S., beide Anfang sechzig und schon in Pension, ist völlig ratlos. Bis vor sechs Wochen waren ihre beiden Enkelkinder Roman (fünf Jahre) und Lilly (drei Jahre) zwei Mal wöchentlich am Nachmittag bei ihnen. Sie haben diese gemeinsamen Nachmittage immer sehr genossen und lieben ihre beiden Enkelkinder über alle Maßen. Seit längerem wussten sie schon von den Streitigkeiten zwischen ihrem Sohn und der Schwiegertochter, wollten sich aber nicht in diese Sache einmischen.

Ihr Sohn habe sich nun von seiner Frau getrennt, die Kinder leben bei der Mutter und diese erlaube nun nicht mehr, dass die Kinder zu den Großeltern auf Besuch kämen. Frau S. zeigt ein Bild ihrer einzigen Enkelkinder und erklärt unter Tränen, dass sie so darunter leide *und* nun keinen Kontakt zu den Kindern habe.

Welche Rechte stehen ihr als Großmutter der Kinder zu?

9 Uhr 40:

Herr F. betritt das Beratungszimmer. Er wirkt steif und unbeholfen. Nie im Leben habe er damit gerechnet. Seine Frau, mit der er seit 38 Jahren verheiratet ist, will nun die Scheidung und teilte es ihm letzte Woche mit. Sicher hat es in den letzten Jahren immer wieder Streitigkeiten gegeben, aber das sei doch ganz normal. Seine Frau wollte vor zwei Jahren mit ihm eine Eheberatung *aufsuchen*, aber er meinte damals, mit etwas gutem Willen müsste es auch so gehen. Vielleicht hätte er damals doch mitgehen sollen? Dass sie nun sogar die Scheidungsklage einreichen möchte, wenn er nicht einer einvernehmlichen Scheidung zustimme, damit habe er nicht gerechnet.

Was soll er nur tun, um die Scheidung zu verhindern? Könnten wir nicht mit seiner Frau sprechen, damit sie wieder „zu Vernunft käme"?

Drei unterschiedliche Fälle im Alltag der Ehe-, Familien- und Scheidungsberatung am Gericht. So unterschiedlich diese Beispiele auch sind, insbesondere auch in der Tragweite der existenziellen Bedrohung, gibt es doch auch Gemeinsamkeiten:

Beratung vor der Entscheidung

Die Entscheidung, vor dem Aufsuchen des Richters, der an den Amtstagen grundsätzlich auch für rechtliche Informationen zur Verfügung steht, zuerst in die Beratungsstelle zu kommen, wird von den Parteien meist sehr bewusst getroffen: Der Richter/die Richterin kann in der Funktion als unparteiliches Entscheidungsorgan nicht vorher eine Beratungsrolle gegenüber einer der beiden Parteien wahrnehmen. Soll er/sie Frau K. raten, sich scheiden zu lassen? Ihr empfehlen, eine „Einstweilige Verfügung zum Verlassen der ehelichen Wohnung" gegen ihren Mann zu beantragen, die er/sie dann in der Funktion als Richter/Richterin selbst entscheiden/beurteilen muss?

Darüber hinaus gehört zur Richterausbildung auch nicht eine Beratungsausbildung, weil eben die Funktion eine andere ist. Die Rolle der Beratung ist gerade in diesen sehr komplexen Problemlagen von der Rolle der Entscheidung zu trennen. – Beide Rollen sind in familienrechtlichen Angelegenheiten wichtig, müssen aber von unterschiedlichen Personen ausgeübt werde.

Die Betroffenen kommen in einer persönlichen Krisensituation und erwarten – bevor sie rechtliche Schritte unternehmen – eine umfassende Beratung.

Keine Voranmeldung erforderlich

Eine Beratungsstelle ausfindig zu machen, dort anzurufen, einen Termin zu vereinbaren und dann zur vereinbarten Zeit auch dort zu erscheinen (selbst wenn das akute Problem an Schärfe verloren hat), ist nicht jedermanns/jederfraus Sache.

Bei (familien-)rechtlichen Fragen sich an das Bezirksgericht zu wenden, ist für viele, die noch nie etwas von der Existenz von Beratungsstellen gehört haben, eine scheinbar notwendige Maßnahme. Dort angekommen, scheint die Hemmschwelle, sogleich rechtliche Schritte zu ergreifen, doch deutlich höher zu sein, als bei der vor

Ort befindlichen Ehe-, Familien- und Scheidungsberatungsstelle anzuklopfen und sich vor dem Ergreifen rechtlicher Schritte noch beraten zu lassen.

Daher werden mit diesem Angebot Menschen quer durch alle gesellschaftlichen Schichten erreicht – insbesondere auch signifikant mehr Männer, mehr Angehörige niedrigerer Bildungsschichten sowie mehr Migranten und Migrantinnen als in den „klassischen" Ehe-, Familien- und Lebensberatungsstellen.

Die Beratung erfolgt ohne Voranmeldung und eröffnet damit ein Beratungsangebot für Menschen, die den Weg in eine Familienberatungsstelle mit telefonischer Voranmeldung nicht finden würden.

Mehrdimensionale Betrachtung

Rechtliche Schritte haben immer auch unmittelbare Auswirkungen auf die Dynamik von Beziehungen. Gerade weil dieser Umstand bei familiären Beziehungen besonders sensibel ist und mit unbedachten Schritten viel „Porzellan zerschlagen" werden kann, ist hier ein sensibler Umgang gefragt.

Welche rechtlichen Möglichkeiten hat Frau K., wenn sie von Gewalt betroffen ist, und welche Auswirkungen haben diese Schritte auf die einzelnen Familienmitglieder? Was bedeutet es in der Beziehung zur Schwiegertochter und zum Sohn, wenn die Großeltern einen Antrag auf Regelung des Besuchsrechtes gegenüber ihren Enkelkindern einbringen? Welche Folgen hat es, wenn Herr F. nicht der einvernehmlichen Scheidung zustimmt?

Nur wenn sowohl die rechtlichen als auch psychodynamischen Folgen der unterschiedlichen Möglichkeiten mitbedacht werden, sind Lösungen möglich, die für die Betroffenen bestmöglich sind. In der Beratung sind daher beide „Welten" gleichermaßen zu berücksichtigen.

Die Fragen, die sich in familiären Krisensituationen stellen, haben häufig sowohl rechtliche als auch psychosoziale Aspekte, die zu beachten sind.

Qualifizierte BeraterInnen

Die Berücksichtigung inter- und intrapersoneller Dynamiken sowie sozialer Auswirkungen bestimmter Entscheidungen gerade in familienrechtlichen Angelegenheiten stellt auch die BeraterInnen vor besondere Herausforderungen. Das schnelle Ergreifen rechtlicher Schritte kann Konflikte entschärfen, aber auch verschärfen. Macht es für Frau K. mehr Sinn, der „Gewalt zu weichen" und in ein Frauenhaus zu gehen oder eine Ausweisung des Mannes aus der Wohnung zu beantragen, oder die Scheidungsklage einzureichen? Soll Herr F. der einvernehmlichen Scheidung, die seine Frau anstrebt, gleich zustimmen oder gibt es für ihn Alternativen?

Die besondere Aufgabe für die Beratung ist einerseits die umfassende Vermittlung von Informationen, was überhaupt möglich ist, und das gemeinsame Erwägen der Vor- und Nachteile der verschiedenen Möglichkeiten (rechtlich und psychosozial), anderer-

seits aber auch die Akzeptanz des Weges der KlientInnen, auch wenn manche Dramatik der Schilderungen ein direktives Einschreiten herausfordert.
Die KlientInnen benötigen BeraterInnen mit fachlichen Kompetenzen auf rechtlichem und psychosozialem Gebiet.

Beratung im Doppelpack

Eine besondere Chance, aber auch Herausforderung ist die Co-Beratung im interdisziplinären Team von JuristIn und BeraterIn. Diese beiden Teile des Beratungsteams symbolisieren die Wichtigkeit, sowohl die rechtlichen als auch die psychosozialen Aspekte der jeweiligen Fragestellung zu berücksichtigen, und sind Garanten für ein höchstmögliches Ausmaß an Fachlichkeit in beiden Bereichen. Zu klären ist dabei aber die Aufteilung der Rollen im Beratungsgespräch. Fragen, die im Beratungsgespräch gestellt werden, bringen einerseits dem Berater/der Beraterin wichtige Informationen, haben andererseits aber auch die Funktion, neue Sichtweisen für den Klienten/die Klientin sichtbar zu machen und damit das Beratungsgespräch zu „führen".

Fragen, die sich im Team stellen und explizit (bei einem gut eingespielten Team dann auch implizit) zu klären sind, sind beispielsweise folgende:

Wer führt das Gespräch vorrangig? Ist der/die JuristIn ExpertIn, der/die nur die konkreten rechtlichen Fragen beantwortet, oder spielt er/sie in der Beratung eine aktivere Rolle? Kommen beide Professionen „in Konkurrenz" darüber, welche Aspekte stärker zu berücksichtigen sind? Ist ein „Wechsel der Führungsrolle" im Beratungsgespräch – je nach Themenbereich – möglich? Wie wird damit umgegangen, wenn eine/r der beiden den Eindruck hat, dass die Beratung „in die falsche Richtung" läuft?

Der professionelle Umgang miteinander im Setting der Co-Beratung im interdisziplinären Team von JuristIn und BeraterIn bildet eine wichtige Basis für einen guten Umgang mit dem Klienten/der Klientin. Sie bildet aber auch eine wichtige psychohygienische Ressource, wenn die Schilderungen familiärer Krisen ein hohes Ausmaß an Dichtheit und Dramatik erreichen.

Die KlientInnen sitzen in einer Krisensituation zwei BeraterInnen gegenüber, die beide „gleichberechtigt" das Beratungsgespräch führen.

Die Folgen

Der Beratung der KlientInnen folgen häufig, aber nicht immer, rechtliche Schritte, die von den KlientInnen bei Gericht gesetzt werden.

Nur wenn ein vertrauensvolles Verhältnis zwischen allen Beteiligten besteht und eine gute Kooperation zwischen den BeraterInnen, RechtspflegerInnen und RichterInnen vorhanden ist, sind Reibungsverluste auszuschließen. Hilfreich sind dabei Treffen der Berufsgruppen in regelmäßigen Abständen, um offene Fragen zu klären.[1]

---

[1] Am BG Wien-Floridsdorf und Wien-Leopoldstadt finden diese Treffen ca. einmal pro Jahr statt.

So gibt es bei den Großeltern S. in der Beratung die Möglichkeit, gemeinsam Wege und Perspektiven aufzuzeigen, die einen Kontakt zur Schwiegertochter und damit zu den Enkelkindern ermöglichen, noch bevor rechtliche Schritte gesetzt werden. Gerade in Obsorge und Besuchsrechtsstreitigkeiten zeigt die Erfahrung, dass rechtliche Schritte sehr häufig die Konfliktsituation noch weiter „anheizen" und keine nachhaltige Lösung ermöglichen. Im Fall von Frau K. können aber wahrscheinlich gerade rechtliche Schritte notwendig werden, um weitere Gewalt zu verhindern.

Die Beratung muss von allen Beteiligten als Ergänzung und Erweiterung der Angebotspalette gesehen werden und nicht als „Konkurrenz" zur gerichtlichen Vorgangsweise.

Rahmenbedingungen geben Möglichkeiten vor

Die Beratung erfolgt unter mangelnden zeitlichen Ressourcen, die Wartezeiten sind teilweise sehr lang – diese Rahmenbedingungen prägen auch die Art der Hilfestellung.

Der Andrang zur Familienberatung am Gericht ist – zumindest in den Beratungsstellen Wien-Floridsdorf und Wien-Leopoldstadt (in diesen Beratungsstellen arbeitet die Autorin regelmäßig mit) – gewaltig. An den Amtstagen ist an einem Vormittag mit ca. zehn bis zwanzig KlientInnen zu rechnen, die teilweise Wartezeiten von ein bis zwei Stunden in Kauf nehmen. Verschärft hat sich die Situation auch durch eine Reduktion der Amtstage von früher zwei Tagen pro Woche (Dienstag und Freitag) auf nunmehr nur noch einen Tag pro Woche (Dienstag). Trotzdem wird in der Beratung am Gericht den KlientInnen Raum gegeben, ihre Situation zu schildern und gemeinsam die nächsten Schritte mit all ihren Folgen abzuwägen und zu planen.

Frau K. wird allerdings mit einem einmaligen – auch ausführlichen – Beratungsgespräch keine Veränderung der familiären Situation erwirken können; zu eingefahren sind die Beziehungsmuster und zu komplex die psychischen, finanziellen, sozialen und rechtlichen Rahmenbedingungen. Auch bei Herrn S. bringt vielleicht ein „Klärungsgespräch" (eventuell auch weitere Paargespräche) mit seiner Frau in einer Familienberatungsstelle die Möglichkeit, es doch noch einmal miteinander zu versuchen, oder aber die Gewissheit, dass eine Scheidung notwendig ist und es nur noch darum geht, sie gut abzuwickeln.

In der Beratung bei Gericht sind solche Folgetermine zwar grundsätzlich möglich, allerdings aufgrund des Andrangs und der mangelnden Möglichkeit einer Terminvereinbarung nicht ideal. Vermittlungen zur Mediation, Kooperationen mit der Familienberatungsstelle oder auch mit der Interventionsstelle gegen Gewalt in der Familie (zur Unterstützung von Frau K.), mit Frauenhäusern, teilweise auch mit Einrichtungen der psychosozialen Notversorgung (Kriseninterventionszentrum) sind notwendig.

Es gilt, konzentriert und der jeweiligen Dramatik der Situation angemessen zu informieren, zu beraten, erste mögliche Perspektiven zu eröffnen. Für viele KlientInnen ist dieses Angebot ausreichend, einige brauchen jedoch eine tiefer- und weitergehende Unterstützung.

Die Beratung am Gericht in familienrechtlichen Angelegenheiten wurde in einem Modellprojekt in Wien-Floridsdorf und in der Stadt Salzburg 1994/1995 eingeführt und nach Abschluss der Projektes österreichweit an den Bezirksgerichten etabliert. Zu den Amtstagen (Dienstag Vormittag) werden an derzeit 66 Standorten[2] vorwiegend Beratungen im Umfeld Scheidung, Trennung durchgeführt. Rund 38.800 Beratungen zu diesen Themenbereichen wurden im Jahr 2006 in den Beratungsstellen am Gericht für die KlientInnen kostenlos angeboten.

Die Ehe-, Familien- und Scheidungsberatung an den Bezirksgerichten trägt damit entscheidend zur Konfliktreduktion im Umfeld von Scheidung und Trennung bei. Sie informiert, unterstützt, berät im Rahmen eines niederschwelligen Angebots und erreicht damit Bevölkerungsgruppen, die sonst nur schwer für Beratungsangebote zugänglich sind. Sie erfüllt einen zentralen Auftrag in familiären Krisensituationen und sollte österreichweit flächendeckend für alle zugänglich sein.

---

[2] Stand 2007.

Witzableiter von Ilse Simml

Mit sehr ernst gestrickten Klienten tue ich mir etwas schwerer, vielleicht sie auch mit mir. Wie z. B. mit einem etwas zwanghaften Juristen:
Er saß vor mir, immer perfekt gekleidet, immer im dunklen Anzug. Wir führten noch in der dritten Stunde zwar interessante, aber todernste Gespräche. Für mich war es höchste Zeit, ein kleines humorvolles Luftloch zu bohren. Ich wagte es dann in der vierten Stunde und fragte: „Glauben Sie, gibt es einen typischen **Beratungshumor**; und wenn **ja**, warum nicht?"
Irritation!
Irritation ist aber der erste Schritt in Richtung Veränderung.
In derselben Stunde kam die Transaktionsanalyse zur Sprache. Ich legte ihm die drei Kreise vor, nach meiner kurzen Erklärung erfasste er seine Situation sofort und erkannte, dass er sich fast ausschließlich im **Erwachsenen-Ich** (und im strafenden **Eltern-Ich**) bewegte.
Auf meine Frage hin: „Haben Sie eine Vorstellung, wie man Ihrem freien **Kindheits-Ich** mehr Raum geben könnte?" – er, ganz spontan:
„Ja, indem man mein **Erwachsenen-Ich** mit Ihrem **freien Kindheits-Ich** mischen würde!"
Ich: „Ja, das wäre wirklich eine tolle Persönlichkeit!"
Mit dieser Stunde ist eine Wende in unserer gemeinsame Arbeit eingetreten.

Männerberatung – Beraten Männer anders?

Martin Christandl

Die Frage, ob Männer anders beraten, lässt sich für uns[1] so direkt gar nicht beantworten. Zwar arbeiten wir nun seit mehr als elf Jahren mit Männern und männlichen Jugendlichen, doch in unserem Team in der Männerberatung arbeiten nur (inzwischen insgesamt zehn) Männer. Uns fehlt also der gemeinsame Erfahrungsbereich mit Frauen als Beraterinnen.

Was ich aber hier darstellen möchte, sind zum einen unsere Erfahrungen und zum anderen eine Haltung von Männerberatung durch Männer. Vielleicht kann sich gerade dadurch für Sie als Leserin oder Leser ein bedeutsamer Unterschied ergeben – das wäre die Hoffnung.

Was erscheint heute zentral für Männerberatung?
- Welche Rahmenbedingungen braucht sie?
- Welche Modelle und Konzepte haben sich als hilfreich und nützlich erwiesen?
- Was ist der Unterschied zwischen Männerberatung und Psychotherapie für Männer?

Diese Fragen möchte ich hier thematisieren, anreißen und zur Diskussion stellen.

Im Vergleich zu anderen europäischen Ländern haben sich in den letzten zehn Jahren in Österreich recht erfolgreich Männerberatungen in den meisten Bundesländern etablieren können. Für uns in Tirol war es sicherlich die Förderung durch das Bundesministerium für Familie[2] bzw. die Anerkennung als Familienberatungsstelle, die einen Auf- und Ausbau einer Beratungsstelle ermöglicht hat. Hinzu kamen eher zögerlich auch Förderungen durch das Land und die Stadt für Miete und Sachkosten.

Auch wenn es vielleicht auf Anhieb trivial klingt, die zentrale Rahmenbedingung für Männerberatung sind für uns: geeignete, schöne Räume. Für Innsbruck ist es uns erst vor fünf Jahren gelungen, wirklich gute Räume in der Anichstraße anzumieten. Für die Außenstelle in Wörgl, im Tiroler Unterland, haben wir zwar eine günstige Untermiete im Sprengelgebäude, doch ermöglichen diese Räume nicht immer einen reibungslosen Beratungsablauf. Während der Öffnungszeit der Beratungsstelle – Montag und Mittwoch von 17.00 bis 20.00 Uhr, Freitag von 9.00 bis 12.00 Uhr – möchten wir, dass gleichzeitig drei Einzelberatungen stattfinden können.

---

[1] Da bei der Erstellung dieses Textes ein sehr reger Austausch zwischen uns Kollegen stattgefunden hat, spreche ich oft als „wir" im Namen von „uns".
[2] Die Bezeichnungen für Ministerien ändern sich immer wieder. Derzeit (2007) fallen die Beratungsstellen in das Ressort des Bundesministeriums für Gesundheit, Familie und Jugend.

Bereits durch die räumliche Ausstattung möchten wir klarstellen, dass Männerberatung ein Angebot eines Teams ist. Die Räume sollen einen professionellen Rahmen bilden und ansprechend ausgestattet sein. Ja, wir haben den Anspruch, dass sich Berater und Klienten in den Räumen wohlfühlen können. Funktionale und schöne Räume sind eine erste und dauernde Wertschätzung, Würdigung und Einladung an Männer und männliche Jugendliche, sie ermöglichen einen optimalen Einstieg in eine Beratung.

Teamarbeit ist für uns die Grundlage von Männerberatung. Jeder Berater bildet mit zwei weiteren Kollegen ein Kleinteam, das zu einem Öffnungstermin anwesend ist und Beratungen leistet sowie telefonische und persönliche Anfragen von Klienten beantwortet. Nach der Öffnungszeit besprechen diese drei Männerberater in einer Intervision die aktuellen Beratungsgeschichten und unterstützen sich mit Anregungen und Ideen. Monatlich einmal treffen sich unsere inzwischen vier Kleinteams zu einer gemeinsamen Teamsupervision und zu einer Teamsitzung. Hier bietet sich der Rahmen für ein gemeinsames Reflektieren und Arbeiten an Beratungsgeschichten, auch gilt es hier die organisatorischen Aufgaben der Beratungsstelle gemeinsam zu entscheiden und zu verteilen.

Inhaltlicher Höhepunkt der Teamarbeit ist jedes Jahr die gemeinsame Fortbildung: Drei Tage nehmen wir uns Zeit mit einem Referenten und mit weiteren Männern, die an Männerberatung interessiert sind, um ein Beratungsthema zu vertiefen. So zum Beispiel im Jahr 2007 zum Thema: „Männer außerhalb der Norm" mit Dr. Frottier (Leiter der Justizanstalt Mittersteig). Die Inhalte, denen wir uns gemeinsam in den jährlichen Fortbildungen stellen, „bringen" die Klienten. Ihre Anliegen fordern uns heraus, uns immer wieder weiterzubilden, um verantwortungsvolle Beratungsarbeit leisten zu können. Dieser Lernprozess wird in Sonderteams und unseren „Teamtagen" (ganztägige Beratungsklausuren zweimal pro Jahr) fortgesetzt. Dort erarbeiten wir uns eine gemeinsame Haltung, die zu einer gemeinsamen Sprache in der jeweiligen Tonalität des einzelnen Beraters führt. Dieser Lernprozess geschieht auf einer anderen Ebene ja auch in der Interaktion zwischen Klient und Berater. Auch in der Beratung ist letztlich ein gemeinsames Verständnis gefragt, eine gemeinsame Sprache, die erst gegenseitiges Verstehen ermöglicht.

Die Erfahrungen der letzten elf Jahre bei den „Mannsbildern" zeigt, dass Männer und Burschen vor allem aufgrund der folgenden **Themenkreise** die Männerberatung aufsuchen:

Gewalt ist für ca. vierzig Prozent der Männer und für die überwiegende Anzahl der männlichen Jugendlichen seit Jahren das Thema, warum sie die Männerberatung kontaktieren.

Das zweite große Thema von Beratung suchenden Männern sind **Partnerschaft**, Beziehungskrisen, Scheidung und Trennung, aber auch Fragen der Sexualität, Probleme der sexuellen Orientierung usw.

Das dritte wichtige Thema in unserer Männerberatung handelt vom **Vater-Sein**, von Fragen der Obsorge und Besuchsregelung bis hin zur Erziehung und Beziehung mit Kindern. In den letzten Jahren haben wir begonnen, aktiv und offensiv die Beziehung zu Kindern in der Beratung anzufragen. Unsere Erfahrung und die Reflexion unserer Arbeit zeigen uns, dass viele Männer dieses Thema sehr gerne und für sie sehr gewinnbringend aufgreifen, aber dass sie es selbst als Beratungsthema nicht einbringen würden. Viele Männer berichten bei Abschluss der Beratung, dass gerade die Arbeit am Vater-Thema am meisten Veränderung für ihr Leben und Erleben gebracht hat.

In der Arbeit mit männlichen Jugendlichen ist das Thema Mannwerden und Mannsein zentral: Wie will ich mein Mannsein gestalten? Wie will ich als Mann leben? Welche Anforderungen werden an mich gestellt? Welche möchte ich erfüllen? Was ist mein persönlicher Weg zum Mannsein? Natürlich betreffen diese Fragen nicht nur männliche Jugendliche. In jeder Krise – und fast immer suchen Männer uns in Krisensituationen auf – brechen scheinbar fixe Rollenvorstellungen und Männerbilder in sich zusammen, Männer und Burschen sind in ihrem männlichen Selbstverständnis zutiefst verunsichert. Offensichtlich erwarten sich Männer und Burschen gerade bei diesen Inhalten ein besonderes Verständnis von anderen Männern, die auf dem Hintergrund ihrer professionellen Ausbildung Hilfe und Unterstützung bieten können.

Im Folgenden möchten wir Ihnen anhand **zweier Modelle** einen konkreteren Einblick in unsere Arbeitsweise geben. Modelle verstehen wir als eine Art Landkarte, die für den Berater und somit auch für den Klienten Orientierung und Struktur für die jeweilige konkrete Geschichte ermöglichen. Allerdings sollen sie nie den Blick auf die jeweils besondere Geschichte und Landschaft verstellen und erfordern vom Berater ein gutes Maß an Respektlosigkeit dem Modell gegenüber.

In diesem Sinne haben wir in Anlehnung an das bekannte Modell von H. G. Petzold[3] zu den fünf Säulen der Identität für die Männerberatung folgende **fünf Säulen des Mannseins** entwickelt:

1. Körper: Hier erkunden wir in der Beratung mit Männern oder männlichen Jugendlichen ihren Umgang mit ihrem Körper. Wir fragen nach Gewohnheiten bezüglich Schlafen, Essen und Trinken sowie nach Sport, Fitness usw. Bewusst versuchen wir hier, sowohl auf Ressourcen zu achten, auf positive Körpererfahrungen als auch auf dringenden Handlungsbedarf, z. B. bei Schlafstörungen oder Alkoholmissbrauch.

2. Beziehungen: Dieses meist komplexe Thema für Klienten unterteilen wir oft zusätzlich in Familienbeziehung – Freundschaften – Liebesgeschichte/ Partnerschaft. Viele Klienten erleben sich als einsam, ohne wirkliche Beziehung,

---

[3] Petzold (1991).

stehen ohne Freunde da und suchen in der Beratung nach Tipps für bessere und befriedigendere Beziehungen. Gerade durch das Erkunden der Erfahrungen in Kindheit und Jugend wird oft deutlich, dass die Beziehung zur Herkunftsfamilie klärungsbedürftig ist. Hier ergibt sich ein Handlungsbedarf z. B. in der Beziehung zum Vater oder zur Mutter oder zu Brüdern und Schwestern. Viel Wert legen wir im Beratungsgespräch auf das Erkunden von Erfahrungen und Erwartungen in Richtung Männerfreundschaft. Darin sehen wir eine wichtige Ressource für das Mannsein. Viele Männer möchten bei Schwierigkeiten in der Partnerschaft und bei Gewalt gegen ihre Partnerin, dass Paargespräche stattfinden. Wir lehnen diese Anfragen in der Regel ab und zeigen diesen Männern auf, dass es für das Gelingen einer Partnerschaft wichtig sein kann, dass der eigene Anteil bearbeitet wird – ohne Partnerin. In der Männerberatung soll er allein Platz und Raum bekommen, um seine Wünsche, Bedürfnisse, aber auch seine Verantwortung klarer erkennen zu können und um ein entsprechendes Handeln entwerfen und ausprobieren zu können. Nach einer intensiven Einzelberatung empfehlen wir manchmal als weiteren Schritt eine Paarberatung im Rahmen einer anderen Beratungsstelle.

3. *Tun*: In allen Beratungsräumen stehen Flipcharts, die wir gerne nutzen, um Modelle wie dieses anschaulich werden zu lassen. Dabei schreibe ich immer sehr groß das TUN auf: Welches Tun in der Arbeit oder in der Freizeit bereitet dem ratsuchenden Mann Freude? Wir notieren die Ergebnisse der Erkundung – worin für den jeweiligen Mann oder männlichen Jugendlichen sinnvolles Tun besteht – gut sichtbar und einprägsam. Neben der eindeutigen Wertschätzung für berufliches Engagement gilt es für uns, an diesem Punkt aber auch das Gesamte anzuschauen, anzusprechen: Wie verträgt sich das Tun mit den anderen Säulen? Wie lassen sich etwa Arbeit und Familie vereinbaren usw.?

4. *Geld, materielle Werte*: Der Umgang mit Geld erweist sich in der Beratung von Männern als ein sehr wichtiges Thema. Nicht ohne Grund spricht der Volksmund davon, dass Schulden krank machen. Betroffen registrieren wir in den letzten Jahren eine zunehmende Verschuldung und Verarmung von Männern, die kaum das Lebensnotwendige verdienen. Gerade diese Säule ermöglicht auch eine Klärung der Beratungsbeziehung. Wir bieten im Rahmen der Familienberatungsstelle kostenlose Beratungsgespräche an, so kann eine Beratungsvereinbarung nicht aus finanziellen Gründen scheitern. Dennoch besprechen wir die Möglichkeit eines freiwilligen Kostenbeitrages mit jedem Mann, wir sichern den Männern zu, dass ihr Beitrag der Männerberatung mehr Beratungsangebot ermöglicht. Wir sind seit elf Jahren immer wieder überrascht, wie wichtig dieser Kostenbeitrag für viele Männer ist, wie wichtig es ihnen ist, solidarisch mit uns und dem Beratungsangebot einen Beitrag zu leisten.

5. *Werte und Glaube*: Die letzte Säule bedeutet meistens ein großes Fragezeichen für viele Männer und männliche Jugendliche. Was ist damit gemeint? Was sind wichtige Werte für ihr Leben bzw. was ist vom religiösen Glauben der Kindheit übrig geblieben? In unserer Erfahrung ist es gerade diese Säule, wo oft für die Klienten unerwartete Ressourcen sichtbar werden: Viele Männer verfügen über ein klares Werteempfinden und über ein Empfinden von Spiritualität, von Kraftorten und von Ritualen, die ihnen gut tun. Auch machen wir den Männern bei dieser Gelegenheit unsere Position deutlich, die geprägt ist von Werten wie Gewaltfreiheit und Solidarität, Toleranz und Respekt vor der Person.

Das zweite wichtige Modell in unserer Männerberatung hat sich gerade in der Arbeit mit gewalttätigen Männern und gewaltbereiten männlichen Jugendlichen bewährt. Den **Gewaltkreislauf**, wie er von Lempert und Oelemann[4] im Rahmen der Beratungsstelle in Hamburg von Männern gegen Männergewalt erstmals formuliert worden ist, haben wir für uns zu einer gemeinsamen Grundlage, Landkarte für eine Auseinandersetzung mit der Gewalttätigkeit bzw. mit dem Finden von Auswegen aus der jeweilig persönlichen Gewaltdynamik weiterentwickelt:

1. *Gewalttat*: Viele Männer, die zu uns kommen, sprechen von der Gewalttat als etwas, das „passiert ist", oder davon, dass „die Hand ausgerutscht ist". Hier ist uns einerseits das Faktum sehr wichtig: Jeder körperlichen Gewalttat geht eine bewusste Entscheidung voraus. In diesem Sinne arbeiten wir in der Gewaltberatung daran, dass der Beratung suchende Mann seine Aussage zur Gewalttat bereits in der ersten Sitzung umformulieren kann: „Ich habe die Hand erhoben und zugeschlagen." Andererseits gilt es für den Berater aber genau hinzuhören und dem Empfinden des Mannes Rechnung zu tragen – oft ist während (!) der Gewalttat etwas „passiert", was er so nicht wollte. Darin liegt die Gefährlichkeit der körperlichen Gewalt: Nach dem Beginn der Gewalt kann es zu einem Kontrollverlust, zu einer sogenannten Affekthandlung kommen, die im schlimmsten Fall beim Todschlag des Opfers endet.

2. *Aufwachen, Erschrecken, Reue und Scham*: Die meisten Männer beschreiben die erste eigene Reaktion auf die Gewalt sehr emotional. Es liegt in der Verantwortung des Beraters, diese Schilderung behutsam und genau zu registrieren, da sie Grundlage für die weitere Arbeit ist. Gewalt ist immer ein hoch emotionales Thema, für die Beratung zählt dabei vor allem auch die emotionale Verfassung des Mannes unmittelbar vor der Gewalttat (siehe unten bei Punkt 7).

3. *Entschuldigung und Verantwortungsabgabe ans Opfer*: In dieser Phase schildern Männer oder männliche Jugendliche ihren Versuch, sich zu entschuldigen bzw. ihr Bemühen, dem Opfer zu versichern, dass so etwas nie wieder vor-

---

[4] Lempert/Oelemann (1998).

kommen wird. Doch berichten die meisten Männer an dieser Stelle bereits auch davon, wie sehr sie zuerst vom Opfer provoziert wurden, dass eigentlich auch dem Opfer ein Teil der Schuld zukommt. – An diesem Punkt beginnt sich der Gewaltkreislauf zu drehen. An dieser Stelle ist es sehr wichtig, dass der Berater mit seiner Konfrontation in Richtung Verantwortung beginnt. Es liegt ausschließlich in der Verantwortung des Mannes, dass er zugeschlagen hat. Kein Verhalten des Opfers rechtfertigt die Gewalt. Bei aller Wertschätzung für die Person des Mannes gilt es an diesem Punkt der Beratung, gleichzeitig am klarsten die Haltung gegen Gewalt zum Ausdruck zu bringen.

4. *Verschweigen*: Nach dem Versuch, sich zu entschuldigen, drängen die meisten Männer darauf, dass nicht mehr über die Gewalt geredet wird, dass zum Alltag zurückgekehrt wird. Auch in der Gewaltberatung versuchen Männer, andere wichtige Themen wie Partnerschaft, Arbeit usw. in den Vordergrund zu stellen. Hier ist es wiederum die Verantwortung des Beraters, „lästig" zu sein, an die Ausgangssituation der Arbeit zu erinnern, am Gewaltkreislauf weiterzuarbeiten. Gemeinsam gilt es, eine „männliche" Sprache zu entdecken für das Erleben und Empfinden des jeweiligen Mannes im Zusammenhang mit seiner Gewalttätigkeit.

5. *Vergessen*: Betroffen merken Männer im Laufe der Beratung, dass Gewalt sich wie ein roter Faden durch ihr Leben zieht. Oft beginnen sie sich erst jetzt daran zu erinnern, wie häufig sie bereits früher Gewalt eingesetzt haben. Im Kontext des gemeinsamen Ringens um eine Sprache für das Erleben gilt es in der Beratung, gerade die Geschichte des Mannes oder männlichen Jugendlichen zu rekonstruieren, als eine Geschichte, in der er in verschiedenen Rollen Gewalt erlebt hat: als Täter, oft auch als Opfer oder meistens auch als Zeuge von Gewalt. Nur die Erinnerungsarbeit und die Wachsamkeit gegenüber der eigenen Gewaltbereitschaft ermöglichen letztlich den Verzicht auf Gewalt in der Zukunft.

6. *Harmonie – oder das Nicht-Merken von Belastungen*: Immer wieder sind wir als Berater verblüfft, welche Beziehungsvorstellungen und welche Erwartungen an Partnerschaft Männer formulieren, die zugeschlagen haben. Sie drücken dabei einen großen Wunsch nach Harmonie und Geborgenheit aus. Wir wollen gerade diese tiefe Sehnsucht der Männer „bergen" und schützen. Daraus kann in der Beratung eine „positive Vision" ihres zukünftigen Lebens – im Sinne eines „Zusammen-Lebens ohne Gewalt" – erwachsen. Voraussetzung dafür ist die hundertprozentige Übernahme der Verantwortung für die Gewalttat und die Bereitschaft, sich auf die Gewaltberatung einzulassen, wo es in erster Linie nur um ihn als Mann geht und nicht um seine Partnerin. Für die Partnerschaft gilt eine andere Verantwortungsaufteilung, wo beide Partner zu fünfzig Prozent Verantwortung für ein Gelingen beitragen. In der Gewaltberatung werden

Männer immer wieder mit ihrem konkreten Tun und Erleben in verschiedenen Lebensbereichen konfrontiert und können so bald merken, wie fragwürdig die scheinbare Harmonie in der Beziehung war, wie oft sie dafür Belastungen ausgeblendet haben. Durch das Lernen von Selbstverantwortung schaffen viele Männer gleichzeitig auch eine neue Beziehungskultur, die nicht mehr von einer harmonischen Fassade, sondern von fairen Auseinandersetzungen und von einer neuen Liebesfähigkeit geprägt ist.

7. *Die Auslösersituation für die Gewalttat – das Ansteigen der Gewaltbereitschaft:* Männer und Burschen können sehr genau die Auslösersituation vor der Gewalttat schildern, da sie sich bereits selbst die Frage nach der Ursache gestellt haben. Wichtig für die Beratung ist hier der Blick hinter die Kulisse: Was ist im Mann vor sich gegangen? Was hat zu so einem drastischen Anstieg der Gewaltbereitschaft geführt? Im Verlauf der Beratung möchten wir Männer darin unterstützen, ihren „wunden Punkt" kennen zu lernen. Die Gewaltbereitschaft steigt nur dann so stark in uns an, wenn etwas sehr Wichtiges und Wertvolles in uns berührt bzw. verletzt wird. – Das körperliche und emotionale Erleben vor der Gewalt, das wir als Gewaltbereitschaft kennzeichnen, ist die wichtigste Spur für die Rückfallsprophylaxe: Was kann Mann tun, wenn wieder so ein Erleben in einer Situation auftritt? – Wie kann er eine andere Möglichkeit finden und auf Gewalt verzichten? Diese Fragen prägen letztlich die gesamte Gewaltberatung.

Seit Jahren vermeiden wir den Ausdruck Täter oder Täterarbeit und sprechen von gewalttätigen Männern oder von Arbeit mit gewaltbereiten Jugendlichen. Damit wollen wir den Blick weiten auf den ganzen Mann bzw. den ganzen Jugendlichen, auf die Person hinter der Gewalttat. Nur so lässt sich gleichzeitig eine Haltung in der Männerberatung erlebbar machen, nämlich dass wir gerade als männliche Berater uns auf gleicher Ebene mit Männern befinden und so uns solidarisieren können und wollen mit Männern, die sich verändern und Gewalt stoppen wollen. Als Männerberater brauchen wir eine intensive persönliche Auseinandersetzung mit unserer eigenen Gewaltgeschichte, mit der eigenen Gewaltbereitschaft. Selbsterfahrung in Richtung männlicher Sozialisation bildet die unbedingte Voraussetzung für die beraterische Arbeit mit gewalttätigen Männern.

Was ist gerade in dieser Hinsicht das Spezifische an einem Männerberater?

Ein Männerberater sollte Männer und Burschen mögen. Diese banale Aussage macht die Basis der Männerberatung deutlich: Es ist gut, dass es Männer gibt, dass es dich (eben auch als heranwachsenden oder „gestandenen" Mann) gibt. In diesem Sinn verkörpert der Männerberater mit dieser Grundhaltung – gerade weil er selber Mann ist – ein lebendiges Mannsein. Diese Lebendigkeit im Mann gilt es zu fördern und zu stärken. Und zwar im doppelten Sinn des Wortes: Die Orientierung am lebensfördernden Mannsein schließt mit ein, dass alles Lebendige in der jeweiligen Eigenart von ihm gefördert und „genossen" wird: Eine lebendige und erfüllende Partnerschaft im Gegensatz zur funktionalen Wohn-AG, die mühsame – aber lebendige – Konflikt- und Streitkultur im Gegensatz zur Gewalt, das spontan lebendige Kindsein im Gegensatz zum dressierten Nachkommen. Das lebendige Mannsein steckt voller Überraschungen, deren Herausforderungen verantwortungsvoll angenommen werden können. Es hat noch einen zweiten Aspekt: Bei aller Lebendigkeit, die auch im Schmerz und in der Trauer steckt, regt sich doch auch die Sehnsucht nach einem lebensfrohen Mann. Wie wir gerne feststellen: Einmal in einer Beratungsstunde sollte herzhaft gelacht werden!

Diese Grundhaltung stellt der Männerberater den Klienten zur Verfügung. Ja mehr noch, er unterstellt dem ratsuchenden Jugendlichen und Mann, dass diese Grundhaltung auch in ihnen „schlummert", dass sie zumindest die Sehnsucht nach diesem lebendigen Mannsein haben. Diese Unterstellung – selten konkret ausformuliert – schwingt als Basso continuo[5] im Beratungsprozess mit. Die lebensfördernden Männlichkeiten beim Klienten sind Ressourcen, die es zu bergen und zu stärken gilt. Sie helfen dem Klienten, die Herausforderungen zu bewältigen oder wenigstens sie durchzustehen, Partnerschaften zu vertiefen oder aufzulösen, Gewalttätigkeit zu stoppen, vertrauensvoll und verantwortungsbewusst die Vaterschaft zu leben. Dieses Basso continuo ist aber auch Grundvoraussetzung für klare und wertschätzende Konfrontation in der Beratung. Dort, wo z. B. durch Gewalt das Lebendige im Mann beeinträchtigt wird, braucht es die konfrontierende Frage, die klare Stellungnahme des Männerberaters.

An dieser Stelle möchten wir grundsätzlich auf die vierfache **Verantwortung des Beraters** verweisen: Verantwortung gegenüber den Klienten, gegenüber der Beziehung zwischen Berater und Klient, Verantwortung gegenüber sich selbst – und schließlich eine Verantwortung in dem angeführten Sinne gegenüber dem Leben bzw. dem lebendigen Mannsein.

Vielleicht lässt sich hier auch ein wesentlicher Unterschied finden zwischen engagierter Beratung von Männern und einem Anstieg von Psychotherapie für Männer: Klient und Berater stehen sich nach unserer Auffassung – im Sinne eines Basso continuo und einer vierfachen Verantwortung – auf einer gleichen Ebene gegenüber. Während in der Regel der Therapeut seine Person eher zurücknimmt und einen Heilungsprozess begleitet, stellt sich der Berater den Anfragen des Klienten und bringt sich im oben genannten Sinne als Person mehr ein. Vielleicht gelangt Männerberatung, wie ich sie in diesem Artikel skizzieren will, dort an ihre Grenze, wo der Klient nicht die Möglichkeit besitzt oder findet, diese Lebendigkeit im Mannsein zu empfinden, weder real noch in der Sehnsucht. Hier beginnt nach unserem Verständnis das Gebiet der Psychotherapie und im Weiteren auch das Feld der

---

[5] Der Generalbass oder Basso continuo (ital. „ununterbrochener Bass") bildet das harmonische Gerüst in der Barockmusik.

Psychiatrie. Psychotherapie konstruiert leider gerade in Österreich in Anlehnung an ein medizinisches Krankheitsmodell immer mehr eine Hierarchie in der Behandlung, Probleme von Klienten erscheinen durch einen zunehmenden Einsatz von Diagnostik als Krankheiten von Patienten. Der anonyme und kostenfreie Zugang zu Beratung für Männer und Jugendliche steht in einem wachsenden Umfang immer mehr einer personenbezogenen Verrechnung aufgrund von „harten" Diagnosen mit Krankenkassen, Justiz usw. gegenüber. Mit Sorge erleben wir aufgrund der mangelhaften Ausfinanzierung von Beratungsangeboten ein zunehmendes Ausweichen vieler Kollegen von der Männerberatung hin zu einer Psychotherapie für Männer. Wir würden uns hier eine gesundheitspolitische Kurskorrektur zugunsten von Beratungsangeboten wünschen sowie eine Gleichwertigkeit der Angebote im professionellen Selbstverständnis.

Zum Abschluss möchte ich eine uns wichtige wissenschaftliche Auseinandersetzung zum Mannsein streifen: Robert W. Connell[6] hat in seinen soziologischen Analysen aufgezeigt, dass **Männlichkeit eine gesellschaftlich konstruierte Kategorie** ist, die längst nicht mehr eindeutig ist. So erleben wir auch die Beratungssituation als ein gesellschaftliches Geschehen – und im Rahmen von Beratungskonzepten werden Männlichkeiten konstruiert. Es liegt gerade in der Möglichkeit und Verantwortung des Beraters, eine lebensfördernde Männlichkeit zu anderen Männlichkeitskonstruktionen dazu- oder ihnen gegenüberzustellen. Das traditionelle Männerbild der westlichen Industrienationen – Connell bezeichnet es mit dem Begriff „hegemoniale Männlichkeit" – kann gerade für die Beratungssituation nicht als einzig mögliches Modell gelten. Jenseits von aller Moralität und gesellschaftspolitischer Phrasen möchten wir Männer ermutigen, andere Männlichkeiten zu leben: Partnerschaften mit gleichwertigen PartnerInnen zu leben statt Macht und Unterdrückung auszuüben; eine unreflektierte Komplizenschaft mit gewalttätigen und unterdrückenden Männern aufzugeben, sich für andere Modelle der Arbeitsteilung stark zu machen usw.

Gerade in der Beratungsarbeit erleben wir, dass die Aufgabe von Allmachtsgefühlen und Besitzdenken für viele Klienten eine deutliche Entlastung bringt. Doch soll an dieser Stelle klar festgehalten werden: In der Männerberatung geht es um den konkreten Mann, der uns aufsucht, und nicht um Gesellschaftspolitik. Wenn der Mann sich im Laufe der Beratung ändert, wenn er Neues versucht und sich lebendiger erlebt, dann hat das Folgen für seine Gesellschaften, in denen er zuhause ist, arbeitet oder seine Freizeit verbringt.

So wie sich Gesellschaften laufend ändern, so ändern sich auch die Klienten und wir als Berater. Männerberatung mit all ihren Inhalten kann aus unserer Sicht nicht statisch verstanden werden, sie ist dynamisch und offen für Veränderungen. Deshalb arbeiten wir bei den Mannsbildern sehr stark im Team zusammen. Die einzelnen Mitglieder im Team sorgen dafür, dass statt des „gewohnten" Blicks (Kenne ich

---

[6] Connell (2000).

schon! Schon wieder! Bei uns läuft das so!) immer wieder neu aufmerksam hingeschaut wird. (In diesem Sinne würde ich in zwei Jahren wahrscheinlich einen ganz anderen Artikel zu diesem Thema schreiben.)

Im Schnelldurchgang zum Schluss noch eine kurze **Zusammenfassung: Was zeichnet aus unserer Sicht Männerberatung aus?**
- Wertschätzung gegenüber Männern und Burschen
- Würdige Atmosphäre
- Zeigen der eigenen Grundhaltung
- Persönliche Weiterentwicklung im Team
- Offenheit gegenüber Veränderungen
- Wissen um die gesellschaftlichen Folgen

Verwendete Literatur:

Connell, R. W. (2000): Der gemachte Mann. Konstruktion und Krise von Männlichkeiten, Opladen.

Lempert, J./Oelemann, B. (1998): „... dann habe ich zugeschlagen". Gewalt gegen Frauen, Auswege aus einem fatalen Kreislauf, München.

Petzold, H. G. (1991): Integrative Therapie, Paderborn.

Witzableiter von Ilse Simml

Den **Versprechern** wird im Freudschen Sinne besondere Aufmerksamkeit geschenkt und sie sorgen immer wieder für Heiterkeit in den Beratungsstellen. Besonders wenn sie mir selbst passieren.
Die Nachwehen eines Sexualseminars sorgten montags darauf gleich für Belustigung: Statt **permanent** hörte ich mich plötzlich sagen:
„**Spermament** verwechsle ich Ihre Namen, Frau Meier und Herr Sokol."
Nach dem Gelächter habe ich mir die Namen endgültig eingeprägt.

Ein anderer Klient flehte zu seiner neben ihm sitzenden Frau:
„Ich bitte dich **mit erhobenen Knien!**"
Ist doch ein schöner akrobatischer Akt für einen liebenden Ehemann?!

Oder: Kennen Sie in der Beratung ein **absolutes Schweigeverbot**?

Oder: Ein Partner wehrt sich gegen die Beschuldigung seiner Partnerin:
„Ich fühle mich auf den **Slip** getreten!"
Ich: „Herr E., gibt es da nicht noch ein wichtigeres Thema?"

Oder: Was soll man sich dazu denken, wenn jemand „kein gutes Haar in der Suppe findet"?

Teil 3: Identität

BeraterIn – Ein Beruf?

Annäherung an ein Berufsbild und ein Selbstverständnis

Josef Hölzl

Zu Beginn scheint mir eine Unterscheidung sinnvoll, die es auf den Punkt bringt, dass es einerseits um ein **Rollenverständnis** geht, andererseits um ein **Selbstverständnis**, das mit dem jeweiligen Personsein in enger Verbindung steht:

Ein inzwischen pensionierter Salzburger Kollege meinte dazu: „Ich bin in meiner Hauptidentität nicht Berater, aber ich arbeite als EFL-Berater." Er nimmt also in seinem Leben mehrere Rollen und Funktionen wahr.

Und dennoch, die Rolle des Beraters, der Beraterin ist nicht nur eine Rolle, sondern ist begleitet von einem bestimmten Selbstverständnis, welches wiederum unsere menschliche Gesamtidentität wenn schon nicht ausmacht, so doch stark beeinflusst. Zu sagen, ich „arbeite nur als Berater, bin aber letztlich ein ganz anderer, oder mich macht viel mehr aus", stimmt und ist gleichzeitig zu kurz gegriffen oder gar eine Fehlannahme.

Für die vorliegenden Überlegungen sind folgende Fragen von Bedeutung:

- Ist die Arbeit der psychosozialen Beratung – in unserem Fall der Ehe-, Partner-, Familien- und Lebensberatung – mit einem Berufsbild verbunden, welches mit der jeweiligen Person in einer wechselseitigen Verbindung steht?
- Erhält dadurch der oder die BeraterIn eine Rollenidentität, eine Berufsidentität, die er/sie sich aneignet, ja sich aneignen muss?
- Ist die Arbeit als psychosozialer Berater, als Beraterin mittlerweile eine neue eigenständige Berufsarbeit mit einem bestimmten Selbstverständnis geworden? Und ist diese Tätigkeit mit bestimmten Haltungen verbunden, die diese Tätigkeit zu einer eigenständigen Profession werden ließen (neben schon etablierten psychosozialen Berufsbildern, wie Sozialarbeit, Psychotherapie etc.)?

Vorerst gilt es, dieses spezielle Berufsbild, aber mehr noch die damit verbundene Identität[1] bzw. das damit einhergehende Selbstverständnis der jeweiligen Person zu definieren und auch professionelles Selbstverständnis herauszuarbeiten.

---

[1] Unter Identität (lat. identitas = Wesenseinheit) versteht man die Einzigartigkeit eines Lebewesens, insbesondere eines Menschen. Identität ist die einzigartige Persönlichkeitsstruktur eines Menschen, das „Wer bin ich, auf wen beziehe ich mich, wer bezieht sich auf mich, worüber definiere ich mich und was macht mich aus". Identität ist ein lebenslanger Prozess und zeigt sich im Auftreten, Mimik, Gestik, Sprache und körperlichen Stärken und Schwächen.

Beraten, also jemanden mit einem Rat zur Seite zu stehen, ist eine normale zwischenmenschliche Angelegenheit. Wir geben als Eltern, als Freunde, als Gesprächspartner dauernd guten oder gut gemeinten Rat. Gleichzeit sind wir umgeben von einer explosionsartigen Vervielfältigung von psychosozialen Beratungsangeboten und Coachingkonzepten.

Gemeinsamkeiten zwischen BeraterIn und KlientIn

Beratung im psychosozialen Bereich, Ehe-, Familien- und Lebensberatung (und damit verwandte Felder) zeichnet sich durch direkte Lebensbezüge aus. Also es geht immer um Fragen und Probleme, die ganz direkt in engster Verbindung mit dem Ratsuchenden stehen. Das ist bei einer Kaufberatung so nicht zwangsläufig der Fall. Allerdings wenn aus einer für den Kunden „schlechten" Kaufberatung Schulden entstehen und damit eine akute Existenzbedrohung einhergeht, ist eine damit verbundene Schulden- und Familienberatung wieder direkt im persönlichen Lebensvollzug angesiedelt. Sind BeraterInnen selbst z. B. von einer Verschuldensproblematik stark betroffen, ist eine professionelle Distanz schier unmöglich. Noch direkter ist ein Zusammenhang zwischen Klienten und Ratgebenden bei sogenannten „privaten, persönlichen" Themen, wie Paarbeziehung, Kindererziehung, Fragen zur Herkunftsfamilie etc., denn diese Themen oder Lebensvollzüge betreffen tatsächlich meist alle, die sich im Beratungszimmer einfinden. Trotz mancher eigener offenen und unerledigten Themen wird es möglich sein, professionell und vor allem authentisch zu beraten, bei manchen Themen wird es so etwas wie eine Unverträglichkeit geben.

Die Sehnsucht nach dem gelingenden, nach dem „guten Leben", nach einem nachhaltig gedeihlichen Leben verbindet BeraterInnen und KlientInnen, wenn auch oft in sehr unterschiedlicher Ausformung.

Eine Definition oder vielmehr eine philosophische Begründung für ein solches gedeihliches Leben gibt Martha C. Nussbaum. Für sie sind Lebensgrundkompetenzen die Triebfeder für unser Handeln und Streben. Sie beschreibt ein Grundvermögen, das es den Menschen ermöglicht, das jeweilige Potenzial des Einzelnen zu entfalten.

Zu diesen Grundkompetenzen zählt sie:

- „Die volle Lebenszeit leben zu können,
- die Möglichkeit zur körperlichen und psychischen Gesundheit und Integrität sowie zum unbeeinträchtigten Gebrauch der sinnlichen, kognitiven und emotionalen Vermögen;
- die Fähigkeit, Bindungen zu Personen und Dingen außerhalb unseres Selbst eingehen zu können, damit verbunden das Leben in einem transzendenten und spirituellen Kontext denken und ‚erfahren' zu können;
- das Vermögen, sich seine eigene Auffassung des Guten zu bilden, damit dem jeweiligen Kontext entsprechend auch ethisch und moralisch handeln zu können und

- Überlegungen zur Planung des eigenen Lebens (einschließlich Arbeit, Erholung, soziales und politisches Engagement) anzustellen;
- die Fähigkeit, für und mit anderen leben zu können und eine soziale Basis für Selbstachtung zu haben (im Gegensatz zu einem narzisstisch geprägten Neoliberalismus);
- die Fähigkeit, Bezüge zur anderen Spezies und zur Natur zu pflegen;
- das Vermögen, erholsame Tätigkeiten zu genießen sowie
- die Fähigkeit, das eigene Leben in selbst gewählter Weise in seiner eigenen Umwelt und seinem Kontext zu führen."[2]

Das ist sicher eine allgemeingültige Auflistung von Fähigkeiten für ein gelingendes Leben. Im Beratungsprozess gilt es, die subjektive Ausprägung beim Klienten zu erkennen oder zu verstehen. Beziehungsweise geht es vielmehr darum, das jeweilige vom Klienten wahrgenommene Defizit an solchen Allgemeinfähigkeiten zu bearbeiten.

Anders, in sehr schlichter, durchaus treffender Weise beschreibt Irvin D. Yalom Therapeut und Patient (für uns: Berater und Klient) als „gemeinsam Reisende". „Jedem – und das schließt Therapeuten wie Patienten ein – ist es beschieden, nicht nur die Heiterkeit des Lebens zu erfahren, sondern auch die unvermeidlichen dunklen Seiten: Desillusionierung, Alter, Krankheit, Einsamkeit, Verlust, Sinnlosigkeit, schmerzhafte Entscheidungen und Tod."[3]

An einem Tag in der Beratungsstelle, wo z. B. sechs Klienten zu Besuch waren, damit auch sechs Lebensgeschichten, damit eine sechsmalige Beziehungsgestaltung erforderlich war, ist unweigerlich als siebente Person der/die BeraterIn im Spiel.

Die Kontaktgestaltung ist ein wesentlicher Teil im Beratungsprozess oder wie es der Hamburger Psychologe und Gewaltpädagoge Joachim Lempert ausdrückt: „Der halbe Beratungserfolg ist schon in der Beziehungsgestaltung begründet, der andere in der Methodik der jeweiligen Schule und in der Haltung."[4] Wenn die Haltung angesprochen wird, geht es wieder um die Persönlichkeit des Beraters oder wie Irvin D. Yalom es formuliert: „Die Therapie (Beratung) sollte sich nicht an der Theorie, sondern an der Beziehung ausrichten."[5]

Klienten halten mir durch ihre Geschichte einen Spiegel vor, zumindest einen Teilausschnitt meines Lebensspiegels. Wenngleich meine persönliche Lebensführung, meine Beziehungsmuster, meine persönlichen Werthaltungen an einem solchen Tag nicht gleich sechsmal auf dem Prüfstand stehen, so ist in Summe nicht zu verleugnen, dass sich am Ende eines Tages, oder manchmal schon nach einer Beratungsstunde, folgende Fragen unausgesprochen hervortun:

---

[2] Vgl. Nussbaum (1993), S. 223 f.
[3] Vgl. Yalom (2002), S. 21.
[4] Lempert (2002), Mitschrift einer Ausbildung zur Gewaltberatung.
[5] Yalom (2002), S. 10.

- Meine ich auch, was ich sage?
- Gestalte ich Beziehungen aktiv oder lasse ich gewähren? Meine Kompetenz in der Kontaktgestaltung ist angefragt.
- Weiß ich um meine Gefühlswelt?
- Kenne ich mich in manchen Grundthemen des Lebens tatsächlich aus?

Säulen der BeraterInnen-Identität

Die folgenden Säulen der BeraterInnen-Identität sind jetzt nicht in direkter Weise angelehnt an die fünf Säulen der Identität von Hilarion Petzold. Allerdings sind mir diese für das diagnostische Arbeiten mit Klienten, aber letztlich auch für die Selbstreflexion ein vertrauter und bewährter Raster geworden, sodass sich zwangsläufig Verbindungen herstellen lassen.[6]

a) Fachlichkeit und Professionalität

Das spezielle fachliche Beratungsprofil wird festgelegt durch die konkrete Ausbildungsentscheidung, die aufgrund verschiedener Umstände getroffen wird: spezielle Vorgeschichte, persönliche Vorliebe und vor allem die persönliche Erwartung, damit etwas Befriedigendes tun zu können. Eine Beratungsausbildung wird gemacht, um sich fachlich und persönlich weiterzuentwickeln, aber auch um bessere Chancen im beruflichen Weiterkommen zu haben. Letzteres erweist sich in der angespannten Marktsituation nicht selten als eine zu hohe Erwartung. Da derzeit der Markt boomt, gelingt es nur wenigen, nur eine Fachrichtung zu wählen und sich dann so darzustellen, dass damit auch Einkommen gesichert werden kann.

Die Entscheidung, eine EFL-Beratungsausbildung zu absolvieren, ist eine fachliche Spezialisierung. Das Wissen, Beziehungsberatung, klassisch Eheberatung, zu lernen, inkludiert mehrere Fachentscheidungen: Ich nehme mich um Fragen an, die die Menschen in ihrer persönlichen Lebensführung und Beziehungsgestaltung betreffen. Nachgeordnet sind Fragen des Berufsalltags, Spezialisierungen, wie Suchtberatung, Finanzberatung/Schuldnerberatung und so weiter. EFL-Beratung ist vorzugsweise nicht gleich spezialisiert auf ein bestimmtes Thema, sondern meist die große Eingangstür, welche nach dem großen Vorraum sondiert, welche Tür als Nächstes aufgetan werden sollte. Diese Sondierungskompetenz im großen Vorraum der Lebensthemen, wo Menschen tatsächlich nicht nur eine, sondern auch mehrere nächste Türen finden, ist die besondere Herausforderung für BeraterInnen, weil ein Verständnis für viele Bereiche und Themen gefordert ist.

Wir werden in der „normalen" EFL-Beratung demnach mit sehr viel mehr Fragen konfrontiert als mit den drei Spezialgebieten: Ehe- und Partnerberatung, Familien- und Erziehungsberatung und Lebensberatung. Letzteres deutet die Öffnung dieses Beratungsverständnisses nicht nur an, sondern verlangt eine Grundkompetenz,

---

[6] Petzold (1996).

ein Verständnis für die Menschen, mit ihren vielen Anliegen und Krisenthemen zumindest in Ansätzen umgehen zu können. Als Zweites wird von Beratungsprofis in der EFL-Beratung erwartet, dass sie vernetzt sind und im Sinne der KlientInnen verweisen. Dass sich das Weitervermitteln oft nicht „machen" lässt, hat verschiedene Ursachen: Zum einen gründet es in der Beziehungskompetenz des Beraters, d. h. Beziehungs- und Prozessgestaltung ist eine Grundfunktion, vielmehr eine Grundvoraussetzung für das Selbstverständnis, und es ist mitunter nicht immer professionell, eine bereits funktionierende Beratungsbeziehung abzubrechen. Außerdem: KlientInnen lassen sich das nicht „bieten". Sie wollen nicht herumgeschickt werden, wenn einmal ein „tragfähiger" Kontakt entstanden ist.

Eine fachliche Spezialisierung für ein bestimmtes Themenfeld, für eine eingegrenzte Klientel beinhaltet neben der notwendigen Profilierung auch das Risiko der Engführung. Möglicherweise wird dadurch der Blick auf Menschen und ihre Probleme tendenziell im Focus der Spezialisierung, des Fachgebietes wahrgenommen und diagnostiziert. (Wer als Werkzeug vor allem auf den Hammer setzt, weil er den Umgang damit beherrscht, für den ist jedes Problem ein Nagel.) Allerdings sich für alles und jedes (und jeden) als kompetent zu erweisen, führt zu einer Verflachung und Beliebigkeit. Die professionelle Persönlichkeit verliert dadurch an Kontur.

Von fachlicher Spezialisierung kann man sprechen, wenn BeraterInnen zusätzlich zur Kernkompetenz im weiten Feld der (EFL-)Beratung für sich Indikatoren finden, herausfiltern und entdecken und dadurch eine Weiterentwicklung, eine Zusatzqualifikation angeregt wird.

Indikatoren sind meines Erachtens nur ein paar wenige Aspekte, die für eine fachliche Spezialisierung oder inhaltliche Schwerpunktsetzung sensibilisieren und motivieren. Der wirkungsvollste Indikator ist sicher die persönliche Biografie. Aus unserer Lebensgeschichte ergeben sich (zwangsläufig) immer wiederkehrende Lebensfragen, Lebensthemen und persönliche Vorlieben, wie zum Beispiel die Hinwendung zu Sprachen, zur Technik, zu politischem Engagement, zur Kunst, zum sozialen und humanistischen Verständnis oder zur Spiritualität. Diesen Affinitäten in Verbindung mit oft unbewusst wirkenden, tief verankerten Prägungen, aber auch Verletzungen und Bedürftigkeiten, die durch die jeweilige Erziehung und das jeweilige Milieu mitbestimmt sind, sind wir keinesfalls nur ausgeliefert. Vielmehr tragen sie dazu bei, dass wir unsere (Berufs-)Biografie fortschreiben – nicht als „hilflose HelferInnen", sondern als „HelferInnen, denen selbst geholfen wurde" oder als „HelferInnen, die ein Stück Wegstrecke kennen" und dies als Ressource für ihre Begleitungstätigkeit sehen.

Ein anderer Indikator sind Umstände, besondere Ereignisse und „Zufälle", also Ereignisse und auch Begegnungen, die uns das Leben beschert, ohne dass wir sie einplanen. Umstände sind etwa, dass BeraterInnen wirtschaftliche Überlegungen als Grundlage zur Weiterqualifizierung anregen oder dass ein Träger, ein Arbeitgeber besonderen Bedarf anmeldet. Unter besonderen Ereignissen meine ich unter anderem besonders prägende Begegnungen, Schicksalsschläge, Erfahrung von Krankheit und Tod und so weiter. Neben diesen individuell und biografisch motivierten Einflüssen gibt es weitere Fragestellungen, die sogenannte Schwerpunktsetzungen und Spezialisierungen fördern. Welche Themen interessieren mich? Mit welchen Klientengruppen (Männer, Frauen, Kinder, Paare, Familien, Opfer, Täter …) arbeite ich lieber? Mit wem gelingt es mir leicht, in Kontakt zu kommen? Welche Settings, Methoden und Arbeitsweisen liegen mir? So wie sich Anbieter und Träger von Beratungsstellen auf ein „Kerngeschäft" festlegen, so werden BeraterInnen zumindest für sich selbst eine bestimmte Landschaft bestellen wollen bzw. sollten sie das können.

Ein Prüfstein für die individuelle Qualität ist, wie sich BeraterInnen in einem sogenannten Kompetenz- und Qualitätsraster bewegen und daran orientieren. „Seriöse Beratung basiert nicht auf einem Geheimwissen, das nur in geschlossenen Zirkeln weitergegeben wird, sondern ruht auf Erkenntnissen, die zumindest innerhalb der jeweiligen Berufsgruppe offen und transparent dargestellt und diskutiert werden. Publizität ist ein unerlässliches Kennzeichen ernsthafter Beratungsmethoden."[7]

Michael Rosenberger beschreibt vier Kriterien – *Transparenz, Rationalität*; das beraterische Handeln und Tun muss erklärbar, beschreibbar und fachlich begründbar bleiben; *Diskursivität*, die Aufforderung zur fachlichen Weiterentwicklung – als ein Eintreten in den Diskurs mit anderen Disziplinen. Damit bestätigt er, was viele BeraterInnen sowie Anbieter und Träger von Beratung immer mehr als Standard erkennen, nämlich die Bereitschaft zur kontinuierlichen Fortbildung. Das vierte Kriterium nach Rosenberger, die *disziplinäre Selbstbeschränkung* und *interdisziplinäre Offenheit*, hat angesichts steigender Konkurrenz und damit einhergehender Unübersichtlichkeit in der Beratungslandschaft aktuelle Brisanz. Rosenberger plädiert für ein methodenbewusstes Arbeiten, welches einer Selbstbescheidung und interdisziplinärer Kooperation bedarf.[8]

Angefügt an diese Kriterien sei die Vernetzungskompetenz von BeraterInnen, d. h. im Sinne der KlientInnen werden andere psychosoziale und fallweise auch medizinische Angebote mit einbezogen und den KlientInnen gegebenenfalls weitervermittelt. Dabei gilt es der Versuchung, sich KlientInnen „zu behalten", zu widerstehen. Die Gründe hierfür können vielfältig sein: Statistiken, Honorare, die man beim Weiterverweisen verliert, oder eine falsche Selbsteinschätzung, um nicht zu sagen Selbstüberschätzung. Und: An manche KlientInnen hat man sich einfach gewöhnt, man hat sie „liebgewonnen" oder sie lassen sich ein „Weiterschicken", wie oben schon erwähnt, nicht gefallen.

---

[7] Rosenberger (2006), S. 149 f.
[8] Vgl. Rosenberger (2006), S. 150.

b) Das Arbeitsumfeld

„Man kann sich sein Arbeitsumfeld nur begrenzt aussuchen. Nicht jeder Sozialpädagoge findet einen Arbeitsplatz in einer (seiner gewünschten) Beratungsstelle."[9] Für viele AbsolventInnen von Beratungsausbildungen trifft das in ähnlicher Weise zu. Natürlich ist zu hoffen, dass die Stelle, der Träger, wo BeraterInnen eine Beschäftigung finden, auch ihre erste, manchmal auch zweitbeste Wahl ist. Realität ist geworden, dass viel mehr BeraterInnen Arbeit suchen, als – bezahlte – Beratungsarbeit möglich ist. Da kann auch nicht darüber hinwegtäuschen, dass die „Unübersichtlichkeit" der Lebensverhältnisse auf der einen Seite und der noch nie in dem Ausmaß vorhandene Anspruch, sich auf das eigene Urteil zu verlassen auf der anderen Seite, tatsächlich für immer mehr Menschen Beratung – psychosoziale Beratung – letztlich notwendig machen würde.[10] Doch sie will nicht in diesem Ausmaß bezahlt werden.

Ein Trend, für alles eine Beratung oder ein Coaching in Anspruch nehmen zu können, bringt Kunden nicht nur Vorteile, denn in der Branche tummeln sich auch schwarze Schafe: Mangelnde Qualifikationen und überzogene Versprechungen sind nicht immer auf den ersten Blick zu erkennen. Wenn beispielsweise nicht näher beschriebene psychologische BeraterInnen im Internet Lebensberaterdienste per Telefon oder E-Mail anbieten, ist Vorsicht geboten. Zumal wenn der Anbieter nicht angibt, nach welcher Methode (Schule) er arbeitet. Verweise auf besondere „intuitive" Fähigkeiten oder „eine lange Lebenserfahrung" sollten über die Frage nach der fachlichen Qualifikation nicht hinwegtäuschen.[11] Zu den Standards meiner Tätigkeit gehört dann nicht nur meine individuelle Qualifikation, sondern auch die Frage, welche Standards und Prinzipien die Stelle, die Einrichtung mitbringt: Sind Weiterbildung und Supervision für die MitarbeiterInnen Grundstandards? Wird es geschätzt und gefördert, wenn sich einzelne Personen spezialisieren, innovative Ansätze und Ideen einbringen?

Die Prinzipien und Standards einer Einrichtung, aber auch der weltanschauliche Background prägen mein BeraterInnenprofil entscheidend mit. Dessen muss ich mir bewusst sein.

c) Ein persönliches Profil – ein Image oder die persönliche Note ...

Einen persönlichen Stil im Auftreten, ein individuelles, hoffentlich authentisches Image zu entwickeln, zu pflegen, zu erweitern, ist aus mehreren Gesichtspunkten unerlässlich. Nicht in dem Sinn, wie Marketingstrategen oder „spindoctors" ihre Manager, Politiker, Verkäufer „briefen"[12], sondern es geht schlichtweg darum, he-

---

[9] Bebenberg (2006), S. 13.
[10] Vgl. Hitzler (2003), S. 22 f.
[11] Vgl. Tenzer (2003), S. 24.
[12] Manche MitarbeiterInnen im psychosozialen Bereich könnten hier sehr wohl Anleihen nehmen, weil ein äußeres Erscheinungsbild, ein professionelles Auftreten vernachlässigt wurde und immer noch wird. Es mag für manche Felder, wie Streetwork, teilweise auch

rauzufinden: Was steht mir? Was entspricht mir? Aber noch viel mehr: Nehme ich mein Potenzial in scheinbar sehr nebensächlichen Dingen, wie den Accessoires des Alltags, wahr. Gemeint sind sehr wohl auch das persönliche Erscheinungsbild, der Umgang mit Körperlichkeit, Kleidung, Fitness, besser: Gesundheit, Freizeit, Bildung im privaten Bereich.

Haben Betriebe, wie Banken, aber auch viele andere Firmen für ihre Mitarbeiter (besonders im Managementbereich, vor allem ab einer gewissen Stufe in der Hierarchie oder für Mitarbeiter mit Kundenkontakt) bestimmte Dresscodes vorgeschrieben[13], so hat sich über lange Zeit hinweg der psychosoziale Bereich dadurch bemerkbar gemacht, dass ein sogenannter „Uncode" die Leute wiedererkennbar gemacht hat. Ich werde den KlientInnen nicht nur empathisch, sondern auch würdevoll und respektvoll begegnen und sie verdienen ein „ansehnliches" Gegenüber.

So sehr EFL-Beratung in einem sehr vertraulichen und diskreten Rahmen angesiedelt ist, so wenig sind wir letztlich privat. Wir sind es den KlientInnen schuldig, eine entsprechende professionelle Atmosphäre zu schaffen.

Norbert Wilbertz recherchierte, dass in der Bundesrepublik 2002 420.000 Beratungsstunden an kirchlichen EFL-Beratungsstellen absolviert wurden; vielfach im Verborgenen – und dies ist der Sache auch angemessen.[14] EFL-Beratung ist demnach eine gesellschaftspolitisch relevante Arbeit, denn die Themen der KlientInnen drücken zumeist Nöte von vielen aus – und Beratung muss im Verborgenen bleiben, zum Schutze der KlientInnen. Diese Spannung wird dann schwer auszuhalten, wenn es um Werbung für psychosoziale Beratung geht, wenn Geldmittelaufbringung gefordert ist, wenn Beratung sozusagen „vermarktet" werden soll, wenn BeraterInnen sich selbst präsentieren müssen.

Und doch ist das Beratungszimmer ein öffentlicher Raum und so sollte es sich auch darstellen. Dies wird von KlientInnen mitunter sogar explizit ausgedrückt.

So bemerkte zum Beispiel einer meiner Klienten gleich beim Erstkontakt zu Beginn der Beratungsstunde: Er sei froh, dass dieser Raum eher wie ein Büro aussehe und nicht zu privat wirke. Bei einer Therapeutin habe er sich in ihrer Praxis unwohl gefühlt, denn das war zu heimelig, viele Pölster, Blumen, Düfte und so …, das sei nichts für ihn, … und dann habe man ihn sogar gebeten, er möge die Schuhe ausziehen!

Das mag jetzt ein eher krasses Beispiel sein und man könnte einwenden, dass ein männlich stereotypisches Verhalten zu diagnostizieren wäre – und doch bleibt der Beigeschmack von einer wohnzimmerähnlichen Wohlfühlatmosphäre, und letztlich scheint es nicht ganz professionell oder eben nicht ganz so ernst gemeint zu sein.

Jugendarbeit zulässig sein, scheinbar „locker leger" im Erscheinungsbild zu wirken, für professionelle Beratung stelle ich das in Frage.
[13] Vgl. Bauer-Jelinek (2002).
[14] Vgl. Wilbertz (2003), S. 220–229.

Eine Gepflogenheit aus meiner Kindheit mag noch einmal deutlich machen, dass der öffentliche Raum anderer, besonderer Etikette bedarf. Für den Schulbesuch und noch einmal mehr für den sonntäglichen Kirchgang waren die „besseren" Kleider vorgesehen, ja fast möchte man sagen, vorgeschrieben. Bei allem sozialen Zwang und sozialer Kontrolle – vielfach war die Form wesentlicher als der Wert – wurde dadurch doch deutlich, dass der öffentliche Raum einen besonderen Respekt verlangte. Es wurde ihm ein Wert gegeben, der auf Respekt und Würde gründete.

Weiters ist es für die Psychohygiene von BeraterInnen durchaus nützlich, „Dienstkleidung" nach der Beratung abzulegen.

d) Beziehungsgestaltung – „Kontakt in Augenhöhe"

Beratung ist eine Kommunikationsform mit einer bestimmten Weise der Kontaktgestaltung, die immer wieder darauf abzielt, sich mit dem Gegenüber zu ergänzen und so zu kommunizieren, dass zwei Menschen „auf gleicher Wellenlänge" sind, dass die Beteiligten ihre Kommunikation unter bestimmten Bedingungen als Resonanz, als Verständigung, als „Einklang" erleben.[15] Das ist Aufgabe der Beraterin oder des Beraters und kommt einer Grundhaltung gleich, die über das alltägliche „Beratungshandwerkszeug" hinaus notwendig und wirksam ist.

Der Begriff Haltung wird in unserem Zusammenhang vielfach und auch undifferenziert verwendet. Er gehört zum Grundvokabular, wenn es darum geht, das Wesen von (EFL-)Beratung zu beschreiben. Von seiner Wortbedeutung lässt sich das Wort „Halt" herausheben und damit bekommt dieser Begriff eine zusätzliche Dichte. Wir fragen, aus welcher Haltung heraus arbeiten wir in der Beratung, wir sagen, EFL-Beratung und damit die BeraterInnen benötigen eine bestimmte Grundhaltung. Und wir scheinen schnell zu wissen, was damit gemeint ist, ohne es genau definieren zu können. Martin von Bebenberg schreibt: „Haltungen sind bedeutsame innere Einstellungen und Werte, die man seinem Handeln zugrunde legt. Es soll sich hier um Einstellungen und Werte handeln, die weitgehend begründbar und erklärbar sind. Soweit sie Axiome sind, also nicht weitgehend theoretisch ableitbare oder empirisch belegbare Behauptungen enthalten, sollten sie mit den Menschenrechten in Einklang stehen und einen lebensbejahenden Charakter haben."[16]

Er bringt die Haltung mit Einstellungen, Werten und dem sichtbaren Verhalten in Verbindung. Das scheint mir eine brauchbare Definition zu sein und lässt die Frage zu: Welchem Halt, welcher inneren Orientierung oder welcher ethisch ideologischen Grundmaxime bin ich mir selbst verpflichtet. Welche inneren Bilder vom Leben an sich und welcher Focus für meine Weltsicht und die Menschen geben mir diesen „Halt"? Ergebnisoffen, aber nicht werte-los, so lautet sinngemäß eine mögliche Haltung, wie sie M. Rosenberger[17] beschreibt. Ein scheinbarer Widerspruch in

---

[15] Vgl. Bebenberg (2006), S. 155.
[16] Bebenberg (2006), S. 158.
[17] Vgl. Rosenberger (2006), S. 154.

der Formulierung? Wie kann ich ergebnisoffen agieren, wenn ich weiß, dass ein mögliches Ergebnis, eine mögliche Entscheidung eines Klienten/einer Klientin zu meinen Grundwerten und meinen Orientierungen in Widerspruch stehen wird? Oder ist vielmehr gemeint, dass es um eine professionelle Arbeitshaltung geht und mein Weltbild als BeraterIn nicht wirklich gefragt ist.

„Haltungen sind gewissermaßen Fundamente, auf denen die speziellen Methoden, Interventionen bzw. ganz generell die Begegnungen mit anderen Menschen aufbauen. Haltungen spricht man nicht ständig aus, sie kommen für den anderen eher indirekt über das Verhalten zum Ausdruck. Sie sind spürbar und in der Beziehung erfahrbar. Dafür, dass der andere sie bemerkt, gibt es jedoch keine Garantie; denn wie der andere einen erlebt, hängt von seiner Wahrnehmung, seiner Erwartung, seinem Welt- und Menschenbild ab", meint Martin von Bebenberg.[18]

Natürlich ist die professionelle Arbeitshaltung der Kern unseres Handelns und hier kann man differenzieren:

- Beratung ist ein Kontaktangebot, ein Beziehungsgeschehen zwischen zwei oder mehreren Menschen und ist getragen von Grundhaltungen und daraus ableitbaren Verhaltenszielen, die sich formulieren lassen.

- Ergebnisoffen heißt dann, dass eine wesentliche Grundhaltung darin zu sehen ist, der Lebensgestaltung und den Entscheidungen der Klienten größtmöglichen Respekt entgegenbringen zu wollen. Begleitet vom Wissen – vielleicht ist das wiederum eine Haltung –, dass es ebenso beim anderen liegt, wie er Entscheidungen verantwortet.

- Ich brauche eine reflexive Ebene und Kompetenz, zu unterscheiden zwischen meinen professionellen Arbeitshaltungen und meinen persönlichen „Haltungen", die rückgekoppelt sind mit meinen Werten und ethischen Prinzipien. Ich werde das gegebenenfalls thematisieren, weil es naturgemäß Widersprüche geben wird, weil es beraterisch notwendig ist und weil ich weiß, dass meine mir innerlich Halt gebenden Werte (Grundhaltungen?) wirken, ob ich sie nun transparent mache oder „nur" wirken lasse. Es ist Haltungen zu eigen, dass sie wirken, spürbar werden, bewusst, aber auch unbewusst in mein Handeln einfließen, ohne sie explizit nennen zu müssen. Sie sind sozusagen eine Hintergrundmatrix, die uns leitet und uns vor der Beliebigkeit im (beraterischen) Handeln schützt.

Eine Haltung ist das Verständnis, dass im Rahmen dieser professionellen Beziehung die KlientInnen die Lösungskompetenz letztlich mitbringen, aber es alleine nicht vermögen, darauf zurückzugreifen. Das ändert nichts an der Grundannahme. KlientInnen sind „ExpertInnen für ihr Leben", davon ausgehend sprechen manche BeraterInnen von ihren Kunden im Sinne von „kundig sein". Beratung als Profession aus-

---

[18] Bebenberg (2006), S. 159.

zuüben, ist von der Vermischung geprägt, dass sich einerseits Professionisten und ein Ratsuchender, ein Klient, ein Kunde gegenübersitzen. Dieses Gegenüber ist geprägt von der Vorstellung, der Berater, die Beraterin ist einen Schritt voraus, wird als sehend und wissend verstanden (vom Ratsuchenden sowieso, BeraterInnen selbst sind sich da glücklicherweise nicht immer so sicher). Auf der anderen Seite wissen wir, dass zwei (oder mehrere) ExpertInnen zu je individuellen Lebensthemen aufeinander treffen. Der „Mythos des wissenden Beraters, der wissenden Beraterin" wird in Frage gestellt und ist nicht haltbar.

Das Verhältnis zwischen BeraterIn und KlientIn ist keines wie zwischen LehrerIn und SchülerIn und auch nicht wie MeisterIn und Lehrling. Wahr ist vielmehr, dass Beratersein Demut abverlangt und vor allem den Respekt vor der Lebens- und Lösungskompetenz der Menschen. Es ist tatsächlich so, dass KlientInnen im Laufe eines Beratungsprozesses Schritte gehen, die nicht selten hohe Wertschätzung und Respekt, manchmal sogar Bewunderung verlangen und auch hervorrufen.

Kontaktgestaltung auf Augenhöhe beschreibt letztlich mehr eine Haltung als eine Methode. Natürlich ist die Klienten-Berater-Beziehung in der professionellen Beratung genau definiert. Sie hat verschiedene Merkmale, die sozial-normativ geregelt sind und deren einzelne Punkte Martin von Bebenberg sehr treffend auflistet:

Die Beziehung
- ist zeitlich begrenzt.
- Sie ist mit einer Bezahlung an den/die BeraterIn verbunden.
- Sie ist professionell und nicht privater Natur, das heißt, BeraterInnen halten weitgehend ihr Privatleben aus der Beziehung heraus, während KlientInnen Einblick in bestimmte Aspekte ihres Privatlebens geben müssen, wenn die Beratung Erfolg haben soll.
- Die Rollen – KlientIn hier, BeraterIn dort – sind dementsprechend festgelegt
- und deshalb ist die Beziehung von vornherein komplementär, ein „Topf-Deckel-Verhältnis und der Tendenz nach auch durch ein Oben-Unten-Gefälle ausgezeichnet. Damit sie dennoch möglichst ebenbürtig bleibt, müssen BeraterInnen darauf achten, immer wieder gleiche Augenhöhe" herzustellen.[19]

Der dritte Aspekt, wie ihn Martin von Bebenberg formuliert, bedarf an dieser Stelle einer Differenzierung. Die Beziehung zwischen BeraterIn und KlientIn ist eine sehr vertraute, intime und verlangt gerade deswegen den geschützten Rahmen. Aber sie ist auch einseitig offen bzw. es ist eine einseitige Intimität, denn das Privatleben, die Privatmeinung und das persönliche Empfinden des Beraters oder der Beraterin sind herauszuhalten, denn sonst wäre der Berater oder die Beraterin nicht weitgehend frei für die Belange der KlientInnen. Risiko dieser Haltung ist, dass eine sogenannte

---

[19] Bebenberg (2006), S. 153 ff.

Schieflage entsteht, und für manche KlientInnen ist das tatsächlich ein Hindernis, sich zu öffnen. Irgendwann wird dadurch auch das Prinzip, Beratung als Kontakt auf gleicher Augenhöhe, dauerhaft gestört.

Irvin D. Yalom hat in seinem Buch „Die rote Couch" die Wirksamkeit und Gefährlichkeit der persönlichen Beziehung in der Therapie sehr anschaulich und spannend skizziert. Dieser Roman ist ein Plädoyer für die persönliche authentische Offenheit des Therapeuten im therapeutischen Setting – in Einhaltung der Grenzen – und deren heilsame Wirksamkeit. „Wenn Patienten wissen wollen, ob ich verheiratet bin oder Kinder habe oder einen bestimmten Film mag oder ein bestimmtes Buch gelesen habe oder mir unser Zusammentreffen bei einem gesellschaftlichen Ereignis peinlich war, antworte ich ihnen stets offen. Warum nicht? Was ist dabei? Wie kann man eine echte Begegnung mit einem anderen Menschen erleben, wenn man für ihn undurchschaubar bleibt?"[20]

e) Was kann Beratung?

BeraterInnen ist häufig zu eigen, dass sie ihre Arbeit, ihr Selbstbild, ihr Wirkverständnis als „weniger" erachten, dass sie sich „klein denken". Vor allem der Psychotherapie gegenüber schätzen sie sich gering. Dass es Unterschiede gibt und dass es Gemeinsamkeiten gibt, ist außer Streit und hat René Reichel knapp und treffend beschrieben. Ausgehend von seiner Recherche ist vorerst doch eine Abgrenzung angebracht. Dazu verwendet René Reichl die Unterscheidungsmerkmale „gesund" und „krank". Das scheint auch der zentrale Perspektivenunterschied zu sein und es hat rechtliche sowie standespolitische Gründe, die bereits in der Ausbildung wirksam werden.

Psychotherapie ist als Heil- und Behandlungsverfahren gesetzlich definiert und anerkannt. Daher ist sie auch mit den Krankenkassen auf der Basis eines international anerkannten Diagnoseschlüssels verrechenbar. Das ist wohl ein zusätzlicher Nährboden für gelegentliche Minderbewertung von Beratung und ist mit einem Motivationsfaktor um die aufwändige und kostenintensive Therapieausbildung in Kauf zu nehmen, weil dadurch sicherer Einkommen lukriert werden kann. Besonders dann, wenn Beratung als freies Gewerbe ausgeübt wird. Beratung kann weder über die Krankenkassen noch über die Familienberatungsförderung des Bundes abgerechnet werden. Auf nicht unerhebliche Weise erleben wir, dass unser „Wert" und unser Selbstverständnis sehr wohl über die damit verbundenen Verdienstmöglichkeiten in Verbindung steht. Unser Selbstwert in diesem Berufsbild wäre dann gekoppelt mit der konkreten Erwerbstätigkeit. Wenn BeraterInnen das Glück haben, an geförderten Beratungsstellen tätig sein zu können, wo auch entsprechende Budgetmöglichkeiten vorhanden sind, wird das einen Mehrwert in punkto Selbstbild und BeraterInnen-Identität ausmachen. Ähnlich wie jemand von sich sagt: Ich bin Krankenpfleger, Arzt, Elektrotechniker …, kann jemand sagen: „Ich bin BeraterIn von Beruf" und das inkludiert, dass ich meinen Lebensunterhalt

---

[20] Yalom (2002), S. 10.

(zumindest einen Teil) damit verdiene. Wir wissen, dass dies so nur für wenige KollegInnen stimmt. Es würde allerdings dem Berufsbild und damit der Identität des Einzelnen als BeraterIn von Nutzen sein. Ich gehe davon aus, dass eine größere Selbstzufriedenheit mit dieser Berufsrolle und Berufsidentität nicht nur für die BeraterInnen ein persönlicher Mehrwert ist (Mehrwert heißt hier: Steigerung der Lebens- und Arbeitszufriedenheit und Lebensqualität), sondern dass die KlientInnen das indirekt und direkt „abbekommen". Fazit wäre hier: Es muss für die einzelnen BeraterInnen permanentes Anliegen bleiben, ihre Rolle, ihre Berufsidentität immer wieder zu pflegen, zu nähren, auf neue stabile Pfeiler zu stellen, es muss für Anbieter von Beratung (die Träger von Beratung) eine Selbstverständlichkeit werden, dass BeraterInnen einen Rahmen vorfinden, der diese Stabilität und Sicherheit gewährleistet. Das ist im Sinne der Menschen, die Hilfe suchen und brauchen, unerlässlich.

Auf dem Hintergrund der Merkmale „gesund" und „krank" beschreibt Reichel drei Bereiche, in denen die Unterschiede zwischen Beratung und Psychotherapie erkennbar und beachtenswert sind:

1. Die Diagnose: Gute BeraterInnen brauchen ausreichend Wissen um Krankheitsbilder, damit sie in der Anamnese einigermaßen abschätzen können, ob eine Verstimmtheit, eine Krise oder eine krankheitswertige Störung vorliegt. In letzterem Fall ist eine Weitervermittlung zu empfehlen und mit den KlientInnen abzustimmen, was Beratung in diesem Fall leisten kann und was nicht.

2. Die Kooperation mit der Medizin: BeraterInnen können sich nicht mit dem Arzt, der Ärztin oder dem Psychiater, der Psychiaterin verständigen, ob und welche begleitende medikamentöse Behandlung Sinn macht, ob vielleicht ein stationärer Aufenthalt sinnvoll erscheint und/oder welche Begleiterscheinungen eine entsprechende Medikation mit sich bringt. BeraterInnen sollten allerdings so weit Bescheid wissen, dass sie KlientInnen bei entsprechender Notwendigkeit „raten", einen Arzt zu konsultieren.

3. Bestimmte psychische Zustände erfordern manchmal eine Intervention, die die Selbstbestimmung der KlientInnen einschränkt, um sie nicht zu überfordern. Reichel bezeichnet dies als „Behandlungscharakter", wenn die Arbeit zeitweise von direktiven Anweisungen bestimmt ist oder der Therapeut/die Therapeutin für eine bestimmte Phase eine Teilverantwortung übernimmt.[21]

Die Grenzen zur Beratung, der Übergang ist in der Praxis oft nicht so klar bzw. fließend und trotzdem gelten diese Unterscheidungen als eine hilfreiche Richtlinie.

---

[21] Vgl Reichel (2007), S. 3.

Was macht Beratung zur eigenständigen Disziplin

- Lebensberatung ist im höchsten Maß begegnungs-orientiert und sie richtet sich nachgeordnet nach gewissen Beratungsschulen und Methoden.
- Beratung ist eine professionelle Helferbeziehung[22], die einen längerfristigen und authentischen Kontakt erfordert, oder wie es K. Grossmann beschreibt: „Aus KlientInnenperspektive bilden Wertschätzung und Respekt, Offenheit, das Vermitteln von Sicherheit und Strukturiertheit, das Aktualisieren von Verstehen, Anteilnahme und Empathie zentrale therapeutische Wirkbedingungen."[23] EFL-Beratung ist kein Heilverfahren im oben genannten Sinn, bedient sich aber der Methoden der Psychotherapie, ja noch vielmehr, professionelle BeraterInnen können prozess-orientiert arbeiten und das sind dann Zugänge, Methoden, Interventionen, wie sie in anderen Professionen vorfindbar sind. Lebensberatung ist stärker auf ein klientInnenorientiertes, begleitendes und verstehendes („counselling") Selbstverständnis hin angelegt. Der andere Pol von Beratung ist das Expertentum („consultation", „guidance")[24], wo direktiv-beratend, auskunftgebend KlientInnen unterstützt werden. Ein Beispiel dafür wäre die Rechtsberatung im Rahmen der Familienberatung bei Gericht.
- Beratung orientiert sich an den Ziel- und Lösungskonzepten, die KlientInnen für sich entwickeln und sie letztlich freiwillig als ihre eigene subjektive Arbeitsannahme betrachten. BeraterInnen, die sich kooperativ verhalten und sich an den Zielen und Aufträgen der KlientInnen orientieren, werden als hilfreicher erlebt als jene, die sich wenig kooperativ verhalten.[25] Das sollten sich BeraterInnen vor Augen halten, deren Verständnis tendenziell auf ihrem ExpertInnentum beruht, ganz im Sinne des Begriffes „Rat geben", und die versucht sind, ihre Hypothesen in den Vordergrund zu stellen – auch wenn wir wissen, dass sich die Menschen von Beratung eher einen „Rat" erwarten als von anderen Professionen.
- Die Fähigkeit, eine professionelle Beziehung zu gestalten, einen Beratungsprozess zu initiieren und zu begleiten, dient letztlich der Ziel- und Lösungsorientierung. Formal wird das dadurch unterstützt, dass in der Regel fünf bis zwanzig Stunden anberaumt werden. Es gibt gewisse Beratungsformen und Inhalte, die allerdings ein größeres Ausmaß und einen längerfristigen Zeitraum notwendig machen (z. B. Gewaltberatung mit Tätern, Begleitung und Beratung von Gewaltopfern oder nach schweren Schicksalsschlägen, bei Trauer etc.).

---

[22] Stumm u. a.(1996), S. 33–35.
[23] Vgl. Grossmann (2005), S. 263.
[24] Stumm u. a. (1996), S. 33–35.
[25] Vgl. Grossmann (2005), S. 263.

- Beratung hat einen Teilbereich der Menschen, der KlientInnen im Blickpunkt, deren positive Entwicklung gefördert werden soll. In Abgrenzung zur Religion ist die Erwartung, dass ein Mensch durch Beratung „erlöst", „glücklich" oder heil im spirituellen Sinn wird, nicht nur eine grobe Überschätzung, sondern auch eine Gefährdung der Professionalität.[26]
- Beratung ist gegenwartsorientiert und „bedient" sich früherer Ereignisse nur dann, wenn sie für die gegenwärtige Problemstellung und Problementlastung nützlich ist. Ein tiefergehendes Beschäftigen und Bearbeiten von früheren, meist in der Kindheit verankerten schwierigen Ergebnissen und vielleicht traumatisierenden Ereignissen ist nicht Aufgabe von Beratung. BeraterInnen sollten um deren Wirkmächtigkeit nicht nur Bescheid wissen, sondern in Ansätzen auch damit umgehen können – ihre Grenzen erkennend und wahrend. Das Arbeiten mit der Orientierung im „Hier" und „Jetzt" bedeutet das absolute Ernstnehmen der gegenwärtigen Lebenssituation der KlientInnen – und das schätzen diese, vor allem Männer.[27]

Als Fazit dient mir eine kurze Annäherung an mein persönliches Selbstverständnis. Dies ist geprägt von Haltungen, Lebenserfahrungen und der Idee, dass professionell ausgerichtete Beratungsbeziehung heilsam wirkt.

- Ich möchte für Menschen da sein, in einem durch und durch professionellen Rahmen ganz zur Verfügung stehen.
- Meine persönliche Sinnfindung wird dadurch permanent angeregt.
- Ich bin selbst manchmal unglücklich und unzufrieden mit meinem persönlichen Lebensvollzug, aber ich habe eine sinnstiftende Tätigkeit und aus dieser Demut heraus (eine Grundhaltung?) will ich das als Empathie und intensive Wahrnehmung wirksam werden lassen, auch weil ich weiß: Mein Leben ist wieder ganz anders und doch ähnlich.
- Ich habe erlebt, dass ich es aushalte, mit Menschen in ihrem tiefen Kummer und ihrer Ausweglosigkeit mitzufühlen, da zu sein, ohne mich selbst zu verlieren. Dabei ist mir deutlich geworden, dass Schlimmes manchmal, ohne wegzuschauen, nur auszuhalten ist und in seiner nachhaltigen Dimension nur mehr anzunehmen ist, ohne es wegmachen oder heilen zu können.
- Zu meinem Selbstverständnis gehört untrennbar, dass wenn Menschen zu einem Stück mehr Selbstannahme und Selbstwirksamkeit finden, dies letztlich eine politische Dimension hat, weil sie sich selbst und der Welt ein klein wenig verantwortlicher begegnen.

---

[26] Vgl. Reichel (2007), S. 2.
[27] Vgl. Lempert (2002).

Verwendete Literatur

Bauer-Jelinek, C. (2000): Die helle und die dunkle Seite der Macht, Klosterneuburg.

Bebenberg, M. von (2006): Weg aus einem Labyrinth ... oder wie Beratung gelingen kann, Neu-Ulm.

Grossmann, K. P. (2005): Die Selbstwirksamkeit von Klienten. Systemische Forschung im Carl-Auer Verlag, Heidelberg.

Hitzler, R. (2003): Roland Hitzler im Gespräch mit Psychologie Heute. In: Psychologie Heute, Heft 12, S. 22–23.

Lempert, J. (2002): Statement während der Ausbildung, Gewaltberatung/Gewaltpädagogik, Institut Lempert, Strobl.

Männer gegen Männer-Gewalt (Hg.) (2002): Handbuch der Gewaltberatung, Hamburg.

Nussbaum, M. C. (1993): Menschliches Tun und soziale Gerechtigkeit. Zur Verteidigung des menschlichen Essentialismus. In: Brumlik, M./Brunkhorst H. (Hg.), Gemeinschaft und Gerechtigkeit, Frankfurt/M.

Petzold, H. G.(1996): Integrative Bewegungs- und Leibtherapie. Ein ganzheitlicher Weg leibbezogener Psychotherapie, 3. überarbeitete Auflage, Paderborn.

Reichel, R. (2007): Psychotherapie und Beratung – Gemeinsamkeiten und Unterschiede, Unterlagen zum Universitätslehrgang „Psychosoziale Beratung". Im WWW unter http://www.donau-uni.ac.at/psymed/beratung → Literatur; Stand vom 2. 12. 2007.

Rosenberger, M. (2006): Selbständig machen, nicht abhängig. Die Moral der Beratung auf dem Prüfstand. In: ThPQ 154, S. 149–154.

Stumm, G. u.a. (1996): Handbuch für Psychotherapie und psychosoziale Einrichtungen, Wien.

Tenzer, E. (2003): Gut beraten. In: Psychologie Heute, Heft 12, S. 24.

Wilbertz, N. (2003): Ehe-, Familien- und Lebensberatung – Heimlicher Liebling von Kämmerern, Sozialpolitikern und Unternehmensmanagern. In: Beratung Aktuell, Heft 4/03, S. 220–229.

Yalom I. D. (1998): Die rote Couch, München.

Yalom, I. D. (2002): Der Panama-Hut oder Was einen guten Therapeuten ausmacht, München.

Witzableiter von Ilse Simml

In der **Katholischen Beratungsstelle** spielt das Thema „**Teufel**" eine größere Rolle als in der evangelischen Beratung. Ich gebe Ihnen ein Beispiel:
Ein Ingenieur musste in seiner Wohnung nachts immer ein kleines Licht brennen lassen, da die Angst vor dem Teufel, die er seit seiner Kindheit hatte, ihm noch immer in seinem Kopf herumspukte. Bis zur Verabschiedung des Höllenzaubers waren einige Stunden nötig.
Ein Spruch aus meiner Kindheit hat ihn nebenbei begleitet:
„Gott sei Lob, Preis und Ehr, es gibt keinen Teufel mehr!
Ja, wo ist er denn geblieben?
Die Vernunft hat ihn vertrieben!"
Leider ist so ein Teufelsspuk nicht immer so leicht zu vertreiben.

So beklagte sich eine niederösterreichische Frau über ihren Mann, der dauernd meinte, der Teufel sei im Raum. Auf niederösterreichisch heißt der Teufel auch „**der Gangl**".
Nach ihrer Schilderung spielt sich das folgendermaßen ab:
Wenn ihrem Mann etwas hinunterfällt oder wenn er hängen bleibt, ruft er sofort: „Der Gangl hat mich wieder!" (Wäre natürlich auch unter grenzgängig einzuordnen.)
Er selbst kam aber nicht in die Beratung, weil er bereits erfahren hatte, dass ich leider *protestantisch* sei! Aber seine Frau und ihre beiden erwachsenen Töchter wollten einen „Rat" von mir:
Ich „klärte", wie die Juden zu sagen pflegen, und meinte dann:
„Eigentlich ist der Gangl noch viel zu wenig in eurem Haus. Spielen Sie doch einfach mit, bei jedem kleinen Missgeschick rufen Sie auch sofort: ‚Der Gangl ist wieder da!'"
Die Frau war etwas skeptisch: „Des soll was nutzen?"
Ich: „Ausprobieren halt!"
Die nächste Stunde:
Ich hatte auf die Aufgabe fast vergessen. Sie sitzt mit einem Lächeln vor mir und beginnt sofort zu berichten: „Hern's!, mir haben vielleicht einen Spaß gehabt. Meine Töchter haben auch gleich mitgemacht, der Gangl ist überall gesessen, so dass mein Mann schon ganz irritiert war. Er ist zwar vorsichtiger mit seinem Gangl umgegangen, ganz ist der Spuk noch nicht weg, aber jetzt stört es uns nimmer so!"

Beratung – Konkurrenz oder Ergänzung in der Seelsorge?

Rolf Sauer

Zwei Erlebnisse

„Kommen denn die Menschen zu euch?" – So die ungläubige Frage des wohlwollenden und aufgeschlossenen Dechanten anlässlich eines Jubiläums der kirchlichen Ehe-, Familien- und Lebensberatungsstelle in einer österreichischen Mittelstadt, … um dann zu ergänzen: „Zu uns kommen sie nämlich von selbst nicht mehr mit den Fragen rund um Ehe und Familie."

Er war erstaunt zu hören, wie Jahr für Jahr mehr Menschen – auch solche, die der Kirche fern stehen – den Weg zur Beratungsstelle finden. (Es ist anzumerken, dass er sich fortan tatkräftig für die dauerhafte Unterstützung der Stelle durch das Dekanat einsetzte.)

Auf dem Jakobsweg in Spanien 2002 traf ich einen französischen kirchlichen Erwachsenenbildner, der sich sehr darüber wunderte, dass in Österreich die Kirche öffentliche Familienberatungsstellen führt; ja dass die kirchlichen Stellen unter den staatlich geförderten sogar einen großen Anteil ausmachen.

Die kirchlichen und kirchennahen Familienberatungsstellen genießen in unserem Land ein großes Vertrauen sowie den Ruf, dass sich hier beste Fachlichkeit einschließlich professioneller Diskretion findet. Der Großteil der KlientInnen kommt mit der Information durch andere Ratsuchende, dass sie hier erwarten können, mit ihrer jeweiligen Situation ernst- und angenommen zu sein.

Und die Menschen in unserem Land unterscheiden diese Erwartung klar von dem, was sie in der Predigt und von lehramtlichen kirchlichen Äußerungen hören.

Manche Seelsorger empfinden somit Beratung als Konkurrenz; dennoch wurde Beratung in der Kirche immer schon durch Laien durchgeführt – neben der „amtlichen" Seelsorge durch Priester: „Seit dem 3. Jh. ziehen sich asketisch lebende Menschen als EinsiedlerInnen in die Wüste zurück. Weil die Beratung offensichtlich zu ihren wesentlichsten Aufgaben gehört, werden sie schon bald als (Wüsten-),Väter' und ‚Mütter' bezeichnet."[1] Und bis ins hohe Mittelalter war es Sache von Laienbrüdern und -schwestern, Menschen als Seelenführer beratend zu begleiten.

Die Ehe-, Familien- und Lebensberatung ist bald nach ihrer Entstehung zu einer notwendigen Ergänzung in der Seelsorge im engeren Sinn geworden.

So manches seelsorgliche Gespräch in den Pfarren, in der kategorialen Seelsorge, wie etwa im Krankenhaus oder in der Telefonseelsorge, mündet in die Empfehlung:

---

[1] Rosenberger, M. (2006), S. 148.

„Wollen Sie diese Beziehungsfragen nicht in der Ehe- und Familienberatung besprechen?"

In der Tat, die Rahmenbedingungen für Klärungen in Beziehungsfragen sind dort ideal:

- Es gibt dafür eigens ausgebildete SpezialistInnen: Die siebensemestrigen Lehrgänge für Ehe-, Familien- und Lebensberatung sind gezielt auf dieses öffentliche Angebot ausgerichtet.
- Die BeraterInnen sind als Team vernetzt und zu Fortbildung und Supervision verpflichtet.
- Die KlientInnen haben einen geschützten Ort und genügend Zeit, im jeweils besten Setting (einzeln, als Paar, als Familie) die anstehenden Fragen zu klären.
- Diskretion und auf Wunsch auch Anonymität werden garantiert.
- Durch die staatliche Förderung kann sich jede(r) diesen Dienst „leisten", auch wenn aufgrund stagnierender Fördermittel die KlientInnen einen Eigenbeitrag erbringen, eben entsprechend ihrer wirtschaftlichen Leistungskraft.

Diese Rahmenbedingungen sind in den Pfarrgemeinden weitgehend bekannt, und so manche Hauptamtliche in der Pfarrseelsorge haben solche Möglichkeiten für ihre eigenen seelsorglichen Gespräche aus Zeitgründen nicht (mehr) angesichts der immer größer werdenden Pfarreinheiten und den daraus resultierenden Managementaufgaben.

Genauer gesehen ist dieser Dienst Teil des diakonischen Grundauftrags, ohne den Seelsorge nirgendwo bestehen kann. Christliche Kirche als Gemeinschaft (κοινωνία) hat immer die gelebte Verkündigung des Wortes Gottes (μαρτυρία), die Feier der Gemeinde (λειτουργία) und den geschwisterlichen Dienst (διακονία) als Grundlage ihres Handelns.

Und dieses Letztere richtet sich ausdrücklich an alle Menschen, nicht nur an die Mitglieder der christlichen Gemeinde.

Entsprechend sind als KlientInnen alle Menschen, unabhängig von ihrem Glauben, willkommen, auch wenn diese darauf vertrauen können, dass die MitarbeiterInnen der kirchlichen Beratungsstellen aus ihrer eigenen christlichen Ethik heraus beraten.

So werden BeraterInnen an kirchlichen Beratungsstellen grundsätzlich beziehungs-, ehe-, familien- und lebensfreundlich beraten und zugleich den je eigenen inneren und äußeren Prozess der KlientInnen respektieren.

„Der katholische Berater ist geprägt von der Ehrfurcht vor dem Menschen als Ebenbild Gottes und dem menschlichen Leben sowie vom Optimismus aus der christlichen Hoffnung. Die Beratung geschieht in der Eigenverantwortung des Beraters aus seinem christlichen Gewissen."[2] Es wird hervorgehoben, dass er „Respekt vor der ... Eigenverantwortlichkeit seiner Klienten hat". Und es wird festgehalten, dass

---

[2] Richtlinien der katholischen Kirche in Österreich für die Ehe-, Familien- und Lebensberatungsstellen, Österreichische Bischofskonferenz 4.–6. 11. 1974, Z 2, Z 1.

jede „Beratungsstelle, die die … Richtlinien erfüllt, … Anspruch darauf [hat], im ganzen kirchlichen Bereich empfohlen zu werden".[3]

Die bundesweite Gründung von Familienberatungsstellen durch die österreichischen Diözesen war die direkte Folge der „flankierenden Maßnahmen", die der Nationalrat im Jahr 1974 der sogenannten „Fristenlösung" zur straffreien Abtreibung an die Seite gestellt hatte. Waren diese Stellen ursprünglich als „Familienplanungsstellen" konzipiert, so entwickelten sie sich doch sehr rasch in Richtung allgemeiner Familienberatung. Diese Chance wurde von den kirchlichen Stellen prompt genutzt, koordiniert durch das „Katholische Familienwerk Österreichs", eine Einrichtung der Katholischen Aktion, der laienapostolischen Plattform. Letzteres verdeutlicht auch strukturell, dass die Familienberatung in unmittelbarer Nachbarschaft der Seelsorge angesiedelt, aber keine hauptamtliche Tätigkeit von Seelsorgern ist.

Trotz aller Vertrautheit bleibt doch eine gewisse Distanz zur Gemeindepastoral. Auch im benachbarten Deutschland führt dies bei allem Gewinn auch manchmal zu Argwohn.

Die Schwierigkeit der „Verantworteten Ungewissheit"

Bischof Spital aus Trier schreibt zum Thema „Kirchliche Beratung im Spannungsfeld von Seelsorge und Kirche in der heutigen Welt" von einer Mischung aus Wissen und verantworteter Ungewissheit: *„Alle Beratungstätigkeit vollzieht sich in einem Vertrauensraum. Da die jeweils zu bearbeitende Problematik höchst individuell ist und eben des Vertrauensschutzes bedarf, kann es keine unmittelbare Einflussnahme auf das Beratungsgeschehen durch die amtliche kirchliche Seelsorge geben. Das macht uns Bischöfen – wir wollen uns das ganz offen eingestehen – manchmal Schwierigkeiten. Wir tragen auf der einen Seite die letzte Verantwortung und können auf der anderen Seite kaum zuverlässig wissen, was denn in der Beratung geschieht. Hier ist Vertrauen notwendig; das sollten wir uns klar eingestehen, und wir sollten dazu ja sagen."*[4]

Die Bischöfe sehen, dass die Familienberatung als Ort der persönlichen professionellen Begegnung nicht nur Ergänzung, sondern nach dem Verständnis des Zweiten Vatikanischen Konzils integraler Bestandteil der Pastoral ist. Wenn es am Beginn der Pastoralkonstitution heißt: „Hoffnung und Freude, Trauer und Angst der Menschen von heute, besonders der Armen und Bedrängten aller Art, sind auch Hoffnung und Freude, Trauer und Angst der Jünger Christi"[5], so ist damit zweierlei angedeutet: dass diese persönliche Zuwendung zentraler Auftrag des pastoralen Handelns ist und dass dies nicht auf die Amtsträger oder pastoral Beauftragten beschränkt bleibt: „Träger der Seelsorge sind somit alle Mitglieder der Kirche, je nach ihrem Auftrag und ihren Möglichkeiten."[6]

---

[3] Ebd. Z 7.
[4] Merkel (2002).
[5] Pastoralkonstitution Gaudium et Spes, Nr. 1.
[6] Schmid, P. (1989), S. 217.

Bei genauerem Hinsehen hat sich die Kirche mit dem Aufbau der EFL-Beratungsstellen einen ständigen Stachel geschaffen. Die Familienberatung mit ihrer professionellen Methodik fordert die gesamte Seelsorge heraus:

Inzwischen gibt es in der Aus- und Weiterbildung der SeelsorgerInnen verbindliche Standards in Gesprächsführung, auch Supervision der SeelsorgerInnen wird ähnlich gehandhabt wie in der Beratung. Nicht selten sind diplomierte EFL-BeraterInnen in diesen Bereichen als ReferentInnen, ModeratorInnen bzw. SupervisorInnen im Einsatz. Peter F. Schmid konstatiert, „dass darin ein Lernprozess der gesamten Kirche sichtbar wird. Wenn wir davon ausgehen, dass Begegnung eine der Grundstrukturen der Seelsorge ist, dann hat dies in allen ihren Ebenen Gültigkeit […]. Das bedeutet, dass die Fähigkeit zur personalen Begegnung von jedem Seelsorger verlangt ist".[7]

Gerade in den besonders heiklen Fragen rund um Ehe, Familie und Beziehung sind Fertigkeiten und die Assistenz der BeraterInnen für die Pastoral gefragt. So gibt es etwa in mehreren Bistümern Fortbildung in der Pastoral mit Geschiedenen und Wiederverheirateten mit praktischen Übungen und Fallsupervision. Auch die Seelsorge mit gleichgeschlechtlich orientierten Männern und Frauen erfordert ähnliche Initiativen, die allerdings noch sehr zurückhaltend in Angriff genommen werden.

Andererseits ist es nur konsequent, wenn auch an einigen Beratungsstellen zusätzlich die geförderte Familienmediation angeboten wird. Wenn eine Ehe trotz aller Bemühungen auseinandergeht, so wird hier professionell begleitet bis hin zu Vereinbarungen, die dem Frieden zwischen dem scheidenden Paar im Sinn von 1 Kor 7,15 dienen und – im Interesse der Kinder – zu klaren, gegenseitig respektierten Elternrollen nach der Scheidung verhelfen.

Diese Beispiele deuten eine gangbare Arbeitsteilung an. Während die Familienberatung und die benachbarte Mediation im stark begrenzten und diskretesten Raum den KlientInnen zu ihrem eigenen Weg verhelfen, hat es die Seelsorge im engeren Sinn immer auch mit der Gemeinschaft der Kirche zu tun. Wie in einer Pfarrei mit Wiederverheirateten, mit lesbischen und schwulen Mitchristen umgegangen wird, ist immer auch Thema etwa von Pfarrblatt und Predigt. Das verlangt – bei allem Schutz der privaten seelsorglichen Gespräche – öffentliche Stellungnahmen.

EFL-Beratung als Vermittlung von Lebenswissen

Die Begegnung und Beziehungsgestaltung ist ein zentrales Thema von Lebenswissen, wie es in kirchlichen Gemeinschaften ausgetauscht wird. Und gerade das Gelingen von Ehe und Familie ist ein großes Anliegen aller christlichen Gemeinden. Somit ist die Feier mit Jubelpaaren ebenso eine Ermutigung wie die Kurse zur Ehevorbereitung oder jede andere Bildungsarbeit rund um Ehe und Familie. Ich kann aus langer Erfahrung bezeugen, dass FamilienberaterInnen in diesen Bereichen wichtige Impulse setzen können mit einem Vorteil: Sie wissen genau, wovon sie sprechen.

---

[7] Ebda. S. 225.

Und umgekehrt sind BeraterInnen, die auch als ReferentInnen in Ehevorbereitung und Bildung unterwegs sind, an den Beratungsstellen besonders gefragt. Sie vermitteln einer gewissen Öffentlichkeit in ihrer Professionalität bestimmte Grundhaltungen:
Da ist einmal die Überzeugung, dass das Durchhalten und Gestalten einer Ehe viel Einsatz und Kreativität erfordert, aber dann auch einen relevanten Faktor zur Entwicklung der erwachsenen Persönlichkeit bedeutet, den alleinlebende Menschen so nicht haben. „Trotz – und zunehmend wegen – des kulturellen Wandels und technischen Fortschritts, die die Rollen von Mann und Frau verändern, ist das Ehebett häufig die Wiege der Entwicklung des erwachsenen Menschen."[8]

EFL-BeraterInnen als Schrittmacher für eine lebendige Kirche

Im Methodischen haben BeraterInnen das Durchhalten von Balance auf verschiedenen Ebenen erlernt, etwa:

- die Balance zwischen empathischer Einfühlung und Konfrontation mit augenscheinlich fälligen Themen;
- die Balance zwischen persönlicher Echtheit und wertschätzender Zuwendung;
- die allparteiliche Aufmerksamkeit jedem/r einzelnen GesprächspartnerIn gegenüber – auch und gerade in Gegenwart des Partners/der Partnerin;
- den Blick auf den Ausgleich von Geben und Nehmen in Beziehungssystemen;
- die Balance zwischen Eltern- und Paarbedürfnissen.

Diese Haltungen ermutigen im praktischen Erleben zur Begegnung. Im Bereich der Kirche sind solche Menschen dann auch Schrittmacher im Prozess „von der betreuenden über die beratende zur begegnenden Seelsorge. [...] Eine zuhörende und einfühlsame Seelsorge, die versucht, den Anruf Gottes in der jeweiligen Situation nicht einseitig von Seiten des Seelsorgers zu interpretieren, sondern mit den Betroffenen gemeinsam zu suchen und zu verstehen, ändert nicht ihr Ziel, sondern ihre Arbeitsweise – aus einem gewachsenen Verständnis vom Menschen, von menschlichen Beziehungen und Gemeinschaften heraus".[9]

Die Erfahrungen, die EFL-BeraterInnen aus ihrer Beratungstätigkeit mitbringen, können im Austausch der Teams und im Kontakt mit den kirchlichen Trägern das Blickfeld der Seelsorge beträchtlich erweitern: „Als diakonale Praxis ist die EFLE-Beratung (= Ehe-, Familien-, Lebens- und Erziehungsberatung, *Anm. des Autors*) für die Kirche einerseits Sinnesorgan – Ohr, Auge, Außenhaut. Hier kommt die Kirche an höchst relevante Informationen, in welcher Zeit und welcher Welt sie Kirche zu sein hat. Andererseits ist sie ein exemplarischer Ort engagierter Weltgestaltung. Die Herausforderung für die Kirche ist es, ihre Weltleidenschaft – in der Achtsamkeit

---

[8] Schnarch (2004), S. 120.
[9] Schmid (1989), S. 223 f.

wie im Engagement – nicht zu verlieren, denn eine Kirche ohne Weltleidenschaft, eine Kirche ohne lebendige, integrierte Diakonie ist nicht mehr Kirche."[10]

Gegenüber der Mentalität von „Ratgebern" erfordert und bringt Beratung, wie sie an den EFL-Beratungsstellen praktiziert wird, einen Paradigmenwechsel. Es gilt „als ausgewiesenes Leitbild professioneller Beratung, dass die KlientInnen zur Eigenständigkeit geführt, in ihrer Eigenverantwortung und ihrem selbst überlegten Handeln gefördert werden sollen".[11]

Rosenberger führt für dieses Leitbild keinen Geringeren als Ignatius von Loyola[12] mit seinem Exerzitienbuch (= EB) an:

- „BeraterInnen sollen die *Autonomie der Ratsuchenden fördern*. Sie sollen diese ihren Weg selbständig entdecken lassen und nur so viele Vorgaben machen, wie dazu nötig sind (EB 2).

- In der Darlegung von Sachverhalten gilt das Prinzip absoluter *Wahrheitstreue*: Nicht Privatmeinungen sind gefragt, sondern die nüchterne Darstellung dessen, was objektiv anerkannt ist (EB 2). Auch die Darstellung kontroverser Positionen und Argumente ist unabdingbar, damit Ratsuchende sich ihre Meinung selbst bilden können.

- In der Einstellung sollen Beratende den Beratenen *zugleich kritisch-distanziert und wohlwollend sympathetisch* begegnen (EB 6–7). Zu große Nähe verhindert den Blick über den Tellerrand, den Ratsuchende gerade anstreben. Zu große Distanz erweckt in ihnen den Eindruck, mit den eigenen Problemen nicht verstanden zu sein. Unbequeme Wahrheiten müssen angesprochen werden, aber mit der nötigen Sensibilität.[13]

- Von der Sache her sollen BeraterInnen *zugunsten von Moralität und Vollkommenheit werben* (EB 15-16), zugleich aber *strikt ergebnisoffen beraten*: ‚Wie eine Waage in der Mitte stehend' sollen sie Gott den Entscheidungsprozess im Klienten überlassen (EB 15)."[14]

Und Peter F. Schmid beleuchtet diese Art der begleitenden und beratenden Seelsorge wie folgt:

„Wer seelsorglich tätig ist, handelt so im Namen Gottes und nach dem Vorbild Gottes, wenn er das Gespräch sucht und anbietet, die Beziehung als zentral für sein Tun ansieht. Die Sorge um das Gelingen von Beziehungen ist also ein ganz vornehmer Dienst der Seelsorge, wahrhaft ein Handeln in der Folge des Beziehungsangebotes Gottes, ja Handeln Gottes am Menschen selbst. Das in Christus an uns ergangene Ja Gottes (2 Kor 1) wird in einer annehmenden, akzeptierenden Art jedes Seelsorgers

---

[10] Hutter (2006), S. 68.
[11] Rosenberger (2006), S. 149.
[12] Ignatius von Loyola (⁶1983).
[13] Vgl. Grün (1991), S. 51–56.
[14] Rosenberger (2006), S. 153 f. (Hervorhebungen original).

neu ausgesprochen. Er ist sich dabei dessen bewusst, dass sein eigenes Wort unter dem Anspruch des Wortes Gottes steht, dass er in der Verbalisierung der Erfahrungen seines Gesprächspartners dieses Ja Gottes zur Sprache bringt."[15]

Damit verkörpert der beraterische Ansatz in der Kirche den partnerschaftlichen Umgang – entgegen aller autoritären Ausübung von Macht, entgegen Anordnungen in einer Einbahnstraße von „oben" nach „unten". Ich will nicht verhehlen, dass dieser dialogische Ansatz in den letzten beiden Jahrzehnten in der katholischen Kirche immer weniger selbstverständlich wurde.

Von Seiten der Kirchenleitung gibt es Signale der Ungeduld, die darin bestehen, dass nur noch solche Personen Bischöfe werden, die die verfasste Lehrdoktrin verteidigen, unabhängig davon, ob sie auch gelernt haben, mit ihrer näheren und weiteren Umgebung mit ihrer ganzen Persönlichkeit in aktiven, nämlich aufmerksam nehmenden und gebenden Dialog zu treten.

Dieser Dialog verlangt sehr viel offenes Gespräch:

„Die Kirche Jesu Christi ist ein Ort der Gemeinschaft und des Gesprächs. Der Glaube lebt aus dem Gespräch und überlebt im Gespräch, er kommt aus dem Gespräch und führt ins Gespräch.

Gott selbst, als Heiliger Geist nicht umsonst ‚Paraklet' (‚Beistand', ‚verstehender Helfer') genannt, hat seine Hilfe zugesagt. Die Worte und Taten, die in dieser Kirche geschehen, sollen solcherart Zeichen (Sakramente) für die Beziehung Gottes zu seinen Menschen sein.

Wenn diese Gemeinschaft solche Zeichen in Wort und Handeln setzt, geschieht Begegnung Gottes mit ihnen und ihre Begegnung mit Gott je aufs Neue. Dieses Tun aus dem Glauben und für den Glauben heißt Seelsorge."[16]

Auf der Seite der aktiv engagierten Pfarrmitglieder gibt es Ermüdungserscheinungen, gerade auch deswegen, weil Elemente des Dialogs zwar hoffnungsvoll begonnen, dann aber nicht zum Abschluss gebracht wurden – wie der „Dialog für Österreich" oder das Kirchenvolksbegehren. In den nächsten Jahren wird sich herausstellen, ob die Kirche in Österreich in Bewegung bleibt, ob die Partnerschaftlichkeit in ihr eine Chance hat.

Und genau dafür stehen die BeraterInnen, stehen die Familienberatungsstellen. Insofern ist die Frage, ob Beratung für die Seelsorge als Konkurrenz oder als Ergänzung erlebt wird, von höchst praktischer Relevanz: Sie ist der Testfall, ob es mit dieser Kirche in die Enge eines doktrinär-sektenhaften Zirkels geht oder ob die Fenster zur heutigen Welt geöffnet bleiben im Vertrauen darauf, dass der Gott Jesu Christi auch heute immer neu anzutreffen ist.

Christoph Hutter bringt diesen Scheideweg auf den Punkt: Er führt die aus dem biblischen Befund grundlegenden kirchlichen Optionen an und zeigt, was auf dem Spiel steht, wenn diesen Optionen im Betreiben kirchlicher Beratung nicht gefolgt wird:

---

[15] Schmid (1989), S. 231.
[16] Schmid (1989), S. 230.

Die Option für die Armen „als realen Perspektiven- und Standortwechsel der Reichen [...], von denen [...] Umkehr und konkretes solidarisches Engagement verlangt [wird]"; die Option für die anderen als „eine mit den Fremden solidarische Praxis" mit der in der Beratung relevanten „Entscheidung für seine [= des anderen] Nichtbevormundung"; die Option für heilsame Beziehungen, angesichts der „Beziehungslosigkeit als fundamentale[r] Pathologie unserer neoliberalen Gesellschaft"; schließlich die Option für die Evangelisierung der Kultur, „mit der die markt- und machtförmigen Strukturen der neoliberalen Gesellschaft als Herausforderung christlichen Handelns markiert werden."[17]

Diese Optionen leiten nach Hutter Wahrnehmung wie Handeln der Beratungsstellen. Würden sie aufgegeben, gäbe es einen doppelten Verlust: Zum einen das von Karl Rahner eingeforderte entscheidend Menschliche, das die Gesichter von Not, Armut, Fremdheit und Leid wahr- und ernstnimmt, die „compassion" im Sinn von J. B. Metz, so wie die für die Kirche heute konstitutive diakonische Praxis der Nächstenliebe, weil mit Dietrich Bonhoeffers Worten „Kirche nur Kirche ist, wenn sie für andere da ist".

Beratung als wesentlicher Teil kirchlichen Handelns bleibt damit unter dem doppelten Anspruch: für alle erreichbar zu sein, besonders für Benachteiligte jeder Art, sowie in Kommunikation zu stehen mit der kirchlichen Gemeinde. Diese Anforderungen richten sich sowohl an die Träger der Beratungsstellen wie an die BeraterInnen selbst.

Auch wenn selbstverständlich Inhalte von Beratung strengster Diskretion unterliegen, so ist doch die gesellschaftliche Wahrnehmung dessen, wie Menschen heute Beziehung leben und wessen sie gerade jetzt bedürfen, Gegenstand des notwendigen Dialogs mit anderen ChristInnen, insbesondere mit jenen, die in Kirche und Seelsorge amtliche Verantwortung tragen. Und den Blick auf diese heutigen Lebensumstände gewinnen BeraterInnen zwangsläufig. Sie würden der christlichen Gemeinde Wesentliches vorenthalten, wenn sie diesen Erfahrungsreichtum für sich behielten. Eben weil – so der Dechant vom Anfang – die Menschen mit den konkreten Beziehungsfragen weniger in die Pfarrkanzlei kommen, sondern in die Beratungsstelle, sind BeraterInnen an kirchlichen Stellen gefordert, die Gemeinde mit ihren grundsätzlichen Wahrnehmungen gleichzeitig zu konfrontieren und zu bereichern.

Ich plädiere daher auch für eine enge Zusammenarbeit der kirchlichen EFL-Beratung mit den diözesanen Stellen für die Beziehungsseelsorge, soweit sie nicht ohnehin unter einer Einheit zusammengefasst sind wie in unserem Bistum. Die kirchliche Bildungsarbeit um Ehe, Familie und Partnerschaft, auch die Fortbildung der SeelsorgerInnen in diesem Bereich, gewinnt damit eine „Erdung", den Kontakt mit der Welt von heute. Und die BeraterInnen werden immer wieder neu herausgefordert, ihre Erfahrungen im Sinn der Frohen Botschaft zu sichten. Beide Bewegungen zusammen entsprechen dem, was der gute Papst Johannes XXIII. als „Aggiornamento"[18] bezeichnet hat.

---

[17] Vgl. Hutter (2006), S. 51 ff.
[18] „Aggiornamento", Leitmotiv von Johannes XXIII. zur Einberufung des Zweiten Vatikani-

Verwendete Literatur

Eicher, P. (1991): Option für die Armen. In: Ders. (Hg.), Neues Handbuch theologischer Grundbegriffe, Bd. IV, München, S. 128–151.

Fuchs, O. (1988): Kirche für Andere. Identität der Kirche durch Diakonie. In: Concilium, Bd. 24, Mainz, S. 281–289.

Gaudium et Spes (GS) (1968). In: Lexikon für Theologie und Kirche (LThK), Bd.14, Freiburg, S. 241–592.

Grün, A. (1991): Geistliche Begleitung bei den Wüstenvätern, Münsterschwarzach.

Hutter, C. (2006): Eine praktisch-theologische Verortung der EFLE-Beratung. In: Ders. et al. (Hg.). In: Quo vadis Beratung – Dokumentation einer Fachtagung zur Zukunftsfähigkeit kirchlicher Beratungsarbeit, Berlin, S. 43–75.

Ignatius von Loyola, (1983): Exerzitienbuch (= EB). Geistliche Übungen, 6. Auflage, Freiburg.

Karrer, L. (1995): Schubkraft für die Kirche. Der Langstreckenlauf der Laien. In: Fuchs, O./Greinacher, N./Karrer, L./Mette, N./Steinkamp, H., Das Neue wächst. Radikale Veränderungen in der Kirche, München, S. 115–162.

Kuld, L. (2001): Compassion. In: Mette, N./ Rickers, F. (Hg.), Lexikon der Religionspädagogik, Bd. I, Neuenkirchen-Vluyn, S. 293–295.

Liss, B. (1990): Krise, Scheidung, Neubeginn. Pastorale Erfahrungen in einer menschenfreundlichen Kirche, Würzburg.

Merkel, H. C. (2002): 30 Jahre Ehe-, Familien- und Lebensberatung im Bistum Dresden-Meißen. Geschichte und Würdigung der Beratungsstelle. Vortrag vom 6. 11. 2002, Im WWW unter http:/www.efl-bistum-dresden-meissen.de → Archiv → Geschichte und Würdigung; Stand vom 13. 12. 2007.

Rosenberger, M. (2006): Selbständig machen, nicht abhängig. In: ThPQ 154, 2, S. 147–154.

Schmid, P. (1989): Personale Begegnung. Der personzentrierte Ansatz in Psychotherapie, Beratung, Gruppenarbeit und Seelsorge, Würzburg.

Schnarch, D. (2006): Der Weg zur Intimität. „Sexual Crucible" – Im Schmelztiegel der Sexualität. In: Retzer, A./Clement, U./ Fischer, H. R. (Hg.), Familiendynamik. Interdisziplinäre Zeitschrift für systemorientierte Praxis und Forschung, 29/2, S. 101–120.

---

schen Konzils (1962–1965). Der Papst wollte die Kirche „an den Tag heranführen", also auf die Fragen der Gegenwart einstellen, die Kirche der Welt öffnen, die Welt der Kirche öffnen.

Interdisziplinäre Zeitschrift für systemorientierte Praxis und Forschung, 29/2, S. 101–120.

Steinkamp, H. (1985): Diakonie – Kennzeichen der Gemeinde. Entwurf einer praktisch-theologischen Theorie, Freiburg.

Steinkamp, H. (1999): Die sanfte Macht der Hirten. Die Bedeutung Michel Foucaults für die Praktische Theologie, Mainz.

Zulehner, P. (2004): Kirche umbauen – nicht totsparen, Ostfildern.

Witzableiter von Ilse Simml

Katholische Beratungsstelle

Ein junges Paar sitzt vor mir und will wissen, welche sexuellen Stellungen in ihrem intimen Beisammensein von der Kirche erlaubt sind.
Ich bin überfragt, überlege kurz, mich zu outen, doch dann kratze ich die Kurve und meine:
„Lesen Sie doch bei Apostel Paulus nach (1. Thess.), der schreibt: Prüfet alles, und das Beste behaltet!"
Sie haben sich dann einschlägige Literatur gekauft, um einiges zu prüfen.
Der Abschluss unserer Gespräche war für mich hochinteressant. So habe ich als Protestantin von Katholiken noch einiges dazulernen können.
Aber das steht auf einem anderen Blatt!

Beraten Frauen anders?

Barbara Wagner-Tichy

Vorbemerkung

Als ich gefragt wurde, ob ich zu diesem Thema etwas schreiben könnte, war mein erster Impuls abzusagen. Die Gedankenspirale begann sofort zu laufen:
Um über dieses Thema eine wissenschaftlich fundierte Aussage zu treffen, musst du empirisch vorgehen. Das erfordert viel Zeit, eine repräsentative Umfrage von Beraterinnen, ein standardisiertes Interview, eine statistische Auswertung etc. etc., denn ohne Zahlen, Daten und Fakten sind deine Erkenntnisse nicht aussagekräftig und unglaubwürdig.

Schnell wurde ich gefühlsmäßig in die Zeit meines Psychologiestudiums zurückversetzt und ich merkte, wie sich mein Magen zusammenkrampfte.

Außerdem beschäftigte mich die Frage: *Bin ich überhaupt selbst der Prototyp einer typisch weiblichen Beraterin?* Meine Antwort: Nein, denn mir werden immer wieder männliche Attribute zugeschrieben und sogar meine Ausbildungsleiterin an der Lehranstalt für Ehe-, Familien- und Lebensberatung in Wien meinte, ich wäre „männlich sozialisiert", was immer das auch heißen mag. Vielleicht liegt es daran, dass mein Vater als Künstler zu Hause arbeitete und für mich als Kind immer erreichbar war.

Und schließlich fragte ich mich zu guter Letzt: *Wer bin ich eigentlich, dass gerade ICH autorisiert bin, über dieses Thema zu schreiben?*

Und hier orte ich schon zwei typisch weibliche Merkmale an mir: die *Sorgenspirale* und den *Selbstzweifel*. Es gelang mir schließlich, die Spirale zu stoppen und indem ich sie umpolte, begannen auch die Selbstzweifel zu schwinden. Ich sagte zu und begann mich mit meinem So-Sein als beratende *Frau* auseinanderzusetzen – kein leichtes Unternehmen, wie sich bald herausstellte.

Normalerweise ist das Schreiben für mich eine bevorzugte Form des persönlichen Ausdrucks, die mir gut von der Hand geht und aus meinem Herzen fließt. Dieser Beitrag hingegen war für mich eine schwere Aufgabe. Vor allem deshalb, weil ich dafür einen radikal subjektiven Ansatz wählte, der den Anforderungen der Wissenschaftlichkeit in keiner Weise entspricht.

Diese Vorgehensweise kostete mich daher viel Mut und Überwindung, vor allem als ich während des Schreibens erkannte, dass ich mich damit selbst offenbare. Obwohl ich zu all den Worten, die aus meinem Innersten gekommen sind, stehe, fällt es mir nicht leicht, das Geschriebene einer Öffentlichkeit zu präsentieren. Die Angst, dass die LeserInnen meinen Artikel zu wenig fundiert, zu unklar, zu undifferenziert, zu egozentrisch, zu idealistisch oder zu sentimental finden könnten, nagt an mir. Vielleicht setze ich damit aber auch ein Zeichen, indem ich diesen persönlichen

Zugang zum gefragten Thema wagte. Möglicherweise liegt gerade darin mein *Anders-Sein* als Frau und als Beraterin.

Beraten Frauen anders?

Als ich einer meiner Kolleginnen diese Frage stellte, antwortete sie spontan: „Ja, natürlich!"

In dieser Antwort sind zwei Aussagen enthalten:
- Ja, es gibt einen Unterschied zwischen Frauen und Männern in unserem Beruf.
- Dieser Unterschied in Bezug auf die Beratungstätigkeit liegt in der Natur von Frauen und Männern begründet.

Zunächst war ich geneigt, mich der Meinung meiner Kollegin anzuschließen, doch dann begann ich genauere Überlegungen zu diesem Thema anzustellen und schon wurde die Sache immer komplexer und wuchs sich schließlich zu einem Lebensthema aus. Meinem subjektiven Ansatz entsprechend, stellten sich mir zwei Fragen:
- Wie berate ich als Frau?
- Berate ich als Frau anders?

Die folgenden Ausführungen sind der Versuch, darauf persönliche Antworten zu finden.

1 Wie berate ich als Frau?

Diese Frage hat einerseits mit meinem *Ich-Sein* – meiner Ich-Identität – und andererseits mit meinem *Frau-Sein* – meiner weiblichen Identität – zu tun; beides in Bezug auf meinen Beruf als Ehe-, Familien- und Lebensberaterin. Bevor ich mich aber auf diese sehr persönlichen Themen einlasse, stelle ich kurz dar, was ich unter dem Begriff Identität verstehe:

Identität ist für mich der Ausdruck eines Lebensgefühls, das in der inneren Gewissheit besteht, **dass ich jemand bin und dass ich etwas kann.**

Das Werkzeug in der Beratung bin immer Ich in meinem gegenwärtigen *So-Sein* – und das ist wiederum untrennbar verbunden mit meinem *Geworden-Sein*, d. h. mit meiner persönlichen Lebensgeschichte. Zusammen mit meinen genetischen Anlagen und meinem individuellen Wesenskern bildet sie das Grundmotiv für meine Berufswahl. Ich möchte daher die Frage: Wie berate ich als Frau?, in drei weitere Fragestellungen aufgliedern und der Beantwortung jeweils ein Kapitel widmen. Die drei Fragen lauten:
- Was war meine Motivation für diesen Beruf?
- Wer bin ich als Beraterin?
- Was kann ich als Beraterin?

1.1 Motivation

Warum wählt Frau den Beruf einer Beraterin?

Eine Beantwortung dieser Frage ist schwierig, denn ich glaube, dass die wichtigsten Entscheidungen in unserem Leben unbewusst getroffen werden. Die Gründe dafür sind höchst subjektiv und nicht selten erkennen wir erst im Nachhinein, warum wir uns so und nicht anders entschieden haben. Die Wahl ergibt sich für mich aus einer Logik des Herzens, die sich dem Menschen langsam, Schritt für Schritt enthüllt, wenn er sich dem Fluss seines Lebens überlässt. Rationalisierungsversuche sind möglich, doch die wahren, tiefen Beweggründe werden damit nur bruchstückhaft erfasst.

Was waren meine Beweggründe?

Wenn ich jetzt im Nachhinein darüber nachdenke, kommen mir einige Beweggründe in den Sinn, obwohl meine Entscheidung damals eher auf einem unbestimmten Gefühl beruhte, vergleichbar mit einem inneren Wissen, von dem man nicht weiß, dass man es hat. Heute, aus der Distanz heraus betrachtet, ist es mir möglich, einige dieser Triebfedern in Worte zu fassen, und ich bin selbst überrascht von deren Inhalt. Was waren also die bestimmenden Faktoren für meine Berufswahl?

- Ein starkes Interesse an existenziellen Fragen des menschlichen Lebens, wie:
    - Wer bin ich?
    - Woher komme ich?
    - Wohin gehe ich?
    - Wozu bin ich auf der Welt?
    - Wie soll ich leben?
    - Wie kann ich lieben?
    - Wer möchte ich sein?
- Die Überzeugung, dass ich dem Schicksal (Anlage, Umwelt etc.) trotzen kann, weil ich eine innere Steuerinstanz besitze: *mein Selbst*. Es ist nicht sichtbar, es ist nicht fassbar, es ist nicht kopierbar, es ist nicht berechenbar, es ist frei, aber es ist *wesentlich*.
- Die Erfahrung, dass der Dialog, das Gespräch und die Auseinandersetzung mit einem *Du* über die wichtigen Themen des Lebens unwahrscheinlich spannend, bereichernd, verbindend, stärkend und hilfreich sein kann.
- Das innere Wissen, dass ich selbst meines Glückes oder Unglückes Schmied bin und dass es zu den schwierigsten Aufgaben meines Lebens gehört, mich selbst aus dem eigenen Gefängnis zu befreien, oder mir selbst zu erlauben, das eigene Glück zu wählen.
- Der Glaube, dass meine Träume und Visionen lebbar sind, wenn ich bereit bin, die Konsequenzen dafür zu tragen, und den Mut aufbringe, sie umzusetzen.

- Eine idealistische Lebenshaltung, die am besten in dem Lied von Michael Jackson zum Ausdruck kommt: „Heal the world, make it a better place …"

Es sind mein Grundcharakter, meine Persönlichkeit und meine subjektiven Lebenserfahrungen, die letztendlich meine Berufswahl bestimmten. Die Motive werden daher bei jeder Beraterin etwas anders sein – und doch glaube ich, dass es ein gemeinsames Grundmotiv gibt: Interesse an unseren Mitmenschen und der Wunsch, etwas beizutragen, damit die Welt ein kleines bisschen heiler und heller wird.

Bei einigen BerufskollegInnen wird jetzt beim Lesen sofort ein Lämpchen aufleuchten: „**Oh Gott, eine Frau mit Helfersyndrom!**"

Was versteht man unter dem Helfersyndrom?

Menschen mit einem Helfersyndrom helfen anderen, um sich selbst zu helfen, d. h. sie ziehen ihren Selbstwert aus der Anerkennung, der Bestätigung und der Dankbarkeit jener Personen, die sie unterstützen. Je mehr sie gebraucht werden, desto wichtiger und wertvoller fühlen sie sich. Hinter diesem Muster steckt nicht selten ein tiefer Minderwertigkeitskomplex, der meist auf frühe kränkende und verletzende persönliche Erfahrungen zurückzuführen ist. Weil sich die „Helferin"[1] dem eigenen Schmerz und den eigenen Wunden nicht stellen möchte oder nicht stellen kann, fühlt sie sich leidenschaftlich berufen, den Schmerz anderer Menschen zu lindern und die Wunden anderer Betroffener zu heilen. Es handelt sich dabei um einen klassischen Projektionsmechanismus, insofern als Personen mit Helfersyndrom für andere das tun, was sie für sich selbst sehnlichst wünschen und erhoffen.

Dieses Verhaltensmuster kann aus mehreren Gründen problematisch sein:

Zunächst einmal deshalb, weil das eigene Defizit, das eigene emotionale Loch oder, nach Peter Schellenbaum, „die eigene Wunde des Ungeliebtseins"[2] bestehen bleibt. Die Helferin fühlt sich daher zunehmend berufen, immer mehr für andere zu tun und zu leisten, in der Hoffnung, endlich das zu bekommen, was sie so dringend benötigt – nämlich die Bestätigung von außen durch die Botschaft: „**Du genügst, du bist wertvoll, du bist richtig, du bist liebenswert!**"

In dieser verhängnisvollen Dynamik wird die Hilfsbedürftige zum Opfer der Helferin. Es entsteht eine Spirale aus Abhängigkeit und Co-Abhängigkeit, in die sich beide immer mehr verstricken, und keine der beiden Beteiligten kommt zu dem, was nottun würde, nämlich die Verantwortung für das eigene Leben und Leiden zu übernehmen.

Das immer größer werdende Ungleichgewicht zwischen Geben und Nehmen führt über kurz oder lang zu einem physischen und/oder psychischen Burn-out der Helferin. Sie erntet dadurch in ihrem sozialen Umfeld zwar etwas Mitleid, Zuwendung und Verständnis – das tut gut –, doch tragischerweise gehören jene Personen, die sie bisher so aufopferungsvoll betreut hat, oft nicht dazu. Im Gegenteil, in deren Verhalten kommt nicht selten ein unterschwelliger Vorwurf zum Ausdruck, da sie

---

[1] Aus Gründen der Einfachheit verwende ich in diesem Beitrag nur die weibliche Form.
[2] Schellenbaum (1991).

zwangsgedrungen einige Zeit alleine mit ihrem Leben zurechtkommen mussten. Nach einer krankheitsbedingten Auszeit sieht sich die Helferin daher wieder mit den hohen Ansprüchen und Erwartungen ihrer Schützlinge konfrontiert – und das Spiel kann von vorne beginnen, wenn die körperlichen und seelischen Signale weiterhin nicht erkannt, nicht richtig gedeutet oder ignoriert werden.

Warum beschreibe ich diese Dynamik so genau? – Weil ich die provokanten Thesen vertrete, dass

- Beraterinnen mit Helfersyndrom nicht die Ausnahme von der Regel sind;
- die Motivation, einen Sozialberuf zu ergreifen, meist aus einem eigenen persönlichen Leiden erwächst;
- Beraterinnen, die das negieren, selbst nachprüfen sollten, ob sie nicht einem Projektionsmechanismus erliegen, wenn sie sich über andere Helferinnen ereifern.

Dazu fällt mir ein Satz ein, der mir aus meiner Ausbildung zur Ehe-, Familien- und Lebensberaterin noch in guter Erinnerung geblieben ist: **In unserem größten Schmerz liegt unser größter Schatz!**

Der logische Umkehrschluss dieser Erkenntnis wäre die Feststellung, dass dort, wo es keinen großen Schmerz gibt, auch kein großer Schatz zu heben ist. Vielleicht erliege ich einem Irrglauben, aber ich bin der Überzeugung, dass persönliches Leid einen Menschen zu einem „Zum-Helfen-Berufenen" machen kann, nämlich dann, wenn es ihm gelingt, durch sein Leid hindurchzugehen, um im Nachhinein zu erkennen, dass es neben all seinen dunklen und schweren Seiten auch so etwas wie eine Läuterung zum Leben war. Die Voraussetzung dafür ist das Aufspüren, das Wahrnehmen und das Erkennen der persönlichen Leiderfahrungen im eigenen Leben, um sie einer Wandlung zu unterziehen. So werden sie zu jenen Schätzen, die, bezogen auf die Beratungssituation, die Kraft von Juwelen entfalten können, in deren Licht sich sowohl die Beraterin als auch der ratsuchende Mensch (in der Folge ‚Klientin') spiegeln. Daher wurde in meiner BeraterInnenausbildung viel Wert auf Selbsterfahrung gelegt, denn erst wenn ich meinen eigenen Schatten entlarvt, meine eigenen Schmerzpunkte erkannt und meine wahre Motivation enthüllt habe, erst dann entscheidet es sich,

- ob ich mich wirklich mit den Problemen anderer Menschen beschäftigen möchte, weil ich es als meine Lebensaufgabe ansehe, oder
- ob ich aufhören kann, mich um die Probleme anderer Menschen zu kümmern, weil ich erkannt habe, dass es mir vor allem um die Bewältigung meines Lebens geht.

Grundvoraussetzungen für diese Entscheidung sind:
- eine schonungslose Ehrlichkeit mir selbst gegenüber;
- Mut, mich dem eigenen Spiegel und dem Spiegel der Umwelt auszusetzen, um mich darin zu erkennen;
- Vertrauen, dass ich auch dann gut und gewollt bin, wenn ich mich nicht dazu berufen fühle, Helferin zu sein.

Doch so einfach ist diese Entscheidung nicht zu treffen, denn dieser Prozess der Selbsterkenntnis findet erst mit dem eigenen Ableben ein Ende. Kein Mensch wird jemals mit seiner Entwicklung fertig. Das menschliche Leben bleibt immer Fragment und doch bleibt eine Aufgabe im Leben immer die gleiche – und die lautet gemäß dem Orakel von Delphi: **Erkenne dich selbst und werde, die du bist!**

Für mich ist jede Beratung eine Herausforderung und manchmal auch eine Zumutung. Es werden von mir Eigenschaften gefordert, die manchmal wahrlich eine Prüfung darstellen, wie: Geduld, Gelassenheit, Toleranz, Neutralität etc. Immer wieder hadere ich mit mir und frage mich: *Wer bin ich eigentlich, dass gerade ich mich zum Helfen berufen fühle, wo ich doch selbst noch an so vielen Punkten zu arbeiten habe?* Doch vielleicht liegt gerade in meinem Wissen um die eigene „Beschränktheit" eine Ressource. Es bewahrt mich davor, überheblich zu werden. Es macht mich demütig in Hinblick auf mein eigenes Leben und das anderer Menschen, und es fordert mich heraus, weiterzulernen und mich weiterzuentwickeln. Daher wage ich es zu sagen:

Ja, auch meine Motivation, den Beraterberuf zu ergreifen, hängt mit meiner persönlichen Leidensgeschichte zusammen und meine Tätigkeit als Beraterin ist ein wesentlicher Teil meiner Heilsgeschichte.

Wenn ich heute gefragt werde, warum ich diesen Beruf noch immer ausübe, dann antworte ich, weil

- es immer wieder eine großartige, bereichernde und berührende Erfahrung ist, wenn ein Mensch zu sich selbst findet;
- ich mit jeder Beratung aufgefordert werde, mich mit meiner eigenen Lebenstüchtigkeit und Liebesfähigkeit auseinanderzusetzen;
- es in diesem Beruf keine Routine und daher auch keine Langeweile gibt;
- es in der Beratung um das Geheimnis des Mensch-Seins und Mensch-Werdens geht, in das mir ab und zu ein kleiner Einblick gewährt wird.

In den folgenden beiden Abschnitten gebe ich einen kleinen Einblick in mein So-Sein und eine Vorstellung davon, wie ich mich als Beraterin definiere.

1.2 Wer bin ich?

Ich bin eine Frau, mittleren Alters, verheiratet und Mutter einer Tochter und eines Sohnes.

- Ich bin eine Suchende, Fragende und Zweifelnde.
- Ich bin ein kritischer Mensch.
- Ich bin offen, ehrlich, verantwortungsvoll, verlässlich und treu.
- Ich bin manchmal ungeduldig, aufbrausend und launisch.
- Ich bin schnell im Denken, Reden und Analysieren.
- Ich bin verständnisvoll, aber auch fordernd.
- Ich neige zum Grübeln und zur Melancholie.

- Ich bin ein Familienmensch und liebe die Gemütlichkeit.
- Ich bin gesellig, kann aber auch gut und gerne mit mir alleine sein.
- Ich rede gerne mit anderen über „Gott und die Welt" und interessiere mich vor allem für sozial- und gesellschaftspolitische Themen.
- Ich kann diszipliniert und konsequent sein, wenn ich es für notwendig erachte, ansonsten halten sich diese Eigenschaften in Grenzen.
- Ich bin vielseitig interessiert und neugierig.

Meine Leidenschaft besteht in der Beschäftigung mit dem Mensch-Sein in Form von

- persönlichem Austausch mit anderen (Gespräche, Briefe, E-Mails);
- lesen, lesen, lesen (Romane, Fachliteratur, Zeitung, Zeitschriften etc.);
- inhaltlicher Auseinandersetzung mit verschiedensten Lebensthemen über Vorträge, Theaterstücke, Musicals, Opern und Filme;
- Betrachten und Entschlüsseln der vielfältigen symbolischen Botschaften, die für mich in der Natur, in der Musik, in der bildenden Kunst und im Sport zum Ausdruck kommen;
- Reflektieren meiner vielfältigen beruflichen und privaten Erlebnisse und Erfahrungen.

Ich bin Körper, Geist und Seele und in mir gibt es einen unverwechselbaren Wesenskern. Ich bin die, die ich geworden bin. Ich bin das Kind meiner Eltern, geprägt durch meine persönliche Geschichte, mit Wunden, Verletzungen und Narben, aber auch mit besonderen Stärken, Gaben und Fähigkeiten. Ich fühle mich manchmal zerrissen zwischen der Person, die ich bin, und der, die ich gerne sein möchte. Ich stehe im ständigen Dialog mit meinen Licht- und Schattenseiten und mit meinen guten und bösen Persönlichkeitsanteilen. Diese permanente Spannung zwischen *Sein* und *Sollen* ist manchmal anstrengend und aufreibend, aber sie hält mich geistig beweglich und fordert mich auf, weiterzugehen, weiterzusuchen, weiterzuhoffen und weiterzuglauben. Immer wieder sind Entscheidungen zu treffen – das ist nicht immer einfach, doch es verweist mich auf meine freie Wahlmöglichkeit und meine persönliche Verantwortung. Der Leitsatz meines Lebens lautet in Anlehnung an eine Aussage von Manès Sperber:

Frei und unabhängig ist nur jener Mensch, der psychisch fähig ist, die Verantwortung zu tragen, die er mit seinen Entschlüssen und Taten auf sich nimmt.[3]

- Meine Abneigung richtet sich gegen alles, was unter die Begriffe Schein, Fassade, Maske, Unehrlichkeit und Unechtheit fällt.

---

[3] Sperber (1992).

- Mein Unwort lautet ‚Humankapital', denn der Mensch ist für mich keine Kosten-Nutzen-Rechnung.
- Ich wehre mich gegen die Aufforderung: „Man muss lernen, wie man sich am besten verkauft!" Mein Credo lautet eher: „Fordere nicht Anerkennung. Könne was, dann wird man dich kennen!"

All die genannten Attribute bringe ich in den Beratungsprozess mit ein. Ich fühle mich als Beraterin von meiner Ich-Identität nicht getrennt. Ich bin als Mensch in meiner Individualität spürbar. In meiner Tätigkeit als Beraterin definiere ich mich als:

- Ankerplatz
- Wegweiser
- Katalysator

Ankerplatz

Nicht wenige Menschen geraten durch die vielen Anforderungen des beruflichen und privaten Lebens außer sich. Sie verlieren ihren inneren Steuermechanismus, weil sie dem Lebenstempo, den gesellschaftlichen Vorgaben und dem permanenten Leistungsdruck nicht mehr gewachsen sind. Immer mehr Menschen sind mit sich selbst beschäftigt und finden daher kaum Zeit, anderen wirklich zuzuhören. Wenn ihr eigenes Energiereservoire ausgeschöpft ist, benötigen sie selbst eine Quelle zum Auftanken.

Ehe-, Familien- und Lebensberatungsstellen bieten diesen Menschen die Möglichkeit, bei sich selbst wieder zu ankern, um in der Hektik des alltäglichen Lebens zur Ruhe zu kommen. Die Sehnsucht nach einem Ort der *Be-Sinnung* nimmt in unserer Gesellschaft immer mehr zu. Das zeigt auch der Trend, einen Teil des Urlaubs im Kloster zu verbringen, abgeschieden von der vereinnahmenden Außenwelt und mit der Möglichkeit, sich von einem geistlichen Begleiter auf dem Weg zurück zu sich selbst unterstützen zu lassen.

Familienberatungsstellen sind für mich daher vergleichbar mit Häfen, welche die Ratsuchenden mit ihren Lebensschiffen ansteuern können, wenn sie den Wellen der stürmischen See entkommen möchten oder wenn sie die Orientierung verloren haben und nicht mehr wissen, ob der Kurs ihres Lebens für sie noch der richtige ist. Die Boje steht als Symbol für mich als Beraterin. Die Klientinnen können ihr Schiff daran eine Zeitlang festmachen, solange bis sie genügend Halt bekommen und ausreichend Zuversicht gewonnen haben, um sich wieder auf das offene Meer ihres Lebens einzulassen. Die Gewissheit, immer wieder in den Hafen zurückkehren zu dürfen, bevor sie mit ihren Lebensschiffen kentern oder untergehen, macht stark – der äußere Anker kann so zu einem inneren Anker werden.

Wegweiser

Im Märchen steht ‚der Wald' für das Bild der menschlichen Seele und ihre verschatteten Tiefen. Das *Sich-im-Wald-verirrt-Haben* symbolisiert nicht das Bedürfnis, gefunden zu werden, sondern vielmehr, dass man sich selbst finden oder entdecken muss.

Jeder Mensch muss im Laufe seines Lebens immer wieder „Ab in den Wald"[4]. Manchmal sehen wir Menschen den Wald vor lauter Bäumen nicht und verlieren die Orientierung. Das macht uns ängstlich und unsicher, denn wir befürchten, in diesem Dickicht verloren zu gehen. Doch in jedem Wald gibt es Lichtungen, die das Dunkel etwas aufhellen, die den Raum etwas erweitern, die uns etwas freier atmen lassen und den Blick auf den Himmel freigeben. Diese Plätze bieten uns die Möglichkeit zur Neuorientierung. Nicht jede ist eine erfahrene Pfadfinderin, die gelernt hat, die Zeichen ihrer Umgebung so zu deuten, dass sie aus eigenem Geschick den richtigen Weg findet. Ich beispielsweise bin heilfroh, wenn ich einen *Wegweiser* sehe, der mir signalisiert, *dass es einen Weg gibt*, auch wenn ich noch nicht weiß, wohin er führt, wie lange er dauert und mit welchen Beschwernissen er verbunden ist. Manchmal gibt es diesbezüglich Hinweise und manchmal stehen sogar mehrere Wege zur Wahl. Die drängendste Frage, die mich in solchen Momenten allerdings interessiert, ist: *Wie finde ich wieder nach Hause?*

Erst in zweiter Linie beschäftigen mich Fragen wie:
- Wie bin ich in dieses Dickicht hineingeraten?
- Wohin wollte ich gehen?
- Was kann ich dazu tun, damit ich mich in diesem Wald nicht mehr verirre?
- Welches Ziel strebe ich jetzt an?

Antworten auf diese Fragen sind notwendig und wesentlich, um auf dem Pfad des eigenen Lebens voranzukommen. Es ist wichtig zu wissen,
- was dazu geführt hat, dass ich mich im Wald verlieren konnte;
- was ich dazu tun kann, um diese Fehler in Zukunft zu vermeiden;
- welche, eventuell falschen, Lebensziele ich erreichen wollte;
- welches Ziel ich jetzt im wahrsten Sinne des Wortes „angehen" möchte.

Ich glaube, dass das Leben für mich konkrete Aufgaben bereithält, deren Erfüllung meinem Dasein Sinn verleihen. Dabei handelt es sich nicht um Heldentaten, die mir abverlangt werden, um mir mein persönliches Glück zu verdienen. Nein, es geht dabei eher darum, dass ich im Hier und Jetzt den konkreten Lebensanforderungen insofern gerecht werde, als ich meinem Wesen gemäß agiere und reagiere. Die Ziele meines Lebens, die ich anstrebe, ergeben sich aus einem inneren Drang heraus. Jedes Ziel baut auf dem vorangegangenen auf und ist daher untrennbar mit meiner Lebensgeschichte, mit meinem Wachsen und Werden verbunden. Zuweilen kommt es vor, dass ich mich ‚im Wald' verliere, und manchmal gehe ich über mich selbst hinweg, indem ich glaube, mit Sieben-Meilen-Stiefeln unterwegs sein zu müssen. In beiden Fällen gerate ich *außer mir* und muss mich erst wieder finden, um gut weiterleben zu können.

---

[4] „Into the Woods", Musical von Stephen Sondheim.

Letztendlich geht es darum, *mich selbst zu leben*, denn dann erfüllt sich meine undefinierbare Sehnsucht, die ich am ehesten mit einem *Zu-Hause-Sein* oder *Nach-Hause-Kommen-Gefühl* umschreiben möchte.

Dieser Selbstfindungsprozess kann durch ein *Du* erleichtert werden. Es dient mir als Wegweiser heraus aus meinen einengenden Gedanken- und Problemkreisen zurück zu mir selbst. Solch ein Wegweiser möchte ich auch für andere sein.

Katalysator

Ein Katalysator gibt den Anstoß zu einer Veränderung oder Verwandlung. Ohne Katalysator bleibt die Substanz dieselbe. Sie weiß nicht, welches Entwicklungspotenzial in ihr verborgen liegt. Manchmal brauchen Menschen einen ‚kleinen Kick‘, um den nächsten Schritt in ihrem Leben zu wagen. Wenn sie sich diesen ‚Kick‘ nicht selber geben können oder geben wollen, dann kann oft ein Anstoß von außen hilfreich sein, um ihr Leben wieder in Schwung zu bringen. Dieser Anstoß hat aber nur dann einen Sinn, wenn die Zeit für eine Veränderung reif ist und wenn es mir als Beraterin gelingt, jene Motivationspunkte zu reizen, die sich in den Klientinnen zur Entfaltung drängen. Ich sehe meine Aufgabe daher auch in der Ermutigung der Ratsuchenden, ein kleines Stück über sich selbst hinauszuwachsen. Das ist dann der Fall, wenn ich an meinen Klientinnen etwas wahrnehme, das für mich wesenhaft spürbar ist, aber von ihnen selbst noch nicht gelebt werden kann, oder wenn ich merke, dass die Ratsuchenden schon wissen, welche Schritte als Nächstes in ihrem Leben angesagt sind, aber es nicht wagen, sie umzusetzen. In solchen Momenten erlebe ich mich als Stellvertreterin, indem ich versuche, den Betroffenen jene Zuwendung, jene Zuversicht und jenes Zutrauen zu vermitteln, das sie brauchen, um weiterzugehen.

1.3 Was kann ich?

Mein Können ergibt sich für mich in der Beratung aus einer Kombination von drei Elementen:

- meiner Persönlichkeit;
- meinem Wissen;
- meiner Erfahrung.

Je mehr ich mich als Beraterin mit mir und meinen Lebensthemen auseinandergesetzt habe, je mehr ich im Leben gelernt und an Wissen erworben habe, je größer mein Erfahrungshorizont im Hinblick auf die Dynamik von Beziehungen ist, desto höher ist meine persönliche Beratungskompetenz. Die Stufen in der Entwicklung zu einer „guten Beraterin" kann ich genauso wenig überspringen wie die Stufen meiner individuellen Entwicklung. Daher empfinde ich mein Älterwerden nicht als Defizit, sondern eher als Ressource in dreierlei Hinsicht:

mehr Reife, mehr Wissen, mehr Erfahrung = mehr Können.

Wenn ich auch im Laufe meiner Beratungserfahrung hinsichtlich meines „Könnens" an Stabilität und Kontinuität dazugewonnen habe, so gibt es doch dazwischen immer wieder Phasen, in denen ich zwischen „himmelhoch jauchzend" und „zu Tode betrübt" schwanke. Meine Familie kennt das schon und kommentiert es nicht mehr, wenn ich einmal euphorisch von meinem Beruf schwärme, weil ich in der Beratung berührende und beglückende Momente erlebt habe, und ein anderes Mal aus dem Brustton der Überzeugung meine, dass ich diesen Beruf nicht weiter ausüben werde, weil ich weder die nötige Geduld noch die Toleranz, noch die Gelassenheit aufbringen konnte, um mit meinen Klientinnen und deren Problemen adäquat umzugehen. Doch in letzter Zeit bemerke ich an mir eine Veränderung, die darin besteht, dass ich aufgehört habe, mich selbst zu verurteilen, wenn es in einer Beratungseinheit nicht optimal gelaufen ist. Vielleicht habe ich jetzt in meiner persönlichen Entwicklung jenen Punkt erreicht, an dem ich mich von dem inneren Zwang verabschieden kann, mehr zu geben, als ich kann, oder mehr zu sein, als ich bin.

Diese Einstellung erlaubt es mir, andere ebenso in ihrem *So-Sein* anzunehmen. Sie nimmt mir den Druck des permanenten Selbstzweifels und hindert mich daran, andere unter Druck zu setzen. Im Vertrauen darauf, dass ich nicht mehr geben kann, als ich selber momentan bin, gelingt es mir, meinen Klientinnen lockerer und unbeschwerter zu begegnen. Ich beginne, mich von meinen eigenen hohen Ansprüchen zu verabschieden, und merke, dass sich gleichzeitig meine Erwartungshaltung gegenüber meiner Umwelt verringert. Je mehr ich mein Leben mit seinen Schattenseiten und mich mit meinen Fehlern bejahe, desto geringer wird mein Bedürfnis, das Leben anderer Menschen in Ordnung zu bringen oder an der Veränderung anderer Menschen zu arbeiten. Das Paradoxe daran ist, dass es mir mit dieser Haltung viel eher gelingt, hilfreich zu sein, vor allem deshalb, weil ich mich nicht mehr in die Projektionsmuster der Abwertung, der Kritik, der Besserwisserei, des Moralisierens oder des Rationalisierens flüchten muss, um vor mir und anderen gut dazustehen.

Diese Erkenntnis ist für mich einerseits nichts Neues, andererseits aber doch – und zwar insofern, als all das Wissen, das ich mir im Laufe meines Lebens angeeignet habe, erst Schritt für Schritt von mir belebt werden muss, ehe ich es wirklich in mein Wissen integrieren kann. Wissen zu haben, ist in der Beratung zu wenig, erst wenn ich das Wissen bin, erst dann kann es ungehindert fließen, und zwar in dem Moment, in dem ich es benötige und ohne mich dabei besonders anzustrengen. Dieser Prozess des Wissenserwerbs ist mühsam und dauert seine Zeit. Es ist ein durch Erfahrung geprüftes Wissen, ein authentisches Wissen. Das heißt aber nicht, dass ich all die Schmerz- und Leiderfahrungen mit meinen Klientinnen teile. Je belebter ich mich allerdings mit einem Thema auseinandersetze, desto größer ist mein Einfühlungsvermögen für die spezifische Problematik und desto besser gelingt es mir, mich in die Lage der Betroffenen zu versetzen. Daher schaue ich mir sehr gerne Spielfilme an und lese Romane. Für mich ist das eine gute Möglichkeit, um Einblick in jene Lebens- und Beziehungsdynamiken zu bekommen, von denen ich „keine Ahnung" habe.

Bis jetzt habe ich mich gut um die Frage „**Was kann ich?**" herumgedrückt und schon wieder orte ich bei mir eine eher weibliche Eigenschaft, nämlich die Unfähigkeit, klar und deutlich, ohne Scheu, ohne schlechtes Gewissen und ohne falsche Bescheidenheit zu sagen, was ich kann. Es würde mir wesentlich leichter fallen, darüber zu schreiben, was ich nicht kann. Warum ist das so? Wenn ich offenbare, was ich nicht kann, so nehme ich eine eventuelle Kritik voraus und bin daher weniger angreifbar. Vielleicht bekomme ich sogar ein wenig Anerkennung, indem meine Aussagen relativiert oder negiert werden. Sprecheich allerdings selbstbewusst aus, was ich kann, besteht die Gefahr, dass mir nicht zugestimmt wird und ich statt Lob und Bewunderung Kritik und/oder Neid ernte. Zu sagen, was ich kann, ist daher auf den ersten Blick mit einem höheren Risiko verbunden als zu sagen, was ich nicht kann. Auf den zweiten Blick betrachtet ist dieses Verhaltensmuster eher ein Hindernis, vor allem im Hinblick auf den beruflichen Erfolg. Letztendlich ist beides wichtig, nämlich zu wissen, was ich kann und was ich nicht kann, denn nur auf dieser Basis lassen sich gute Entscheidungen treffen.

Was kann ich also als Beraterin?

Ich kann:

- Beziehungsdynamiken und Beziehungsmuster erkennen;
- Problemspiralen aufdecken und sichtbar machen;
- Zusammenhänge darstellen;
- lösungsorientiert denken;
- zusammenfassen und ordnen;
- strukturieren und analysieren;
- definieren und differenzieren;
- artikulieren und konfrontieren.

Es sind aber noch andere Attribute und Fähigkeiten, die ich mir als Beraterin zuordne, wie beispielsweise:

- Intuition
- ein Gefühl für das Atmosphärische
- Einfühlungsvermögen
- Verständnisbereitschaft
- Verantwortungsbewusstsein
- Problembewusstsein
- Harmoniebedürfnis
- Beschützerinstinkt
- das Bemühen, höflich, freundlich und nett zu sein.

Die Sache wird noch etwas komplexer, weil ich in letzter Zeit noch eine weitere Kategorie von Eigenschaften an mir entdecke, nämlich:
- Lebendigkeit
- Impulsivität
- Kreativität
- Spontaneität
- Unbekümmertheit
- Unvoreingenommenheit
- Freude am Ausprobieren und Experimentieren
- Konzentration auf das Hier und Jetzt
- und immer ein bisschen mehr Leichtigkeit.

Sind all die angeführten Fähigkeiten und Fertigkeiten typisch weiblich? Die Ausführungen im folgenden Kapitel sollen den Versuch einer subjektiven Antwort auf diese Frage darstellen.

2 Berate ich als Frau anders?

Kann ich dazu eine klare Aussage treffen oder eine eindeutige Antwort geben? Nein, eine klare, eindeutige Antwort auf diese Frage kann ich nicht geben, aber dafür eine typisch weibliche, nämlich ein *Jein*. Wenn ich mich auch öfter über Frauen ärgere, die zu einem Thema nicht klar Stellung beziehen können, so ist dieses Verhalten doch auch Ausdruck eines differenzierten Fühlens und Denkens, das vor allem bei menschlichen Angelegenheiten angebracht ist. Diese Haltung wird der komplexen Wirklichkeit eher gerecht als glatte Lösungen, welche die Einmaligkeit und Einzigartigkeit jeder Person in ihrer speziellen und individuellen Situation zu wenig berücksichtigen. Der Mensch lässt sich eben nicht in ein Schwarz-Weiß-Raster pressen. Der Versuch wäre für mich gleichzusetzen mit einer Beschränkung von Leben im engeren, aber auch im weiteren Sinne. Um trotzdem etwas Klarheit in meine Antwort zu bringen, möchte ich das *Jein* in zwei Aussagen aufspalten und sie getrennt voneinander behandeln:
- Ja, ich als Frau berate anders!
- Nein, ich als Frau berate nicht anders!

2.1 Ja, ich als Frau berate anders!

Dieses Anders-Sein liegt meiner Meinung nach begründet in
- meinem Frau-Sein,
- meinem Mutter-Sein,
- meinem magischen Denken.

Frau sein

Ich unterscheide mich als Frau von Männern in so vielerlei Hinsicht, dass ich hier nur auf einige wenige Faktoren eingehe. Der Büchermarkt ist in den letzten Jahren von Literatur zu diesem Thema schier überschwemmt worden und daher möchte ich mich in diesem Rahmen nicht weiter als notwendig verbreitern.

Was unterscheidet mich als Frau von Männern?

- Ich habe einen anderen Körperbau, mehr Rundungen, mehr Fettgewebe und weniger Muskelmasse.
- Ich bin kleiner, schwächer und weicher.
- Ich bin einem monatlichen Hormonzyklus unterworfen, der sich sowohl körperlich als auch seelisch auswirkt.
- Mit meinen Geschlechtsmerkmalen assoziiere ich Verben wie zulassen, hingeben, aufnehmen, nähren.
- Ich habe einen anderen Gehirnaufbau und das beeinflusst meine Wahrnehmung, meine Gefühle und mein Denken insofern als:
    - der Focus meiner Wahrnehmung vorrangig auf menschliche Beziehungen im engeren (Eltern, Partner, Kinder, Familie, Freunde etc.) und im weiteren Sinne (Beruf, Gesellschaft, Politik) gerichtet ist;
    - mein Fühlen sich nicht nur auf das Empfinden von körperlichen und seelischen Vorgängen bezieht, sondern auch auf etwas, was man unter Atmosphäre oder Ausstrahlung versteht;
    - es mir nicht schwer fällt, meinen Gefühlen und Gedanken verbal Ausdruck zu verleihen, im Gegenteil – es ist für mich eine Form von Psychohygiene. Ohne die Möglichkeit des menschlichen Dialogs würde ich an mir ersticken. Das Gespräch ist Sauerstoff für meine Seele. Das, was mich innen bewegt, muss aus mir heraus, damit ich es genau wahrnehmen, verstehen, bewerten, beurteilen, bearbeiten und verarbeiten kann. Wenn es mündlich nicht möglich ist, dann tue ich es schriftlich;
    - mein Denkapparat fast nie ausgeschaltet und sehr komplex vernetzt ist. Gedankenspiralen und Problemkreise meiner Klientinnen sind mir daher vertraut und ich kenne die Qual der Entscheidungsfindung, die vor allem dann spürbar ist, wenn sich mein soziales Beziehungsdenken (Wie wirkt sich mein Tun auf alle anderen Personen in meinem Umfeld aus und welche Konsequenzen habe ich zu befürchten?) mit meinem persönlichen Wunschdenken (Wenn das Wörtchen *wenn* nicht wäre, würde ich jetzt am liebsten …) spießt. Viele Entscheidungen haben einen Haken, den ich nicht so gerne in Kauf nehme, und daher bemühe ich mich lieber um eine optimale Lösung, die allen gerecht wird. Dieses Unterfangen ist in manchen Fällen vergleichbar mit einer Quadratur des Kreises und daher zum

Scheitern verurteilt; in anderen Fällen ist das Ergebnis äußerst befriedigend, nämlich dann, wenn statt eines Kompromisses (jeder gibt ein bisschen nach) ein Synergieeffekt (es gibt eine optimale neue Lösung für alle) möglich wurde.
- Ich habe als Tochter, als Schwester, als Schülerin mit vorrangig weiblichen Lehrpersonen, als Lehrerin, als Ehefrau, als Mutter, als Beraterin etc. eine andere Sozialisationsgeschichte.
- Ich kenne von mir die Problemspirale: Selbstzweifel – Minderwertigkeitsgefühl – Selbstwertproblematik – Hang zum Perfektionismus – Überforderung – Symptombildung (Krankheit etc.) – hohe Erwartungshaltung an die Umwelt – Enttäuschung – Kränkung – Depression. Ich erlebe diese Dynamik eher bei Frauen als bei Männern. Auf den Ursprung und die Lösung dieses Problems gehe ich hier nicht weiter ein.
- Ich trage die Sozialisationsgeschichte der Frau über die Jahrtausende hinweg in mir – es ist der archaische Teil meines Wesens. Viele meiner besonderen Fähigkeiten und Fertigkeiten (Stichwort: „Multitasking", „Empathie") sind darauf zurückzuführen, aber auch manche tiefen Leiderfahrungen und Verletzungen.

All das hat etwas mit mir als Frau zu tun und all das habe ich mit vielen Frauen gemeinsam und daher denke ich, fällt es mir grundsätzlich leichter als Männern, Frauen zu verstehen. Doch darin liegt nicht nur ein Vorteil. Das *Ähnlich-Sein* birgt auch die Gefahr in sich, zu schnell und falsch zu verstehen, zu wenig nachzufragen, zu sehr eigene Erfahrungen und Erkenntnisse in die Beratung mit einfließen zu lassen. Als Beraterin muss ich daher immer darauf achten, die Frau vor mir in ihrem *Anders-Sein* wahrzunehmen, zu achten und zu respektieren.

Mutter sein

Einen wesentlichen Unterschied zu männlichen Beratern sehe ich in der Mutterschaft. Ich selbst bin Mutter einer Tochter und eines Sohnes und ich habe durch meine Kinder eine Ahnung davon bekommen, was es bedeutet, bedingungslos zu lieben. Durch sie habe ich viel über das Leben, über Beziehungen, über meine Gefühle und über die Unterschiede zwischen den Geschlechtern erfahren. Sie haben meine Stärken herausgefordert und meine Schwächen und Wunden offengelegt. Sie waren und sind für mich die größte Bereicherung in meinem Leben, aber sie fordern mich auch permanent auf, mich, mein Wert- und Weltbild, meine Gefühle, mein Tun, meine Einstellungen, meine Überzeugungen und meinen Glauben zu überprüfen.

Was macht mich persönlich als Mutter aus?

- Ich habe meine Kinder in mir getragen, war mit ihnen neun Monate lang körperlich direkt verbunden und bin daher von Anbeginn ihres Lebens direkte Zeugin ihrer Existenz.
- Ich habe meine Kinder geboren und diese beiden Ereignisse gehören zu den größten Leistungen meines Lebens, unabhängig davon, dass Milliarden Frauen die gleiche Leistung erbracht haben. Die Geburt ist kein sanfter Prozess, weder für das Kind noch für die Mutter. Sie ist für mich ein Symbol dafür, dass es im Leben oft notwendig ist, Engen zu überwinden und Schmerzen auszuhalten, damit etwas Neues durch mich und in mir lebendig werden kann. Sie ist für mich ein Beweis dafür, dass Unmögliches möglich wird, wenn ich ein sinnvolles Ziel vor Augen habe und den Willen, die notwendige Ausdauer und die Geduld aufbringe, um es zu erreichen. So wie die Schlange sich zwischen engen Steinen hindurcharbeiten muss, um sich zu häuten, so muss auch ich als Mensch mich immer wieder neu gebären.
- Ich habe meinen Kindern ein „Nest" gebaut, in dessen Gestaltung ich noch immer gerne meine Zeit investiere.
- Ich habe meine Kinder genährt, gepflegt, betreut, gelehrt, ich habe mit ihnen gelacht, geweint, gespielt, gelernt und gelitten, ich habe mich mit ihnen und über sie gefreut, ich bin aber auch manchmal an ihnen und an mir verzweifelt.
- Ich kann zur Löwin werden, wenn es um den Schutz meiner Kinder geht, und ich würde mein Leben für sie geben.
- Ich fühle mich für die Zukunft meiner Kinder verantwortlich und daher verfolge ich die Entwicklung unserer Gesellschaft, die Ausbeutung der Natur und des Menschen, die fehlende Wertschätzung von Kindern und alten Menschen, die Verrohung des zwischenmenschlichen Umgangs und die Nichtwürdigung des Lebens mit Sorge, mit Wut und manchmal mit Trauer, Verzweiflung und Ohnmacht.

Warum betone ich diese selbstverständlichen Aufgaben und Leistungen meines Mutter-Seins?

Weil ich glaube, dass Frau-Sein auch stark mit dem Mutter-Sein verbunden ist. Jede Frau trägt die potenzielle Möglichkeit in sich, Mutter zu werden; das bedeutet für mich, dass „das Mütterliche" Teil des weiblichen Wesens ist. Ich vertrete die Ansicht, dass dieser Anteil des Weiblichen von manchen Frauen verleugnet oder nicht in jener Weise gewürdigt und gelebt wird, wie es den Betroffenen selbst, aber letztendlich auch unserer Gesellschaft, gut tun würde. Mütterlichkeit ist nicht nur eine Angelegenheit der Kindererziehung; Mütterlichkeit ist eine Haltung, mit der ich anderen Menschen und mir selbst begegne. Für mich ist es kein Zufall, dass Begriffe wie die Erde, die Natur, die Wurzel, die Nahrung und vor allem die Liebe einen weiblichen Artikel vorangestellt haben, und es war für mich nicht verwunderlich zu hören, dass verwundete Männer auf dem Schlachtfeld nach ihrer Mutter schreien.

Der mütterliche Anteil des weiblichen Selbst besteht für mich im
- Leben spenden
- Nähren
- Pflegen
- Wärmen
- Schützen
- Bewahren
- Gewähren
- Annehmen
- Geben
- Verstehen
- Verzeihen
- Lieben.

Die Mutter in mir reagiert hoch sensibel auf jegliche Form der Gefährdung von Leben, die für mich auch dann gegeben ist, wenn Menschen ihr Wesen nicht leben können oder nicht leben dürfen.

Diese Anteile meines Mutter-Seins bringe ich auch in meinen Beruf ein. Es ist der Beziehung stiftende und der Beziehung erhaltende Teil meiner Tätigkeit – für mich ist es der wesentlichste. Ohne das Gefühl von Geborgenheit, Vertrauen und Verständnis können sich Menschen nicht öffnen. Vor allem hilfsbedürftige Klientinnen in der Krise benötigen diesen Schutz in besonderer Weise, denn sie entblößen mir als Beraterin ihr Innerstes, geben mir Einblick in ihre Seele und sind daher sehr leicht verletzbar. Ich sehe es daher als meine persönliche Aufgabe, mich für das Mütterliche in der Welt einzusetzen. Gleichzeitig wehre ich mich als Frau aber dagegen, auf den mütterlichen Anteil in meinem Wesen reduziert zu werden.

Magisches Denken

Noch vor nicht allzu langer Zeit wäre ich für dieses Bekenntnis als Hexe auf dem Scheiterhaufen verbrannt worden. Es waren in der Geschichte der Menschheit vorwiegend Frauen, die aufgrund ihrer seherischen Fähigkeiten und ihrer besonderen Verbindung zur Natur mit Argwohn verfolgt wurden, denn ihre Erkenntnisse waren nicht fassbar und die Quellen ihrer Kraft wurden daher dämonisiert.

Worin besteht nun mein magisches Denken?
- Ich glaube an Zeichen.
- Ich glaube an die Aussagekraft von Symbolen.
- Ich glaube an die unbewusste Botschaft von Märchen.
- Ich glaube an das Heilsame in der Natur.

- Ich glaube an den Sinn des Zufalls.
- Ich glaube an die Wirkung von Schwingungen.
- Ich glaube, dass jeder Mensch eine wesentliche Ausstrahlung besitzt und eine bestimmte Atmosphäre um sich verbreitet.
- Ich glaube an das Wunder, das Geheimnis und die Magie des Lebens.
- Ich glaube, dass das Leben für sich selbst sorgt, wenn der Mensch es zulässt.
- Ich glaube an eine (göttliche) Weisheit, die alle menschliche Vernunft übersteigt und daher in ihrer Größe für den Menschen unfassbar und unentschlüsselbar bleiben wird.

Die LeserInnen werden nun zu Recht feststellen: Glauben heißt nicht wissen. All diese meine inneren Überzeugungen lassen sich daher nur bedingt vermitteln. Diese Erkenntnisse sind nicht lehrbar und können auch nicht gelernt werden, sie sind nur persönlich erfahrbar – erst dann gewinnen sie die Glaubwürdigkeit, die wieder nur subjektiv sein kann.

Dieses magische Denken beeinflusst meine Beratungen insofern, als ich

- gerne mit Symbolen, Märchen, Gedichten, Geschichten, Sprichwörtern, Metaphern, Bildern, Filmszenen etc. arbeite;
- die Klientinnen anleite, auf eventuelle Zeichen und Zufälle in ihrem Leben zu achten, wie zum Beispiel Krankheitssymptome, Begegnungen, Bücher etc.;
- immer mehr Gelassenheit entwickle, weil ich überzeugt bin, dass jeder Mensch in seinem tiefsten Innersten weiß, was für ihn gut und richtig ist, und meine Aufgabe daher darin besteht, gemeinsam mit ihm nach dieser inneren Kraftquelle zu suchen, um sie wieder zum Fließen zu bringen. Dieser Prozess ist unwahrscheinlich spannend und lebendig, vergleichbar mit dem Bereisen und Entdecken von fremden Ländern. Es geht dabei weniger um mein erworbenes Wissen, sondern viel mehr um meinen ‚Spürsinn'.

Wenn ich jetzt meine Ausführungen zu den Themen Frau-Sein, Mutter-Sein und magisches Denken reflektiere, fühle ich mich wieder geneigt, meiner Kollegin zuzustimmen und zu sagen: Ja, natürlich beraten Frauen anders! Doch das würde ja bedeuten, dass sich potenzielle Klientinnen die Berater nach ihrem Geschlecht aussuchen sollten, je nachdem, ob sie einen weiblichen oder einen männlichen Zugang wünschen. Um diese Wahl treffen zu können, müssten sie über diese Unterschiede Bescheid wissen. Wenn wir FamilienberaterInnen selbst darauf noch keine definitive Antwort geben können – sonst würde es ja diesen Artikel nicht geben –, wie sollen die Klientinnen den Unterschied herausfinden? Außerdem bin ich trotz meines *Frau-Seins* noch immer der Ansicht, dass ich nicht *typisch weiblich* berate. Daher stehe ich auch zu meinem zweiten Statement:

2.2 Nein, ich als Frau berate nicht anders!

Meine Tätigkeit in der Beratung orientiert sich einzig und allein an der Frage: *Was benötigt meine Klientin?*

Meiner Erfahrung nach strebt der Mensch nach der Ganzheit seines Wesens und nach einer Balance in seinem Leben. Diese Ganzheit beruht für mich in einer Dreieinigkeit, die ich als Integration dreier Wesensanteile sehe, nämlich

- dem Mütterlichen,
- dem Väterlichen,
- dem Kindlichen.

Ist diese Integration – aus welchen Gründen auch immer – im Laufe des Lebens nicht gelungen, dann meldet sich jener Anteil zu Wort, der bisher vernachlässigt wurde, d. h. der Mensch beginnt an sich und seinem Leben zu leiden. Genauso wie ein Kind für seine Entwicklung sowohl die Mutter als auch den Vater benötigt, genauso wichtig ist es für den Erwachsenen (egal ob Mann oder Frau), das Mütterliche und das Väterliche in sich zu entwickeln und gleichzeitig das Kind in sich nicht zu verlieren. Wenn Sie als Leserin zurückblättern, dann werden Sie in meinen Ausführungen zum Thema „Was kann ich?" nachvollziehen können, was ich meine. Ich habe mir drei unterschiedliche Eigenschaftskategorien zugeordnet. Sie symbolisieren für mich den männlichen, den weiblichen und den kindlichen Anteil in mir. Die Integration des Väterlichen ist mir bisher am besten gelungen, das Mütterliche in mir wurde vor allem durch meine Kinder geweckt und das Kind in mir habe ich in den letzten Jahren ziemlich vernachlässigt. Es verlangt daher nach mehr Aufmerksamkeit.

Was bedeutet dieser gedankliche Ansatz für mich als Beraterin?

Es geht für mich in der Beratung vor allem darum, den defizitären Bereich der Klientin herauszufiltern, um zu erkennen, welche Integration noch zu wenig erfolgt ist.

Liegt das Defizit im Mütterlichen, dann ist auch eine Zeitlang eher der mütterliche Anteil meines Wesens gefragt. Es geht dabei vorrangig um

- Zuwendung
- Verständnis
- Mitschwingen
- Wärme
- Vertrauen.

Liegt das Defizit im Väterlichen, dann ist der väterliche Anteil in mir aufgerufen. Es geht dabei um

- das Appellieren an die Eigenverantwortung der Klientin,
- das Arbeiten an Einstellungsänderungen,
- die Unterstützung des Autonomiestrebens,
- das Vermitteln von Sicherheit,

- das Setzen von Grenzen,
- das Ermutigen zum Handeln,
- das Fordern und Fördern,
- die „stellvertretende Erlaubnis", das Eigene zu leben.

Liegt das Defizit im Kindlichen, dann ist auch mein kindlicher Wesensanteil gefragt. Es geht dabei um die Vermittlung von etwas mehr

- Leichtigkeit
- Unbefangenheit
- Unvoreingenommenheit
- Vertrauen in das Leben
- Freude und Lust am Entdecken der Welt
- Mut zur Kreativität
- Lust am spielerischen Umgang
- Glaube an die Magie des Lebens.

Jede dieser Haltungen hat ihre besonderen Vor- und Nachteile:

- Zu viel Mütterlichkeit kann dazu führen, dass sich die Klientinnen im Gespräch gemütlich zurücklehnen und ich als Beraterin arbeite. Die Rollen sind ganz klar verteilt. Ich, die Gebende – die Klientin als Nehmende. So erziehe ich Ratsuchende zu Parasiten, die kommen, um zu saugen, aber sich nicht veranlasst fühlen, an sich und ihrem Leben etwas zu verändern. Es ist dann nur eine Frage der Zeit, bis ich ebenfalls Hilfe benötige. Zu viel Verständnis macht träge und unselbstständig. Auf die Dauer schwächt es die Menschen eher, als dass es sie stärkt.

- Zu wenig Mütterlichkeit führt dazu, dass sich zwischen mir und meinen Klientinnen keine Beziehung aufbauen lässt, weil es an Zuwendung, Geborgenheit und Vertrauen fehlt. Ratsuchende müssen sich angenommen, akzeptiert, respektiert und verstanden wissen, sonst können sie sich nicht öffnen. Fehlt dieses Verständnis meinerseits, so entwickelt sich kein guter Nährboden, auf dem Neues wachsen kann.

- Zu viel Väterlichkeit meinerseits kann zur Überforderung führen und bei meinen Klientinnen das Gefühl auslösen, dass sie mir so, wie sie jetzt sind, nicht genügen. Sie sehen in meiner Haltung eine Bestätigung ihrer Unfähigkeit, fühlen sich als Versager und werden auf ihre schon bekannte Schuld- und Ohnmachtspirale zurückgeworfen. Dieses frustrierende Erlebnis kann die Entwicklung jener Neurose begünstigen, die Viktor Frankl als „iatrogen"[5] bezeichnet, das bedeutet nichts anderes, als dass ich als Beraterin dafür verantwortlich bin.

---

[5] Frankl (1983), S. 123 ff.

- Zu wenig Väterlichkeit wirkt sich meist in einem Mangel an Klarheit aus. Es wird im wahrsten Sinne des Wortes im Sorgenbrei herumgerührt, in alle Richtungen hin und her und rundherum, bis wieder von vorne begonnen werden kann. Die Probleme nehmen immer mehr Raum ein, Lösungen rücken in weite Ferne – sie werden meist zerredet. Bald sehen nicht nur meine Klientinnen, sondern auch ich als Beraterin den Wald vor lauter Bäumen nicht.
- Zu viel kindlicher Wesensanteil in der Beratung kann dazu führen, dass sich meine Klientinnen in ihrer seelischen Schwere zuwenig ernst genommen fühlen. Da sie das Leben in ihrer momentanen Situation alles andere als leicht empfinden, fühlen sie sich von meiner spielerischen Lebenslust, Neugier und Experimentierfreude überrollt. Es fehlt ihnen das nötige Mitschwingen und ihr Widerstand gegen mein Verhalten und meine Interventionen in der Beratung wächst.

Zu wenig kindlicher Wesensanteil in meiner Beratung hat zur Folge, dass zwischen mir und meinen Klientinnen Einigkeit darüber besteht, dass das Leben schwierig und schwer ist und dass die Aufgabe des Menschseins allein darin besteht, zu lernen, diese Tatsache zu akzeptieren und damit zu leben. Diese Beratungen verlaufen daher selten lustbetont, leicht und locker. Sie sind eher anstrengend für beide Seiten, denn es wird vorrangig gearbeitet und am Ende sind alle erschöpft.

Diese Vor- und Nachteile gilt es für mich immer wieder abzuwägen. Jede Beratung ist für mich daher ein Balanceakt, wie so vieles in meinem Leben. Welcher Anteil von mir gefragt ist, bestimmen vorrangig meine Klientinnen. Meine Aufgabe besteht in der persönlichen Weiterentwicklung der genannten drei Wesensanteile und das ist ebenfalls eine Frage der Ausgewogenheit, denn es bezieht sich auch auf den Umgang mit mir selbst.

Für meine persönliche Entwicklung waren Menschen wichtig, die

- mir Zuwendung, Anerkennung, Lob und Verständnis entgegengebracht haben;
- mich in Frage gestellt, kritisiert, herausgefordert und (auf-)gerüttelt haben;
- mir durch ihre Einstellung und ihr Vorbild gezeigt haben, dass es gut ist, auf der Welt zu sein.

Daher glaube ich, dass es eine untergeordnete Rolle spielt, ob sich Klientinnen von einem Mann oder einer Frau beraten lassen. Um sich und den Ratsuchenden gerecht zu werden, ist jede Beraterin und jeder Berater aufgerufen, den mütterlichen, den väterlichen und den kindlichen Anteil in sich zu entwickeln und zu integrieren. Trotzdem werde ich immer eine Frau bleiben und fühle mich daher aufgerufen, Männern von meinem weiblichen Anders-Sein zu erzählen und mich mehr um das Verständnis des männlichen Anders-Seins zu bemühen. Mit dieser Haltung gelingt es mir besser, Brücken zu bauen, sowohl zu den Männern in meinem persönlichen Umfeld als auch zwischen den Paaren in der Beratung. Diese Einstellung macht den Blick für mich frei auf das, was Frauen und Männer auf das Tiefste verbindet, nämlich ihr *Mensch-Sein*.

Daher bleibe ich bei meinem *Jein* und antworte auf die Frage: **Beraten Frauen anders?**

- Ja, ich als Frau berate anders, weil ich mich wesentlich von Männern unterscheide;
- Nein, ich als Frau berate nicht anders, weil ich in erster Linie Mensch bin und mich den menschlichen Grundwerten und der Würde des Menschen, die für mich stark mit der Identität des Frau-, Mann- und Kind-Seins verbunden ist, verpflichtet fühle.

Schlussbemerkung

Vielleicht vermissen manche LeserInnen nach der Lektüre dieses Artikels allgemeingültige Aussagen zum gefragten Thema und einige werden sich eventuell fragen: Was soll ich mit diesen persönlichen Ausführungen und was haben sie mit mir zu tun? Meine Antwort darauf lautet: Gar nichts, aber möglicherweise auch alles, wenn Sie als LeserIn beginnen, sich mit folgenden Fragen zu beschäftigen: *Wer bin ich? – Was kann ich? – Berate (arbeite) ich als Frau (Mann) anders?*

Verwendete Literatur

Schellenbaum, P. (1991): Die Wunde der Ungeliebten – Blockierung und Verlebendigung der Liebe, 14. Auflage, München.

Sperber, M. (1992): Der freie Mensch, Hamburg.

Frankl, V. (1983): Theorie und Therapie der Neurosen, 5. Auflage, München.

Witzableiter von Ilse Simml

Beratung auf dem Flughafen

Nach etlichen Beratungsstunden entschließt sich eine Klientin – mit Flugangst behaftet –, nach Nizza zu fliegen (nach dem Kirchenlied: „… mit Zittern und mit Zagen und mit selbsteigner Pein …"). Ich erkläre mich bereit, sie zum Flughafen zu begleiten. Da wir noch Zeit bis zum Abflug haben, setzen wir uns ins Kaffeehaus, mit Blick auf die abhebenden und landenden Maschinen.

Ein Steirer nimmt ebenfalls an unserem Tisch Platz. Mir kommt plötzlich der Gedanke: Der könnte doch vielleicht, ganz zufällig, auch nach Nizza fliegen, und er wäre doch ein idealer Begleiter für meine ängstliche Klientin.

Kurz entschlossen spreche ich ihn an:

„Entschuldigen Sie, fliegen Sie vielleicht auch nach Nizza?"

Etwas wortkarg entgegnet er: „ Na, ich bring nur die Leut' aus der Steiermark hierher. De fliegen, ich net!"

– Pause –

Kurz darauf ein Redeschwall, der leider nicht mehr zu unterbrechen ist:

„Jo, amal hab'n de mi drankriegt und i bin mit ihnen nach Griechenland g'flogen. Na, i sog's Ihnen, da hob i vielleicht was mitgemacht. Wenn'S schon einekummen in den Flieger, des brummt und rauscht, bist deppert! So an Blutzer hab i kriegt, so an Blutzer! Dann hab i mi ganz still hing'setzt. Und dann die Luftlöcher, i mahn, i hätt' schreien mögen, aber des hab i mi ja net traut. Die Stuadess hätt' mi ja glatt außeg'schmissen! Na, de krieg'n mi nimmer dran!"

Meine Klientin rutscht etwas tiefer in den Sessel und wird stiller.

Wir gehen!

Ich bemühe mich, sehr locker zu wirken, und sage:

„Was Besseres hätte uns ja gar nicht passieren können, das war Ihre Feuerprobe! Nach dieser Schilderung ist ja Ihr Flug nach Nizza direkt ein Lapperl."

Ich drücke ihr noch einen Kraftstein oder Beruhigungsstein in die Hand und verabschiede mich!

Sie lächelt auch schon wieder.

BeraterInnen in mehreren Berufsfeldern

Emmi Ott

1 Einleitung

Die meisten Ehe-, Familien- und LebensberaterInnen verbringen ihre Hauptarbeitszeit in ihren angestammten Brotberufen und arbeiten ein paar Stunden pro Woche zusätzlich in der Beratung. Wie kommt es zu dieser Situation? Wie gehen die Betroffenen damit um? Inwiefern stellen verschiedene berufliche Tätigkeiten eine gegenseitige Bereicherung dar? Wo behindern sie sich gegenseitig? Wo liegen die Herausforderungen? Ist eine besondere Psychohygiene nötig, um dieser Situation gerecht werden zu können?

Als Grundlage für die Behandlung dieser Fragen stellte ich einen Fragebogen zusammen, den mir dankenswerterweise viele meiner KollegInnen ausführlich beantworteten. So ist es mir möglich, den LeserInnen ein vielfältiges Spektrum an Aspekten zu diesem Thema anzubieten. Ich verzichte bewusst auf die konkrete Schilderung persönlicher Erfahrungen. Meine Ausführungen erheben allerdings weder Anspruch auf eine repräsentative Stichprobe noch auf wissenschaftliche Objektivierbarkeit.

Vorweg noch zwei Begriffsklärungen:
- Im Text wird „Job" als Synonym für den Brotberuf beziehungsweise der zur Beratung konträren beruflichen Tätigkeit verwendet.
- Ich verwende die weibliche Form „Beraterin". Erstens ist es übersichtlicher, auf die doppelte Schreibweise zu verzichten, zweitens entspricht es den Gegebenheiten, dass die Beratungszene von Frauen dominiert wird.

2 Entstehung dieser Fragestellung

Die Ausbildung zur Ehe-, Familien- und Lebensberatung ist keine, die man im Anschluss an die Schule als Erstberuf wählen kann. Wer sich dazu entschließt, hat üblicherweise eine (manchmal sehr konträre) Ausbildung absolviert und geht einem Job oft schon viele Jahre nach. Ausdrücklich sei hier auch auf die – allerdings unentgeltliche – Arbeit im Bereich des Familien- und Haushaltsmanagements als auch auf ehrenamtliche Tätigkeiten im außerhäuslichen Bereich hingewiesen. Aus verschiedensten, hier nicht zu beleuchtenden Gründen zur Beratungstätigkeit gefunden, reicht diese neue Tätigkeit meist nicht dafür aus, den Lebensunterhalt zu bestreiten, auch wenn diese Arbeit nun als gleichwertige, wenn nicht sogar sinnvollere und erfüllendere Tätigkeit erlebt wird.

3 Wechselseitige Bereicherung Job – Beratung

Allein durch die erforderliche Vielseitigkeit liegt der Schluss einer grundsätzlichen gegenseitigen Bereicherung nahe.

Doch worin liegt der Gewinn konkret, einerseits aus der Sicht der Beratung, andererseits aus der Sicht des Jobs?

3.1 Bereicherung in der Beratung durch den Job

Was ist Beratung? Davon ist an vielen Stellen dieses Buches zu lesen. Eine für mich sehr gelungene Definition findet sich in dem Text von Ulrich Schaffer. Er bringt die Aufgabe dieser Tätigkeit ziemlich genau auf den Punkt, wenn er schreibt, dass Gott vielleicht durch „… meinen Arm, dann durch meine Hand und endlich aus den Fingern hinaus zu Menschen hinwachsen will, um wieder in Gesichtern Zuversicht zu erwecken …".[1]

Neben einer fundierten Ausbildung und grundlegendem spezifischem Fachwissen bringt jede Beraterin ihre Persönlichkeit, Vorkenntnisse, ihr Allgemeinwissen und ihre vielfältigen Lebenserfahrungen in die Gestaltung des Beratungsprozesses ein. So unterstützt natürlich auch berufliche Kompetenz auf anderen Gebieten diese Arbeit.

Vier wesentliche Kategorien lassen sich herausarbeiten:
1. job- und ausbildungsbedingtes Fachwissen
Hiezu zählen medizinische, juristische, sozialrechtliche Kenntnisse, Wissen im Schul- und Ausbildungswesen, um nur ein paar Beispiele aufzuzählen.

2. Erfahrungen aus dem jeweiligen Berufsfeld
Büroarbeit, Organisation, Öffentlichkeitsarbeit, Werbung, Vernetzung mit Behörden, Institutionen, sozialen Einrichtungen.

3. Erfahrung im Umgang mit den dem Berufsfeld entsprechenden Zielgruppen
Schüler, Jugendliche, chronisch kranke Menschen usw.

4. Persönliche Erfahrungen in der Berufswelt
Sich als Teil eines Systems erleben, Umgang mit der Kollegenschaft, Organisation und Ausrichtung des Privatlebens auf Arbeitseinsatz, strukturiertes Arbeiten.

Die Beraterarbeit läuft zumeist unter dem Titel selbstständige Tätigkeit, also ohne Netz der sozialen Absicherung durch ein Angestelltenverhältnis, das sich bei Urlaub, Krankheit usw. positiv bemerkbar macht. So macht ein Job auch freier in dem Bewusstsein, nicht existenziell auf KlientInnen angewiesen zu sein.

---

[1] Schaffer (2003), keine Seitenbeschriftung.

3.2 Bereicherung im Job durch die Beratung

Beraterin wird man nicht zufällig. Eine gewisse Einfühlsamkeit, Interesse am Du, die Fähigkeit des Zuhörens und vieles mehr sind Voraussetzungen für diesen Beruf. Als ausgebildete Beraterin ist man zusätzlich mit einem guten Handwerkszeug hinsichtlich des Umgangs mit Menschen ausgestattet. Dieser Umstand wirkt sich auch außerhalb der tatsächlichen Arbeit mit den KlientInnen meist sehr positiv und fruchtbringend auf die Umgebung aus.

Besonders in Tätigkeitsfeldern, die nicht in der „Psychoszene" heimisch sind, wie z. B. in Wirtschaftsbetrieben, wird das Einbringen der fachlichen Beratungskompetenzen wohltuend erlebt, sowohl von der betreffenden Person als auch vom betrieblichen Umfeld.

Zu nennen sind:

- geschulte Wahrnehmung und Einfühlung in den Gesprächspartner,
- geschulte Wahrnehmung von Beziehungsdynamiken,
- sensibler Umgang in Krisensituationen,
- Wissen um Konfliktlösungsstrategien,
- Selbsterfahrung und -reflexion,
- Sicht aus der Metaebene,
- verbesserte Kommunikations- und Konfliktstruktur.

Auswirkungen sind z. B. merkbar beim Betriebsklima, im Umgang mit Teamfähigkeit, Menschenführung und im Bereich der Motivation. Oft ergeben sich „nebenbei" Gespräche, die das Gegenüber vielleicht einen Schritt weiterbringen und wo allfällige Informationen aus dem EFL-Bereich einfließen. Situationen aus der Metaebene betrachten zu können, hilft zu Gelassenheit und effektiverem Energieeinsatz.

4 Wechselseitige Behinderung Job – Beratung

Ein wesentlicher Faktor, der als Behinderung erlebt wird, ist der Umgang mit der Zeit. An Fortbildungen und Veranstaltungen teilzunehmen, ist aufgrund von Zeitkollisionen und Zeitüberschneidungen manchmal schwierig oder überhaupt unmöglich.

Da Energie und Zeit naturgemäß beschränkt sind, ist das jeweilige Engagement auch nur eingeschränkt möglich.

Eine Falle, die wir als Beraterinnen wahrscheinlich alle kennen: Plötzlich stecken wir in der „Beraterhaltung", obwohl die Rolle nicht gefragt ist, zum Beispiel im Umgang mit KollegInnen, Kunden, Eltern (in der Schule), also der Zielgruppe je nach Aufgabengebiet.

Eine Falle in die andere Richtung ist das Hineinfallen in die direktive „Betreuungsschiene" im Rahmen der Beratung.

5 Herausforderungen

Die Bilanz „Bereicherungen – Behinderungen" zeigt einen deutlich positiven Überschuss. Dieser ist jedoch nur dann zu ernten, wenn es gelingt, die Herausforderungen anzunehmen, um den jeweiligen Ansprüchen gerecht zu werden, und diese sind vielfältig.

Allein alles unter einen Hut zu bringen, „das Jonglieren der einzelnen Bälle", wie die verschiedenen Tätigkeiten, Sitzungen, Fortbildungen in den verschiedenen Berufsfeldern usw., erfordert sowohl eine bewusste Wahrnehmung der sich in Bewegung befindlichen Bälle als auch der eigenen Fähigkeiten und der persönlichen, augenblicklichen Verfassung. Dies entspricht einem bewussten, strukturierten Umgang mit der verfügbaren Zeit und Energie, wenn man nicht im Chaos oder Burn-out versinken möchte.

Flexibilität und Anpassungsfähigkeit sind gefragt, um seine Qualifikationen, Fähigkeiten und Talente jeweils dort einzusetzen, wo sie gerade gebraucht werden. So steht eine Führungsrolle im Job, die direktives Handeln erfordert, der Beraterarbeit ziemlich konträr gegenüber. In dieser geht es darum, sich mit dem Klienten/der Klientin gemeinsam auf einen zielorientierten Prozess einzulassen.

„Eine Beraterin <macht> die konstruktive Veränderung nicht und <weiß> auch nicht, wie sie auszusehen hat, aber sie kann den Prozess fördern."[2]

Hiezu ist die bewusste Abgrenzung der Tätigkeiten nötig im Sinne von: „Was ist **jetzt** meine Aufgabe?" Die klare Beantwortung dieser Frage ermöglicht, den erforderlichen Einsatz bzgl. Effizienz und Konzentration für die gerade auszuführende Tätigkeit leisten zu können. Hiezu gehört auch, genügend Zeit für die Vorbereitung auf die einzelnen Tätigkeiten wie auch für die Nacharbeit (z. B. Protokolle schreiben) einzuplanen.

Im Berufsalltag des Jobs sind intensive, persönliche Gespräche aufgrund der Arbeitsanforderungen meist weder möglich noch angebracht, auch wenn sie dem betreffenden Gegenüber im Moment wirklich gut täten.

Andererseits sind die eigenen Ideen, Vorstellungen und Einstellungen in der Beraterarbeit hinsichtlich einer Problemlösung bei den KlientInnen weit hintanzustellen.

Ein Bild dazu:

Fahre ich eine bestimmte Wegstrecke immer mit dem Auto, glaube ich, der Weg ist mir vertraut und ich kenne die Umgebung. Gehe ich denselben Weg dann einmal zu Fuß, rücken plötzlich ganz andere Dinge in den Vordergrund. Ich kenne die Strecke vom Autofahren und nehme sie doch nur auf eine bestimmte Weise wahr, eben nur aus einer Perspektive. So könnte man das Autofahren vergleichen mit dem Umgang mit Menschen, die einem in Zuge des Jobs, z. B. des Büroalltags, in der Schule oder bei welcher Tätigkeit auch immer begegnen. Auch wenn ich spüre, jetzt wäre ein hilfreiches Gespräch angebracht, kann ich normalerweise nicht einfach aus meinem Tempo aussteigen und mich der Person ganz zuwenden, so sinnvoll es wäre

---

[2] Schmid (1989), S. 102.

und so gerne ich es auch wollte. In der Beratungsarbeit ist es möglich und wichtig, zu Fuß unterwegs zu sein und all die Schätze und vielleicht auch den Müll anzuschauen, der am Wegrand versteckt liegt. Es ermöglicht und erfordert die menschliche Begegnung und die Auseinandersetzung mit vielen kleinen Schritten, langsam, aufmerksam und behutsam.

6 Psychohygiene

Die Herausforderungen, denen sich Menschen mit Tätigkeiten in mehreren Berufsfeldern zu stellen haben, sind enorm. So ist auch eine über das übliche Maß hinausgehende Psychohygiene wichtig, wobei allein schon die Abwechslung, die sich aufgrund des bunten Berufsalltags bietet, dem grauen Berufsalltag entgegenwirkt:

- Zeit zum Abschalten und Umschalten: Eine Tätigkeit bewusst abschließen und damit frei werden für die anderen.
- Klare Grenzziehungen zwischen den Bereichen, Vermischungen vermeiden.
- Regelmäßige Überprüfung, ob die jeweiligen Arbeitsbereiche noch stimmig sind hinsichtlich Sinnhaftigkeit, Freude an der Arbeit, Entlohnung, Anerkennung, Energieaufwand und Vereinbarkeit.
- Bewusste Auszeiten, um Abstand zu gewinnen und – wenn nötig – das innere Gleichgewicht wieder zu finden.
- Supervision.

Die Tätigkeit in der Beratung läuft weite Strecken ohne direkte Rückmeldungen ab. Wie oft stellt sich die Frage: War das jetzt eine hilfreiche Stunde? Bin ich dem Klienten gerecht geworden? In einem Job bekomme ich sichtbare Arbeitsergebnisse wesentlich leichter präsentiert: Der Brief ist geschrieben, die Bilanz ist fertig, allgemein ausgedrückt: Die Arbeit ist getan. Die Effizienz seiner Tätigkeit zu erleben, tut manchmal wohl.

7 Schlussbemerkung

Im Buch „Der Prophet" von Khalil Gibran heißt es:

> *„Wenn ihr arbeitet, erfüllt ihr einen Teil des kühnsten Traums der Erde, der euch anvertraut wurde, als dieser Traum entstand. Und indem ihr euch Mühsalen unterzieht, erweist ihr dem Leben eure Liebe, und das Leben durch die Arbeit lieben heißt, mit dessen innerstem Geheimnis eins zu sein."*[3]

Gerade die Arbeit in der Beratung, an vorderster und forderndster Front, mit Rat und Hilfe suchenden Menschen ist ein Dienst, um etwas zur Steigerung der Lebensqualität zumindest einiger Menschen beitragen zu können.

---

[3] Gibran (2004), S. 34.

So könnte geschehen, was Anne Steinwart in einem Gedicht so treffend schreibt: dass wir uns manchmal selber besuchen, uns aber nicht treffen, unerreichbar und zu weit von uns selbst entfernt sind. Erst im Kontakt gelingt dann ein:

„... *Heute bei dir*

kann ich reden mit mir

bin ich mir

wieder nahe."[4]

Verwendete Literatur

Schaffer, U. (2003): In der Dichte des Lebens – Begleitbuch für alle Tage des Jahres, München.

Schmid, P. F. (1989): Personale Begegnung – Der personenzentrierte Ansatz in Psychotherapie, Beratung, Gruppenarbeit und Seelsorge, Würzburg.

Gibran, K. (2004): Der Prophet, 6. Auflage, München.

Steinwart, A. (1991): Selbst Nachtigallen soll es noch geben, Hamburg.

---

[4] Steinwart (1991), S. 35.

Witzableiter von Ilse Simml

Zahnarztelegie

Auch Zahnärzte finden manchmal den Weg in die Beratungsstelle.
Sie wissen, das sind Menschen, die von der Hand in den Mund leben!
Aber besser er kommt zu mir, als ich muss zu ihm! Ich liebe die „oralen Beziehungen" zu dieser Berufsgruppe nicht so sehr.
Er kam wegen massiver Schwierigkeiten in seiner Partnerschaft. Beim Verabschieden meinte er seufzend: „Ja, Sie haben's gut, wenn man halt Beraterin ist!"
Ich: „Herr Doktor, haben Sie nie Zahnweh, nur weil Sie Zahnarzt sind?"

Die Klienten glauben doch glatt, wir sind über alle Probleme erhaben, dabei kann es ja auch bei uns drunter und drüber gehen.
Dazu nur eine kleine Geschichte – sie ist nicht von mir, aber trotzdem gut:
Ein Beraterehepaar streitet, sie ganz giftig: „Aber in deinem Unbewussten wolltest du ganz etwas anderes sagen!"
Er in stoischer Ruhe: „Das Unbewusste überlassen wir lieber unseren Klienten."
Der Mann wusste sich zu helfen!

Bescheidenes Expertentum

Vom Umgang mit Brüchen im beraterischen Leben und Arbeiten

Konrad Peter Grossmann

Einleitung

Psychosoziale BeraterInnen haben eine seltsame Profession: Sie hören dem Leid ihnen unbekannter Menschen zu, sind darum bemüht, sich in schwieriges und zumeist unglückliches Leben und Lieben anderer einzufühlen, sie suchen deren Sehnsüchte, Hoffnungen und Ziele zu verstehen, sie sind ZeugInnen schmerzhafter Erfahrungen und der Preisgabe intimen Lebens. Sie tun dies vor dem Hintergrund ihres professionellen Selbstverständnisses, ihrer eigenen Lebenserfahrungen, ihrer Kultur und Werte; und sie werden dafür von KlientInnen bezahlt.

In der Ausübung ihres Berufes sind sie mit einer Vielzahl zum Teil widersprüchlicher Ansprüche konfrontiert:

KlientInnen erwarten von ihnen Verlässlichkeit, Verschwiegenheit, Respekt und Anteilnahme. Sie erwarten häufig Parteinahme zu ihren Gunsten – gegenüber einem verständnislosen Partner, einem schwierigen Angehörigen, einer als feindselig oder abwertend erlebten Lebenswelt; gegenüber einem Leben, das häufig nur aus Schatten, nicht aus Licht besteht. Sie erwarten sich oft rasche Lösungen und schnellen Rat für ihre Not.

Angehörige von KlientInnen, soziale Mitbetroffene, zuweisende ExpertInnen erhoffen sich Entlastung, Schiedssprüche und Korrekturen dort, wo ihre eigenen Hilfen und Korrekturen nichts vermögen.

GeldgeberInnen, Trägerorganisationen, Vorgesetzte erwarten Effizienz, die Wahrung ethischer und rechtlicher Vorgaben, Loyalität und kollegiale Hilfe. Sie wünschen sich reibungslose Organisationsabläufe, eine positive Außenresonanz beraterischer Arbeit, umfassende Dokumentation u. a.

Zu diesen Ansprüchen gesellen sich jene, die BeraterInnen an sich selbst stellen:

Die Fähigkeit, die Not von KlientInnen mitfühlend zu verstehen, muss der Fähigkeit, sich am Ende einer Beratungsstunde von dieser Not zu lösen, die Waage halten; schließlich beginnt nach einer kurzen Pause ein weiteres Beratungsgespräch (und danach noch ein weiteres); es wartet ein weiterer Klient/eine weitere Klientin, ein Paar, eine Familie, dem/der die volle Aufmerksamkeit geschenkt werden soll.

Der Anspruch an BeraterInnen, „vollkommen an der Kommunikation mit dem Klienten teilzunehmen"[1], erfordert, dass diese vieles von dem, was sie bewegt, zur Seite

---

[1] Rogers (1972), S. 62.

stellen: den möglicherweise am Morgen stattgefundenen Streit mit ihrem eigenen Partner, die schulischen Probleme der Kinder, die Sorge um kranke Angehörige, den Konflikt mit einem Kollegen/einer Kollegin, das Unbehagen über die Welt „draußen".

Im Kontext all dieser Balanceakte sollten – folgt man Rogers Spuren – BeraterInnen authentisch und glaubwürdig sein: Ihr Erzählen und ihr Handeln, ihr privates Leben und ihr professionelles Leben sollten einander berühren.

In welchem Ausmaß gelingt Beratung? Wie bewältigen BeraterInnen ihr Scheitern? Welche Implikationen bergen die genannten Ansprüche für ihr professionelles und privates Leben? Welcher Bedingungen bedarf es, um gegebene Widersprüche zu bewältigen?

Das professionelle Leben von BeraterInnen

Beratung – so die Erwartung von KlientInnen – soll helfen. Das tut sie auch. Sie hilft mehr als Nicht-Beratung. Auf diese Tatsache verweist eine Vielzahl vergleichender Wirksamkeitsstudien und Placebo-Studien.

Aber dieses Helfen birgt Grenzen: Beratung hilft – so Ergebnisse empirischer Wirkforschung – zwei Dritteln aller KlientInnen (unabhängig von der wissenschaftlich-theoretischen Ausrichtung, welcher BeraterInnen folgen); bei etwa einem Drittel der KlientInnen kommt es nicht zu produktiven Veränderungen im Kontext von Beratung, ihre Problemsituation bleibt bestehen oder verschlimmert sich.

Die Wirksamkeit von Beratung ist primär durch KlientInnen-Variablen sowie sogenannte „extraberaterische Faktoren" bestimmt, nicht durch den Berater/die Beraterin selbst.[2] Vor diesem Hintergrund lassen sich BeraterInnen als hilfreiche Umwelten im Kontext der Selbsthilfestrategien von KlientInnen verstehen: BeraterInnen sind eine „Ressource, die die Selbsthilfebemühungen der KlientIn erleichtert, unterstützt und [...] fokussiert".[3]

Empirische Vergleichsstudien zeigen, dass keine „signifikanten Unterschiede in der Wirksamkeit von professionellen und paraprofessionellen BeraterInnen bestehen"[4]: Selbsthilfeansätze von KlientInnen erweisen sich in vielen Fällen als ebenso wirksam wie professionell durchgeführte Beratungen.[5]

---

[2] Vgl. Asay/Lambert (2001), S. 66.
[3] Tallman/Bohart (2001), S. 99. Ein Hinweise darauf, dass Problemlösungs-Übergänge vorrangig durch KlientInnen, nicht durch BeraterInnen initiiert werden, ergibt sich auch aus dem Phänomen der Änderung von Problemen noch vor Einsetzen einer Beratung: KlientInnen, die zu einem Erstgespräch kommen, berichten zu 60 Prozent von Verbesserungen jenes Problems, welches Thema des Beratungsdialogs sein sollte, seit der Terminvereinbarung. Des Weiteren zeigt eine Vielzahl von Studien deutliche Verbesserungen von KlientInnen schon nach dem Erstgespräch, auch wenn dieses anamnestischen Fragen gewidmet ist. (Vgl. Snyder u.a. (2001), S. 196.)
[4] Tallman/Bohart (2001), S. 91.
[5] Vgl. Tallman/Bohart (2001), S. 94. Dies entspricht auch den Ergebnissen von KlientInnen-Befragungen: Gemäß einer Studie von Reiter-Theil et al. führten KlientInnen einer Wiener

Die Begrenztheit beraterischer Wirksamkeit kommt unter anderem in empirischen Studien zum Abbruch von Beratungen zum Ausdruck:

Gemäß einer Studie Baeklands und Lundwalls beenden 20 bis 57 Prozent aller KlientInnen eine Beratung nach dem ersten Kontakt; 31 bis 56 Prozent nehmen maximal vier Gespräche in Anspruch;[6] gemäß einer Studie Garfields beenden etwa 30 Prozent aller KlientInnen eine Beratung frühzeitig.[7]

Die Begrenztheit von Beratung zeigt sich zudem in ihrer Dauer: In ambulanten Kontexten beenden KlientInnen gegenwärtig eine Beratung durchschnittlich zwischen der sechsten und siebten Sitzung – also in der Regel schneller, als BeraterInnen hilfreiche und notwendige Beratungszeit bemessen.

Diese Begrenztheit offenbart sich weiters in Studien zu sogenannten „Änderungsraten" in Beratungen: Beratungen erreichen im Durchschnitt nach einem Jahr ihren sogenannten „Wirkzenit" – jenes Ausmaß an Veränderung, das auch bei längerer Beratung nicht überschritten wird.[8] 75 Prozent aller KlientInnen erreichen signifikante Verbesserungen nach durchschnittlich 26 Sitzungen (nach sechs Monaten bei wöchentlicher Beratung), bei etwa 50 Prozent aller KlientInnen zeigen sich nach etwa acht bis zehn Sitzungen signifikante Veränderungen.[9] Der Zuwachs an Verbesserung verringert sich mit zunehmender Beratungsdauer.

Ehe- und Familienberatungsstelle produktive Veränderungen in ihrer Beziehung zu 60 Prozent auf das eigene Handeln, zu etwa 30 Prozent auf externe Einflüsse und zu nur etwa zehn Prozent auf das Handeln von BeraterInnen zurück. (Vgl. Reiter-Theil u. a. (1985)).

[6] Vgl. Baekland/Lundwall (1975).

[7] Vgl. Garfield (1986). Diese Zahlen korrespondieren mit jenen für Psychotherapie-KlientInnen: Auch hier kommt es bei zwanzig Prozent aller KlientInnen zu einem frühzeitigen Abbruch des Gesprächs. (Vgl. Grawe u. a. (1994), S. 13.)

[8] Vgl. Howard u. a. (1986). Diese Feststellung beruht auf der Annahme wöchentlicher Beratungssitzungen. Da Beratungen mit geringerer Frequenz verstärkt sogenannte „out-session"-Prozesse der Transformation anregen und utilisieren, ist für diese Beratungsformen ein ähnlicher Wirkzenit anzunehmen.

[9] Vgl. Hubble u. a. (2001), S. 42. Für ein mit der zunehmenden Dauer von Beratung einhergehendes Abflachen der Wirkung spricht zudem eine Vielzahl von Studien, gemäß welchen ein „wesentlicher Teil der Besserung einer KlientIn in den ersten 3–4 Wochen [...] auf(tritt)". (Vgl. Orlinsky u. a. (1995): 60 bis 70 Prozent der Varianz der Gesamtveränderung einer KlientIn ist auf jene Veränderung zurückzuführen, die sich in der Frühphase einer Beratung entwickelt (Vgl. Snyder u. a. (2001), S. 199.)

Das Ausmaß an Zeit, dessen Beratung bedarf, ist unter anderem abhängig von den Zielen von KlientInnen: KlientInnen, welche generalisierte Beratungsziele anstreben, bedürfen einer längeren Beratung als jene, welche vorrangig auf konkrete Problem-Wirklichkeit bezogene Ziele realisieren wollen. (Vgl. Eckert (2002), S. 457.)

Mitentscheidend für die Dauer von Beratung ist das Ausmaß der Veränderungsmotivation von KlientInnen: Unterscheidet man diese gemäß der Typologie deShazers – KlientInnen können als BesucherInnen, Klagende oder KundInnen betrachtet werden (Vgl. deShazer (1992)) – bzw. gemäß der Unterscheidung Prochaskas – KlientInnen-Motivationen lassen sich einem State der Präkontemplation, der Kontemplation, des Entschlusses, der Umsetzung

Das persönliche Leben von BeraterInnen

Lebenserwartung und Gesundheit

Das Arbeiten und Leben von BeraterInnen birgt lichte wie dunkle Seiten.[10] Zu den lichten Seiten zählt, dass ihre Tätigkeit sie vor einer Reihe von Gefahren und Stressoren bewahrt, welchen andere ProfessionalistInnen in viel höherem Maß ausgesetzt sind.[11]

Die Lebenserwartung von BeraterInnen entspricht jener von anderen sogenannten „white-collar"-Tätigen: Sie leben durchschnittlich fünf Jahre länger als ArbeiterInnen und etwa acht Jahre länger als Menschen, die häufig arbeitslos sind. Ihre Lebenserwartung gleicht vermutlich jener von PsychologInnen und liegt damit geringfügig unter jener von Geistlichen und von LehrerInnen[12]; sie ist deutlich höher

---

oder der Aufrechterhaltung (Vgl. Prochaska (2001)) zuordnen – so ist naheliegend, dass KlientInnen, welchen ein Motivations-State von Kundenschaft bzw. von „Entschluss", „Umsetzung" oder „Aufrechterhaltung" zuordenbar ist, rascher Problemlösungs-Übergänge vollziehen.
Entscheidend ist weiters das Ausmaß, in welchem eine gegebene Problem-Wirklichkeit verhärtet/chronifiziert ist: Je mehr dies der Fall ist, desto umfassender ist der zeitliche Bedarf an Beratung: „Das System [...] beantwortet besonders bei vielen chronisch festgefahrenen Verhaltensweisen [...] oft jeglichen Veränderungsanstoß mit Gegensteuerungen, die im Endeffekt auf die Wiederherstellung des Status quo ante hinauslaufen. Um mit solchen Gegensteuerungen fertig zu werden, bedarf es [...] oft längerer Zeit und wiederholter Anstöße [...]" (Stierlin (1997), S. 358).
[10] Gemäß einer Übersicht Harrachs lassen sich folgende zentrale arbeitsbezogene Stressoren unterscheiden (Harrach (2006), pers. Mitt.):
- physikalische Stressoren (Lärm, Temperatur, Chemikalien, Gestank, schlechte Lichtverhältnisse, Schmutz ...);
- hohe bzw. einseitige körperliche Belastung;
- Entscheidungsdruck;
- zeitliche Belastungen (Schichtarbeit, unregelmäßige Arbeitszeit ...);
- quantitative und/oder qualitative Über- und/oder Unterforderung;
- Probleme der Arbeitsorganisation (häufig wechselnde Techniken, Prozesse und Organisationsformen);
- Probleme mit Arbeitseinrichtungen und Materialien;
- emotionale Stressoren;
- zwischenmenschliche Probleme (Konflikte mit Vorgesetzten, KollegInnen, KundInnen);
- Rollenkonflikte und -unklarheiten;
- technologischer Stress (Informationsüberflutung, virtuelles Arbeiten ...).
[11] Die Berufsgruppe der BeraterInnen ist zu klein, als dass sie in epidemologischen Studien zur Gesundheit und Lebenserwartung miterfasst wird; aus diesem Grund fußen die folgenden Feststellungen auf Analogieschlüssen mit Ergebnissen in verwandten Berufsgruppen.
[12] Die Lebenserwartung von Menschen korreliert – das belegt eine Vielzahl von Studien – neben genetischen Faktoren und Fragen des Lebensstils in hohem Maß mit ihrer sozialen Schichtzugehörigkeit bzw. mit der Höhe ihres Einkommens: In der sogenannten „ersten Welt" leben Menschen mit hohem Einkommen durchschnittlich 13 Jahre länger als Menschen mit niedrigem Einkommen.

als etwa jene von Menschen, die einer Vielzahl von physischen, strukturellen und ökonomischen Stressoren ausgesetzt sind.

Zu dieser erhöhten Lebenserwartung trägt bei, dass BeraterInnen in zentralen Aspekten ihrer Arbeit über die Möglichkeit verfügen, die eigene Arbeit autonom zu gestalten und hier eigenverantwortliche Entscheidungen zu treffen.[13]

Bei BeraterInnen besteht analog zu anderen ProfessionalistInnen im Sozialwesen eine leicht erhöhte Tendenz, an einer affektiven Störung bzw. Depression zu erkranken.[14]

Tendenziell häufiger als andere Berufsgruppen sind BeraterInnen von Burn-out betroffen: Hier mischen sich allerdings sensibilisierte Wahrnehmungsprozesse und epidemologische Verbreitung.[15]

---

[13] Vgl. Benjamin u. a. (2002), S. 370.

[14] Dies verbindet sie mit der verwandten Berufsgruppe der PsychotherapeutInnen, PsychiaterInnen und ÄrztInnen.

[15] Burn-out umschreibt eine kognitiv-affektive Erfahrung des „Ausgebranntseins", die sich als Folge von Frustration bzw. des Nichterreichens von Zielen, als Folge zu hoher persönlicher Erwartungen an eigene Leistung und als Folge von Überlastungen realisiert. Leitsymptome sind Depressionen, physiologische und körperliche Beschwerden sowie zunehmender sozialer Rückzug. Burn-out birgt einen phasenhaften Verlauf: In der „Anfangsphase" zeichnen sich Betroffene durch hohes Engagement, ständige Arbeit sowie durch den Verzicht auf Erholungs- und Entspannungsphasen aus. Sie betrachten sich als unentbehrlich, die Arbeit ist der hauptsächliche Lebensinhalt. In der Folge werden eigene Bedürfnisse zunehmend marginalisiert, soziale Kontakte beschränken sich mehr und mehr auf die Arbeitswelt, fallweise treten Erschöpfungszustände bzw. ein Erleben von Energiemangel und Müdigkeit auf. In der Phase des „reduzierten Engagements" ziehen sich Betroffene von ihren KlientInnen zunehmend zurück; diese werden nun vorrangig defizitorientiert wahrgenommen und häufig stereotypisiert; Betroffene reagieren auf ihre berufliche wie private Umwelt primär negativ oder feindselig bzw. thematisieren die Erfahrung, von KlientInnen ausgenützt und von ihrer Umwelt nicht anerkannt zu werden. Gemäß Cherniss lässt sich dies als defensive Bewältigungsversuche durch emotionale Abkoppelung lesen (Vgl. Cherniss (1999)). Die Phase der „Schuldzuweisung" ist durch berufliche Desillusionierungen sowie durch ein Aufgeben von wichtigen Lebenszielen charakterisiert; die Schuld hierfür wird vorrangig bei sich selbst oder bei anderen – insbesondere bei KlientInnen – verortet. Die Phase des „Abbaus" ist durch zunehmende Desorganisation, Unsicherheit bei komplexen Aufgaben und Entscheidungen sowie durch verringerte Leistungsfähigkeit geprägt. Betroffene pflegen kaum mehr Freundschaften, trennen sich häufig von ihren Partnern und vereinsamen. In der Phase der „Verflachung" dominieren Gefühle der Gleichgültigkeit, der Einsamkeit und des Desinteresses. Häufig korreliert dies mit einem verstärkten Auftreten psychosomatischer Problemstellungen. Es treten vermehrt Infektionskrankheiten, Verspannungen, Schlafstörungen, Kreislaufprobleme, Verdauungs- und Essstörungen sowie auch Herzkrankheiten und Geschwüre auf; zudem zeigt sich eine verstärkte Tendenz zum Konsum psychotroper Substanzen. Als abschließende Phase gilt die Phase der „Verzweiflung", die sich in einem Gefühl der Sinnlosigkeit eigenen Tuns und Lebens äußert und unter Umständen in einen Suizid oder Suizidversuch mündet. Im Kontext der „Theorie der Ressourcenerhaltung" lässt sich Burn-out als ein Prozess lesen, bei dem bestehende Ressourcen durch eine permanente Arbeitsbelastung schneller aufgebraucht als ersetzt werden können. Anfängliche Ressourcenverluste können in eine Spirale fortschreitender Verluste münden (Vgl. Buchwald/Hobfoll (2004)).

Arbeitszufriedenheit und Kooperation

Zu den lichten Seiten der Profession zählt die im Vergleich zu anderen Berufen hohe Zufriedenheit mit der Arbeit: Beraterisches Handeln ermöglicht BeraterInnen Erfahrungen persönlicher Sinnerfüllung, das Gefühl, für andere wichtig zu sein, sowie Anerkennung durch KlientInnen sowie soziale Andere.[16]

Fokussiert Arbeitszufriedenheit allerdings nicht intrinsische, sondern extrinsische Aspekte – Fragen der Bezahlung und Organisation –, ist eine eher durchschnittliche Arbeitszufriedenheit zu vermuten.[17]

Die professionelle Zusammenarbeit von BeraterInnen ist – so könnte vor dem Hintergrund hoher kommunikativer Kompetenz angenommen werden – offener, wertschätzender und konfliktfreier als jene von anderen Berufsgruppen. Qualitative Untersuchungen zur Arbeitszufriedenheit und zum Wohlbefinden von MitarbeiterInnen im Kontext psychosozialer Teams belegen dies nicht: Diese Teams funktionieren nicht besser als andere, sie bergen analoge Konflikte, Stillstände, Unklarheiten, Missverständnisse, Verletzungen und Kränkungen.

Privates Leben

Das private Leben psychosozialer BeraterInnen ist nicht heiler als jenes von anderen: Ihre Scheidungsrate entspricht jener der übrigen Bevölkerung. Ihre Paarbeziehungen weisen die gleichen Probleme auf wie die Paarbeziehungen anderer: BeraterInnen teilen mit anderen die Erfahrung von Verhärtung, von Streit, von Entfremdung, von sexueller Lustlosigkeit u. a.[18]

---

[16] Vgl. Simsa (2004).
[17] Vgl. Simsa (2004).
[18] Der Anfang eines der größten Romane der Weltliteratur – „Anna Karenina" von L. Tolstoi – hat eine erfolgreiche Eheberatung zum Gegenstand. Durchgeführt wird sie von der namengebenden Heldin des Romans; ihr Gegenstand ist die eheliche Beziehung ihres Bruders Stepan und ihrer Schwägerin Dolly, die nach dessen Affäre mit einer ehemaligen Gouvernante der Kinder zu zerbrechen droht. Anna reist von Petersburg nach Moskau, um hier ihr „Werk der Versöhnung" zu leisten: Sie tut dies mit großer Hingabe, mit Feingefühl und Geschick; ihre einzelnen beraterischen Interventionen sind ebenso beeindruckend wie ihr Umgang mit der spezifischen Rollen- und Kontextkonstellation der Beratung – immerhin ist sie Schwester und Schwägerin der Betroffenen, immerhin handelt sie in einem ungewöhnlichen Setting, das sich heute als „aufsuchende Eheberatung" lesen lässt. Es gelingt ihr, sowohl soziale Neutralität wie auch – abgestimmt auf die unterschiedlichen Motivationslagen ihrer „Klienten" – Veränderungsneutralität zu wahren. Ihr Unternehmen gelingt: Die Eheleute versöhnen sich und nehmen ihre unterbrochene eheliche Beziehung wieder auf.
Was besonders berührt, ist der Fortgang der Geschichte: Anna beginnt – noch während sie die Aussöhnung herbeiführt – ihrerseits eine Affäre mit einem jungen Offizier, was letztendlich in eine tragische Verstrickung und in tiefes Leid führt. Sie – die erfolgreiche Beraterin – ist so nicht nur Teil einer Lösung, sondern auch Teil eines Problems (Vgl. Tolstoi (1928)).
Tolstois Geschichte veranschaulicht eine der vielen Bruchlinien, die sich durch die Arbeit und das Leben von BeraterInnen ziehen. Wenn sie auch anderen hilfreich zu sein vermögen, schützt sie dies nicht vor einem Auftreten von Problemstellungen im Kontext ihres eigenen

BeraterInnen ringen im Kontext familiären Lebens mit all jenen Krisen, welche die Lebensphasen einer Familie mit sich bringen. BeraterInnen sind keine glücklicheren Menschen; sie sind in ihrer Selbstheilung nicht kompetenter als andere.

Bruchlinien

Die kurze Darstellung veranschaulicht, dass beraterisches Handeln und Leben nicht hält, was es zu versprechen scheint: Anspruch und Leben klaffen auseinander. Durch die Arbeit wie das Leben von BeraterInnen zieht sich eine Vielzahl von Bruchlinien. Wie lassen sich diese erklären?

Eine mögliche Begründung findet sich im Konstrukt des sogenannten „hilflosen Helfers"/der „hilflosen Helferin": Brüche – so eine tiefenpsychologische Argumentation – sind Folge der mangelnden Auseinandersetzung von BeraterInnen mit kindlichen Gefühlen der Ohnmacht und Hilflosigkeit, die sich insbesondere aus eigenen belastenden biografischen Erfahrungen und damit einhergehenden Verarbeitungsprozessen ableiten: Statt sich selbst zu heilen – so die Nahelegung – versuchen BeraterInnen, andere zu heilen.[19]

Was gegen diese Erzählung vom „hilflosen Helfer"/von der „hilflosen Helferin" spricht, ist, dass sie eine Form der Subjektivierung bzw. Individualisierung von Erfahrungen darstellt, die letztlich so subjektiv nicht sind. Diese Erzählung wird der komplexen Wirklichkeit von Beratung und BeraterInnen in keiner Weise gerecht.

Die Bruchlinien im Arbeiten und Leben von BeraterInnen weisen über die Person und Biografie von BeraterInnen hinaus; sie verweisen auf kontextuelle und beratungsimmanente Rahmenbedingungen sowie auf dominante Diskurse rund um Beratung, die sich auf vielfache Weise miteinander verschränken.

Brüche als Folge kontextueller Rahmenbedingungen

Kontextuelle Rahmenbedingungen von Beratung umschließen sowohl gesamtgesellschaftliche wie institutionelle Bedingungen psychosozialer Beratung.

Aus einer gesellschaftlichen Perspektive sind gegenwärtige Arbeitskontexte von BeraterInnen durch eine Zunahme atypischer und teilweise prekärer Beschäftigungsverhältnisse geprägt[20] – es bestehen häufig Beschäftigungsverhältnisse mit fehlender Kontinuität des Arbeitseinsatzes, mit geringen Arbeitsstunden, mit fehlenden oder mangelhaften sozialrechtlichen Absicherungen.

In vielen Fällen ist hierbei hohe Arbeitsbelastung mit tendenziell schlechten Arbeitsbedingungen gekoppelt. Soziale Trägerorganisationen stehen zunehmend unter Druck, zugleich effizienter, professioneller und billiger zu arbeiten; finanziellen Kür-

---

Lebens: Wissen um für andere Hilfreiches lässt sich – so eine mögliche Moral, die sich in Tolstois Geschichte hineinlesen lässt – nur schwer oder begrenzt auf Hilfreiches für sich selbst übertragen.

[19] Vgl. Schmidbauer (2002).
[20] Vgl. Talos (1999); vgl. Mayrhofer/Meyer (2002).

zungen stehen hierbei verstärkte Leistungsansprüche gegenüber.[21] Parallel dazu zeigen Statistiken einzelner Beratungsstellen einen stetigen Zuwachs von Beratungsbedarf bei gleichzeitig steigender Komplexität jener Thematiken, die Gegenstand von Beratung sind[22]: Dies bedingt in vielen Fällen lange Wartelisten und die Gefahr einer zunehmenden Verhärtung oder Eskalation von Problemlagen; KlientInnen zeigen sich zudem enttäuscht darüber, lange Wartezeiten auf sich nehmen zu müssen – dies überschattet die Kooperation zwischen KlientInnen und BeraterInnen und beeinträchtigt den Beratungsprozess.

In manchen Fällen werden Bruchlinien auch durch erschwerende institutionelle oder teambezogene Rahmenbedingungen mitgeneriert – durch Teamkonflikte oder Führungsprobleme, die zuweilen den zentralen Fokus der Aufmerksamkeit bilden, sodass Arbeitsinhalte mehr und mehr in den Hintergrund treten.

Brüche als Folge Beratungs-immanenter Rahmenbedingungen

Die Arbeit mit KlientInnen im psychosozialen Beratungskontext geht mit komplexen Anforderungen einher, die sich mit Luhmann als *inhaltliche Kompetenz, Beziehungskompetenz* und *Prozesskompetenz* unterscheiden lässt[23].

Inhaltliche Kompetenz

BeraterInnen müssen imstande sein, im Kontext von Beratung inhaltliche Komplexität zu reduzieren – vermittels der Eingrenzung von Problemen und Zielen, vermittels der Übertragung theoretisch-wissenschaftlicher Modelle rund um die Entstehung und Aufrechterhaltung psychosozialer Probleme auf die konkreten Erzählungen ihrer KlientInnen, vermittels der Suche nach geeigneten Anknüpfungspunkten für Problemlösungs-Übergänge.

Beratung legt nahe, dass ihr vorrangiger Fokus Problemerfahrungen von KlientInnen sind – Erfahrungen, die mit Leid, mit Einschränkung, mit Schmerz und Scham, mit sozialer Stigmatisierung oder Isolation verbunden sind; diese Erfahrungen sind jene Anlässe, die KlientInnen motivieren, Beratung aufzusuchen.

Es sind dies Erfahrungen, die für KlientInnen und für soziale Andere, die ihnen nahe stehen, hoch bedeutsam sind, die sie in der Regel intensiv beschäftigen, die sie in vielerlei Hinsicht beeinträchtigen und einschränken; es sind Erfahrungen, die in Form einer „Problemtrance" ihre Aufmerksamkeit und zuweilen ihre Konversation mit anderen beherrschen.

Diese Problemtrance kann auch BeraterInnen miterfassen und so eine Konversation generieren, die nahezu ausschließlich rund um die Problem-Wirklichkeit von KlientInnen kreist: Je umfangreicher die Probleme sind und je leidender ein Klient/eine Klientin ist – so Grawe –, desto mehr fühle sich ein Berater/eine Berate-

---

[21] Vgl. Krenn (2003).
[22] Vgl. Karlinger (1999).
[23] Vgl. Luhmann (1984).

rin verpflichtet, ihm/ihr zu helfen: Das zwinge ihn/sie „geradezu zu einer problemorientierten Sichtweise und zu einem problemorientierten Wahrnehmen, Denken und Handeln"[24]. Der gegebene Leidensdruck impliziert die Marginalisierung einer Lösungs- und Ressourcenperspektive. Sachsse drückt diesen Zusammenhang in der Metaphorik der „Infektionskrankheit" der Problemfokussierung aus, die sich von KlientInnen auf BeraterInnen übertrage.[25]

Beziehungskompetenz
BeraterInnen müssen imstande sein, die Komplexität einer Beratungsbeziehung zu meistern – vermittels der Balancierung von Nähe und Distanz, von Führung und Anschluss: Nähe und Distanz, Führung und Anschluss stellen komplementäre Qualitäten beraterischer Beziehung dar.

Definiert man Beratung als gemeinsames Neuschreiben von Lebens- und Liebesgeschichten von KlientInnen[26], so verweist Nähe im Kontext beraterischer Beziehungen darauf, dass BeraterInnen darum bemüht sind, die Wirklichkeit aus der Perspektive der KlientInnen bzw. der ProtagonistInnen dieser Geschichten wahrzunehmen. Beraterische Distanz hingegen verweist auf die Einnahme einer „auktorialen Erzählperspektive"[27]. Beraterisches Zuhören verwirklicht sich so als „Double Listening" – als Sowohl–Als-auch von Nachvollziehen von Erzähltem wie auch als Zuhören, im Kontext dessen BeraterInnen fortlaufend bewerten, ob Erzähltes/Beobachtetes eher der Problem- oder eher der Lösungs-Wirklichkeit von KlientInnen zurechenbar ist bzw. worin sich mögliche Übergänge zwischen beiden erschließen.

Beraterischer Anschluss stellt sicher, dass sich BeraterInnen jenen Erfahrungen und Themen, die für KlientInnen vordringlich bedeutsam sind, anschließen; beraterische Führung ermöglicht, dass sich Beratungsdialoge verdichten und lösungsbezogene Übergänge vollzogen werden.[28]

---

[24] Grawe (2004), S. 385.
[25] Vgl. Sachsse (2004), S. 74.
[26] Vgl. O'Hanlon-Hudson/Hudson-O'Hanlon (1991).
[27] Vgl. Stückrath (1992).
[28] Welche Qualitäten der Beziehungsgestaltung in einem gegebenen Augenblick einer Beratung in den Vordergrund treten, ist durch mehrfache Kontexte determiniert. Mitentscheidend hierfür ist die zeitliche Ausfaltung von Beratung: „Die Art und Intensität der Beziehungsgestaltung verändert sich in der Regel über den Verlauf des gesamten […] Prozesses: zu Beginn […] steht die Suche nach einer tragfähigen Basis für die weitere Zusammenarbeit im Mittelpunkt, Klienten gewinnen im Allgemeinen allmählich, vorsichtig und Schritt für Schritt mehr Vertrauen […] (.) Sobald ein gutes „Beziehungsfundament" vorhanden ist, können sich die Schwerpunkte mehr zu den inhaltlichen und „sachlichen" Aspekten des Problemlösungsprozesses verlagern. Jedoch müssen auch in späteren Phasen die Voraussetzungen auf der Beziehungsebene weiter bestehen bleiben, gegen Ende […] lockert sich somit die Beziehung wieder in dem Ausmaß, in dem der Klient keine weiteren […] Hilfen mehr benötigt" (Kanfer u. a. (1991), S. 169).

In diesem Zusammenhang können vier Risiken bzw. Einschränkungen der Beratungsbeziehung unterschieden werden:

Das Fehlen von Distanz

Beratungen, in welchen KlientInnen verstanden und gehört werden und ein hohes Maß an affektiver Zugewandtheit erfahren, leisten – so persönliche Grenzen von KlientInnen nicht verletzt werden – eine Korrektur negativer Beziehungserfahrungen von KlientInnen.[29] Was sie jedoch nicht leisten, sind geplante Übergänge zwischen Problem- und Lösungs-Wirklichkeit; diese Beratungen sind daher in vielen Fällen wenig effektiv und zudem mit einem hohen Zeit- und Kostenaufwand für KlientInnen verbunden. Für BeraterInnen bedingt ein Fehlen von Distanz, dass die Kontakte zu ihren KlientInnen Gefahr laufen, zu den vorrangigen sozialen Kontakten zu werden, und andere Beziehungen in den Schatten stellen. Professionelles und privates Leben kann in der Folge immer schwerer voneinander getrennt werden.

Das Fehlen von Nähe

Eine auf Distanzierung verengte beraterische Beziehungserfahrung geht mit einer Einschränkung von Kooperation einher. Sie behindert die Selbstwirksamkeit von KlientInnen und damit die Effektivität von Beratung insgesamt. Ein Fehlen von nahen und vertrauensvollen Bindungserfahrungen in der Gegenwart und/oder der Lebensgeschichte von KlientInnen bildet in vielen Fällen jenen Hintergrund, welcher die Entstehung und Aufrechterhaltung psychosozialer Problemwirklichkeit mitkonstituiert. Das Erleben einer distanzierten Beratungsbeziehung wiederholt und bestätigt in diesem Fall eine gegebene Erfahrung von KlientInnen, statt diese zu transformieren.

Für BeraterInnen birgt ein Fehlen von Nähe das Risiko der Erkaltung und des Verlusts an Engagement; damit geht ein Verlust der Arbeitszufriedenheit einher.

Das Fehlen von Führung

Eine Verengung beraterischer Beziehung kann sich darin realisieren, dass BeraterInnen die Führung des Dialogs unterlassen und keine Verantwortung für den Beratungsprozess auf sich nehmen. Sie versäumen in diesem Zusammenhang, den Dialog aktiv zu strukturieren, „Interpunktionen zu setzen" u. a.[30]

Mitentscheidend für eine Balancierung einzelner Qualitäten ist zudem die jeweilige Thematik, die im Zentrum des Beratungsdialogs steht: Erzählen KlientInnen etwa von persönlich schmerzhaften Erfahrungen, die sie unter Umständen erstmals einem Gegenüber anvertrauen, ist die Erfahrung des Gehört- und Verstanden-Werdens, die Erfahrung, offen und eher ungelenkt erzählen zu können, zentral bedeutsam.

Balancierungsprozesse sind zudem durch kontextuelle Bedingungen und KundInnen-Erwartungen an Beratung entscheidend mitdeterminiert.

[29] Eine große Zahl von Wirkstudien belegt, dass die BeraterInnen seitens KlientInnen zugeschriebene Wärme bzw. Empathie der beste Prädiktor dafür ist, ob sich Beratung als hilfreich erweist (Vgl. Grossmann (2005)).

[30] Vgl. Schiepek (1999), S. 132.

Das Beratungssystem unterlässt es hierbei, thematische Sinngrenzen für jeweilige Dialoge abzustecken; mögliche Zielsetzungen von Gesprächen werden nicht formuliert, häufig wird es unterlassen, ein Beratungsziel zu formulieren; Beratungskontrakte fehlen oder sind vage; Vereinbarungen, welche etwa das Setting oder die zeitliche Rahmung von Beratung betreffen, werden häufig modifiziert oder aufgeweicht. Für BeraterInnen birgt dies den Preis der zunehmenden Arbeitsüberlastung und des Strukturverlustes, der auch ihr privates Leben mit beeinträchtigen kann.

Das Fehlen von Abstimmung

BeraterInnen generieren ein Fehlen von Abstimmung, indem sie sich selbst eine Position des privilegierten Wissens um die Problem- wie Lösungs-Wirklichkeit ihrer KlientInnen zuerkennen: Diese Position spiegelt sich in der Überzeugung wider, um das „eigentliche" Problem von KlientInnen besser als diese Bescheid zu wissen, die „wahren" Zielsetzungen von KlientInnen zu kennen und/oder über ein „tieferes" Wissen rund um Problemlösungs-Übergänge zu verfügen.[31]

Ein Fehlen von Abstimmung bedingt unterschiedliche Reaktionen von KlientInnen: Es kann in ein Bemühen um Anpassung bzw. in eine Abhängigkeit von KlientInnen münden und/oder Widerstand seitens der KlientInnen bedingen.

Im Kontext von Widerstand lassen sich aktive versus passive Formen unterscheiden: „Aktiver Widerstand" von KlientInnen zeigt sich u. a. darin, dass diese BeraterInnen mit Vorwürfen oder Provokationen begegnen; „passiver Widerstand" von KlientInnen aktualisiert sich darin, dass diese Inhalte vorangegangener Beratungsdialoge nicht mehr erinnern können, mitgegebene Empfehlungen regelmäßig vergessen oder nicht umsetzen, Beratungstermine häufig verschieben oder vergessen u. a.[32]

Widerstand von KlientInnen – so Rogers – ist „weder wünschenswert noch unvermeidlich [...], sondern in erster Linie auf mangelhafte Techniken zur Handhabung des Ausdrucks von Problemen und Gefühlen des Klienten zurückzuführen"[33]. „Widerstand" entsteht, wenn BeraterInnen versuchen, den Dialog unangemessen zu beschleunigen und/oder Themen fokussieren, „mit denen sich auseinanderzusetzen der Klient noch nicht bereit ist"[34]. Vor diesem Hintergrund kommt „Widerstand" eine positive Schutzfunktion für KlientInnen und eine wichtige Indikatorfunktion für das Beratungssystem zu.[35]

---

[31] Vgl. White (1998).
[32] Jene Phänomene, die sich im Kontext von Beratungsdialogen als Ausdruck der Nicht-Kooperation von KlientInnen lesen lassen, erklären sich unter anderem aus der Erfahrung von KlientInnen, im Kontext des Beratungsdialogs nicht adäquat gehört und verstanden zu werden; sie verweisen auf eine unzureichende Abstimmung des beraterischen Vorgehens auf Motivlagen, Anliegen und Erwartungen von KlientInnen.
[33] Rogers (1942), S. 139, zit. n. Stumm/Keil (2002), S. 38.
[34] Stumm/Keil (2002), S. 38.
[35] Vgl. deShazer (1979).

Die Entwicklung von „Widerstand" oder auch Abhängigkeit von KlientInnen erschwert auch das Leben von BeraterInnen – sei es, indem ihr Arbeitsalltag durch hohe Konflikthaftigkeit geprägt ist, sei es, indem es ihnen zunehmend schwerer fällt, Beratungssysteme wieder aufzulösen und Beratungen zu beenden.

Prozesskompetenz

Im Rahmen prozessualer Kompetenz müssen BeraterInnen imstande sein, die Komplexität eines Beratungsprozesses zu meistern – vermittels des Findens eines guten Anfangs, eines hilfreichen Fortgangs, eines zufriedenstellenden Endes von Beratung, vermittels der Strukturierung des Erzählflusses in einzelnen Dialogen und Dialogpassagen.

Brüche als Folge dominanter Diskurse

Bruchlinien, die sich durch das professionelle wie private Leben von psychosozialen BeraterInnen ziehen, sind nicht zuletzt eine Folge von Vorstellungen, Ideen, Mythen – von sogenannten „dominanten Diskursen" –, in welche beraterisches Handeln und Denken eingebettet sind.

Im Besonderen sind es „Diskurse der Mächtigkeit", die den Bruch zwischen Anspruch und Wirklichkeit beraterischen Arbeitens und Lebens vertiefen – Diskurse, die BeraterInnen nahelegen, dass sie auf ihre KlientInnen in linearer, direkter oder instruktiver Weise einwirken können.

„Diskurse beraterischer Mächtigkeit" entsprechen einem durch Professionalitäts-Zentrismus geprägten Erzählen über Beratung, innerhalb dessen sich BeraterInnen als AuslöserInnen von Wandel bzw. Lösung verstehen und ihre Person/ihre Haltung/ihr Intervenieren als zentrale Ursache von Veränderung denken.

Vom Umgang mit Brüchen

Wie lässt sich mit Brüchen zwischen Anspruch und Wirklichkeit arbeiten und leben?

Eine Möglichkeit, auf sie zu antworten, besteht darin, dass BeraterInnen resignieren – sie wechseln den Beruf oder begegnen ihren KlientInnen mit Desinteresse und Zynismus.

Eine andere Möglichkeit ist jene der Zensur: BeraterInnen können an einer offiziellen Erzählung des professionell durchgängig erfolgreichen und privat problemfreien Lebens festhalten – so als wären nicht-hilfreiche Beratungen die Ausnahme oder ausschließlich die Folge besonders schwieriger Konstellationen. Diese Zensur von Erfahrungen beruflichen wie persönlichen Scheiterns gewährleistet, dass Krisen im eigenen Leben, in der eigenen Beziehung, Beratungsabbrüche, beraterische Fehler und Misserfolge ausgeblendet bleiben.

Neben diesen dysfunktionalen Möglichkeiten der Lösung bestehen mehr funktionale, welche die komplexe Bedingtheit der Bruchlinien mit einrechnen und auf unterschiedliche Bedingungsebenen abgestimmt sind.

Lösungen auf gesellschaftlich-institutioneller Ebene

BeraterInnen verfügen in der Regel über nur geringen Einfluss auf gesellschaftliche Rahmenbedingungen ihres Lebens und Arbeitens. Sie können diese allerdings reflektieren und vor ihrem Hintergrund die Möglichkeiten und Grenzen von Veränderung und Entwicklung, die sich für ihre KlientInnen ergeben, realitätsnah bestimmen.

Über stärkeren Einfluss verfügen BeraterInnen hinsichtlich ihres institutionellen Arbeitskontextes, den sie in vielen Fällen mitgestalten können.

Empirische Studien zeigen, dass Teams, die sich durch Kooperation und klar strukturierte Entscheidungsebenen ebenso wie Teamleitungen, die sich in ihrem Führungsverhalten durch Klarheit und Transparenz einerseits, Unterstützung, Achtsamkeit und Wertschätzung für MitarbeiterInnen andererseits auszeichnen, individuelles Burn-out selbst in extrem belastenden Arbeitsumwelten hintanhalten.[36] In diesem Zusammenhang kommt der Bereitstellung von Entlastungsmöglichkeiten bei Stress, der Anerkennung von geleisteter Arbeit durch Vorgesetzte und KollegInnen, der Förderung von Weiterbildung und einer familienfreundlichen Arbeitszeitgestaltung besondere Bedeutung zu.[37]

Lösungen hinsichtlich Beratungs-immanter Rahmenbedingungen

Im Kontext Beratungs-immanenter Rahmenbedingungen erweist sich das, was für KlientInnen hilfreich ist, auch als hilfreich für psychosoziale BeraterInnen. Umgekehrt schadet das, was KlientInnen schadet, auch BeraterInnen.

Inhaltliche Kompetenz

BeraterInnen, die ihr beraterisches Handeln in theoretischen Modellbildungen gründen, welche Ressourcen und Potenziale von KlientInnen fokussieren, sind hilfreichere BeraterInnen als jene, die vorrangig auf Defizite und Problemstellungen ihrer KlientInnen achten.

Ressourcenorientierung realisiert sich im Kontext von Beratung in der Hervorhebung von Lösungsaspekten im Erleben, Denken, Handeln und Interagieren von KlientInnen; sie verwirklicht sich im Auffinden und in der Utilisation systemimmanenter Unterschiede[38]; sie verwirklicht sich in der Aufmerksamkeit des Beraters/der Beraterin für Erfahrungen und Lebensbereiche von KlientInnen, die sich als nicht-problematisch, als selbstverständlich oder gelungen lesen lassen, in der Achtsamkeit für Kompetenzen, für bereits realisierte Lösungsschritte und Veränderungen sowie für Ziele und Imaginationen eines mehr geglückten Lebens.

In diesem Zusammenhang bedeutsam sind empirische Ergebnisse der Therapieforschung, die durchwegs auf Beratungsdialoge übertragbar sind: Sie belegen, dass Therapiedialoge – selbst wenn die untersuchten TherapeutInnen sich explizit einer Prämis-

---

[36] Vgl. Maunz/Steyrer (2001); vgl. Wasner (2003).
[37] Vgl. Simsa (2004).
[38] Vgl. Weingarten (1999); vgl. Grossmann (2000), (2002).

se der Ressourcenorientierung verbunden fühlen – in viel höherem Ausmaß als erwartet durch eine Problem-, nicht aber durch eine Lösungs- bzw. Ressourcenperspektive determiniert sind: „Es wird offensichtlich", so Grawe nach der Analyse von 6800 einminütigen Gesprächsausschnitten, „dass Therapeuten meist ganz andere Dinge im Kopf haben, als dem Patienten [...] positive [...] Erfahrungen zu vermitteln"[39].

Diese Analysen belegen, dass das Ausmaß, in welchem BeraterInnen wie KlientInnen eine Lösungs- bzw. Ressourcenperspektive aktivieren, entscheidend für das Outcome eines einzelnen Beratungsdialogs wie auch für das gesamte Beratungsergebnis ist.

Lösungsbezogene Erfahrungen, die ein Klient/eine Klientin in einem Beratungsgespräch macht, haben einen sehr starken Einfluss darauf, ob er/sie das einzelne Gespräch als hilfreich erlebt, und letztlich auch darauf, ob die Beratung ein Erfolg wird.[40]

Das Ausmaß von Lösungs- bzw. Ressourcenaktivierung durch sowohl BeraterInnen wie KlientInnen korreliert in hohem Maß nicht nur mit einem guten bzw. schlechten Stundenergebnis, sondern auch mit einem guten bzw. schlechten Beratungsergebnis.[41]

Damit Problemlösungs-Übergänge nachhaltig erfolgen, muss die leidvolle Erfahrung und Geschichte eines Klienten gehört werden: Die Erfahrung des Leids muss von KlientInnen ausgesprochen, wiedererlebt, aktualisiert werden[42], und sie muss durch BeraterInnen verstanden, anerkannt, bezeugt, mit- und nachvollzogen werden.

Mitteilung und Verstehen bilden die Basis der beraterischen Kooperation; sie gewährleisten, dass der Beratungsdialog sich affektiv bedeutsamen Themen des Klienten/der Klientin widmet.

Zuweilen ist es nur das verstehende Zuhören, das für KlientInnen jenen Unterschied macht, der einen Unterschied macht: Die Tatsache, dass erzählt werden kann, dass dieses Erzählen nicht mit Abwertung oder Entwertung seitens des Zuhörers/der Zuhörerin verbunden ist; dass im Verlauf des Erzählens Fragen gestellt werden, die Zusammenhänge klären oder schaffen; dass die erzählte Erfahrung möglicherweise eine ist, die der Klient mit anderen teilt – all dies kann sich als heilsam oder zumindest entlastend erweisen.

Eine „Problemperspektive" bzw. „Problemaktivierung" gewährleistet ein emotional berührtes Dialogisieren des Beratungssystems: Das, wovon die Rede ist, ist im „Hier und Jetzt" des Dialogs der Fall, wird im „Hier und Jetzt" vergegenwärtigt; es wird nicht nur erzählt, sondern im Erzählen partiell erneut erlebt und unter Umständen handelnd durchlebt. Hilfreiches Erzählen in Beratung ist ein „Erzählen-in", nicht ein „Erzählen-über": Es ermöglicht, dass Problemlösungs-Übergänge sich affektiv bedeutsam entfalten.

---

[39] Vgl. Grawe (2004), S. 385.
[40] Vgl. Grawe (2004), S. 390.
[41] Vgl. Grawe (2004), S. 394.
[42] Vgl. Grossmann (2005).

Problemaktivierung und Lösungs- bzw. Ressourcenaktivierung bilden ein komplementäres Gegenüber, wobei hilfreiche Beratungsdialoge allerdings dadurch gekennzeichnet sind, „dass die Ressourcenaktivierung die Problemaktivierung immer überwiegt [...]. In negativen Sitzungen überwiegt das Ausmaß der Problemaktivierung dagegen immer das Ausmaß der gleichzeitigen Ressourcenaktivierung"[43].

Ressourcenorientierung in Beratung kommt aber auch BeraterInnen zugute: Sie üben damit eine ressourcenorientierte Perspektive hinsichtlich der eigenen Arbeit und hinsichtlich des eigenen Lebens ein. Zudem ermöglicht ihnen diese Perspektive, mehr von ihren KlientInnen zu lernen: Ist ihr Zuhören/ihre Aufmerksamkeit darauf gerichtet, wie es KlientInnen gelingt, schwieriges Leben, familiäres Zusammenleben oder schwieriges Lieben in einer Paarbeziehung zu meistern oder zu transformieren, bereichert dies nicht nur ihr professionelles Wissen, das sie anderen KlientInnen zur Verfügung stellen können, sondern auch ihre persönliche Lebensweisheit.

Relationale Kompetenz

Vor dem beschriebenen Hintergrund der Selbstwirksamkeit von KlientInnen lässt sich die Beratungsbeziehung als jener Rahmen denken, innerhalb dessen KlientInnen ihre Selbstwirksamkeit realisieren.

Aus KlientInnen-Perspektive bilden Wertschätzung und Respekt, das Vermitteln von Sicherheit und Strukturiertheit, das Aktualisieren von Verstehen, Anteilnahme und Empathie zentrale beraterische Wirkbedingungen.

BeraterInnen, die sich kooperativ verhalten und sich an Zielen und Aufträgen ihrer KlientInnen orientieren, werden als hilfreicher erlebt als jene, die sich wenig kooperativ verhalten. Dies betrifft auch und im Besonderen den produktiven Umgang von BeraterInnen mit seitens KlientInnen verbalisierter Kritik oder negativen Gefühlen.

BeraterInnen, die sich kooperativ verhalten, haben umgekehrt ein unbeschwerteres Leben. Jene Empathie, die sie von KlientInnen gegenüber verwirklichen, üben sie auch hinsichtlich sich selbst und hinsichtlich jener, die ihnen nahestehen, ein – dies bereichert nicht nur ihr professionelles, sondern auch ihr privates Leben.

Prozessuale Kompetenz

Strukturiertheit im beraterischen Vorgehen unterstützt KlientInnen wesentlich im Kontext ihrer Problemlösungsprozesse. Vor diesem Hintergrund sollten sich Beratungssysteme auf eingegrenzte Problemstellungen von KlientInnen beziehen – Beratungssysteme sollten nicht die Welt von KlientInnen verändern, sondern nur einen Ausschnitt dieser Welt. Beratungssysteme sollten als Horizont kleine Ziele und in diesem Zusammenhang nicht eine Vollendung von Veränderung, sondern deren Beginn anstreben – Ziel von Beratung ist nicht ein „Happyend", sondern ein besseres Ende. Beratungssysteme sollten auf kleinräumige Veränderungen abzielen.

---

[43] Grawe (2004), S. 401.

Beratung ist ein weites Land, in welchem unterschiedlichste Motivlagen und unterschiedliche Bereitschaft zu Veränderung von KlientInnen bestehen; sie ist oft durch einschränkende äußere Kontexte mitdeterminiert, die weder KlientInnen noch BeraterInnen beeinflussen können.

Vor diesem Hintergrund gibt es kein einheitliches Maß der Güte von Beratung; ihre Qualität ist in Hinblick auf die Rahmenbedingungen zu messen, in welche sie eingebettet ist.

Gute Beratung muss nicht notwendigerweise die Erfahrung einer „vollständigen Lösung" für KlientInnen implizieren. Gute Beratung realisiert sich auch in hinreichenden, kleinräumigeren, möglicherweise nur auf einzelne Aspekte des Problems bezogenen Veränderungen. Gute Beratung misst sich nicht vorrangig an den Zielvorstellungen und -erwartungen von BeraterInnen; sie misst sich an jenen von KlientInnen.

Die Güte von Beratung verwirklicht sich nicht zuletzt darin, dass BeraterInnen sich bescheiden, ihren KlientInnen nichts abverlangen, was diese überfordert oder entmutigt. BeraterInnen wie auch KlientInnen können in diesem Zusammenhang in vielen Fällen auf den sogenannten „Schneeball-Effekt von Beratung"[44] hoffen, gemäß welchem begonnene Erweiterungen sich selbstorganisiert fortschreiben.

Zugleich ermöglicht Strukturiertheit im prozessualen Vorgehen BeraterInnen Orientiertheit bezüglich des eigenen Tuns.

Lösungen hinsichtlich einbettender Diskurse

Hinsichtlich jener Diskurse, die beraterisches Handeln einbetten, erweisen sich „Diskurse der Bescheidenheit" hilfreicher als „Diskurse der Mächtigkeit", und zwar sowohl für KlientInnen wie für BeraterInnen.

„Diskurse der Bescheidenheit" gründen zum einen in den Ergebnissen empirischer Wirkforschung, welche die Begrenztheit beraterischen Wirkens dokumentieren; sie gründen zum anderen in systemtheoretischen wie anthropologischen Annahmen über das Wesen menschlicher Informationsverarbeitung.

Aus der Sicht der empirischen Beratungsforschung sind es die KlientInnen, nicht die BeraterInnen, die Problemlösungs-Übergänge initiieren. Beratung kann vor diesem Hintergrund als professionell begleitete Selbstveränderung verstanden werden.[45]

BeraterInnen kreieren gemeinsam mit KlientInnen hilfreiche Umwelten für Transformationsvorgänge; es sind jedoch die Beiträge von KlientInnen, die sich vorrangig als problemlösende Interventionen denken lassen. Beratung kann so als Schaffen von Bedingungen, innerhalb welcher KlientInnen autonom Lösungen entwickeln, verstanden werden.[46]

---

[44] Erickson u. a. (1978).
[45] Vgl. Prochaska u. a. (1992), S. 17.
[46] Dieses Wirkverständnis schließt an eine Beschreibung an, die von Tolstoi formuliert wurde: „Eine Herzenswunde, die von einem Riss im Geistigen herrührt, heilt, so seltsam es scheinen

Dieses Verständnis korrespondiert mit gegenwärtigen systemtheoretischen Prämissen: Das Wirken von Beratung lässt sich im Licht gegenwärtiger Systemtheorie als eine Eigenleistung von KlientInnen lesen – KlientInnen nützen beraterische Kommunikationsbeiträge als Umwelt, welche sie autonom und in spezifischer Weise selektieren und in systemeigene Information umwandeln, sie „übersetzen" beraterische Interventionen in ihre eigene Prozesslogik. Jeder beraterische Kommunikationsbeitrag „trifft auf die aktuelle Struktur (eines Menschen) und auf dessen intrapsychische Dynamiken, wo sich entscheidet, ob und in welcher Weise dieses Umweltereignis weiterwirkt und zu strukturellen Veränderungen beiträgt"[47].

Für eine Dekonstruktion von „Diskursen beraterischer Mächtigkeit" sprechen aber auch anthropologische Argumente. Menschliches Einwirken auf sich selbst wie auf andere unterliegt grundsätzlichen Begrenzungen[48]: Menschen bilden nicht den Mittelpunkt des Universums, sie führen – unter einem astronomischen Blickwinkel gesehen – eine Randexistenz.[49]

In analoger Weise belegt die Darwinsche Evolutionstheorie, dass wir ein Teilglied der Kette der Evolution sind, ein Glied unter anderen, nicht die Krone der Schöpfung: Wir sind eine dritte Schimpansenart, erfolgreich gegenüber den beiden anderen (gemessen an unserer Replikationsrate und unserer Anpassung an unterschiedliche Lebensräume); wir verfügen als Art (im guten Fall) über eine vermutliche Lebensdauer von etwa einer Million Jahren, von welchen wir bereits 200.000 Jahre hinter uns gebracht haben. Genetisch stimmen wir mit unseren nächsten Verwandten – den Schimpansen – zu 98,7 Prozent, mit den Feldmäusen zu 97,5 Prozent, mit den Schimmelpilzen zu 30 Prozent überein. Wir sind Tiere, die darüber reflektieren können, dass sie Tiere sind, aber wir sind Lebewesen vom gleichen Stamm.

---

mag, auf ganz dieselbe Weise wie eine körperliche: Nachdem sie in der Tiefe vernarbt ist und die Ränder sich scheinbar geschlossen haben, heilt sie – die seelische Wunde wie auch die körperliche – allein durch die von innen hervorquellende Lebenskraft" (Tolstoi (1962), S. 1466).

[47] Schiepek (1999), S. 124.

[48] Vgl. Watson (2001).

[49] Praktisch wie auch metaphorisch spiegelt sich diese Einsicht im Übergang vom geozentrischen zum heliozentrischen Weltbild durch Galilei, Kopernikus und Kepler wider. Heute wissen wir um die eigene galaktische Position relativ gut Bescheid. Die Position unserer Erde im Universum ist eine einsame; der nächste Stern – Alpha Centauri – ist 41 Billionen km bzw. 4,3 Lichtjahre entfernt. Wir torkeln in 160 Millionen km Entfernung um eine Sonne herum. Diese Sonne kreist mit 800 000 km/h um das Zentrum der Milchstraße; eine Umrundung dauert 230 Millionen Jahre; die Milchstraße wiederum kreist um das Zentrum des Virgo-Haufens und entfernt sich mit diesem im sich ausdehnenden Universum von den anderen Superhaufen. Gemeinsam mit anderen Galaxien in unserer Nähe werden wir zu einer Ansammlung von Galaxiehaufen gezogen, die im Sternbild Centaurus stehen, was auf das Vorhandensein eines sogenannten „großen Attraktors" hinweist (vgl. Ganten u. a. (2003)).

Für „Diskurse der Bescheidenheit" spricht zudem die Tatsache, dass menschliches Erleben, Denken und Tun – so die Ergebnisse der Soziobiologie und Psychologie – weitgehend auf Prozessen beruht, die wir nicht selbst wählen und beeinflussen; unser Denken, Fühlen und Handeln gründet in hohem Maß in genetisch determinierten Programmen sowie prägenden Erfahrungen auf der Basis operanten und klassischen Konditionierens; es ist vor allem das Sein, das das Bewusstsein bestimmt, in Form gesellschaftlicher, ökonomischer, ökologischer und biologischer Verhältnisse, in welche wir hineinversetzt sind, nicht das Bewusstsein, das das Sein formt.[50] Wir sind nicht jene vorherrschenden AutorInnen unseres eigenen Lebens, für die wir uns halten.

„Diskurse der Bescheidenheit" gehen davon aus, dass menschliches Leben und Zusammenleben sich in hohem Maß eigener oder fremder Steuerbarkeit entzieht. Wir sind nicht die „Schmiede des eigenen Glücks bzw. Unglücks": Vielmehr ist menschliches Leben und Zusammenleben durch ein komplexes Zusammenwirken genetisch-biologischer, ökologischer, ökonomischer und soziokultureller Bedingungen in weit höherem Maße determiniert, als es die Erzählungen der Aufklärung, der Moderne und Postmoderne nahelegen.

Aber in diesem Meer komplexer Determinanten existieren kleine Eilande von Einfluss, die wir mittels unserer Reflexion erschaffen. Reflexion über unser Denken, Erleben und Handeln ist ein Geschenk unserer Evolution, welches uns – so G. Schiepek – jene Freiheitsgrade, über die wir verfügen, verleiht.[51]

Eigenes wie fremdes Verhalten ist nicht steuerbar; aber jene Muster des Erlebens, Denkens, Verhaltens und Interagierens, die wir als „Problem" konnotieren, fluktuieren, und dieses Fluktuieren vollzieht sich in teilweiser Koppelung an lebensweltliche, soziale wie psychische Bedingungen, die persönlich mitgestaltbar sind. Wir können nicht wählen, ob wir ein geglücktes oder weniger geglücktes Leben haben. Aber wir können die Bedingungen mitkreieren, unter welchen geglücktes Leben wahrscheinlicher auftritt.

Die Einsicht in die Begrenztheit der eigenen Mächtigkeit kann BeraterInnen helfen, versöhnter zu leben. Sie relativiert den Anspruch an die eigene Wirksamkeit und macht genügsamer. Sie dekonstruiert beraterisches Heldentum, das Gerede über beraterische Mächtigkeit, das die beraterische Profession erschwert. „Diskurse der Bescheidenheit" ermöglichen BeraterInnen eine Praxis der Bescheidenheit: Sie ermöglichen eine Bescheidung hinsichtlich der Frage, wie vielen KlientInnen ein Berater/eine Beraterin helfen kann, wie viel er/sie helfen kann und bei welchen Themen und Konstellationen Grenzen beraterischer Hilfe bestehen.

---

[50] Das gilt auch für die epistemologische Prämisse des Konstruktivismus. Wie wir Wirklichkeit wahrnehmen, verweist auf biologische adaptierte Erkenntnisformen zurück, die sich im Lauf unserer Evolution ausgebildet haben.
[51] Vgl. Schiepek (1999).

Abschluss

Die Bruchlinien, die sich durch das Arbeiten und Leben von BeraterInnen ziehen, sind einerseits leidvoll, andererseits stellen sie fortlaufende Entwicklungsanregungen dar. Sie sind letztlich nicht auflösbar. Sie sind eine conditio humana, Teil des menschlichen Wesens, sie entsprechen Tolstois Charakterisierung, dass „Menschen (…) alles andere als ein Ganzes, alles andere als eindeutig (sind)"[52].

Dies legt nahe, den Brüchen zwischen Anspruch und Wirklichkeit beraterischen Tuns und Lebens standzuhalten und die Widersprüche zwischen professionellem und privatem Leben, das Scheitern von Beratungen, die Begrenztheit unseres Einflusses auf das Leben von KlientInnen wie auf eigenes Leben anzunehmen.

Für den Alltag von BeraterInnen legen diese Bruchlinien eine Haltung der Selbstfürsorge bzw. eine Praxis des „wertschätzenden, achtsamen Umgangs mit sich selbst und des Ernstnehmens der eigenen Bedürfnisse" nahe.[53] Dieser selbstfürsorgliche Umgang verwirklicht sich etwa in Balancierungsvorgängen zwischen professionellem und privatem Leben – in der Sorge dafür, dass Arbeit nur einen Teil unserer Identität ausmacht bzw. dass privates Leben stärkende und bereichernde Erfahrungen birgt, die der oft unvermeidbaren Schwere beraterischer Profession entgegenwirken.

Zum anderen legen die beschriebenen Bruchlinien ein Selbstverständnis des „bescheidenen Expertentums" von BeraterInnen nahe, wie es C. Weingarten verdichtet ausformuliert: „Ich besitze gewisse Fähigkeiten und Sachkenntnisse, und ich teile das, was ich weiß, wenn es relevant erscheint, mit. Ich bin jedoch nicht der Experte. Ich kenne nicht die ‚Wahrheiten' des Lebens der Menschen […]. Ausgehend davon, dass ich wie jeder andere auch den weltbildenden Prozessen unterworfen bin, […] muss ich mich immer als Teilnehmender verstehen. Dies schafft einerseits die Möglichkeiten für richtiges Handeln und andererseits Notwendigkeiten ethischer Verantwortung."[54]

Es ist in hohem Maße unwahrscheinlich, dass BeraterInnen ihren KlientInnen in ihrem Verstehen, in der verwirklichten Beratungsbeziehung, in der Gestaltung des Beratungsprozesses sowie in der Passung ihres Vorgehens zur Gänze gerecht werden. Es ist unwahrscheinlich, dass sie eigenen Erwartungen gerecht werden. Vor diesem Hintergrund liegt es nahe, statt des Unmöglichen das Mögliche zu versuchen.

Verwendete Literatur

Asay, T. P./Lambert, M. J. (2001): Empirische Argumente für die allen Therapien gemeinsamen Faktoren: Quantitative Ergebnisse. In: Hubble, M. A./Duncan, B. L./Miller S. D. (Hrsg.), So wirkt Psychotherapie. Empirische Ergebnisse und praktische Folgerungen, Dortmund.

---

[52] Tolstoi (1974), S. 212.
[53] Reddemann (2003), S. 82.
[54] Weingarten (1999), S. 32.

Baekland A., Lundwall I. (1975): Dropping out of treatment. A critical review. In: Psychological Bulletin, Vol. 7, Nr. 82, S. 738–783.

Benjamin, C./McDonough, P./Chang, H./Rogers, W./Pieper, C./Duncan, G. (2002): Relationship Between All-Cause Mortality and Cumulative Working Life Course. Psychosocial and Physical Exposures in the United States Labor Market From 1968 to 1992. In: Psychosomatic Medicine, Vol. 9, Nr. 64, S. 370–381.

Bosch, G. u. a. (2001): Beschäftigungswandel in Dienstleistungen. Befunde aus fünf Branchen und zehn Ländern, Brüssel.

Buchwald, P./Hobfoll, S. E. (2004): Burnout aus ressourcentheoretischer Perspektive. In: Psychologie in Erziehung und Unterricht, Nr. 51, S. 247–257.

Cherniss, C. (1999): Jenseits von Burnout und Praxisschock. Hilfen für Menschen in lehrenden, helfenden und beratenden Berufen, Frankfurt.

deShazer, S. (1979): The Death of Resistance. In: Family Process, Nr. 23, S. 79–93.

deShazer, S. (1992): Der Dreh, Heidelberg.

Eckert, J. (2002): Kurzzeit- und längerfristige Psychotherapie. In: Keil, W./Stumm, G. (Hrsg.), Die vielen Gesichter der Personzentrierten Psychotherapie, Wien.

Erickson, M. H./Rossi, E./Rossi, S. (1978): Hypnose, München.

Ganten, D./Deichmann, T./Spahl, T. (2003): Leben, Natur, Wissenschaft; Frankfurt.

Garfield, S. L. (1986): Research on client variables in psychotherapy. In: Garfield, S. L./Bergin, A. E. (eds.), Handbook of psychotherapy and behavior change, New York.

Goolishian, H./Anderson, H. R. (1988): Menschliche Systeme. Vor welche Probleme sie uns stellen und wie wir mit ihnen arbeiten. In: Reiter, L./Brunner, E. J./Reiter-Theil, S. (Hrsg.), Von der Familientherapie zur systemischen Perspektive, Berlin.

Grawe, K./Donati, R./Bernauer, F. (1994): Psychotherapie im Wandel. Von der Konfession zur Profession, Göttingen.

Grawe, K. (2004): Neuropsychotherapie, Göttingen.

Grossmann, K. P. (2000): Der Fluss des Erzählens, Heidelberg.

Grossmann, K. P. (2002): Therapeutische Dialoge mit Paaren, Wien.

Grossmann, K.P. (2005): Die Selbstwirksamkeit von Klienten – ein Wirkverständnis systemischer Therapien, Heidelberg.

Howard, K.I. et al. (1986) The dose-effect relationship on psychotherapy. Amer. Psycol. 41, S. 159–164.

Hubble, M. A./Duncan, B. L./Miller, S. D. (2001): Das Augenmerk auf das richten, was funktioniert. In: Hubble, M. A./Duncan, B. L./Miller, S. D. (Hrsg.), So wirkt Psychotherapie. Empirische Ergebnisse und praktische Folgerungen, Dortmund.

Kanfer, F. H./Reinecker, H./Schmelzer, D. (1991): Selbstmanagement-Therapie, Berlin.

Karlinger, H. (1999): Soziale Empfindsamkeit. In: Karlinger, H. (Hrsg.), Soziale Empfindsamkeit. Magistrat Linz, Linz.

Krenn, M. (2003): Mobile Pflege und Betreuung als interaktive Arbeit. Anforderungen und Belastungen, Forba-Forschungsbericht, Nr. 3.

Lipchik, E. (1994): Die Hast, kurz zu sein. In: Zeitschrift für Systemische Therapie, Vol. 12 Nr. 4, S. 228–235.

Luhmann, N. (1984): Soziale Systeme. Grundriß einer allgemeinen Theorie, Frankfurt.

Maunz, S./Steyrer, J. (2001): Das Burnout-Syndrom in der Krankenpflege: Ursachen – Folgen – Prävention. In: The Middle European Journal of Medicine, Vol. 8, S. 296–300.

Mayrhofer, W./Meyer, M. (2002): „No More Shall We Part?" Neue Selbstständige und neue Formen der Kopplung zwischen Organisationen und ihrem Personal. In: Zeitschrift für Personalforschung, Vol. 16, Nr. 4, S. 599–614.

O'Hanlon-Hudson, P./Hudson-O'Hanlon, W. (1991): Rewriting Love Stories, New York.

Orlinsky, D. E./Grawe, K./Parks, R. (1995): Process and outcome in psychotherapy. In: Bergin, A. E./Garfield, S. L. (eds.), Handbook of Psychotherapy and behavior change, New York.

Prochaska, J. O. (2001): Wie Menschen es schaffen, sich zu ändern, und wie wir noch mehr Menschen dabei unterstützen können. In: Hubble, M. A./Duncan, B. L./Miller, S. D. (Hrsg.), So wirkt Psychotherapie. Empirische Ergebnisse und praktische Folgerungen, Dortmund.

Prochaska, J. O./DiClemente, C. C./Norcross, J. C. (1992): In search of how people change. Applications to addictive behaviors. In: American Psychologist, Nr. 47, S. 1102–1114.

Reddemann, L. (2003): Psychohygiene und Burnout-Prophylaxe von TraumatherapeutInnen. In: ZPPM, Vol 1, Nr. 1.

Reiter-Theil, S./Reiter, L./Steiner, E./Much, M. (1985): Einstellung zur Eheberatung und Beratungserfolg. In: Familiendynamik, Vol. 10, Nr. 2, S. 147–169.

Rogers, C. (1972, orig. 1942): Die nicht-direktive Beratung, München.

Sachsse, U. (2004): Traumazentrierte Psychotherapie. Theorie, Klinik und Praxis, Stuttgart.

Schmidbauer, W. (2002): Helfersyndrom und Burnoutgefahr, München, Jena.

Schiepek, G. (1999): Die Grundlagen der Systemischen Therapie, Göttingen.

Simsa, R. (2004): Arbeitszufriedenheit und Motivation in mobilen sozialen Diensten sowie Alten- und Pflegeheimen. In: WISO, Vol. 27, Nr. 2.

Snyder, C. R./Michael, S. T./Cheavens, J. S. (2001): Hoffnung – Grundlage des gemeinsamen Faktors Placebo und Erwartung. In: Hubble, M. A./Duncan, B. L./Miller, S. D. (Hrsg.), So wirkt Psychotherapie. Empirische Ergebnisse und praktische Folgerungen, Dortmund.

Stierlin, H. (1997): Zum aktuellen Stand der systemischen Therapie. In: Familiendynamik, Vol. 22, Nr. 4, S. 348–362.

Stumm, G./Keil, W. W. (2002): Das Profil der Klienten-/Personzentrierten Psychotherapie. In: Keil, W./Stumm, G. (Hrsg.), Die vielen Gesichter der Personzentrierten Psychotherapie, Wien, S. 1–64.

Stückrath, J. (1992): Figur und Handlung. In: Brackert, H./Stückrath, J. (Hrsg.), Literaturwissenschaft. Ein Grundkurs, Reinbek, S. 40–54.

Tallman, K./Bohart, A. C. (2001): Gemeinsamer Faktor KlientIn: Selbst-HeilerIn. In: Hubble, M. A./Duncan, B. L./Miller, S. D. (Hrsg.), So wirkt Psychotherapie. Empirische Ergebnisse und praktische Folgerungen, Dortmund.

Talos, E. (1999): Atypische Beschäftigung. Internationale Trends und sozialstaatliche Regelungen, Wien.

Tolstoi, L. N. (1928): Anna Karenina, Berlin.

Tolstoi, L. N. (1962): Krieg und Frieden, München.

Tolstoi, L. N. (1974): Die Auferstehung, Frankfurt.

Wasner, V. (2003): Auswirkungen von Führungsstil und Teamarbeit auf Burnout. MAS-Thesis am ISMOS-Lehrgang der Wirtschaftsuniversität, Wien.

Watson, P. (2001): Das Lächeln der Medusa, München.

Weingarten, K. (1991): The discourse of intimacy. Adding a social constructionist and feminist view. In: Family Process, Vol. 30, Nr. 3, S. 285–306.

Weingarten, K. (1999): Das Unscheinbare und das Gewöhnliche. In: Familiendynamik, Vol. 24, Nr. 1, S. 29–50.

White M. (1998c): Notes on power and the culture of therapy. In: White, C. (eds.), Introducing Narrative Therapy, Adelaide.

Witzableiter von Ilse Simml

Übrigens, wissen Sie, dass die Psychoanalyse im **evangelischen Gesangbuch** steht?
Geh aus, mein Herz und suche **Freud**!
3. Strophe: Der **Adler** schwingt sich in die Luft!
(Wird im Sigmund-Freud-Jahr öfters gesungen!)

„Das Leben ist doch viel zu wichtig, um es ernst zu nehmen!", meinte schon Oscar Wilde.
Nach meiner Erfahrung kommen immer öfter ältere Paare in die Beratung – auch die letzte Lebensphase will geplant und geordnet werden.
So steht ein älteres Paar, beide in Pension, unentschlossen in der Türe der katholischen Beratungsstelle. Ich bitte die beiden herein, doch die Frau fragt sicherheitshalber:
„Glauben Sie, zahlt sich eine Beratung in unserem Alter noch aus?"
Ich: „Solange Sie lebendig bei der Türe herein kommen, ist noch Hoffnung da!"
Die Schwellenangst war verflogen!

Teil 4: Wie hat mir Beratung geholfen?

Wie hat mir Beratung geholfen?

Klient, Wien

Ich möchte anhand meines Berichts einen kleinen Beitrag zur Wertschätzung der Tätigkeit Ihrer kostenlosen Beratungsstellen leisten. Ohne diese Einrichtung mit ihren qualifizierten und motivierten MitarbeiterInnen wäre ich nicht weitergekommen und ich glaube, dass mir dadurch viel unnötiges Leid und Schaden erspart geblieben sind.

Ich glaube, dass professionelle Beratung heute immer wichtiger wird, und ich habe selbst erlebt, wie ich durch fehlende Berufs- und Lebensperspektiven in einer Sackgasse gelandet bin und dass ich eine Umorientierung ohne Hilfe nicht geschafft hätte. Abgesehen vom zunehmenden Leidensdruck (Verspannung in der Schulter, Knieschmerzen, Depressionen), wollte ich meine Probleme nicht mehr allein lösen, und die Kardinalfrage war: „Wohin soll ich mich wenden?" Nach ein paar Kontakten mit Therapeuten, die eher unbefriedigend waren (kein Vertrauen), bin ich dann bei der Ehe-, Familien- und Lebensberatung der Erzdiözese Wien angekommen.

Gleich mehrere Probleme (Problemkreise) waren virulent, wie Arbeitsplatz, Partnerschaft und Familie (Sohn). Dass diese Konflikte ursächlich mit meiner tieferliegenden Persönlichkeitsstruktur zusammenhingen, wurde mir in der Beratung sehr deutlich. Ich musste, wohl oder übel, an meinen bisherigen Stereotypen Korrekturen vornehmen bzw. sie aufgeben (z. B. zuhören lernen, mich hineindenken in den anderen, Fehler zugeben und zulassen). Mit anderen Worten – eine Kommunikation aufbauen, aber auch alte Gewohnheiten loslassen.

Die Frage, die sich stellte und immer auftauchte, war: Was tue ich, wenn der „andere" (z. B. mein Sohn) so ganz anders ist als ich selbst? Anders lebt, denkt und empfindet. Sein Verhalten war oft so unakzeptabel – vergeblich! Ein Kreuz! Der Beziehungskonflikt war durch unsere Gegensätze vorprogrammiert. Durch die Scheidung fand bis heute keine ausreichende Aufklärungs- und Beziehungsarbeit statt, aber durch die Beratung habe ich zu einem neuen Vaterverständnis gefunden – und ich habe Hoffnung! Ich glaube, dass ich einen Weg gefunden habe, der zwischen uns Verständnis und Versöhnung bringen wird.

Leider hat der Prozess meiner „Vergangenheitsbewältigung" durch Familienberatung erst spät begonnen und damit den Stein zum Rollen gebracht – aber es tut sich etwas! Frühere Beziehungskonflikte in der Familie wurden oft gar nicht ausgetragen oder thematisiert; dadurch entstanden große Spannungen und Missverständnisse, die zum Teil bis heute noch andauern. Durch die daraus entstandene Isolation und Einsamkeit habe ich nichts Positives bewirkt und nur mir selbst geschadet.

Durch die psychologische Beratung ist es mir ferner gelungen, mich aus einer Beziehung zu lösen, die eigentlich schon lange keine mehr war, Energie kostete und keine Zukunft hatte. Es gelang mir loszulassen, und ich konnte wieder atmen, besuchte einen Tanzkurs, wo ich eine neue Partnerin kennen lernte, mit der ich bis heute noch freundschaftlich verbunden bin.

Erwähnen möchte ich, dass ich während der Zeit meiner Beratung viel einschlägige Literatur gelesen habe und mich auch innerlich sehr damit auseinandergesetzt habe.

Wie hat mir Beratung geholfen? In erster Linie durch Ihre sehr geschätzten BeraterInnen und natürlich auch durch die damit verbundene Selbstreflexion, die mich sehr motivierte, aktiv zu werden. Trotzdem, nach vielen Beratungsstunden muss ich feststellen, dass ich so bleiben will, wie ich bin – nur mit dem Unterschied zu früher, dass ich mich kennen gelernt habe, mich besser annehmen kann und zu mir Ja sagen kann. Beziehung bleibt für mich aber auch ein Mysterium, denn warum spüre ich bei einem Menschen sofort Heimat und Geborgenheit – bei einem anderen keine innere Übereinstimmung, da ist großer Aufklärungsbedarf in Sachen Emotion – und alles ist dann so mühsam!

Darum prüfe wer sich ewig bindet …

Klientin, 41 Jahre, NÖ

Ich bin alleinerziehende Mutter mit einem Kind (elf Jahre), seit sieben Jahren geschieden. Ich stand immer unter großem Druck von mir selbst und von außen. Dabei achtete ich nicht auf meine Gefühle, ob mir etwas gut tut oder ob es mir schlecht dabei geht – ich funktionierte. Ich fragte mich, was habe ich falsch gemacht, mein Selbstbewusstsein war im Keller. Es gab Probleme in der Arbeit. Ich glaubte, ich wäre eine schlechte Mutter und könnte mit Geld nicht richtig umgehen. Ich lebte, aber ohne Lebensfreude, ohne Spaß, ohne Lachen, ohne glücklich zu sein. Ich suchte Hilfe bei Freunden, aber die meinten, du machst deine Sache ganz gut, mach' dir keine Sorgen. Aber das war für mich keine Hilfe. Dann besuchte ich ein Seminar. Die Referentin, sie ist auch Ehe-, Familien- und Lebensberaterin, hatte viel Fachwissen und ein gutes Gespür, sich auf Menschen einzustellen. Wenn Probleme besprochen wurden, war sie mit ihrer ganzen Aufmerksamkeit dabei. Ich fasste meinen ganzen Mut zusammen und vereinbarte eine Einzelstunde mit ihr in der Beratungsstelle. Von ihr fühlte ich mich ernst genommen. Wir sprachen über meine Aufgaben und Probleme. Zum größten Teil fand ich meine Lösungen selbst. Die Beraterin war mir Stütze und Anstoß, Dinge neu zu sehen und selbst zu entscheiden. Mein Leben ist nicht frei von Aufgaben und auch nicht problemloser, aber leichter und wieder lebenswert. Ich lebe mit Freude, habe Spaß, bin selbstsicherer, selbstbewusster und achte auf meine Gefühle. In der Zeit des gemeinsamen Arbeitens lernte ich, klar zu sagen, was ich möchte und was nicht. Immer aber auch mit dem Blick auf mein Umfeld, dem es dabei auch gut gehen soll. Beim letzten Besuch wurde ich gefragt, was nicht so gut war. Ich habe gesagt: Ich nehme mir nur das Gute mit nach Hause, alles andere bleibt dort. Ich fühlte mich immer gut beraten. Sollte es mir wieder einmal ganz, ganz schlecht gehen, was ich aber jetzt nicht glaube, dann weiß ich, wohin. Ich hab' ja die Nummer von der Beratungsstelle.

Klientin, 43 Jahre, Wien

Unsere bald zwanzigjährige Ehe ist vor kurzem aufgrund einer Affäre meines Mannes in eine tiefe Krise geschlittert. Es gab täglich unschöne Auseinandersetzungen und ich wusste nicht, wie wir aus dieser Krise jemals herauskommen würden. Alles erschien mir so verfahren, ich hatte den Boden unter den Füßen verloren und war sehr verzweifelt. Jedes Gespräch, das zwischen uns in guter Absicht begonnen wurde, endete bald in gegenseitigen Vorwürfen und Schuldzuweisungen. Ich war damals auch sehr verletzt. Obwohl ich mit einigen Bekannten und Freunden über meine Probleme gesprochen habe und deren Anteilnahme als sehr heilsam empfunden habe, wusste ich dennoch bald, dass ich bzw. wir nicht nur jemanden brauchen, der zuhört, sondern dass wir die professionelle Hilfe eines/r Ehe- und Familienberaters/in in Anspruch nehmen sollten. Mein Mann und ich hatten erstmals Gelegenheit, vor einer unbeteiligten dritten Person, jeder für sich, unsere Sicht darzustellen. Es ist äußerst hilfreich, vor jemandem zu sprechen, der neutral ist und beiden Beteiligten, meinem Mann und mir, in gleicher Weise respektvoll und unvoreingenommen gegenübertritt. Ich hatte in dieser ersten Beratungsstunde das Gefühl, als Mensch, insbesondere als Frau, die sich zutiefst verletzt fühlte und auch tiefe Emotionen wie Wut und Rache entwickelt hatte, ernst genommen zu werden. Und ich hatte zudem das Gefühl – und das war wahrscheinlich die wichtigste Erfahrung, die ich machen durfte –, dass ich dem Schicksal nicht ausgeliefert war, sondern aktiv eingreifen konnte. Mein Mann und ich haben gelernt, einander anzuhören, und die Achtung voreinander ist wieder gewachsen. Wir sind noch lange nicht „über dem Berg". Wie die Zukunft aussehen wird, ist noch nicht ganz absehbar, es werden möglicherweise noch einige Beratungsstunden dazukommen müssen, um eine klare Sicht zu bekommen. Die Verzweiflung hat jedenfalls der Hoffnung, dass wir eine Lösung finden werden, die für uns beide gleichermaßen gut ist, Platz gemacht.

Klientin, Wien

Nach einem gescheiterten Therapieversuch manövrierte ich mich jahrelang mit Müh und Not recht dürftig durchs Leben. Ausschlaggebend dafür, dass ich mich doch entschlossen habe, erneut Hilfe anzunehmen, waren gravierende Tochter-Mutter-Probleme. Hilfe tat not, und zwar dringend. Über einen Folder erfuhr ich die Telefonnummer der Beratungsstelle, nach einigem Zögern wählte ich die Nummer. Eine freundliche Stimme empfing mich am anderen Ende der Leitung. Über anfängliche Schwierigkeiten, mein Begehren zu formulieren, half mir die liebevolle Anteilnahme hinweg. Aufgrund der Dringlichkeit erhielt ich sehr rasch einen Termin. Beim ersten Gespräch konnten wir uns über gemeinsame Rahmenbedingungen für die Zeit der Beratung einigen. Ich bin dankbar, Hilfe in Anspruch nehmen zu können. Ich habe die Möglichkeit erfahren, Probleme in meinem eigenen Tempo in Angriff zu nehmen und zu lösen.

Klientin, NÖ

Vor einigen Jahren ging meine langjährige Ehe in die Brüche. Ich geriet in große persönliche Schwierigkeiten, wusste nicht mehr ein und aus. In dieser für mich scheinbar ausweglosen Situation habe ich damals Kontakt mit der Familienberatungsstelle aufgenommen. Nach vielen Gesprächsrunden habe ich heute meinen persönlichen Tiefpunkt überwunden, mein Leben umgekrempelt, mich neu orientiert. Dennoch schaue ich weiterhin hier und da bei meiner Beraterin vorbei, um schwierige Familiensituationen durchzusprechen, Rücksprache zu halten, den eigenen Standpunkt zu überprüfen. Die Familienberatungsstelle ist für mich noch immer ein wichtiger Anker.

Klientin, Wien

Wenn du „Das wird schon wieder, Kopf hoch!", „Schau, mir geht es genauso und ich beklage mich auch nicht!" und „Mach nicht so ein Theater!" nicht mehr hören kannst, dann weißt du, dass Freunde sehr wichtig sind, aber dir nicht in jeder Situation helfen können. Du hörst von dieser Beratungsstelle – du rufst an – du gehst (ängstlich) hin. Und wenn du dann den richtigen „Betreuer" gefunden hast (es muss nicht gleich der Erste sein, du darfst wechseln!), dann wirft er dir den Rettungsreifen zu. Nur auffangen und aufblasen musst du ihn selber! Und glaub mir – du schaffst es! Ich fühle mich wie neugeboren – genieße mein Leben in vollen Zügen – hätte nie geglaubt, dass das noch für mich möglich sein kann. Danke!

Paarberatung, Wien

Was wir bei der Beratung als hilfreich empfunden haben (eine gemeinsame Antwort):

Wir haben dort das gefunden, was uns oft zu Hause im täglichen Leben nicht gelingt, nämlich Zeit für ein Gespräch, eine Diskussion oder einen Streit zu schaffen. Einen Raum, Dinge anzusprechen und zu besprechen, die sonst durch unsere emotionalen Reaktionen oder unsere Ängste nicht erfolgreich besprochen werden konnten. Die objektive Reflexion der eigenen Worte in anderen, verständnisvollen Worten half uns, uns selbst und den anderen besser zu verstehen. So manches Problem relativierte sich durch das Feedback eines Außenstehenden und wurde unbedeutend. Und andererseits konnten wirkliche Probleme durch ein möglichst strukturiert moderiertes Gespräch behandelt und einem Konsens oder auch nur einem Kompromiss nähergeführt werden. Die Unterstützung, die wir dabei erfahren haben, das Einbringen von Erfahrungen anderer Paare, das Aufzeigen von Mustern oder sogenannten „Spielen", die wir in unserer Beziehung spielen, und die Hilfe, diese Muster zu durchbrechen, brachten uns als Paar und Partner weiter.

Im Endeffekt haben wir dazugelernt, was wir verändern können und was wir an uns selbst und am anderen als unveränderbar akzeptieren müssen.

Witzableiter von Ilse Simml

Märchenanalyse

Mit einem jungen Mann arbeitete ich mit seinem Lieblingsmärchen. Er sah sich selbst als Rumpelstilzchen: Er war ebenfalls alleinstehend, ohne feste Bindung und stellte seine lockeren Verhältnisse zu Frauen so dar:
„Es kommt schon ab und zu a Straßenbahn vorbei!"
Nach etwa drei Monaten hatte sich einiges verändert: Er war frisch verliebt! Also die Straßenbahn ist in die Remise eingefahren!
Überstürzt, so wie mir schien, wollte er mit seiner Freundin eine gemeinsame Wohnung beziehen.
Ich führte ihm nur sein Märchen vor Augen:
„Da hamma's ja wieder:
Heute back ich,
morgen brau ich,
und übermorgen kriegen wir ein Kind!"

Teil 5: Anhang

Grundbegriffe in der psychosozialen Beratung

Helga Goll und Christa Gutmann

Im Folgenden werden Begriffe, die uns im Rahmen der psychosozialen Beratung wichtig sind, aufgelistet.

Alphabetische Reihung der Begriffe

Affekt	(lat. „in einen Zustand versetzt worden sein") Bezeichnung für ein **Gefühl von besonderer Stärke**; er ist ein reaktiver, **rasch entstehender** und **relativ kurz** dauernder **intensiver Erregungszustand**, in den die psychischen Funktionen, die Motorik und z. T. das vegetative Nervensystem massiv einbezogen sind (z. B. Blässe, Schweiß, Tränen). Häufige Auslöser: Ereignisse, die persönliche Bedürfnisse berühren. Der Affekt ist antriebs- und handlungsnahe und schwächt die bewusste Selbstkontrolle. Affekte erschweren daher meist eine konstruktive Bewältigung von Problemen.
aktives Zuhören	Im Zuhören präsent und interessiert sein, mitdenken; sachliche und emotionale Inhalte (verbale und nonverbale) einfühlend wahrnehmen und ins Gespräch bringen.
Ambivalenz	Das Erleben, zwischen zwei gleichzeitig bestehenden gegensätzlichen Gefühlen, Impulsen, Gedanken zu schwanken oder hin und her gerissen zu sein.
Amok	(Aus dem Malaiischen: Aus blinder Wut töten.) Die Wut ist mit einem aggressiven Bewegungsdrang verbunden („Amok laufen").
Analogie	(griech., lat.) Ähnlichkeit, Entsprechung, Gleichheit.
Anamnese	(griech. „Erinnerung") *In der Beratung* das **Gesamtbild** der Feststellungen, die durch sachgemäßes Befragen des Klienten oder/und seines Umfeldes über bedeutsame Ereignisse in seinem Leben und die Vorgeschichte der aktuellen Beschwerden sowie über die Persönlichkeit des Klienten und seine Lage erhoben werden.
Antrieb	Gesamtheit aller Impulse, die zielgerichtet das Handeln auslösen (Instinkte, Triebe, Motive, Wollen): **Instinkt:** ererbte Verhaltensweisen ohne reflektierte Kontrolle; **Trieb:** psychischer oder somatopsychischer Impuls, der zu bestimmten Reizen und Verhaltensweisen drängt; **Motiv:** (lat.) in der Psychologie: Beweggrund; **Wollen:** bewusstes, auf ein bestimmtes Ziel ausgerichtetes Streben.

Assoziationen	(lat., franz. „Vereinigungen") Gefühle und Eindrücke, die durch äußere Reize hervorgerufen werden und bewusst oder unbewusst aufgrund subjektiver Entsprechungen mit bereits vorhandenen Vorstellungen zu gedanklichen Verbindungen verknüpft werden. **assoziativ:** durch Vorstellungsverknüpfung bewirkt.
authentisch	(griech., lat.) echt, glaubwürdig.
Bedeutung	Aspekte, die für eine Sache, ein Verhalten oder eine Situation wesentlich sind oder als wesentlich erachtet werden. **Bedeutungsgebung** ist der bewusste und unbewusste Vorgang der individuellen und subjektiven Stellungnahme. Die Wertung aller Geschehnisse, Erfahrungen und Erscheinungen konzentriert sich als bzw. im „Weltbild".
Bedürfnis	Bedürfnis als Zustand ist ein Mangelerleben, das nach Befriedigung strebt. Bedürfnis als Persönlichkeitseigenschaft (= Motiv) ist das Streben, bestimmte Ziele zu erreichen oder zu verwirklichen. *Bedürfnispyramide* nach Maslow: Bedürfnisse sind hierarchisch strukturiert, mit den Grundbedürfnissen als Basis:

Selbstverwirklichung
Soziale Anerkennung
Soziale Beziehungen
Sicherheit
Körperliche Bedürfnisse

	Bedürfnisse motivieren oft unbewusst oder unausgesprochen Verhaltensweisen, Symptome und Konflikte. Beratung soll daher den KlientInnen helfen, ihre eigenen Bedürfnisse wie auch jene ihrer sozialen Umwelt zu erkennen, zu benennen und zu akzeptieren, um Lebenssituationen besser gestalten und Konflikte eher lösen zu können.
Begriffe	Abstrakte, gedankliche Darstellungen der wesentlichen Merkmale von Dingen, Erscheinungen, Sachverhalten; sie sind Mittel, mit deren Hilfe wir die Vielzahl unserer Eindrücke sprachlich ordnen. Sie haben die Aufgabe, ein bestimmtes Phänomen/einen bestimmten Sachverhalt von anderen Phänomenen/Sachverhalten abzugrenzen. Die Bestimmung eines Begriffs geschieht durch **Definition** (*siehe dort*).
Beratung	Gewollte und geplante Kommunikation zwischen einem oder mehreren Ratsuchenden und einer oder mehreren BeraterInnen mit dem **Ziel**, Probleme zu lösen oder zu bewältigen, welche die Ratsuchenden nicht selbst lösen können und dazu von fachkundigen Personen Unterstützung benötigen. Beratung kennt viele Einsatzfelder (Fach- und Sachberatungen) und Formen, wie psychosoziale Beratung, Supervision, Coaching, Mediation, Intervision, Organisationsberatung usw.

Psychosoziale Beratung (wie in der Ehe-, Familien- und Lebensberatung) ist ein *Kommunikationsregelungsprozess* zwischen den Beteiligten, in dem ausgebildete BeraterInnen auf Unterstützung zur Autonomie und verbesserten Selbstregulation abzielen. Die im Beratungsprozess sich entwickelnde und zu gestaltende „*helfende Beziehung*" ist dafür die Grundlage. Die Probleme werden von verschiedenen, unterschiedlich intensiven Gefühlen begleitet und sind *psychologisch fundiert*, das heißt, es liegen ihnen Bedürfnisse, Einstellungen, Erwartungen, Ansprüche, emotionale Verstrickungen, Gefühlszustände u. a. psychosoziale Vorgänge zugrunde, die von den Ratsuchenden verständnisvoll benannt und akzeptiert werden müssen, um für sich günstigere Lösungs- und Umgangsmöglichkeiten zu entdecken und zu realisieren, um Selbstverantwortung und Selbstbestimmung zu stärken und die Entscheidungsfähigkeit zu fördern (= *Ziele von Beratung*).

Beziehung Bezeichnung für die emotionale Verbindung zwischen zwei oder mehreren Menschen. Unter B. versteht man weiterhin die wechselseitigen Einwirkungen und Verhaltensformen zwischen Institutionen einer Gesellschaft bzw. zwischen verschiedenen Gesellschaftsformen (Regelung und Gestaltung dieser B.). **Beziehungen** zwischen Menschen sind hinsichtlich der Macht zur Gestaltung und zur Gestaltungslenkung (einschließlich der Möglichkeiten der Bedürfnisbefriedigung) **symmetrisch** (= in gleichem Maß bestehend) oder **komplementär** (= einander ergänzend).

Bindung Bezeichnung für eine **anhaltende** enge und gefühlsintensive Beziehung zwischen Menschen. Dies kann sich auch in Form von Kontaktsuche ausdrücken. Die seelische Bindungsfähigkeit ist eine wichtige Voraussetzung für die Gemüts- und Persönlichkeitsentwicklung eines Menschen. Bindung als Begriff der **Bindungstheorie** (J. Bowlby, M. Ainsworth) ist ein genetisch vorgeprägtes Verhalten, das Babys und Kleinkinder durch Anpassung an ihre Lebenssituation entwickeln und das sie veranlasst, bei Bedrohung oder Gefahr Nähe, Schutz, Trost und Beruhigung bei ihren Bezugspersonen zu suchen. Das Bindungsverhalten wird in **Bindungsstilen** beschrieben: sicher gebunden; unsicher/ambivalent gebunden; unsicher/vermeidend gebunden; desorganisiert/desorientiert gebunden und wird im Erwachsenenleben beibehalten.

Coping (engl. „bewältigen, überwinden") Die Art des Umgangs mit schwierigen Verhältnissen und Lebensereignissen.

Definition (lat. „Ab-, Begrenzung") Beschreibung und/oder Erklärung der *wesentlichen Merkmale* von Sachverhalten, Dingen, Erscheinungen.

Diagnose (griech. „Erkennen und Zuordnen von Phänomenen zu und in Kategorien") *In der Beratung* die Summe aller Wahrnehmungen und Erfahrungen in Bezug auf den Ratsuchenden, die notwendig sind, um methodisch geleitetes Handeln begründen zu können.

	Diagnose in der Beratung ist keine einmalige Zuordnung, sondern ein prozesshaftes Geschehen.
Dissoziation	(lat. „Trennung") Ein Abspalten, Getrennt-Halten des Erlebens und/oder Erinnerns von damit verbundenen faktischen Informationen und Ereignissen; D. ist eine häufige Reaktion auf Traumata. Der Vorgang der D. ist eine *allgemein menschliche Fähigkeit*, die zunächst als Schutz gegen schwer erträgliche Erfahrungen eingesetzt wird, mit der Zeit jedoch zu psychischen Störungen führt.
Doublebind	(engl. „Doppelbindung") Eine Kommunikationsform, bei der **gleichzeitig** einander widersprechende Mitteilungen gemacht werden, ohne dass sich der Empfänger der Situation entziehen kann (z. B. ein Kind innerhalb seiner Familie). Doublebinds sind häufig. Wenn sie jedoch zum typischen Merkmal der Kommunikation innerhalb einer Familie (eines Systems) geworden sind, können sie zu schweren psychischen Irritationen führen.
Emotion	(lat. „Erschütterung") **Seelische** Erregung, Gefühls-, Gemütsbewegung.
Empathie	(griech.) Großes Einfühlungsvermögen; Fähigkeit, sich in andere hineinzuversetzen, ihre Erfahrungen zu verstehen.
Empfindung	Die Wahrnehmung von Sinneseindrücken.
Emphase	Nachdrückliche, begeisterte Ausdrucksweise (**emphatisch**). Ausgedrückt wird die eigene innere Bewegung oder Zustimmung.
Eskalation	(franz., engl.) Allmähliche Steigerung, Verschärfung einer (Konflikt-)Situation.
Evidenz	(lat.) Die innere *Gewissheit* über die Gültigkeit des Wahrgenommenen.
explorieren	(lat.) erkunden, erforschen, prüfen, untersuchen.
externalisieren	In der Psychologie das Nach-außen-Verlagern von inneren Bildern, Wissen, Auffassungen.
Frustration	(lat.) Gefühl der Enttäuschung oder des Übergangenwerdens, weil die Befriedigung eines Bedürfnisses oder ein erwarteter (sozialer) Erfolg nicht eingetreten sind. Frustration wird von verschiedenen Menschen in **verschieden starker Intensität erlebt**. **Frustrationstoleranz**: (lat.) Fähigkeit, das Ausbleiben der Erfüllung von Wünschen oder von erwartetem Erfolg zu ertragen bzw. Bedürfnisaufschub auszuhalten.
Gefühl	Ein **körperlich-seelisches Grundphänomen** des individuellen (subjektiven) Erlebens von *Erregung* (*Spannung*) oder *Beruhigung* (*Entspannung*). Es wird hervorgerufen von kognitiven Prozessen sowie inneren und äußeren Reizen, die als angenehm (Lust) oder unangenehm (Unlust), anziehend oder abstoßend empfunden werden. Gefühle sind *komplexe* Zustände und hängen eng mit dem vegetativen (autonomen) Nervensystem zusammen, so dass sie von physiologischen Veränderungen begleitet werden (z. B. Erhöhung/Reduzierung der Atem- und Pulsfrequenz). Gefühle werden

	durch die jeweilige bewusste und unbewusste Bedeutungsgebung beeinflusst (Christa G.: „Gefühle sind seelische Stellungnahmen zu unseren Wahrnehmungen und Erlebnissen.").
Gegenübertragung	Bezeichnung für die Übertragung, mit der ein/e BeraterIn oder PsychotherapeutIn auf das Übertragungsverhalten des Klienten, der Klientin reagiert.
Gender	(engl.) Bezeichnet die soziale Geschlechtsrolle, die den Geschlechtern jeweils zugeschrieben wird. Diese soziale Rolle verändert sich im Laufe der Zeit. **Gender Mainstream(ing)** bedeutet „systematische Einbeziehung der jeweiligen Situation, der Prioritäten und der Bedürfnisse von Frauen und Männern in alle Politikfelder, wobei das Ziel die Förderung der Gleichstellung von Frauen und Männern in sämtlichen Lebensbereichen ist." (BMFSFJ)
Gesundheit	Zustand vollständigen physischen, geistigen und sozialen **Wohlbefindens** und nicht nur die Abwesenheit von Krankheit oder Behinderung (Definition der WHO = Weltgesundheitsorganisation).
Gewalt	Bedeutet ursprünglich Herrschaft. Im heutigen Sprachgebrauch und im psychologischen Sinn bezeichnet sie den körperlichen, geistigen oder psychischen Einfluss, den jemand ausübt, um einem anderen seinen Willen aufzuzwingen.
Helfersyndrom	*Modell* für psychische Probleme in sozialen Berufen: Die Rolle des Helfers wird gewählt, um Ängste vor Abhängigkeit abzuwehren und um für die betreuten Personen jener idealisierte Elternteil zu sein, der in der eigenen Kindheit schmerzhaft vermisst wurde.
Hypothese	(griech. „Unterstellung") Ist eine **Annahme**, die geeignet ist, eine Erscheinung zu erklären, die aber **nicht als einzig mögliche** erwiesen ist (wissenschaftlich meist Vorläuferin einer Theorie).
Inkongruenz	(lat. „Nicht-Übereinstimmen") Ein von C. Rogers verwendeter Begriff für seelische Vorgänge oder Zustände, die es einem Menschen wissentlich oder unwissentlich verwehren, seine Grundbedürfnisse wahrzunehmen und/oder ihnen entsprechend zu handeln. Verhalten und Bedürfnisse stimmen nicht überein, jedoch nicht aufgrund einer Entscheidung, die mit Verantwortung für die Folgen getroffen worden ist, sondern aus Gewohnheit und/oder frühen Überlebensstrategien (Angstmotivation).
Interaktion	(lat.) Wechselseitiges, aufeinander bezogenes Handeln zweier oder mehrerer Personen.
Intervention	(lat. „Dazwischenkommen, -treten") Eingreifen, Sich-Einmischen.
Intervision	Kollegiale Beratung (auch: kollegiale Fallberatung) über die Arbeitspraxis und Praxisfälle ohne Außen-Experten (z. B. SupervisorIn)
Intuition	(lat.) **Unmittelbares, plötzliches** Erkennen und Erfassen von bedeutsamen Zusammenhängen mit **Evidenzcharakter**, deren logische Durchdringung weit mehr Zeit in Anspruch nehmen würde. Die Intuition ist *subjektiv*. **Evidenz**, *siehe dort*.

Katharsis	(griech.) Die psychische Reinigung und Läuterung durch affektive Erschütterung. Innere Spannungen und psychische Konflikte werden durch Ausdruck, in Phantasien und antriebsunmittelbaren Handlungen abreagiert.
Klient/Klientin	(lat.) Heute im psychosozialen Bereich eine Person, die bei einer/einem Fachfrau/Fachmann (PsychologIn, BeraterIn, SozialarbeiterIn, Rechtsanwalt/Rechtsanwältin etc.) Beratung sucht.
Kommunikation	(lat.) Prozess, in dessen Verlauf Informationen von einer Person an eine andere übermittelt werden. Gelingende Kommunikation setzt ein gemeinsames soziales Wissen der Beteiligten voraus.
Kompetenz	(lat.) Bezeichnet die Fähigkeit bzw. den Umfang der Fähigkeit eines Menschen, bestimmte Aufgaben selbstständig durchzuführen bzw. durchführen zu dürfen (Handlungs- und Entscheidungsvollmacht). Kompetenz kann sich auf verschiedene Bereiche beziehen: soziale Kompetenz auf den zwischenmenschlichen Bereich, Sachkompetenz auf Kenntnisse, Basiskompetenz auf grundlegende Fertigkeiten etc.
Kompromiss	(lat.) Einigung der Konfliktparteien, in der **alle** Parteien auf die Durchsetzung eines Teils ihres Anliegens verzichten.
Konflikt	(lat. „zusammenstoßen, kämpfen, streiten") Zusammenstoßen von gegensätzlichen, unvereinbaren Interessen in für die Beteiligten **wichtigen** Angelegenheiten und Zusammenhängen bei **gleichzeitigem Bestehen von Realisierungstendenzen**. Zwischenmenschlichen Konflikten liegen meist unbenannte Bedürfnisse und/oder Gefühle zugrunde.
Konfliktfähigkeit	Fähigkeit, Konflikte rechtzeitig zu erkennen, sich mit ihnen auseinanderzusetzen und sie fair auszutragen oder mit ihnen leben zu lernen (nach Ch. Kolodej: weder konfliktscheu noch streitlustig, sondern aktiv und rücksichtsvoll).
Konsens	(lat. „Übereinstimmung, Einigkeit") Eine sachbezogene Einigung ohne verdeckten oder offenen Widerspruch.
Kontakt	(lat. „Berührung, Verbindung") *In der Beratung* bedeutet „Kontakt herstellen" die Bereitschaft der BeraterIn, mit den KlientInnen Beziehung aufnehmen zu wollen. Dies zeigt sich z. B. im „aktiven Zuhören", im „Offensein" für die KlientInnen, im wertschätzenden, respektvollen und akzeptierenden Eingehen auf die KlientInnen und deren Anliegen.
Krankheit	Eine Störung der körperlichen, kognitiven und/oder seelischen Funktionen, welche die Leistungsfähigkeit oder das Wohlbefinden eines Lebewesens subjektiv oder intersubjektiv deutlich wahrnehmbar negativ beeinflusst oder eine solche Beeinflussung erwarten lässt. (Kranken-)**Versicherungen** bezeichnen Krankheit als einen „regelwidrigen Körper- oder Geisteszustand, der ärztlicher Behandlung bedarf und/oder Arbeitsunfähigkeit zur Folge hat".

Zeitlich und im **Verlauf** gesehen sind Krankheiten **akut** (lat. „scharf, spitz") = plötzlich mit heftiger Symptomatik ausbrechend und von relativ kurzer Dauer, **chronisch** (griech. „Zeit") = sich langsam entwickelnd oder lang andauernd, **chronisch rezidivierend** (lat. „zurückfallen") = wiederholt auftretend.
Krankheit wird durch **Prophylaxe** (griech. „Vorbeugung, Schutz", lat. **Prävention**) zu verhindern versucht, durch **Diagnose** (*siehe dort*) festgestellt, mittels **Therapie** (griech. „Heilung") behandelt und geheilt, durch **Prognose** (griech. „Voraus-Wissen") in ihrem mutmaßlichen Verlauf eingeschätzt.

Mediation (lat. „Vermittlung") Eine auf Freiwilligkeit der Parteien beruhende **Tätigkeit**, bei der eine fachlich ausgebildete, neutrale Vermittlerin (Mediatorin) mit anerkannten Methoden die Kommunikation zwischen den Parteien systematisch mit dem Ziel fördert, eine von den Parteien **selbst verantwortete** Lösung ihres Konfliktes zu ermöglichen (Österr. Bundesgesetz). M. ist ein freiwilliges, nichtförmliches und kooperationsorientiertes **Verfahren** zur Entwicklung sachgerechter, gemeinsam getragener, rechtsverbindlicher Problemlösungen.

Metaebene Die Sichtweise, in der handelnde, kommunizierende Personen ihr und ihrer Partner Handeln und Kommunikation betrachten.

Metapher (griech. „anderswo hintragen") Die durch einen bildlichen Vergleich übertragene Bedeutung eines Ausdrucks (die Bedeutung wird auf ein Sinnbild, das der Veranschaulichung dient, übertragen).
metaphorisch = (sinn-)bildlich (ähnlich dem „Gleichnis").

Methode (griech. „Nachgehen") Die theoriegeleitete, vorausgedachte und geplante Vorgangsweise (das Wissen, **wie** man es macht), um Probleme und Aufgaben zu lösen oder Erkenntnisse zu gewinnen.
Methodik ist die Lehre von den konkreten Umsetzungsmöglichkeiten (= Techniken) einer anerkannten Methode in Verbindung mit fachrelevantem Training des praktischen Handelns (= Techniken werden geübt).

Motivation (lat. „in Bewegung setzen") Innere Bereitschaft für ein Verhalten; sie bestimmt Intensität, Richtung und Ablauf des Verhaltens.

Narzissmus Ursprung ist die griechische Sage von Narkissos; bezeichnet das selbstgefällige Gefangensein in sich selbst; dadurch ist das Einfühlen in die Welt eines anderen sehr erschwert.

Neurologie Ist die medizinische Lehre vom zentralen und peripheren Nervensystem und seinen Erkrankungen sowie ihrer Behandlung. Erkrankungen: z. B. Multiple Sklerose, Epilepsie, Kinderlähmung, Parkinson.
Neurologe/Neurologin: Facharzt/Fachärztin für Neurologie. Noch vor kurzer Zeit war der Facharzt/die Fachärztin für Psychiatrie gleichzeitig auch der Facharzt/die Fachärztin für Neurologie und der damalige Gesamt-Fachbereich nannte sich **Nervenheilkunde**; viele der

derzeit tätigen Ärzte und Ärztinnen sind noch beides. Umgangssprachlich sprach und spricht man hierzulande auch heute noch vom „Nervenarzt" und vom „Nervenleiden", wenn man einen Psychiater und psychiatrische Erkrankungen meint.

Objektivität — (lat.) Unvoreingenommenheit, Nicht-Bestimmt-Sein von persönlichen Gefühlen und Meinungen, Sachlichkeit.

Performanz — (engl.) Die Fähigkeit, Kompetenzen praktisch wirksam umzusetzen.

Phänomen — (griech. „etwas, das sich zeigt") Eine wahrnehmbare Erscheinung.

Problem — (griech., lat.) Eine ungelöste Frage oder schwierige Aufgabe und Belastung, die geklärt oder beseitigt werden soll.

Projektion — (lat. „hin-, vor-, hinauswerfen") In der Psychologie die Verlegung eines eigenen *unbewussten* Motivs (Gefühl, Bedürfnis, Vorstellung, Impuls) aus sich heraus in eine andere Person.

Propädeutikum — (griech. „Vorbereitung, Einführung") In Österreich Kurzbezeichnung für den allgemeinen Teil der Psychotherapie-Ausbildung (korrekt: psychotherapeutisches P.).

Prozess — (lat.) Fortschreiten, Verlauf, Entwicklung; Geschehen (Beratung; Gerichtsverfahren).

Psyche — (griech. „Seele, Hauch, Atem") Ist die Gesamtheit aller seelischen Prozesse.
psychisch: heute allgemein sprachlich für seelisch, bedeutet: das seelische Erleben und den seelischen Zustand betreffend.
physisch oder somatisch: körperlich.
psychogen bzw. somatogen: seelisch bzw. körperlich bedingt.

Psychiatrie — Die medizinische Wissenschaft von den Geistes- und Gemütskrankheiten sowie deren Behandlung.
PsychiaterIn: Facharzt/-ärztin für Psychiatrie.

Psychische Störungen — Bezeichnung für die Verhaltens- und Erlebensweisen, die von den Normen einer Gesellschaft abweichen und die für die betroffene Person oder die Gesellschaft mit Beeinträchtigungen verbunden sind.

Psychologie — Wissenschaft, die sich mit Erleben und Verhalten befasst.
PsychologIn: Fachmann/-frau, der/die Psychologie studiert hat.

Psychose — Psychische Krankheit, Geisteskrankheit, Gemütskrankheit, bedeutet den zeitweisen Verlust der Beziehung zur Wirklichkeit seiner selbst und jener der Mitmenschen. Psychisch Kranke benötigen psychiatrische und oft stationäre Behandlung, so z. B. bei Schizophrenie oder manisch-depressiven Zuständen.

Psychosomatik — Lehre von den auf seelisch-körperlichen Wechselwirkungen beruhenden körperlichen Störungen und Erkrankungen sowie ihrer Behandlung. Voraussetzung: Verständnis des Menschen in den Dimensionen seiner biologischen, physiologischen, psychischen, geistigen, sozialen, spirituellen und kulturellen Ganzheit.

Psychotherapie	Ist die nach einer allgemeinen und besonderen Ausbildung erlernte, umfassende, bewusste und **geplante Behandlung** von psychosozial oder auch psychosomatisch bedingten Verhaltensstörungen und Leidenszuständen mit wissenschaftlich-psychotherapeutischen Methoden in einer Interaktion zwischen einem oder mehreren Behandelten und einem oder mehreren Psychotherapeuten mit dem **Ziel**, bestehende Symptome zu mildern oder zu beseitigen, gestörte Verhaltensweisen und Einstellungen zu ändern und die Reifung, Entwicklung und Gesundheit des Behandelten zu fördern (Österr. Bundesgesetz).
Reflexion	(lat. „Zurückbeugung") Selbstbetrachtung des Bewusstseins oder des Bewusstgewordenen.
Regression	(lat. „Rückschritt") Allgemeine Bezeichnung für das Zurückgleiten und Zurückgreifen auf Befindlichkeiten früherer Entwicklungsstadien.
Setting	Darunter werden die Rahmenbedingungen von Beratung (auch Psychotherapie) verstanden wie Ort, Kosten (freiwillige Kostenbeiträge), Zeitpunkt, Dauer der Gespräche, Intervalle, die teilnehmenden BeraterInnen und KlientInnen.
somatogen	(griech.) Körperlich bedingt. **somatisch oder physisch:** körperlich.
Strategie	(griech. „Heerführung") Der Entwurf eines Planes von Vorgangsweisen, um ein konkretes Ziel zu erreichen (Krieg gewinnen). *In der Beratung:* ein bestimmtes Problem lösen.
Subjektivität	(lat.) Das Bestimmt-Sein von individuellen Gefühlen und Meinungen, Unsachlichkeit, Voreingenommensein.
Supervision	(lat., engl.) Ein arbeitsfeldbezogener und aufgabenorientierter Beratungsansatz für Menschen in Beruf, Ehrenamt, Ausbildung oder Berufsvorbereitung. S. hilft, das berufliche Handeln zu reflektieren, effizient und zufriedenstellend zu gestalten und besser mit dem Privatleben zu vereinbaren. **Coaching** ist eine Form der Supervision für Führungskräfte (Definitionen nach ÖBVP und ÖVS), in der **jedenfalls** konkrete Anregungen zu Verhaltensweisen und Handlungen vom Coach gegeben werden.
Symbol	(griech.) Zeichen für etwas, Sinnbild. **Symbolik:** sinnbildlicher Gehalt von Worten und bildlichen Darstellungen.
Symptom	(griech. „vorübergehende Eigentümlichkeit") Hinweis, Anzeichen, äußerer Ausdruck, Merkmal, Vorbote, Anzeichen einer tiefer liegenden Ursache (z. B. Krankheit oder Verletzung). Das Symptom ist außerdem eine subjektiv empfundene Beschwerde. **Symptomatik:** eine Kombination aus mehreren Symptomen oder der Verlauf eines Symptoms.

Taktik	(griech. „Aufstellung") Ein kluges und geplantes Verhalten und Vorgehen innerhalb einer Strategie (ein Einzelziel erreichen).
Technik	(griech. „Kunstfertigkeit") Fertigkeiten, mit denen Mittel (Maßnahmen, Verfahren, Objekte) zu vorgegebenen Zwecken angewandt werden. *In der Beratung* z. B. aktiv zuhören (*siehe dort*), weiterführende Fragen stellen, Klientenmitteilungen wiederholen, Wünsche formulieren lassen, Gefühle benennen u. v. a.
	Strategie: (griech. „Heerführung") Ist der Entwurf eines Planes von Vorgangsweisen, um ein konkretes Ziel zu erreichen (Krieg gewinnen). *In der Beratung:* Ein bestimmtes Problem zu lösen, z. B. den Arbeitsplatz erhalten zu wollen.
	Taktik: (griech. „Aufstellung") Ist kluges und geplantes Verhalten und Vorgehen innerhalb einer Strategie (ein Einzelziel erreichen). Im obigen Fall z. B. eine im Unternehmen einflussreiche Person durch sachliche Leistung beeindrucken zu wollen.
Theorie	(griech. „Betrachtung, Anschauung") Die **umfassende wissenschaftliche Erklärung** (der Sinnzusammenhang von Ideen) eines Gegenstandsbereiches, die sich in Versuch und Beobachtung bewähren muss.
Triangulierung	(lat. Triangulum = Dreieck)
	Psychoanalytischer Begriff: In der frühkindlichen Entwicklung die Unterstützung des „Dritten" (Vater) zur Ablösung aus der „Dyade" (griech., Zweiheit) der Mutter-Kind-Beziehung.
	Begriff der Systemischen Therapie: Die Delegierung eines Konfliktes zwischen zwei Personen an eine dritte, an und für sich unbeteiligte Person.
Unbewusstes	Umgangssprachlich verwendet, um deutlich zu machen, dass ein Mensch von Motiven geleitet wird, die ihm (auch sich reflektierend) in seinem Bewusstsein nicht zugänglich sind.
Übertragung	Allgemeine Bezeichnung für den meist unbewussten Vorgang, Einstellungen, Gefühle und Erwartungen, die ein Mensch gegenüber früheren Bezugspersonen hatte (z. B. Eltern), auf andere Personen und Situationen zu übertragen.
Wahrnehmung	Unmittelbares Erkennen; Bewusstsein von Vorgängen oder Objekten (ist immer subjektiv).
Wunsch	Ein Gefühl oder Gedanke, der eine Veränderung der Realität als positiv bewertet, ohne dass der Wünschende selbst an dieser Veränderung teilnimmt. Oft richtet sich ein Wunsch auf die Veränderung der eigenen Lebensumstände, auf die Befriedigung von Trieben oder konkret auf das Erhalten bestimmter Dinge (Ich wünsche mir ein neues Kleid.).

Wunsch	Ein Gefühl oder Gedanke, der eine Veränderung der Realität als positiv bewertet, ohne dass der Wünschende selbst an dieser Veränderung teilnimmt. Oft richtet sich ein Wunsch auf die Veränderung der eigenen Lebensumstände, auf die Befriedigung von Trieben oder konkret auf das Erhalten bestimmter Dinge (Ich wünsche mir ein neues Kleid.).

Verwendete Nachschlagewerke

Der große Brockhaus in einem Band (2002), Mannheim.

Der große Duden in 9 Bänden (1966): Fremdwörterbuch (Band 5), 2. verbesserte Auflage, Mannheim.

Großes Universallexikon von A–Z (2004), München.

Meyers großes Taschenlexikon in 24 Bänden (1987), 2. neubearbeitete Auflage, Mannheim/Wien/Zürich.

Schmidbauer, W. (2001): Lexikon Psychologie, Reinbek bei Hamburg.

Stowasser, J. M. (1910): Lateinisch-deutsches Schul- und Handwörterbuch, 3. Auflage, Wien/Leipzig.

Internet-Lexika (Stand 13. 12. 2007)

www.socioweb.de/lexikon

www.wissen.de

www.xipolis.net

www.lexikon.izynews.de

www.wikipedia.org

www.woerterbuch.info/index.php

Die AutorInnen

Elisabeth Birklhuber
Mag. phil., geb. 1966 in Linz; verheiratet, zwei Kinder. Studium der Philosophie, Deutschen Philologie und Medienkunde, Diplom für Ehe-, Familien- und Lebensberatung, Mediatorin. Arbeitet in freier Praxis (Beratung, Mediation und Mediatives Training für Kinder, PädagogInnen und Eltern) und in den Familienberatungsstellen Mödling und Baden der Erzdiözese Wien. Seit 2005 im Vorstand des Berufsverbandes der Dipl. Ehe-, Familien- und LebensberaterInnen Österreichs.

Barbara Bittner
DSA, Dr. jur., verheiratet, zwei erwachsene Söhne. Diplom für Ehe-, Familien- und Lebensberatung, Mediatorin; Studiengangsleitung des Diplom- und Bachelor-Studienganges Soziale Arbeit in Wien, Lehrtätigkeit, Vizerektorin. Nebenberuflich Mitarbeit im Beratungszentrum 21 und bei der Beratung an den Bezirksgerichten Wien-Floridsdorf und Wien-Leopoldstadt. Co-Mediationen seit 1994.

Eva Bitzan
Mag. theol., geb. 1966 in Wien, verheiratet, drei Söhne. Studium der Theologie, Tätigkeit als Religionslehrerin an Volksschule und Gymnasium, Diplom für Ehe-, Familien- und Lebensberatung. Arbeitet in der Ehe- und Familienberatungsstelle Ungargasse der Erzdiözese Wien und ist seit 2007 im Vorstand des Berufsverbandes der Dipl. Ehe-, Familien- und LebensberaterInnen Österreichs.

Martin Christandl
Mag. phil., geb. 1960, Vater eines Sohnes. Diplompsychologe und systemischer Psychotherapeut, seit 1994 Berater und Leiter der Männerberatung „Mannsbilder" in Innsbruck, seit 2002 als Kinder- und Jugendlichentherapeut in freier Praxis tätig.

Brigitte Ettl
Dr. jur., geb. 1960 in Linz. Diplom für Ehe-, Familien- und Lebensberatung, Diplom für Erwachsenenbildung, Psychotherapeutin. Arbeitet in freier Praxis (Psychotherapie, Beratung, Wirtschafts-Coaching, Mediation, Training) in Wien und ist Mitarbeiterin des Tiroler Instituts für Logotherapie & Existenzanalyse. Publikation: „Businesstipps für helfende Berufe", gemeinsam mit Mag. Christine Hapala, Verlag LexisNexis ARD Orac.

Helga Goll

DSA, geb. 1941 in Wien. Langjährige Tätigkeit in der Lebensmüdenfürsorge (LMF) der Caritas der Erzdiözese Wien, von 1972 bis 1977 auch deren Leiterin. Mitbegründerin des Kriseninterventionszentrums (KIZ) in Wien. Dort Mitarbeiterin bis zur Pensionierung im Jahr 2003. Beraterin in der Partner- und Familienberatung von 1982 bis 2003. Supervisorin und eingetragene Psychotherapeutin (psychoanalytisch orientierte Therapie). Aus-, Fort- und Weiterbildungstätigkeit. Verschiedene Fachartikel. Seit ihrer Pensionierung Telefonberatung im KIZ und freie Praxis für Psychotherapie, Beratung, Supervision.

Konrad Peter Grossmann

Univ.-Doz. Dr., geb. 1958, verheiratet, zwei erwachsene Kinder. Psychotherapeut, Lebens- und Sozialberater, Supervisor & Mediator.

Christa Gutmann

DSA, Diplom für Ehe-, Familien- und Lebensberatung, Psychotherapeutin: KP, SF, Direktorin der Lehranstalt für Ehe- und Familienberatung der Erzdiözese Wien bis 2006, Lebens- und Sozialberaterin, eingetragene Mediatorin, Supervisorin, Lehrbeauftragte für Gruppen- und Lehrtherapie des Fachspezifikums der ÖGwG (Österr. Ges. f. wissenschaftliche Gesprächsführung und klientenzentrierte Psychotherapie), Publikationen in Fachzeitungen.

Josef Hölzl

Geb. 1961 in Linz, verheiratet und zwei erwachsene Söhne. Ausbildung zum Pastoralassistenten und Religionslehrer, Diplom für Ehe-, Familien- und Lebensberater, Gewaltberater/Gewaltpädagoge, Weiterbildung in Gestaltberatung/Gestaltpädagogik, arbeitet in Familienberatungsstellen von „beziehungleben.at" der Diözese Linz und Familienberatung bei Gericht, Projektleiter von Männerberatung bei Männergewalt der Diözese Linz, Referententätigkeit in der Erwachsenenbildung und in der Weiterbildung von FamilienberaterInnen und SozialpädagogInnen. Seit 2001 Vorsitzender des Berufsverbandes der Dipl. Ehe-, Familien- und LebensberaterInnen Österreichs.

Christine Kügerl

Geb. 1958, verheiratet, zwei erwachsene Kinder, Großmutter seit 2005. Dipl. Gesundheits- und Krankenschwester, Diplomierte Ehe-, Familien- und Lebensberaterin: Geburtsvorbereiterin, Dipl. Elternbildnerin. Beratungsschwerpunkt Eltern-Kind-Beratung. Referentin in der Weiterbildung für Eltern-Kind-GruppenleiterInnen, in der Ausbildung für Ehe-, Familien- und LebensberaterInnen und ElternbildnerInnen. Publikationen: Mitarbeit an den Elternbriefen und den CDs „Tipps für Eltern" des Bundesministeriums für soziale Sicherheit, Generationen und Konsumentenschutz (2006); „Selbstbewusst und rücksichtsvoll" (Herder spektrum 2004); „So lernt ihr Kind sich auszudrükken" (Herder spektrum 2006).

Emmi Ott

Mag., geb. 1956 in Wien, verheiratet, fünf Kinder (davon zwei Pflegekinder) und zwei Enkelkinder, „Familien- und Haushaltsmanagement einer Großfamilie". Studium der Wirtschaftspädagogik, Ausbildung in personenzentrierter Gesprächsführung in der Telefonseelsorge Wien, Ausbildung zur Ehe-, Familien- und Lebensberaterin, Schwerpunktausbildungen in pränataler Diagnostik und Schwangerschaftskonfliktberatung, logotherapeutischer Beratungsmethodik. Derzeit EFL-Beraterin in zwei Beratungsstellen der Erzdiözese Wien und an zwei Bezirksgerichten, Sachbearbeiterin im Finanzwesen eines Kleinbetriebes.

Leo Pöcksteiner

MSc., DSA, St. Pölten/Krems. Supervisor, Lebens- und Sozialberater, Psychotherapeut und Elternbildner in eigener Praxis, Beratungs- und Leitungstätigkeit in Familienberatungsstellen, Lehraufträge an der Donau-Universität Krems (Psychosoziale Beratung) und Fachhochschule St. Pölten (Sozialarbeit), Beratungsentwicklung und -forschung.

Christiane Sauer

Ausgebildete Volksschullehrerin, verheiratet und drei erwachsene Kinder. Psychotherapeutin, Supervisorin, Mediatorin, Dipl. Ehe-, Familien- und Lebensberaterin. Arbeitet in der Aus- und Weiterbildung von MediatorInnen, macht Trainings für Peermediations-Projekte und Konfliktmoderation für betriebliche Teams und im schulischen Kontext. Seminare für geschiedene Eltern und Stieffamilien, Adoptiv- und Pflegeeltern. Veröffentlichungen in Zeitungen und Büchern.

Rolf Sauer

Mag. theol., geb. 1949 in Bad Homburg v. d. H. (Hessen, Deutschland), verheiratet mit Christiane Sauer. Beide haben zwei erwachsene Söhne und eine erwachsene Tochter. Studierte kath. Theologie in Fulda, Mainz und Salzburg, absolvierte den EFL-Lehrgang in Linz und die Familientherapieausbildung des IFS Linz. Er leitet in Nachfolge von Dr. Bernhard Liss „beziehungleben.at", die Abt. Ehe und Familie des Pastoralamtes Linz.

Stefan Schäfer

Mag. theol., verheiratet, zwei Buben. Seit 1992 Leiter der Lehranstalt für Ehe- und Familienberatung der Diözese Feldkirch, Psychotherapeut (systemische Familientherapie) und Gewaltberater in freier Praxis.

Ilse Simml

Geb. 1941, aufgewachsen in einem Flüchtlingsheim, zwei erwachsene Töchter. Ehemals evangelische Religionslehrerin, Diplom für Ehe-, Familien- und Lebensberatung, Systemische Familientherapeutin, NLP, Gestaltpädagogik, langjährige Leiterin der Evangelischen Beratungsstelle Wien und Beraterin in der Familienberatungsstelle der Erzdiözese Wien. Versucht jetzt in der Pension einem vom Vater selbstgestrickten Haus Gestalt zu geben.

Karin Elisabeth Urban

Mag. phil., geb. 1953, vier erwachsene Kinder. Studium der Psychologie und Germanistik an der Uni Innsbruck. Psychologin, Dipl. Ehe-, Familien- und Lebensberaterin, Sexualpädagogin, Erwachsenenbildnerin. Seit 2003 Geschäftsführerin am Zentrum für Ehe- und Familienfragen, einer geförderten Familienberatungsstelle in Innsbruck, seit 2004 Direktorin der Lehranstalt für Ehe- und Familienberatung am Zentrum für Ehe- und Familienfragen. Lehrauftrag an der Uni Innsbruck im Bereich Sexualpädagogik.

Barbara Wagner-Tichy

Mag. Dr., geb. 1960 in Klagenfurt, verheiratet, zwei Kinder. Doppelstudium in Wien (Psychologie, Pädagogik, Lehramt Leibesübungen – Philosophischer Einführungsunterricht), Diplom für Ehe-, Familien- und Lebensberatung. Tätig als Psychologin und Ehe-, Familien- und Lebensberaterin an den Beratungsstellen IEF Wien, Mödling und Purkersdorf und in eigener Praxis (Beratung, Mediation, Vortragstätigkeit).

Adressen

Berufsverband Diplomierter Ehe-, Familien- und LebensberaterInnen Österreichs
Vorsitzender: Josef Hölzl
hoelzl.j@aon.at
www.ehe-familien-lebensberatung.at

Bundesministerium für Gesundheit, Familie und Jugend
Familienservice
Franz-Josefs-Kai 51
1010 Wien
Tel.: 0800 240 262 (Nulltarif)
www.bmgfj.gv.at (Unter Familie Index von A–Z finden sich unter dem Schlagwort Familienberatung alle geförderten Familienberatungsstellen Österreichs.)

Lehranstalten für Ehe- und Familienberatung

LA Ehe- und Familienberatung Caritas Kolping
9020 Klagenfurt, Viktringer Ring 36
Tel.: 0463/511404, Fax: 0463/56777-20
office@sobs.at
www.caritas-kaernten.at

LA Ehe- und Familienberatung Diözese Graz
8010 Graz, (Verwaltungsanschrift) Mesnergasse 5
Tel.: 0316/671388
http://www.graz-seckau.at/ka/la_efb/index.php
winfried.pabst@graz-seckau.at

LA Ehe- und Familienberatung Anichstraße
6020 Innsbruck, Anichstraße 24
Tel.: 0512/580871
Zentrum.beratung@aon.at

LA Ehe- und Familienberatung Diözese Feldkirch
6800 Feldkirch, Herrengasse 4
Tel.: 05522/74139
fga@kath-kirche-vorarlberg.at
stefan.schaefer@fga-lg.at

LA Ehe- und Familienberatung Ungargasse
1030 Wien, Ungargasse 3/1/42
Tel.: 01/7185066, Fax: 01/7185066-66
www.laefl.org
lehranstalt.efl@utanet.at

LA Ehe- und Familienberatung Diözese Linz
Ein neuer Kurs startet je nach Bedarf frühestens 2009. Nähere Informationen im WWW unter http://www.beziehungleben.at.
Kontakt: Tel. 0732/7610-3516
gerlinde.poimer@dioezese-linz.at

Anerkannte Anbieter von Lehrgängen für Lebens- und Sozialberater
Als den Ehe- und FamilienberaterInnen gleichwertig werden derzeit (Dezember 2007) die AbsolventInnen von den Lehrgängen von folgenden Anbietern anerkannt, beziehungsweise kann durch Absolvierung von zusätzlichen Ausbildungsmodulen die Gleichwertigkeit erreicht werden:

Steirische Akademie für Lebens- und Sozialberatung (Diplomprüfung ab 2005; AbsolventInnen früherer Lehrgängen müssen zusätzliche Schulungen nachweisen.)

WIFI Niederösterreich (Diplomprüfungen ab Juni 2002, AbsolventInnen früherer Lehrgänge müssen zusätzliche Schulungen nachweisen; ab dem Lehrgang 2006 wurde die Anerkennung vorläufig ausgesetzt.)

ORGANOS Linz (bei zusätzlicher Absolvierung des Aufschulungslehrganges Familienberatung)

Donauuniversität Krems (Universitätslehrgang „Psychosoziale Beratung/Lebens- und Sozialberatung", Diplomprüfung ab 2004)

SYMPAIDEIA (bei zusätzlicher Absolvierung des Aufbaulehrganges Familienberatung)

TEAM WINTER KOMPETENZTRAINING, Wien (bei zusätzlicher Absolvierung des Aufschulungslehrganges Familienberatung; dieser Lehrgang wird erst ab 2006 angeboten.)

ABSOLUT Bildungsmanagement GmbH, 7432 Oberschützen (bei zusätzlicher Absolvierung des Aufschulungsseminars im Umfang von 60 Stunden)
BFI Burgenland, 7400 Oberwart (bei zusätzlicher Absolvierung des Aufschulungsseminars im Umfang von 60 Stunden)

Achtung: Aufschulungsseminare sind jeweils auf die fehlenden Inhalte der Grundausbildung des jeweiligen Lehrveranstalters zugeschnitten und gelten daher nur für AbsolventInnen der Grundausbildung des jeweiligen Veranstalters.

Darüber hinaus ist es zur Anerkennung als gleichwertige BeraterIn nach dem Familienberatungsförderungsgesetz notwendig, **während der angeführten theoretischen Ausbildungen** als Praktikum zumindest 130 Beratungsstunden unter begleitender Supervision (im Umfang von mindestens 30 Stunden) **in einer geförderten Familienberatungsstelle zu absolvieren.** Wenn das Praktikum nicht im Zeugnis ersichtlich ist, ist ein gesonderter Nachweis über diese Stunden von der jeweiligen Praktikumsstelle zu erbringen.

Erich Lehner; Christa Schnabl (Hg.)
Gewalt und Männlichkeit
Die Formen der Gewalt sind vielfältig und unterschiedlich, wie auch die Orte, an denen sie ausgeübt werden. Dennoch gibt es eine auffällige Gemeinsamkeit: Gewalt wird vorwiegend von Männern ausgeübt. Dieses Buch stellt das Mannsein der Täter in den Mittelpunkt, ohne sich direkt mit Täterarbeit zu beschäftigen. Dabei geht es darum, den Zusammenhang zwischen Gewaltbereitschaft und der Art und Weise, wie Männer in unserer Gesellschaft leben zu analysieren. Strukturen und Sozialisationsmuster männlicher Lebenswelten sollen untersucht werden, um daraus Perspektiven für die Verringerung von gewalttätigem Handeln zu entwickeln.
Männerforschung, Bd. 1, 2007, 120 S., 9,90 €, br., ISBN-DE 978-3-8258-8502-1, ISBN-AT 978-3-7000-0625-1

Wilfried Belschner; Arndt Büssing; Harald Piron; Dorothee Wienand-Kranz (Hg.)
Achtsamkeit als Lebensform
In den vergangenen Jahrzehnten wurde immer deutlicher, dass für viele Menschen die bisherigen Quellen für eine Sinnstiftung versiegen. Die Menschen suchen dringlich nach Leitlinien, die ihrer Lebenspraxis eine neue Orientierung geben können. Es besteht einerseits der Durst nach letzten Werten, andererseits ist die Bindung an die tradierten Glaubenssätze brüchig. Diese Situation der Unsicherheit zu bewältigen, fällt vielen Menschen zunehmend schwerer. Achtsamkeit könnte der Leitbegriff für die Gestaltung einer Lebensform und einer Kultur werden, in der die politische, wissenschaftliche, technologische und wirtschaftliche Entwicklung der Einen Welt die menschliche Existenz in Würde akzeptiert.
Psychologie des Bewusstseins – Abt. A: Texte, Bd. 6, 2007, 240 S., 24,90 €, br., ISBN 978-3-8258-0479-4

Christoph Hutter; Michael Hevicke; Bernhard Plois; Birgit Westermann (Hg.)
Herausforderung Lebenslage
PraxisReflexe aus der Ehe-, Familien-, Lebens- und Erziehungsberatung
Das Leben jedes Einzelnen und mehr noch von Familien wird immer unkalkulierbarer. Lebenslagen werden zum Wagnis und nicht selten auch zur Bedrohung. Der Herausforderung, Rat Suchende in solchen Situationen zu begleiten, stellen sich BeraterInnen in der kirchlichen Ehe-, Familien-, Lebens- und Erziehungsberatung. In diesem Band geben sie Einblicke in ihre alltägliche Arbeit, sie reflektieren institutionelle Fragestellungen und konkrete Beratungsanliegen und positionieren sich damit in einem kirchen- und sozialpolitisch höchst relevanten Terrain. Damit bietet dieses Buch wertvolle Anregungen für BeraterInnen und für alle die sich kritisch mit der Qualität von Beratung auseinandersetzen.
Theologie und Praxis, Bd. 18, 2003, 256 S., 19,90 €, br., ISBN 3-8258-7085-5